北京市教委"北京地区高校科技发展报告"项目资助
北京知识管理研究基地项目

金融学科核心课程系列教材

证券投资学

孙 静 李玉曼 李宏伟/编著

经济科学出版社

图书在版编目（CIP）数据

证券投资学/孙静，李玉曼，李宏伟编著．—北京：
经济科学出版社，2011.11
金融学科核心课程系列教材
ISBN 978－7－5141－1177－4

Ⅰ.①证… Ⅱ.①孙…②李…③李… Ⅲ.①证券
投资－高等学校－教材 Ⅳ.①F830.91

中国版本图书馆 CIP 数据核字（2011）第 211607 号

责任编辑：卢元孝
责任校对：杨 海
版式设计：代小卫
技术编辑：王世伟

证券投资学

孙　静　李玉曼　李宏伟/编著
经济科学出版社出版、发行　新华书店经销
社址：北京市海淀区阜成路甲 28 号　邮编：100142
总编部电话：88191217　发行部电话：88191540
网址：www.esp.com.cn
电子邮件：esp@esp.com.cn
北京欣舒印务有限公司印刷
三佳装订厂装订
787×1092　16 开　27.5 印张　510000 字
2012 年 1 月第 1 版　2012 年 1 月第 1 次印刷
ISBN 978－7－5141－1177－4　定价：39.00 元
（图书出现印装问题，本社负责调换）
（版权所有　翻印必究）

编委会名单

丛书主编： 葛新权

副 主 编： 徐文彬

编　　委： (按姓氏笔画排序)
王立荣　王建梅　王　斌　孙　静
刘亚娟　李玉曼　李宏伟　陈雪红
侯风萍　徐文彬　徐弥榆　徐　颖
葛新权　谢　群　彭娟娟

总　　序

随着经济一体化与金融全球化的发展,我国金融改革从 2007 年以来呈现出快速发展的势头,步伐不断加快。因此,现有的金融类教材大都一定程度地存在着金融理论知识滞后于金融改革现实的问题,迫切需要更新,添加近三年金融改革的最新内容。因而,北京信息科技大学经管学院财务投资系教师经过三年多的打磨与研究,着手编写这套金融学科核心课程系列教材。系列教材共包含《金融学》、《国际金融》、《商业银行经营学》、《证券投资学》、《保险学》、《财政与金融学》、《中央银行学》、《金融工程学》等 8 本。

本系列教材严格按照教育部关于普通高等院校金融学科教学基本要求编写,以培养应用型经济与金融人才为原则,以在保证基础理论知识系统性的基础上进一步提升系列教材的实用性和针对性为宗旨。本系列教材具有三方面的特色:

第一,优化金融学科核心课程结构,减少教材之间的重复。本教材力求改变现有教材涉猎内容过多的现状,减少相近教材内容上的交叉和重复。如,《金融学》中,不再涉及国际金融中的汇率和国际收支方面内容,不再讲授证券投资学中的资产定价内容,不再涉猎金融工程学中金融创新的内容,不再介绍发展经济学中金融深化和金融抑制等内容。在有限的学时内,使教学内容更加突出和明确,从而优化了课程结构,提升教学的针对性,使教材更加具有实用性。

第二,为了培养应用型经济、金融人才,添加了金融改革实践的最新内容,其中,重点添加了近三年我国金融改革实践的新内容,同时添加了国际金融业监督管理机构对银行业、证券业、保险业监管的最新要求,并且结合国际、国内金融改革的实践,添加了相应的金融案例分析。

　　第三，力求理论基础知识与金融实践相结合。主要是三个方面：一是将金融学科专业基础知识的传授与金融从业人员资格考试及金融机构招聘等各类考试的介绍进行适当地结合。即在每一章节相应的知识点处添加了银行从业人员资格考试、证券基金从业人员资格考试、期货人员资格考试内容。添加了经济师考试两门课程——"经济基础知识"和"金融专业知识与实务"的相关内容。二是本学科教学改革的成果与教学内容相结合。三是面对面单纯讲授与金融模拟交易实训及上机实验活动相结合。

　　教材的最终成果可能会与编写宗旨存在差距，而且也可能存在不足甚至舛误。因此，我们以真诚的心，接受各位专家、学者、同行及使用者的批评与指教，以便我们今后不断完善和改进这一系列教材。

　　感谢编写委员会全体教师的辛勤劳动，并将此系列教材真诚地献给使用它们的学生们！

北京信息科技大学经管学院
葛新权
2010 年 7 月

前　言

1990年，中国资本市场在计划经济和市场经济两种体制的转轨时代蹒跚起步。资本市场的出现，是"摸着石头过河"的历史必然，与生俱来就被赋予了创新的使命。从上海证券交易所挂牌开启中国股市之元年起，中国证券市场历经二十余载，从小到大，从无序到有序，从无规则到强调规范，不仅取得规模的扩张，也实现了质的升华。2002年至2010年，中国证券市场境内融资额近3万亿元，其中2007年境内融资额近8 000亿元，创造了近十年的峰值。

经过20多年发展，中国证券市场的国际地位和影响力得到了显著提升，我国已经从一个资本穷国变成了资本大国，并正走向资本强国。截至2010年底，我国资本市场已经有2 062家上市公司，1.3亿户投资者，106家证券公司，62家基金公司，163家期货公司，股票总市值跃居全球第二，商品期货市场成交量高居世界第一。在国际货币体制改革推进的大环境下，随着创业板的成功推出，今后新三板、国际板的陆续推出和证券市场的进一步发展，必将使我国多层次资本市场体系更加完善，资本市场已经成为我国经济社会持续健康发展的重要推动力量。

与资本市场发展速度相比，我国金融人才队伍还远远不能完全满足市场的需求，随着金融市场全球化的趋势不断增强，复合型高素质投资管理人才的匮乏日益明显。金融投资类人才培养提出新的目标和要求。面对日益增长的人才需求和日趋激烈的市场竞争，加速培养具有创新精神和实践能力的金融投资专业人才已成为高等学校财经院系责无旁贷的重任。

在众多金融类课程中，投资学是国外几乎所有大学金融学科开设的专业核心课程，国内大学从20世纪90年代中期开始引进本科教学。

投资学课程的教学内容体系分两个层次：

一是结合中国资本市场的实际情况，讨论市场经济条件下证券市场运行机制和投资主体行为规律。内容涵盖有价证券和证券市场、证券交易、证券投资分析及技术分析等，与证券从业资格考试的内容大体一致，课程名称为证券投资学或证券学。授课对象多为财经类专业本科生。

二是以西方的投资学为参考，系统介绍西方的投资学理论，包括资本资产定价模型、套利定价理论、有效市场假说、证券评估、衍生金融工具定价、资产组合管理等，通常适用于金融专业本科高年级或研究生的教学。

本教材的内容体系属于第一个层次，适合作为高等学校经济学、金融学、投资学和财务管理等专业本科专业教材，也适合作为从事投资实践的广大投资者学习证券投资知识、提高自身证券投资素养的参考书。

在本书的编写过程中，我们借鉴和参考了目前国内外证券投资方面的许多文献资料，在结构安排和内容设计上，突出基础性和实用性。在编写过程中，对于一些难度较大的理论模型的推导过程予以舍弃，注重对证券投资基本知识、基本方法的把握，并力图通过实际案例加以说明。为拓展学生的知识面和增进理解，在各章还设有延伸阅读。为检核学习效果，章后多附有思考题和练习题。

本书分为三编。第一编为证券投资工具，主要介绍我国证券市场上的股票、债券、金融衍生工具、证券投资基金等金融产品的性质、特征、类别和发展现状。第二编为证券市场，介绍证券发行市场和证券流通市场的结构和机制，以中国证券市场为例，详细阐述证券交易制度和交易规则及证券监管体系。第三编为证券投资分析，介绍基本分析、技术分析和投资组合分析的基本方法。

本书由孙静负责设计框架和体例，提出编写大纲。主要撰写人员分工如下：孙静撰写导论及第一编（第一章至第四章），李玉曼撰写第二编（第五章至第七章），李宏伟撰写第三编（第八章至第十章）。孙静、李玉曼对初稿进行了审阅和修改。最后由孙静总纂和定稿。

在这里，我们要特别感谢北京信息科技大学经济管理学院和经济科学出版社工作人员在本书编写过程中给予的大力支持和热情帮助。

本书虽几经修改，但由于编者水平有限，难免有不妥及疏漏之处，恳请广大读者及同仁批评指正，以便及时修订。

作　者

2011 年 11 月

目　录

导论 ·· 1
 第一节　证券及有价证券 ·· 1
 第二节　投资及其分类 ·· 5
 第三节　证券投资及证券投资学 ··· 10
 关键词汇 ·· 16
 思考题 ··· 16

第一编　证券投资工具

第一章　股票 ·· 19
 第一节　股票概述 ·· 19
 第二节　股票的种类 ··· 25
 第三节　股票的价值与价格 ·· 36
 第四节　股票价格指数 ·· 41
 第五节　我国股票市场 ·· 48
 关键词汇 ·· 56
 思考题 ··· 57
 练习题 ··· 57

第二章　债券 ·· 62
 第一节　债券概述 ·· 62
 第二节　政府债券 ·· 70
 第三节　公司债券与金融债券 ··· 77
 第四节　国际债券 ·· 84

第五节 债券价格决定 88
关键词汇 92
思考题 92
练习题 92

第三章 证券投资基金 98

第一节 证券投资基金概述 98
第二节 证券投资基金的种类 102
第三节 证券投资基金的当事人 111
第四节 证券投资基金的估值、费用及收益分配 119
第五节 基金交易 125
关键词汇 131
思考题 131
练习题 131

第四章 金融衍生工具 138

第一节 金融衍生工具概述 138
第二节 金融期货 143
第三节 金融期权 156
第四节 金融互换和金融远期 166
第五节 其他金融衍生工具 171
关键词汇 180
思考题 181
练习题 181

第二编 证券市场

第五章 证券发行市场 191

第一节 证券发行市场概述 191
第二节 股票发行市场 196
第三节 债券发行市场 217
关键词汇 234
思考题 234

练习题 ………………………………………………………… 235

第六章　证券交易市场 ………………………………………… 238

第一节　证券交易和证券交易市场 ……………………………… 238
第二节　证券交易所 ………………………………………………… 243
第三节　场外交易市场 ……………………………………………… 250
第四节　证券上市与退市 …………………………………………… 258
第五节　证券交易委托和交易制度 ………………………………… 265
第六节　证券交易方式 ……………………………………………… 279
关键词汇 …………………………………………………………… 284
思考题 ……………………………………………………………… 284
练习题 ……………………………………………………………… 284

第七章　证券市场监管 …………………………………………… 291

第一节　证券市场监管概述 ………………………………………… 291
第二节　证券市场监管的内容 ……………………………………… 298
第三节　我国证券市场的监管体系 ………………………………… 310
关键词汇 …………………………………………………………… 319
思考题 ……………………………………………………………… 319

第三编　证券投资分析

第八章　证券投资基本分析 ……………………………………… 323

第一节　宏观经济分析 ……………………………………………… 323
第二节　行业分析 …………………………………………………… 332
第三节　公司分析 …………………………………………………… 345
关键词汇 …………………………………………………………… 364
思考题 ……………………………………………………………… 364
练习题 ……………………………………………………………… 365

第九章　证券投资技术分析 ……………………………………… 369

第一节　证券投资技术分析概述 …………………………………… 369
第二节　证券投资技术分析的主要理论 …………………………… 373

第三节 证券投资技术分析指标 …………………………………… 395
关键词汇 …………………………………………………………… 407
思考题 ……………………………………………………………… 407
练习题 ……………………………………………………………… 407

第十章 证券投资组合理论初步 …………………………………… 412
第一节 组合管理概述 ……………………………………………… 412
第二节 证券投资收益和风险 ……………………………………… 415
第三节 最优证券组合确定 ………………………………………… 417
关键词汇 …………………………………………………………… 423
思考题 ……………………………………………………………… 424
练习题 ……………………………………………………………… 424

参考文献 …………………………………………………………… 426

导 论

▶ 学习目标
- 掌握证券和有价证券的含义
- 熟悉有价证券的分类
- 理解广义投资与狭义投资、投资与投机的区别
- 掌握证券投资要素和功能
- 了解证券投资过程

第一节 证券及有价证券

一、证券的含义和分类

(一) 证券的含义和内容

证券是各类财产所有权或债权凭证的通称,是用来证明证券持有人有权取得相应权益的凭证。如股票、公债券、基金证券、票据、提单、保险单、存款单等都是证券。凡根据一国政府有关法规发行的证券都具有法律效力。

从一般意义上来说,证券是指用以证明或设定权利所做成的书面凭证,它表明证券持有人或第三者有权取得该证券拥有的特定权益,或证明其曾经发生过的行为。证券可以采取纸面形式或证券监管机构规定的其他形式。

证券的本质是种交易合同,合同的主要内容一般有合同双方交易的标的物、标的物的数量和质量、交易标的价格、交易标的物的时间和地点等。当然这些内容如果应用到不同具体的证券中,其中规定的内容有所不同。比如,远期合约与期货合约规定的内容就不一样。

（二）证券的分类

按照不同的标准，可以对证券进行不同的分类。按其性质的不同，可以将证券分为证据证券、凭证证券以及有价证券三大类。

证据证券是单纯地证明事实的书面证明文件，主要有证、证据（书面证明）等。在证据证券中，有一种具有特殊效力的证券，被称为"免责证券"，如提单等即属此类，因为提单属于物权凭证。对于合法取得提单的持有人，提单具有物权凭证的功能。提单的合法持有人有权在目的港以提单相交换来提取货物，而承运人只要出于善意，凭提单发货，即使持有人不是真正货主，承运人也无责任。

凭证证券是指认定持证人是某种私权的合法权利者，证明对持证人所履行的义务是有效的文件。如存款单、借据、收据及定期存款存折等就属于这一类。凭证证券实际上是无价证券。其特点是，虽然凭证证券也是代表所有权的凭证，但不能让渡，不能真正独立地作为所有权证书来行使权利。如存款单就是民法中的消费寄存凭证，属单纯的凭证证券，不是有价证券，因为它既没有可让渡性，也没有完全代替存款合同的功能。凭证证券不能使第三者取得一定收入，也不能使持有人取得相应收入。

当然，这也不是一成不变的。20世纪60年代，美国的商业银行为了阻止存款额的下降，以企业的富余资金为对象，发行一种可以让渡的大额可转让定期存单（negotiable certificate deposit）来征集资金，这种存款凭据显然已不同于一般的存款单，它实际上可以看作金融债券的一种，应该归入有价证券。

有价证券主要是指对某种有价物具有一定权利的证明书或凭证。有价证券区别于上面两种证券的主要特征是可以让渡。

二、有价证券的含义和分类

（一）有价证券的定义

有价证券是标有票面金额，用于证明持有人或该证券指定的特定主体对特定财产拥有所有权或债权的凭证。人们通常所说的证券，也就是指这种有价证券。

由于有价证券不是劳动产品，故其自身并没有价值，但由于它代表着一定量的财产权利，持有人可凭该证券直接取得一定量的商品、货币，或股息、利息收入，因而可以在证券市场上自由买卖和流通。影响有价证券行市的因素多种多样，但主要因素则是预期利息收入和市场利率。因此，有价证券价格实际上是资本化了的收入。

有价证券是虚拟资本的一种形式，是筹措资金的重要手段。所谓虚拟资本，是指以有价证券形式存在，并能给持有者带来一定收益的资本。虚拟资本是独立于实际资本之外的一种资本存在形式，本身不能在生产过程中发挥作用。通常，虚拟资本的价格总额并不等于所代表的真实资本的账面价格，甚至与真实资本的重置价格也不一定相等，其变化并不完全反映实际资本额的变化。

有价证券是商品经济和社会化大生产发展到一定阶段的产物。从资本主义经济发展历程来看，有价证券的正常交易能起到自发地分配货币资金的作用。通过有价证券，可以吸收暂时闲置的社会资金，作为长期投资分配到国民经济各部门，从而优化资源配置。同时，由于有价证券的行市受主客观及国内外多种因素的影响，有价证券的价格经常出现暴涨暴跌、起伏不定的现象，由此引起的投机活动会造成资本市场的虚假供求和混乱局面，这又会造成社会资源的巨大浪费。我国现阶段正处在商品经济和社会化大生产必须大发展的时期，有价证券及其相关市场的建设与发展也显得日益紧迫和必要。但是我们要充分借鉴市场经济国家的成熟经验，吸取其教训，充分发挥有价证券的积极作用，尽可能减少有价证券运行过程中可能产生的不利影响。

（二）有价证券的分类

1. 狭义有价证券和广义有价证券

有价证券有广义与狭义两种概念。狭义的有价证券即指资本证券，广义的有价证券包括商品证券、货币证券和资本证券。

商品证券是证明持有人拥有商品所有权或使用权的凭证，取得这种证券就等于取得这种商品的所有权，持有人对这种证券所代表的商品所有权受法律保护。属于商品证券的有提货单、运货单、仓库栈单等。

货币证券是指本身能使持有人或第三者取得货币索取权的有价证券。货币证券主要包括两大类：一类是商业证券，主要是商业汇票和商业本票；另一类是银行证券，主要是银行汇票、银行本票和支票。在商品经济和生产社会化发展的过程中，企业为了追求利润最大化，必然要加速资本流通，缩短周转周期，尽量节约资本的使用，为此便产生了商业信用和作为商业信用手段的商业票据，如汇票、支票及本票等。这些商业票据不仅仅是一种信用工具，而且还可以在一定范围内周转流通，发挥流通手段和支付手段等货币职能。

资本证券是指由金融投资或与金融投资有直接联系的活动而产生的证券。持有人有一定的收入请求权。资本证券是有价证券的主要形式。本书后续章节提到的"证券"一词主要指资本证券。

资本证券是一种信用凭证或金融工具，它是商品经济和信用经济发展的产物。如债券就是一种信用凭证，无论是企业债券、金融债券还是国债券，都是经济主体为筹措资金而向投资者出具的、承诺到期还本付息的债权债务凭证。再如股票，它就是股份有限公司发行的用以证明股东的身份和权益，并据以获得股息的凭证。从筹资的角度看，股份制是一种特殊的信用形式，即通过信用将分散的资金集中起来有效地使用。没有信用的发展，就难有大规模的集资，也不会有股票的发行与交易，股份制就难以确立。这些作为资本信用手段的证券能定期领取利息或到期收回本金，且具有买卖价格，可以在证券市场上进行转让和流通。

2. 狭义有价证券分类

从不同的角度、按照不同的标准，可以对资本证券进行不同的分类。

（1）按证券发行主体的不同，可分为政府证券、政府机构证券和公司证券。

政府证券通常是指由中央政府或地方政府发行的债券。中央政府债券也称国债，通常由一国财政部发行。地方政府债券由地方政府发行，通常以地方税或其他收入偿还，我国目前尚不允许除特别行政区以外的各级地方政府发行债券。

政府机构证券是由经批准的政府机构发行的证券，我国目前也不允许政府机构发行。

公司证券是公司为筹措资金而发行的有价证券，公司证券包括的范围比较广泛，主要有股票、公司债券及商业票据等。此外，在公司证券中，通常将银行及非银行金融机构发行的证券称为金融证券，其中金融债券尤为常见。

（2）按是否在证券交易所挂牌交易，可分为上市证券与非上市证券。

上市证券是指经证券主管机关核准发行，并经证券交易所依法审核同意，允许在证券交易所内公开买卖的证券。

非上市证券是指未申请上市或不符合证券交易所上市条件的证券。非上市证券不允许在证券交易所内交易，但可以在其他证券交易市场交易。凭证式国债和普通开放式基金份额属于非上市证券。

（3）按募集方式分类，可分为公募证券和私募证券。

公募证券是指发行人通过中介机构向不特定的社会公众投资者公开发行的证券，审核较严格并采取公示制度。

私募证券是指向少数特定的投资者发行的证券，其审查条件相对宽松，投资者也较少，不采取公示制度。目前我国信托投资公司发行的集合资金信托计划以及商业银行和证券公司发行的理财计划均属私募证券；上市公司如采取定向增发方式发行的有价证券也属私募证券。

（4）按证券所代表的权利性质分类，有价证券可以分为股票、债券和其他证券三大类。

（三）有价证券的特征

1. 收益性。证券代表的是对一定数额的某种特定资产的所有权或债权，投资者持有证券也就同时拥有取得这部分资产增值收益的权利，因而证券本身具有收益性。

2. 流动性。证券的流动性是指证券持有人在不造成资金损失前提下，以证券换取现金的特性。

3. 风险性。指实际收益与预期收益的背离，即收益的不确定性。从整体上说，证券的风险与其收益成正比。通常情况下，风险越大的证券，投资者要求的预期收益越高；风险越小的证券，预期收益越低。

4. 期限性。债券一般有明确的还本付息期限，债券的期限具有法律约束力，是对融资双方权益的保护。股票一般没有期限性，可以视为无期证券。

第二节 投资及其分类

一、投资的含义

投资是现代经济生活中最为重要的内容之一。今天，无论政府、公司企业、金融组织还是个人，作为经济主体，都在不同程度上以不同的方式直接进行或间接参与投资活动。

（一）广义投资

广义的投资，是指经济主体为获取预期收益投入经济要素，以形成资产的经济活动。但凡以取得未来收益为目的而在社会再生产领域内发生的资源垫付行为，在理论上均属于投资范畴。

在上述广义的投资概念中，经济主体即投资者，包括经济法人和自然人，在现时的社会经济生活中，他们表现为各种类型的企事业单位、个人、政府以及外国厂商等。预期收益不仅包含着投资的动机与目的，也体现着一定的经济关系，包括可计算的微观经济收益，还包括不可直接计算的社会效益和环境效益等。

投入的经济要素,是指从事建设和经营活动所必需的物质条件和生产要素。它可以是现金、机器设备、房屋、运输工具、通信、土地等有形资产,也可以是劳务,还可以是专利权、商标、工艺资料、技术秘诀、经济信息等无形资产投入的事业或领域,可以是建设领域、生产领域,也可以是流通领域、服务领域;可以是固定资产,也可以是流动资产;可以是物质产品的生产,也可以是精神产品的生产。投入的形式,包括直接投入、间接投入。投入的地点,包括国内和国外。

(二) 狭义投资

上述概念是一个广义的概念,这一概念更多地偏重于理论概括。因为实际上,在实际管理工作和在日常生活中,人们谈及投资时,在不同的场合、不同的讨论范围,总是给投资限定了一个较之广义的概念要小的范围。经济学家们一般是从"经济"和"金融"两层含义上来概括和认识投资的。

美国哈佛大学博士、麻省理工大学经济学教授保罗·A·萨缪尔森在其《经济学》一书中这样定义投资:

"对于经济学者而言,投资的意义总是实际的资本形成——增加存货的生产,或新工厂、房屋和工具的生产。对于一般人而言,投资的意义仅仅是购买几张通用汽车公司的股票,购买街角的地基或开立储蓄存款的户头。必须弄清这种混淆之处:如果以我的保险柜中取出1 000元把它存于银行,或用来从一个经纪人那里购买普通股票,仅就这一行动而论,经济学者认为投资和储蓄都没有增长。只有当物质资本形成产生时,才有投资;只有当社会的消费少于它的收入,把资源用于资本形成时才有储蓄。"

CAPM模型的建立者,美国斯坦福大学商学院金融学教授威廉·F·夏普与美国明尼苏达大学金融学教授登·J·亚历山大合著的《投资学》一书对投资的金融和经济概念作了如下描述:

投资是为未来收入货币而投入当前的货币,投入是当前发生的,确定的,回报或收入是以后发生的,数量是不确定的。投资具有时间和风险两点特征。

我们认为,投资(investment)指投资者当期投入一定数额的资金而期望在未来获得回报,所得回报应该能补偿:(1)投资资金被占用的时间;(2)预期的通货膨胀率;(3)未来收益的不确定性。

(三) 投资与投机

投机(speculation)指在证券市场上短期内买进或者卖出一种或多种证券,以赚取差价,它是证券市场中常见的一种证券买卖行为。

证券市场既是投资的良好场所，也是投机的好地方，在投资实务中很难把两者区分开。例如，普通证券投资者既希望获得股利或股息，也希望获得因价格涨落而带来的资本收益。在证券市场价格波动较大的时期，他们也会频频进行交易，而不会将证券持有较长的时间。但事实上投资与投机在许多方面均有差别。主要表现在：

第一，承担的风险程度不同。一般来说，投资者往往都是风险回避者，对投资的安全性较为关注，与投机者相比他们更注重财务分析和证券价值，主要购买那些质量较高、风险较小、收益保障较大，即股利和利息相对稳定的证券，不愿意过分承担风险，希望把风险降到最低的程度；而投机者往往就是风险偏好者，他们就是在以自己对未来价格变动预测的基础上主动承担风险以获取投资者主动回避的风险收益。投机者主要购买那些收益高而又极不稳定的证券，这种行为的特点虽短期内可能获得较大收益，但必须承担较大风险，因为一旦预测的股市变化有误，便可能遭受巨大的损失。总体讲，证券投机者失败的概率要远远高于证券投资者。

第二，二者持有证券的时限不同。投资者和投机者都可以购买同一种证券，但投资者为了获得稳定的股利或利息收益，一般愿意长期持有这种证券；而投机者希望在证券交易上取得短期收益，对证券的持有时间很短，一般为几周或几天，有时候甚至几个小时。

第三，投资与投机的区别还表现在所使用的分析方法上也不同。投资者买卖证券是为了获取利息、红利及长期性资本升值，他们十分重视对证券发行者的分析考察，较为重视基础价值的分析，对证券的质量和数量因素进行评价，并关注股利、利息等日常收益，以此作为投资决策的依据。

而投机者正好相反，他们根本就不注重证券本身有没有价值，只求短期资本升值，他们更多地考察证券价值短期的动向，因而十分重视对证券市场行情的分析研究，特别是注重尽早了解各种可能影响证券市场行情的信息，以便能正确地预测出证券市场可能发生的变化，从而利用这一变化买进卖出，以获取差价收益。而对股息等日常收益考虑较少。证券投机者预测未来收益的能力，以及详细分析形势的业务水平比证券投资者高。

二、投资的分类

（一）实物投资和金融投资

按投资的方向划分，可分为实物投资和金融投资。

实物投资是指投资者将资金用于建造购置固定资产和流动资产,直接用于生产经营,并以此获得未来收益的投资行为。实物投资与证券投资的根本区别在于前者是社会积累的直接实现者,即通过实物投资最终完成和实现社会的积累,而后者只是一种间接的过程,投资者以最终获得金融资产为目的,至于这些资金怎样转化成实物形态则与证券投资者没有关系。

金融投资,即证券投资,是指投资者以获得未来收益为目的,预先垫付一定的资金并获得金融资产。投资者用自己的货币购买股票、公司债券或国债券等有价证券,然后凭有价证券获取收益,由有价证券的发行者去进行实物投资。个人在银行储蓄的行为严格讲也是一种金融投资,其获得的存款凭证也是一种有价证券。

实物投资与金融投资对宏观经济的各个领域诸如国民收入、储蓄、分配等的影响是不同的。

(二) 直接投资和间接投资

按是否具有参与投资企业的经营管理权划分,可分为直接投资和间接投资。

直接投资是指投资者直接将资本用于购买生产资料、劳动力或其他企业一定比例的股份,通过一定的经营组织形式进行生产、管理、销售活动以实现预期收益。直接投资可分为国内直接投资与国外直接投资。直接投资的方式主要有:(1) 加入资本,不参与经营,必要时可派出技术人员和顾问,给予指导;(2) 开办独资企业,即由一个国家的一个公司独立投资建立企业,独自经营,企业归投资者一家所有;(3) 设立合资企业,由合作各方共同投资,并指派拥有代表权的人员参与经营;(4) 买入现有企业股票,通过股权取得全部或大部分经营支配权。

间接投资通常是指投资者以购买他国或本国债券、股票的方式所进行的投资。间接投资者按规定收取利息或红利,但无权干预投资的具体运用,也不享有任何特权。

(三) 固定资产投资和流动资产投资

按投资资金周转方式的不同,分为固定资产投资和流动资产投资。

固定资产投资包括基本建设投资和更新改造投资两部分。基本建设投资是指以扩大生产能力或工程效益为主要目的的新建、扩建、改建工程及相关投资。主要包括工厂、矿山、铁路、桥梁、港口、农田水利、商店、住宅、学校、医院等工程的建造和机器设备、车辆、船舶、飞机等的购置。基本建设投资的经济实质是进行固定资产的外延扩大再生产。更新改造投资是指以设备更新、企业技术改造为主要形式的固定资产投资。更新改造投资的经济实质是进行内含扩大再生产。

流动资产投资是相对于固定资产投资而言的，是对企业生产经营中所需劳动对象、工资和其他费用方面的货币的预先支付。流动资金是否属于投资，我国理论界及实务操作部门看法不一。一种认识是，流动资金是一种短期垫支行为，流动资金投入以后，经过生产和流通，产品销售出去，流动资金就收回了，所以，它并不符合投资是价值垫支的定义，不能看做投资。另一种意见认为，流动资金的投入是投资行为，因为，流动资金不是一种短期垫支，尽管流动资金周转要比固定资金周转快，但由流动资金在循环周转中的继起性和并存性决定，企业生产中所需的流动资金中有一个最低稳定额，这一部分流动资金只要生产经营持续进行，实际上是无法收回的，是长期资金。

（四）外延性投资和内含性投资

按投资在扩大再生产中所起作用的方式不同，可以分为外延性投资和内含性投资。

外延性投资是指用于扩大生产经营场所、增加生产要素数量的投资，它代表投入生产的资本不断增长。其投资形式如直接开厂设店中的新建、改建、扩建等建设形式。外延性投资的实质是从投资要素量的增加上来扩大投资规模以促进社会扩大再生产的进行。

内含性投资是指用于提高生产要素的质量、改善劳动经营组织的投资，它代表资本使用的效率不断提高。其投资形式如挖潜、革新、技术改造等。内含性投资的实质，是从提高投资要素的使用效率、加强劳动过程的组织管理、提高劳动效率上来促进社会扩大再生产的进行。

（五）生产性投资和非生产性投资

按照投资的经济用途划分，可以分为生产性投资和非生产性投资。

生产性投资是指直接用于物质生产或直接为物质生产服务的投资。在我国，它是按投资项目中单项工程的直接用途来确定的。如在新建工厂投资中，用于生产车间、实验室、办公室、其他生产用建筑物以及生产用机械设备等固定资产的购置和安装的投资。生产性建设投资。能直接增加国民经济各部门的生产能力，加快商品流通速度，提高国民经济技术水平，也是进行非生产性建设投资，提高人民生活水平的重要物质基础。

非生产性投资是指在一定时期内用于满足人民物质和文化生活需要以及其他非物质生产的投资。按现行统计制度规定，包括住宅建设的投资，公用事业、居民服务和咨询服务建设的投资，卫生、体育和社会福利方面建设的投资，教育、文化、艺术和广播电影电视事业建设的投资，科学研究建设的投资，金融、保险业建设的投资，国家机关、党政机关和社会团体建设及不属于上述各类的其他非生产性建设的投资。非生产性建设投资，是在一定时期内直接用于改善人民生活状况和发展教育、科研事业的投资。在社会经济发展过程中，在有计划地扩大生产性建设投资的同时，要保证非生产性建设投资的相应增长，使人民生活在生产发展的基础上逐步得到改善，这对于促进生产发展具有重要作用。但非生产性投资增长过快、比重过高，也是不正常的，会造成国民经济的发展缺乏后劲，反过来又影响人民生活水平进一步提高。

（六）国际投资和国内投资

按投资的地域划分，可分为国际投资和国内投资。

国际投资亦称"对外投资"或"海外投资"。指一个国家向国外进行经营资本的输出。这种输出可以是私人资本也可以是国家资本但不包括政府及其所属机构对外的赠与、赔偿，以及纯属借贷资本输出范围的各种贷款活动。国际投资可分为直接投资和间接投资两种基本形式。随着世界经济的发展，国际投资出现了一些新的特征：跨国公司迅速发展，直接投资在国际投资中占有越来越大的比重；投资方向不局限于经济落后地区，各发达国家的私人资本也要互相渗透，甚至还出现了发展中国家向发达国家投资。从本质上说，国际投资是为过剩资本找出路，利用国外某些有利条件获取高额利润。但同时，国际投资也会给发展中国家带来先进技术，并促进提高管理水平。

国内投资，是指国家、企业单位、个人在本国境内所进行的投资。国内投资的总量，代表了一个国家经济发展水平的高低、积累能力的大小和经济实力的强弱。

第三节 证券投资及证券投资学

一、证券投资的含义

证券投资是指投资者（法人或自然人）购买股票、债券、基金等有价证券以及这些有价证券的衍生品以获取红利、利息及资本利得的投资行为和投资过程，是间接投资的重要形式。

（一）证券投资要素

证券投资要素包括证券投资主体、证券投资客体和证券中介机构。证券投资主体是指进入证券市场进行证券买卖的各类投资者，证券投资客体是指证券投资的对象，而证券中介机构是指为证券市场参与者提供相关服务的专职机构。

1. 证券投资主体

证券投资主体包括机构投资者和个人投资者两类。

机构投资者主要有政府部门、金融机构和企事业单位等。机构投资者的资金来源、投资方向、投资目的各不相同，但它们一般都具有投资的资金量大，收集和分析信息的能力强，可进行有效的资产组合来分散投资风险，注重资产的安全性及投资活动对市场的影响。

个人投资者是指以个人的名义从事证券投资的投资者，其投资资金的主要来源是储蓄。个人投资者的主要投资目的是在风险一定的情况下追求最大可能的收益。单个投资者受资本和投资能力的限制，非常注重本金的安全和资产的流动性。由于众多个人投资者的投资总额非常可观，所以不能忽视个人投资者对证券市场的稳定与发展的影响力。

2. 证券投资客体

证券投资客体即证券投资对象，主要包括股票、债券、证券投资基金、金融衍生工具等。

3. 证券中介机构

证券中介机构可以分为证券经营机构和证券服务机构两大类。证券经营机构是由证券主管机关依法批准设立的在证券市场上经营证券业务的金融机构，其主要办理证券承销、证券经纪、证券自营业务和其他业务。证券服务机构是在证券市场上提供专业性服务的机构，包括会计师事务所、律师事务所、资产评估机构、证券评级机构、证券投资咨询机构等。各类证券中介机构各司其职、相互协作，是保证证券市场正常运行必不可少的要素。

（二）证券投资的功能

证券投资的产生与发展是市场经济发展的必然结果。在市场经济中，这种可以集聚大量资金并可以续短为长的投资方式具有非常重要的作用。它主要有以下四个功能。

1. 资本的集聚功能

一般情况下,居民部门会有大量的闲置资金,而企业部门和政府部门经常处于资金需求状况。通过证券投资活动,可以将居民的大量资金进行集聚,以提供给需要资金的企业部门和政府部门。这样,一方面居民部门作为资金供给方,可以充分利用证券投资一般都能获得高于储蓄存款利息收益的优点;另一方面,企业部门和政府部门作为资金的需求方,可以通过发行有价证券筹集到一笔可观的资金来弥补自有资金的不足。例如,政府部门可以通过这种积少成多,续短为长的方式弥补财政赤字,平衡财政收支,以此来调节社会总供给和总需求;企业部门则可以通过这种方式开发新产品、上新项目,增强企业自身实力,特别是一些高风险的新兴科技产业更是证券投资活动较短时间内迅速筹集到巨额资金优越性的受益者。

2. 资本的优化配置功能

证券投资的配置功能是指通过证券价格的影响,引导资金的流动,实现资源合理配置。证券可在市场流通转让,投资人追逐效益好的股票投资,他们就会把资金投向经济效益高的证券,从而加速了市场资金流向高效益与有潜力、经营好的企业。证券投资使高效益的企业获得大量资金,使它们有能力在市场上兼并、收购、重组效益差的企业,调整产业结构,追求高科技发展。同时得到发展的产业结构又成为证券市场的组织结构、交易结构及规模结构的经济载体,促进证券投资的发展。从融资难的低效益企业的角度看,在融资难的压力下,企业就会加强自身经营管理,减少生产运营成本,生产出满足社会需要的商品,这样既提升了企业的自身形象,又降低了资源的消耗。所以,从整个社会来说,证券投资使社会资源的配置得到了优化。

3. 统一合理定价功能

证券价格的确定,实际上是证券所代表的资产的价格的确定。在证券投资活动中,证券买卖双方进行相互竞争,可以获得能相对真实反映证券所代表的资产价值的证券均衡价格,这个价格可以被认为是公平合理的。而由于整个国家或地区的证券投资活动是紧密联系的,所以整个证券投资活动的证券价格又都是统一的。

4. 宏观调控功能

这里主要是针对一国的中央银行而言。各国中央银行可以通过证券投资来实现其对整个社会货币流通量的宏观调节,实现货币政策目标。当社会投资规模过大,经济过热,货币供给量大大超过市场实际需要的货币量时,中央银行可以通过在证券市场上卖出有价证券(主要是政府债券),来减少市场货币流通量,紧缩投资，使经济降温；而当经济衰退，投资不足，货币供给量远远低于市场实际需要的货币量时，中央银行则可以通过买进有价证券，以增加货币投放，扩大投资，刺激经济增长。

二、证券投资过程

（一）筹措投资资金

投资的先决条件是筹措一笔投资资金，其数额的多少与如何进行投资、如何选择投资对象有很大关系。个人投资者应根据收入情况，以闲置结余资金进行证券投资，避免借贷。

（二）确定投资目标和投资政策

证券投资的目标是获取收益，但是收益和风险是形影相随的，收益以风险为代价，风险用收益作补偿。

不同的证券投资主体有不同的投资目标，同一投资者在不同的时期也可能有不同的目标。就非政府投资主体而言，从事证券投资的目标主要有以下几方面：

1. 获取利润。尽可能地实现利润最大化，是证券投资者普遍的基本的目的。
2. 获取控制权。通过证券投资获得证券发行公司经营管理的控制权，主要是部分法人投资者从事股份投资的目的。
3. 分散风险。指通过证券投资包括投资于多种证券，实现资产多元化，以规避投资风险或将投资风险控制在一定限度内。
4. 保持资产的流动性。资产的流动性是指资产的变现能力。

投资者根据自己的年龄、健康状况、性格、心理素质、家庭情况、财力情况等条件确定自己具体的投资目标以及对风险的态度。投资者对风险的态度可分为风险喜爱型和风险厌恶型，投资者应先衡量自己能承受多大的风险，然后再决定投入多少资金，以及确定在最终的投资组合中可能选择的金融资产的种类。

（三）分析投资对象

投资者在对证券本身及市场情况有了全面了解后，还要对可能选择的各类金融资产中一些具体证券的真实价值、上市价格以及价格涨跌趋势进行深入分析才能确定购买何种证券以及买卖的时机。证券的质量决定于其真实价值，价值表现为市场价格，但市场价格受多种因素影响经常变动，并不能完全反映其真实价值，因此需要进行深入、细致的分析才能做出正确选择。

投资者要广泛了解各种投资对象的收益、风险情况。投资对象的种类有很多，其性质、期限、有无担保、收益高低、支付情况、风险大小及包含内容各不相同，投资者应在全面了解后才能做出正确的选择。

投资者要进行深入分析，必须充分利用有关信息并运用基本分析法、技术分析法和证券组合理论进行。基本分析法的重点在于分析证券，特别是股票的内在价值，技术分析主要是根据证券市场过去的统计资料来研究证券市场未来的变动；而证券组合理论则是利用数学公式或方法，计算证券之间的风险通过相关作用影响后的定值来求出一个有效的组合。

（四）构建投资组合

投资者要按照自己所拟定的投资目标以及本身对收益和风险的态度，并考虑今后对现金的需要和用途及未来的经济环境和本身财务状况的变化等，做出判断和决策。投资组合的构建涉及投资对象以及投资比例，关键在于选股、选时和多元化。投资者应选择合适的证券，在价格相对低点买入，并决定各种证券在投资组合中占的比重，同时，分散程度应限于多少证券数量的范围之内，才能构成最有效的搭配使其在一定收益水平上风险最小或风险一定的情况下收益最高。

（五）评价和管理投资组合

组合构成后还要定期进行业绩评估并加以严密管理。因为证券市场变幻莫测，要针对市场变动情况，随时调整组合的种类和比例结构以保持组合应有的功效，使投资目标不致落空。投资组合的构筑和管理对投资额巨大的机构投资者，如各种基金会、商业银行、人寿保险公司而言尤为重要。

三、证券投资学的研究对象和研究内容

（一）研究对象

每门学科都有其特定的研究对象，而特定的学科研究对象决定了该学科的内容体系与内容。了解一门学科的研究对象，对于系统、深入、准确地把握其知识体系十分重要。那么证券投资学的研究对象是什么呢？

证券投资学是一门综合性学科。证券投资学的综合学科性主要反映在其以众多学科为基础且涉及范围广泛，它与经济学、货币银行学、财政学、会计学、统

计学、数量经济学等学科都有着十分密切的联系。此外，证券投资学还是一门应用性的经济学科。

证券投资的运行有其独特的运动规律，正是这些独特的运动规律决定了证券投资学有其专门的研究对象。证券投资学的研究对象是证券投资的运行及其规律，主要是指证券的发行、交易、分析、选择、组织管理和证券市场的运行规律。具体来说，就是证券投资者如何正确地选择证券投资工具，如何规范地参与证券市场的运作，如何科学地进行证券投资分析，如何成功地使用证券投资方式与技巧，国家如何对证券市场进行规范管理等。

证券投资学研究的目的就是为投资者提供具体而科学的方法和基本技巧，并从以往的投资经验中总结出具有规律性的投资原理和原则，帮助投资者减少风险，促进证券交易活动的开展。帮助投资者用最有效的方法、最安全的途径从事证券投资，以获得资金的最大增值，是证券投资学的基本任务。

(二) 研究内容

证券投资学的研究对象决定了证券投资学的研究内容，主要包括证券投资的一般理论、证券市场及证券投资的运行过程与机制、证券投资决策的方法以及政府进行证券投资管理等。具体来讲，主要包括：

1. 证券投资工具。证券投资活动的顺利进行，离不开一定的条件或行为要素，而证券投资工具，就是证券投资的重要实施要素。他们在证券投资过程中分别起着不同但又不可或缺的作用，而他们的发展水平或状态又直接制约着证券投资过程，决定着其运行的方式与量化状态，并直接反映证券市场与证券投资的发展水平。研究证券投资工具对于准确、全面、深入地说明和理解证券投资运动过程有着十分重要的作用。

2. 证券市场。证券投资活动是在证券市场上进行的，而证券市场本身是一个相当庞杂的体系，由许多分支系统组成，证券市场的不同部分具有不同的活动内容，并分别满足不同的证券投资需要。只有充分了解证券市场，包括其组成框架、基本结构和运行机理，才能根据自己特定的投资目的或要求，正确地进入这一市场，并有效地从事证券投资活动。掌握不同市场的规则、程序和制度，是从事证券投资的重要前提。

3. 证券投资分析方法。证券投资分析是指人们通过各种专业性分析方法，对影响证券价值或者价格的各种信息进行综合分析以判断证券价值或价格及其变动的行为，是证券投资过程中不可或缺的一个重要环节。

证券投资分析方法大致上可以分为基本分析与技术分析两类，而这两类方法又分别包含了大量内容。只有努力把握这些分析方法，投资者才有可能正确地选择投资对象，把握市场趋势，抓住投资机会，避免投资损失，为投资提供科学的决策基础，从而获取尽可能丰厚的投资收益。此外，现代投资组合理论也日益成为证券投资决策分析不可或缺的部分，以实现风险最小化和收益最大化为目标，合理测度证券投资中的风险与收益，构建投资组合，也是证券投资学的核心研究问题之一。

本书将围绕上述三大研究主题，分三编阐述证券投资过程中涉及的一系列基本概念和重要范畴。

第一编为证券投资工具，阐述股票、债券、证券投资基金和金融衍生工具的性质、特征、类别、价格决定和发展现状。

第二编为证券市场，以中国证券市场的运行机制为代表，详述证券发行市场的结构、股票、债券的发行方式和发行制度，证券交易市场的层次结构、证券交易方式和交易制度，证券市场监管体系和监管内容。

第三编介绍证券投资分析所采用的三种分析方法。一是基本分析法，主要根据经济学、金融学以及投资学等基本原理结合宏观、中观和微观企业的情况来推导出结论的分析方法；二是技术分析法，主要根据证券市场中证券的成交价格和成交量的变化规律得出结果的分析方法；三是证券组合分析法，主要根据证券组合管理理论中风险收益相匹配的原则，构建多元分散化投资组合，并进行有效管理的分析方法。

关 键 词 汇

证券　有价证券　资本证券　货币证券　商品证券　证券投资　投机

思 考 题

1. 试述有价证券的特征。
2. 简述投资与投机的区别。
3. 证券投资的功能有哪些？
4. 简述证券投资过程。

第一编 证券投资工具

第7編　水害予防組合

第一章 股　票

▶ 学习目标
- 掌握股票的概念、性质、特征和分类方法
- 熟悉普通股与优先股股东的权利和义务
- 掌握影响股票价格的主要因素
- 熟悉股价指数计算的主要方法，了解主要股票市场指数
- 了解我国股票市场发展的历史演进

第一节　股票概述

一、股票的概念

股票是股份有限公司公开发行的，用以证明投资者的股东身份和权益，并据以取得股息和红利的一种有价证券。

股票一经发行，持有者即成为发行股票公司的股东，有权参与公司的决策、分享公司的利益，同时也要分担公司的责任和经营风险。股票代表着股东对股份公司的所有权，每一股同类型股票所代表的公司所有权是相等的，即"同股同权"。

股票和股份既紧密相连，又有所差别。股份是公司资本最基本的构成单位，每个股份不可再分，其表现形式是股份证书。不同类型的股份制企业，其股份证书的具体形式各不相同。其中，只有股份有限公司用以表现公司股份的形式才是股票。股票根据股份所代表的资本额，将股东的出资份额和股东权予以记载，以供社会公众认购和交易转让。持有了股票就意味着占有了股份有限公司的股份，取得了股东资格。可见，股票与股份是形式与内容的关系。

二、股票的性质

(一) 股票是一种有价证券

股票虽然本身没有价值,但其包含着股东要求股份公司按规定分配股息和红利的请求权,因此,股票也反映和代表着一定的价值。同时,股票与其代表的股东权利有不可分离的关系,股东权利的转让应与股票占有的转移同时进行,不能只转移股票而保持原来的股东权利,也不能只转让股东权利而不转移股票。

(二) 股票是一种要式证券

股票是经过国家主管机关核准发行的,具有法定性。股票不但要取得国家有关部门的批准才能发行上市,而且其票面必须具备一些基本的内容。股票凭证是股票的具体表现形式,股票凭证在制作程序、记载的内容和记载方式上都必须规范化并符合有关的法律法规和公司章程的规定。从这个意义上说,股票可以称为股份有限公司的一种法律文件。

《公司法》规定,股票采用纸面形式或者国务院证券监督管理机构规定的其他形式。

传统股票多采取纸面形式,即实物券式的股票,有形可见。而当前我国现有的股份有限公司大多数是向社会公开发行股票的公司,股票一般是采取簿记券式,即以在证券登记结算机构记载股东账户的方式发行股票。随着信息技术的发展,股票的形式可以多种多样,不一定限于纸面形式和簿记券式这两种类型,如磁卡形式、电子形式等,只要该种股票形式能够真实准确地记载股票的内容,方便股东持有,方便交易就可以了。但是,为了更好地保护投资者特别是公众投资者的利益,《公司法》仍然规定股票的形式必须符合国务院证券监督管理机构的规定,这样在具体实践中有利于公众投资者辨识,方便其投资。

一般情况下,上市公司的股票票面上应具备以下内容:
1. 发行该股票的股份有限公司的全称及其注册登记的日期与地址。
2. 发行的股票总额、股数及每股金额。
3. 股票的票面金额及其所代表的股份数。
4. 股票发行公司的董事长或董事签章,主管机关核定的发行登记机构的签章,有的还注明是普通股还是优先股等字样。
5. 股票发行的日期及股票的流水编号。如果是记名股票,则要写明股东的姓名。

6. 印有供转让股票时所用的表格。

7. 股票发行公司认为应当载明的注意事项。如注明股票过户时必须办理的手续、股票的登记处及地址，是优先股的说明优先权的内容等。

以上这些主要是对采用纸面形式股票要求。由于电子技术的发展与应用，我国深沪股市股票的发行和交易都借助于电子计算机及电子通信系统进行，上市股票的日常交易已实现了无纸化，所以现在的股票仅仅是由电子计算机系统管理的一组二进制数字而已。但从法律上来说，上市交易的股票都必须具备上述内容。对于无纸化股票而言，上述主要内容在电子计算机中也应有所记载和反映。

延伸阅读

股票面值的作用

2008年4月，紫金矿业首次公开发行人民币普通股（A股）。与其他发行新股不同，紫金矿业的发行面值为每股0.1元，这是沪深A股首次出现1元以下的股票面值。

20世纪90年代初期，我国股票市场建立之初，股票面值并不统一，大多为100元和10元面值的股票，后来经过拆细，统一为1元面值的股票，即每股股票代表1元价值。每股0.1元的股票面值的出现，表明股票面值"1"统天下的局面得到改变，A股的发行将越来越与国际接轨。

股票的面值，是股份公司在所发行的股票票面上标明的票面金额，它以元/股为单位。各国对于股票面值的要求各不相同，股票最小面值可以低于、等于或大于该货币的最小货币值。在我国上海和深圳证券交易所流通的股票的面值大多为1元人民币。开曼公司发行的股票面值可为每股0.001美元，而香港公司发行的每股股票面值则不可低于0.1港元。一家开曼公司，共可发行1亿元股份。若以每股0.001美元计算，总资本仅为美元100 000元。这使资本金的分拆和分配更具灵活性。

股票面值的作用之一是表明股票的认购者在股份公司的投资中所占的比例，作为确定股东权利的依据。如某上市公司的总股本为1 000 000元，则持有一股股票就表示在该公司占有的股份为1/1 000 000。股票面值的第二个作用是在首次发行股票时，将股票的面值作为发行定价的依据。一般来说，股票的发行价格都会高于其面值。当股票进入流通市场后，股票的面值就与股票的价格没有关系了。

（三）股票是一种证权证券

证券可以分为设权证券和证权政权。设权证券是指证券所代表的权利本来不存在，而是随着证券的制作而产生，即权利的发生是以证券的制作和存在为条件的，典型代表有汇票、本票、支票等票据。而证权证券是指证券是权利的一种物化的外在形式，它是权利的载体，权利是已经存在的。股票代表的是股东权利，它的发行是以股份的存在为条件的，股票只是把已存在的股东权利表现为证券的形式，它的作用不是创造股东的权利，而是证明股东的权利。股东权利可以不随股票的损毁遗失而消失，股东可以依照法定程序要求公司补发新的股票，所以股票是证权证券。

（四）股票是一种资本证券

股份公司发行股票是一种吸引认购者投资以筹措公司自有资本的手段，对于认购股票的人来说，购买股票就是一种投资行为。因此，股票是投入股份公司的资本份额的证券化，属于资本证券。但是，股票又不是一种现实的财富，股份公司通过发行股票筹措的资金，是公司用于营运的真实资本，股票独立于真实资本之外，只是凭借着它所代表的资本额和股东权益在股票市场上进行着独立的价值运动，是一种虚拟资本。

（五）股票是一种综合权利证券

股票不属于物权证券，也不属于债权证券。物权证券是指证券持有者对公司的财产有直接支配处理权的证券。债权证券是指证券持有者为公司债权人的证券。股票持有者作为股份公司的股东，享有独立的股东权利。股东权是一种综合权利，股东依法享有资产收益、重大决策、选择管理者等权利。

股东虽然是公司财产的所有人，享有种种权利，但对于公司财产不能直接支配处理，而对财产的直接支配处理是物权证券的特征，所以股票不是物权证券。另外，一旦投资者购买了公司股票，他即成为公司部分财产的所有人，但该所有人在性质上是公司内部的构成分子，而不是公司的债权人，所以股票也不是债权证券。

三、股票的特征

（一）收益性

投资者购买股票的目的在于获取收益，投资于股票可能得到的收益分为两类。

第一类来自股份公司。认购股票后，持有者对发行该股票的公司就享有经济权益，这种经济权益的实现形式是从公司领取股息和分享公司的红利。股息红利

第一章 股　票

的多少取决于股份公司的经营状况和盈利水平。

第二类收益来自股票流通。股票持有者可以持股票到市场上进行交易，当股票的市场价格上涨到高于当初投资的买入价格时，卖出股票就可以赚取差价收益，这种差价收益称为资本利得（capital gain）或资本收益（capital gains yield）。

如某投资者在 2009 年 4 月 17 日以 13.6 元/股买入苏宁电器股份有限公司的股票，到 2010 年 1 月 4 日以 21 元的市场价格卖出，因持股期间公司未进行红利分配，该投资者就赚取了 7.4 元/股的差价收益，投资收益率为 (21 - 13.6)/13.6 = 54.4%。若该投资者在 2009 年 4 月 15 日之前持有该公司股票，还能参与 2008 年的年度分红，按每 10 股送 2 股转增 3 股并派 0.3 元现金的分红方案，获得现金红利和股票股利。

延伸阅读

上市公司股利发放方式

股息是股东定期按一定的比率从上市公司分取的盈利，红利则是在上市公司分派股息之后按持股比例向股东分配的剩余利润。红利与股息的区别在于，股息的利率是固定的，而红利数额通常是不确定的，它随着公司每年可分配盈余的多少而上下浮动。在实际工作中，股息和红利有时并不加以仔细区分，而是被统称为股利或红利。

上市公司发放股息红利的形式只要有现金股利、股票股利、财产股利和负债股利四种，但沪深股市的上市公司进行利润分配一般只采用股票股利和现金股利两种，即统称所说的送红股和派现金。现金股利是上市公司以货币形式支付给股东的股息红利，也是最普通最常见的股利形式，如每股派息多少元。股票股利是上市公司用股票的形式向股东分派的股利，就是通常所说的送红股。

财产股利是上市公司用现金以外的其他资产向股东分派的股息和红利。它可以是上市公司持有的其他公司的有价证券，也可以是实物。负债股利是上市公司通过建立一种负债，用债券或应付票据作为股利分派给股东。这些债券或应付票据既是公司支付的股利，又确定了股东对上市公司享有的独立债权。

（二）风险性

证券投资风险的内涵是预期收益的不确定性。股票尽管可能给投资者带来收益，但这种收益是不确定的，认购了股票就必须承担一定的风险。股票的风险主要表现在两点：其一，股东能否获得预期的股息红利收益，完全取决于公司的盈利情况和红利分配政策。只有公司经营状况良好，业绩突出，投资者才能获得较高的股息和红利。其二，股票在交易市场上作为交易对象，同商品一样，有自己的市场行情和市场价格。股票的市场价格受公司盈利以及政治、经济、社会的多方面因素的影响，市场投机者的炒作、政策法规的出台、世界政治经济形势的变化，都对股价产生影响和冲击。因此，股票的市场价格是不断波动的，股价可能小幅升降，也可能大起大落。股价的波动性，致使投资者获得的资本收益具有不确定性，当股价跌至低于投资者的买入成本时，投资者将蒙受损失。

（三）流通性

股票的流通性是指股票在不同投资者之间的可交易性。股票持有人可按自己的需要和市场情况，灵活地转让股票。在股票转让时，转让者收回投资，而将股票所代表的股东身份及其各种权益让渡给受让者。股票除了可以在股票市场转让、买卖外，也可以继承、赠与、抵押。股票的流通性是商品交换的特殊形式，在流动性高的市场，持有股票与持有现金差不多。通过股票的流通和股价的变动，可以看出人们对于相关行业和上市公司的发展前景和盈利潜力的判断。那些在流通市场上吸引大量投资者、股价不断上涨的行业和公司，可以通过增发股票，不断吸收大量资本进入生产经营活动，促进了资源优化配置。

（四）参与性

股票的持有者是公司的股东，具有相应的权利和义务。股东的权利是多方面的，其中很重要的一条就是参与公司的经营决策。当然，这种参与不一定是亲自做出决议或者指挥经营，而有其一定的途径，基本方式是出席股东大会，通过选举公司董事会或对公司的经营决策进行投票来实现其参与权。虽然股东参加股东大会的权利不受所持股票多寡的限制，但参与经营决策的权利取决于其持有股票份额的多少。一般来说，当股东持有的股票数额达到决策所需的有效多数时，就能掌握公司的决策控制权。

（五）稳定性

股票投资是一种没有期限的长期投资。投资者购买了股票，在公司存续期内就不能退股。股票的有效期与股份公司的存续期间相联系，两者是并存的关系。这种关系实质上反映了股东与股份公司之间比较稳定的经济关系，股票代表着股东的永久性投资。对于股份公司来说，由于股东不能要求公司退股，所以通过发行股票筹集到的资金，在公司存续期间是一笔稳定的自有资本，保证了公司资本规模的稳定性。当然，若股票持有者急需资金或想收回其投资，可以出售股票而转让其股东身份和股东权益。

第二节 股票的种类

股票具有多种形式，从不同角度，可将其分为若干种类。

一、按股票赋予股东权利分类

按股东享有权利的不同，股票可分为普通股和优先股。

（一）普通股

1. 普通股的概念

普通股（common stock），是指公司发行的没有特别权利和特别限制的股份，它是股份公司资本构成中最普通、最基本的股份，是股份公司资本金的基础部分。普通股股东的权利和义务一般由法律进行规定，公司章程或者股东大会决议不得进行限制。

普通股的基本特点是其投资收益不是在购买时约定，而是事后根据股票发行公司的经营业绩来确定。公司的经营业绩好，普通股的收益就高；反之，若经营业绩差，普通股的收益就低。而且，在分配顺序上，普通股的股息收益排在最后，在公司偿付了其债务和利息及优先股股息之后才能分得，加之普通股的价格波动幅度较大，因此，对于普通股股东来说，他们的收益具有很大的波动性，普通股是风险最大的股票。此外，普通股也是股票的一种基本形式，是发行量最大，最为重要的股票。在我国上交所与深交所上市的股票都是普通股。

2. 普通股的权利

普通股股东之间的法律地位是平等的，不以股东的信誉、身份、财产状况和工作能力等条件的不同而改变。一般来说，普通股股东可以享受下列权利：

（1）公司经营决策的参与权

普通股股东享有的股东权，是一种综合权利，而其中首要的是可以以股东身份参与股份公司的经营管理决策。作为普通股股东，行使这一权利的途径是参加股东大会。

股东大会是股份公司的最高权力机构，它由全体股东组成，对公司重大事项进行决策。普通股股东有权出席股东大会。

股东大会行使下列职权：
①决定公司的经营方针和投资计划。
②选举和更换董事，决定有关董事的报酬。
③选举和更换由股东代表出任的监事，决定有关监事的报酬事项，审议批准董事会的报告。
④审议批准监事会的报告；审议批准公司的年度财务预算方案、决算方案。
⑤审议批准公司的利润分配方案和弥补亏损方案。
⑥对公司增加或者减少注册资本做出决议。
⑦对公司发行债券做出决议。
⑧对股东向股东以外的人转让出资做出决议（本项为有限责任公司股东会议特有的职权）。
⑨对公司合并、分立、解散和清算等事项做出决议。
⑩修改公司章程，以及公司章程规定需由股东大会决定的事项。

股东大会由董事会依照公司法规定负责召集，一般每一年或半年展开一次。股份公司召开股东大会，应当保证普通股股东享有出席会议的平等权利。原则上股东每持有一份股份，就有一个表决权，任何人不得以任何理由剥夺其表决权。对于各个股东来说，其表决权的数量视其购买的股票份数而定，持有股票数量越多，享有的表决权就越多。普通股股东可以自己直接出席股东大会，也可以按规定手续委托代理人出席股东大会代为行使表决权。

在实践中，由于股东人数很多，而且经常在变动，真正参加股东大会并行使权利的只是少数大股东。少数股东如能根据公司章程规定的投票制度拥有选举董事所需要的一定比例的股票数量，就可以确保其所推荐的人员被选为董事，从而就能通过这些董事及其选定的经理人员来控制该股份公司的运作。因此，大股东控制公司不一定需要持有绝对多数股票。

在股东投票制度上，有不同的方法，比如多数投票制和累积投票制。在多数投票制情况下，股东的表决权按其实际拥有的股票数量计算，每持有一股便有一个表决权，即有一票，而董事的当选取决于多数票的投向。这样，持有少数普通股票的股东，其表决权无多大意义，因为他们没有机会能够通过投票方式来实现自己的意愿。

累积投票制是指股东大会选举董事或者监事时，每一股份拥有与应选董事或者监事人数相同的表决权，股东拥有的表决权可以集中使用。在累积投票制情况下，股东的表决权是按其拥有的股票数量乘以待选董事人数来计算的。如某股东拥有100股股票，而公司准备选举15名董事，则该股东的表决权累积为1 500

票。这样，他可将累积的表决权用于选举一个董事，从而使得持有少数普通股的股东有较多的机会选出符合其意愿的董事。

通过累积投票制，中小股东提名的人选有可能进入董事会、监事会，参与公司的经营决策和监督，虽不足以控制董事会、监事会，但至少能在其中反映中小股东的意见，使大股东提名的董事、监事在行事时有所顾忌，有所制约，而实现董事会、监事会内部一定程度上的监督。

根据《公司法》的规定，我国上市公司在选举董事、监事时可依照规定实行累积投票制。

(2) 公司盈余和剩余资产分配权

普通股的分配权直接体现了股东在经济利益上的要求，这一要求可以表现为两个方面：一是他们有权要求从股份公司经营的利润中分得红利；二是他们在股份公司破产或清算时，有权要求取得公司的剩余资产。

就第一个权利来说，其行使有一定的限制条件。第一，法律上的限制。许多国家在公司法或者其他法律中对股份公司股利的支付条件明确加以规定，一般原则是：只能用留存收益支付，股利的支付不能减少其注册资本，公司在无力偿债时不能支付股利。我国有关法律则规定，公司交纳所得税后的利润，在支付普通股的股利之前，按如下顺序分配：弥补亏损、提取法定盈余公积金、提取公益金、支付优先股股利、提取任意盈余公积金。可见，普通股股东能否分到红利以及分取多少取决于公司的税后利润多少以及公司的利润分配政策。第二，其他方面的限制。比如公司对现金的需要，股东所处的地位，公司的经济环境，公司进入资本市场获得资金的能力等。

就第二个权利来说，其行使也有一定的先决条件。第一，普通股股东要求索取公司资产必须在公司破产清算之时。第二，公司的剩余资产在分配给股东之前，一般应按下列顺序支付：拨付清算费用、支付公司员工工资、支付国家税款、支付银行贷款、公司债务和其他债务，如还有剩余资产，再按持股比例依次分配给优先股股东和普通股股东。

(3) 优先认股权

优先认股权是指当股份公司为增加公司资本而决定增加发行新的股票时，原普通股股东享有的按其持股比例，以低于市价的某一特定价格优先认购一定数量新发行股票的权利。在我国，优先认股权又习惯称之为配股权证。

这种权利有两个主要目的：一是能保证普通股股东在股份公司中保持原有的持股比例。如某公司原有 10 万股普通股，而投资者甲拥有 1 000 股，占 1%。现在公司决定增发 10 000 股普通股，且按 10∶1 的比例向原社会公众股股东优先配售,那么该投资者就有权以低于市价的特定价格购买 100 股,此后其持股票比例依然为 1%。二是能保护普通股股东的利益和持股价值。当公司增资扩股后,在一段时间内每股净资产和每股税后净利会因此而摊薄,原普通股股东以优惠价格优先购买一定数量的新股,可从中得到一定风险补偿。三是增加新发行股票对股东的吸引力。

享有优先认购股权的股东有三种选择:一是行使权利来认购新发行的普通股票;二是将该权利转让给他人,从中可获得一定的报酬;三是不行使此权利而听任其过期失效。在股东认为购买新股无利可图,而转让或出售认股权又比较困难或获利甚微时,就可以听任优先认股权过期失效。

普通股股东是否具有优先认股权,还取决于认购时间与股权登记日的关系。股份公司在提供优先认股权时会规定一个截止日期,即股权登记日。在股权登记日收盘前认购普通股票的股东,方能取得认股权而优先认购新股。此后认购普通股票的股东,不享有优先认股权,即无权以优惠价格认购股票。前者称为含权股,后者称为除权股。

(二) 优先股

1. 优先股的概念

优先股 (preferred stock) 是股份有限公司发行的,在分配红利和剩余资产时比普通股享有优先权的股票。优先股的内涵可以从两个不同的角度来认识。一方面,优先股作为一种股权证书,代表着对公司的所有权,这一点与普通股一样。但优先股股东又不具备普通股股东所具有的基本权利,它的有些权利是优先的,有些权利又受到限制。另一方面,优先股也兼有债券的若干特点,它在发行时事先确定一种固定的股息率,类似债券的利息率。

在成熟的证券市场上,股份公司一般可以发行普通股和优先股两种类型的股票。其中优先股作为一种特殊的股票形式,是普通股的有益补充,它不仅为股份公司提供了重要的筹资方式,而且为投资者提供了风险低、收益高的投资机会。目前在西方各国的主要证券交易所均有优先股交易,并且既可以在场内也可以在场外交易。而在我国证券市场上,优先股目前尚未正式引入证券市场,只有个别公司曾尝试发行优先股,如深圳发展银行(简称深发展)、万科企业股份有限公司、杭州天目山药业股份有限公司等。由于我国《证券法》、《公司法》等相关法律对优先股并没有做出特别说明,这些优先股都相继退出。

深发展曾先后于 1988 年 3 月、1989 年 3 月面向国内企业和个人发行 10 万股、7.1358 万股外汇优先股,每股面值 100 港元。1991~1993 年期间累计有

17.12万股深发展优先股以1:9的比例转换为普通股。1995年,深发展发布公告,以面值2.35倍的价格赎回剩余的158股优先股。

杭州天目山药业股份有限公司(简称天目药业,股票代码600671)上市前因股本总额偏小,为了符合上市条件,于1993年6月增扩1890万股法人股,该部分股份均为优先股。根据天目药业的《公司章程》,该公司优先股股东每年享有7.65%的可累计优先分红权。但该公司于2006年8月召开的2006年度第一次临时股东大会上,审议通过了《优先股转为普通股》的议案,公司的优先股按照1:1的比例全部转为普通股。

至今,我国股份公司在境内市场只能发行普通股,优先股仍然是个盲点。

2. 优先股的特征

与普通股相比,优先股有以下四方面的特点。

(1) 股息率固定

优先股具有固定的股息收入,不受公司经营状况和盈利水平的影响。优先股在发行之时就约定了固定的股息率,无论公司经营业绩如何变化,该股息率不变。如根据天目药业的《公司章程》,该公司优先股股东每年享有7.65%的可累计优先分红权。对公司来说,由于股息固定,它不影响公司的利润分配。发行优先股相当于发行无限期的债券,可获得长期的低成本资金,又不增加债务负担,有利于提高公司的资产质量,促进公司的持续成长。

(2) 股息分派优先

在股份公司盈利分配顺序上,优先股票排在普通股票之前。各国公司法一般都规定,公司盈利首先应支付债权人的本金和利息,其次是支付优先股股息,最后才是普通股股利。这样,当公司经营不利,公司利润不足以支付全部股东股息和红利时,由于优先股享有比普通股优先获取股息收入的权利,优先股股东遭受损失的可能性低于普通股股东。从这个角度看,优先股风险低于普通股。当然,持有优先股并不总是有利的,比如,在公司经营有方而获取高额利润的情况下,优先股的股息收益可能会远低于普通股。

(3) 剩余资产分配优先

当股份公司因破产或解散进行清算时,在对公司剩余财产的分配上,优先股股东排在债权人之后,普通股股东之前。也就是说,优先股股东可优于普通股股东分配公司的剩余财产。因此,普通股投资在资本回收上面临的不确定性也大于优先股投资,这是优先股风险低于普通股的另一个表现。

(4) 表决权受到一定限制

优先股股东的权利也是受限制的,最主要的是表决权。普通股股东参与股份公司的经营管理主要通过参加股东大会行使表决权,而优先股股东通常不享有公司的经营决策参与权。一般情况下,优先股股东没有投票表决权,无权参加股东大会,从而就无法参与公司的经营管理。但涉及优先股股东权益时,如公司长期不支付优先股股息,优先股股东可享有表决权。

3. 优先股的种类

优先股的种类很多,分类方法多种多样,按分类标准的不同,主要有以下几种:

(1)依据优先股股息在当年未能足额分派时能否在以后年度补发,可分为累积优先股和非累积优先股。

累积优先股(cumulative preferred shares)是指在某个营业年度内,如果公司所获得的盈利不足以分派规定的股利,日后优先股的股东对往年未给付的股息,有权要求如数补给。在累计未发的优先股股息尚未补足之前,公司不得分派普通股股利。累积优先股股票是一种发行很广泛的优先股股票。股份公司发行累积优先股的目的,主要是为了保障优先股股东的收益不致因公司盈利状况的波动而减少。由于规定未发放的股息可以累积起来,待以后年度一起支付,因此对于股东来说,股息收益只是时间迟早的问题,有利于保护优先股投资者的利益。

非累积优先股(non-cumulative preferred shares)是指在某个营业年度内,如果公司所获得的盈利不足以分派规定的股利,日后优先股的股东对往年未给付的股息,不能要求补发。发行非累积优先股,对股份公司来说,因不承担以往未付足优先股股息的补偿责任,故不会加重公司付息分红的负担。但对于投资者来说,股息收入的稳定性差,即公司盈利多时只能获取固定的收益,而公司盈利少时则可能得不到规定的股息,故不如累积优先股有吸引力。

(2)依据优先股在公司盈利较多的年份里,除了获得固定的股息以外,能否参与或部分参与本期剩余利润的分享,可分为参与优先股与非参与优先股。

参与优先股(participating preferred stock)是指除了按规定享受既定比例的股息外,还有权与普通股股东一起参与本期剩余盈利分配的优先股。这种参与权是对优先股投资者的一种优惠,使他们有机会获取高于固定股息的收益。根据优先股股东参与公司利润分配的方式和比例不同,参与优先股又分为全部参与优先股和部分参与优先股两种。前者指,参与优先股有权与普通股一起等额分享本期的剩余利润,其收益没有上限,其每股收益与普通股相同。后者指,参与优先股有权在一定额度内与普通股一起分享本期的剩余利润,其收益有上限制约,每股收益低于普通股所得红利。

非参与优先股(non-participating preferred stock)是指除了按规定分得既定股

息外，无权再参与对本期利润分配的优先股。非参与优先股的股息收入仅以事先规定的股息率为限，即使公司本期剩余利润高，它也不能与普通股一起分享公司的剩余利润。一般来讲，参与优先股较非参与优先股对投资者更有利。

（3）依据优先股票能否在规定条件下转换成其他品种，可分为可转换优先股和不可转换优先股。

可转换优先股（convertible preferred stock）是指发行后在规定条件下允许持有者将它转换成其他种类股票或公司债券的优先股。在大多数情况下，股票转换是由优先股转换成普通股，或者由某种优先股转换成另一种优先股。

发行可转换优先股票，对于股份公司和投资者来说，都有一定的意义。首先，股份公司在其股票发行遇到困难时，可以给予优先股票认购者以转换请求权，来吸引更多的人购买。同时，可转换优先股票的股息率往往略低于其他种类的优先股，也有利于减轻公司负担。其次，投资者投资于可转换优先股实际上多了一个选择余地和改变资产种类的机会。比如，投资者认购该种股票后，在公司盈利较少时，可以不行使转换请求权，而继续持有优先股票以保证获得固定股息；而当公司盈利较高时，可行使转换请求权转换成普通股票以分享丰厚的盈利。

不可转换优先股（non-convertible preferred stock）是指发行后不允许其持有者将它转换成其他种类股票或公司债券的优先股。

（4）依据优先股能否由原发行的股份公司出价赎回，可分为可赎回优先股与不可赎回优先股。

可赎回优先股（redeemable preferred stock）是指在发行后一定时期可按特定的赎买价格由发行公司收回的优先股票。一般的股票的有效期限是与股份公司的存续期一致，而可赎回优先股票则不同，它可以依照该股票发行时所附的赎回条款，由公司出价赎回。股份公司一旦赎回自己的股票，必须在短期内予以注销。

可赎回优先股票有两种类型：一种是强制赎回，即这种股票发行时就规定，股份公司享有赎回与否的选择权。一旦发行该股票的公司决定按规定条件赎回，股东别无选择而只能交回股票。另一种是任意赎回，即股东享有是否向股份公司赎回的选择权。若股东在规定的期限内不愿继续持有该股票，股份公司不得拒绝按赎回条款购回。在实践中，大部分可赎回股票属于第一种，赎回的主动权掌握在股份公司手中。股份公司赎回优先股票的目的一般都是为了减少股息负担，所以，往往是在能以股息较低的股票取代已发行的优先股票时予以赎回。赎回的价格是事先规定的，通常高于股票面值，其目的在于补偿股东因股票被赎回而可能遭受的损失，保护股票持有者的利益，同时也可以规范股份公司的赎回行为。

不可赎回优先股（non-redeemable preferred stock）是指发行后根据规定不能赎回的优先股。这种股票一经投资者认购，在任何条件下都不能由股份公司赎回。由于股票投资者不能再从公司抽回股本，这就保证了公司资本的长期稳定。

(5) 依据优先股的股息率是否允许变动，可分为股息率可调整优先股与股息率固定优先股。

股息率可调整优先股（adjustable rate preferred stock）是指股票发行后股息率可以根据情况按规定进行调整的优先股票。这种股息率的变化一般与公司经营状况无关，而主要是随市场上其他证券价格或者银行存款利率的变化作调整。股息率可调整优先股票的产生，是为了适应国际金融市场不稳定、各种有价证券价格和银行存款利率经常波动的情况。发行这种股票，可以保护股票持有者的利益，同时对股份公司来说，有利于扩大股票发行量。

股息率固定优先股是指股票发行后股息率不再变动的优先股。常见的优先股就是股息率固定优先股。

二、按股票是否记名分类

按是否记载股东姓名，股票可分为记名股票和不记名股票。

（一）记名股票

记名股票是指在股票票面和股份公司的股东名册上记载股东姓名的股票。《公司法》规定，股份公司向发起人、国家授权投资的机构、法人发行的股票，应当为记名股票，并应当记载该发起人、机构或者法人的名称，不得另立户名或者以代表人姓名记名。发行记名股票的，应当置备股东名册，记载下列事项：股东的姓名或者名称及住所、各股东所持股份数、各股东所持股票的编号、各股东取得股份的日期。

记名股票有如下特点：

1. 股东权利属于记名股东，只有记名股东或其正式授权的代理人才能行使股东权利。

2. 认购股票的款项可以一次交足，也可以分次交足。

3. 转让相对复杂或受限制。记名股票的转让必须依据法律和公司章程规定的程序进行，而且要服从规定的转让条件。一般来说，记名股票的转让都必须由股份公司将受让人的姓名或名称、住所记载于公司的股东名册，办理股票过户登记手续，这样受让人才能取得股东的资格和权利。而且，为了维护股份公司和其他股东的利益，法律对于记名股票的转让有时会规定一定的限制条件，如有的国家规定记名股票只能转让给特定的人。我国《公司法》规定，记名股票由股东以背书方式或者法律、行政法规规定的其他方式转让；转让后由公司将受让人的姓名或名称及住所记载于股东名册。

4. 便于挂失，相对安全。记名股票与记名股东的关系是特定的，因此，万一股票遗失，记名股东的资格和权利并不消失。我国《公司法》规定，记名股票被盗、遗失或者灭失，股东可以依照民事诉讼法规定的公示催告程序，请求人民法院宣告该股票失效，然后，股东可以向公司申请补发股票。

（二）不记名股票

不记名股票是指在股票票面和股份公司的股东名册上均不记载股东姓名的股票。我国《公司法》规定，对社会公众发行的股票，可以为记名股票，也可以为无记名股票。发行无记名股票的，公司应当记载其股票数量、编号及发行日期。

不记名股票有如下特点：

1. 股东权利归属股票的持有者。确认不记名股票的股东资格不以特定的姓名记载为根据，而是以占有的事实为根据。因此，持有该股票的人就是股东，就可以行使股东权利。

2. 认购股票时要求交足股款。不记名股票上不记载股东姓名，若允许股东交付部分股款即发给股票，以后实际上将无法催交未交付的股款，故认购者必须交足股款后才能领取股票。

3. 转让相对简便。与记名股票相比，不记名股票的转让较为简单与方便，原持有者只要向受让人交付股票便发生转让的法律效力，受让人取得股东资格不需要办理过户手续。

4. 安全性较差。因为没有记载股东姓名的法律依据，所以，不记名股票一旦遗失，原股票持有者便丧失了股东权利，且无法挂失。但随着无纸化交易的发展，这种情况已经得到了很好的改善。

三、按投资主体分类

在我国，按投资主体不同有国有股、法人股、公众股、外资股等四种不同类型的股票。

（一）国家股

国家股是指有权代表国家投资的部门或机构以国有资产向公司投资形成的股

份，包括公司现有国有资产折算成的股份。国家股由国务院授权的部门或机构持有，或根据国务院规定，由地方人民政府授权的部门或机构持有，并委派股权代表。

国家股从资金来源上看，主要有三个方面：第一，现有国有企业整体改制时所拥有的净资产；第二，现阶段有权代表国家投资的政府部门向新组建的股份公司的投资；第三，经授权代表国家投资的投资公司、资产经营公司等机构向新组建股份公司的投资。如以国有资产折价入股的，必须按国务院及国家国有资产管理局的有关规定办理资产评估、确认、验证等手续。

国家股是国家股权的一个组成部分。在我国，国有资产管理部门是国家股权行政管理的专职机构。国家股股利收入由国有资产管理部门监督收缴，依法纳入国有资产经营预算并根据国家有关规定安排使用。国家股权可以转让，但转让应符合国家制定的有关规定。国有资产管理部门应考核、监督国家股持股单位正确行使权利和履行义务，维护国家股的权益。

(二) 法人股

法人股是指企业法人或具有法人资格的事业单位和社会团体以其依法可支配的资产向股份公司非流通股权部分投资所形成的股份。法人股是法人经营自身财产进行投资所形成的，法人股股票必以法人记名。

如果是具有法人资格的国有企业、事业及其他单位以其依法占用的法人资产向独立于自己的股份公司出资形成或以法定程序取得的股份，则可称为国有法人股。国有法人股也属于国家股权。如果非国有法人资产投资于上市公司形成的股份则为社会法人股。

现有的法人股流动主要有四种方式：协议转让、拍卖、质押和回购。法人股只能在法人之间转让，不能转让给自然人或其他非法人组织，由于缺乏更广泛的投资者参与，法人股的流通受到制约，更无法通过股票市场的交易来体现其真正的价值。

(三) 公众股

也叫个人股，指社会个人或股份公司内部职工以个人合法财产投入公司形成的股份。公众股有两种基本形式：公司职工股和社会公众股。

1. 公司职工股

公司职工股是指股份公司采用募集方式设立时，向公司内部职工募集的股份。募集设立有定向募集和社会募集两种形式。

在定向募集情况下，公司一部分股份是向公司内部职工定向募集的，一般称为内部职工股。1993年，国务院正式发文明确规定停止内部职工股的审批和发行。

在社会募集情况下，公司内部职工也可公开认购一定比例的股份，一般称为公司职工股。其股本数额不得超过公司向社会公众发行股本数额的10%，公司股票上市6个月后，公司职工股即可安排上市。1998年，国务院规定停止审批和发行公司职工股。

2. 社会公众股

社会公众股是指社会公众依法以其拥有的财产投入股份公司时形成的可上市流通的股份。在社会募集方式下，股份公司发行的股份，除了由发起人认购一部分外，其余部分应该向社会公众公开发行。我国《公司法》规定，社会募集公司向社会公众发行的股份，不得少于公司股份总数的25%。公司股本总额超过4亿元的，向社会公开发行股份的比例为15%以上。

（四）外资股

外资股是指股份公司向国外及我国港、澳、台地区投资者发行的股票。这是我国股份公司吸引外资的一种方式。按上市地域分为境内上市外资股和境外上市外资股。

境内上市外资股是指在中国境内注册的股份有限公司向境内外投资者发行并在中国境内证券交易所上市的股份，又称为人民币特种股票或B股。

境外上市外资股是指股份公司向境外投资者募集并在境外上市的股份。它也采取记名股票的形式，以人民币标明股票面值，以外币认购。在境外上市时，可以采取境外存股证形式或者股票的其他派生形式。在境外上市的外资股除了应符合我国的有关法规外，还须符合上市所在地国家或者地区证券交易所制定的上市条件。

四、按上市地点及面对投资者的不同分类

依据股票的上市地点和所面对的投资者的不同，我国上市公司的股票有A股、B股、H股、N股、S股、L股之分。

A股的正式名称是人民币普通股票。它是由我国境内的公司发行，供境内机构、组织或个人（不含台、港、澳投资者）以人民币认购和交易的普通股股票，A股股票在上海证券交易所或深圳证券交易所挂牌交易。

B股、H股、N股、S股、L股均属于外资股。

B股采取记名股票形式，以人民币标明股票面值，以外币进行认购、买卖，在境内证券交易所上市交易。B股在上海证券交易所以美元进行认购和交易及结算，在深圳证券交易所以港元进行认购和交易及结算。最初，B股投资者仅限于外国及我国港、澳、台地区的投资者。从2001年2月，国内居民可以以相应的外币现汇存款和外币现钞存款以及从境外汇入的外汇资金进行买卖，但不允许使用外币现钞，我国B股市场已成为一个全球化的市场。

H股、N股、S股、L股等属于境外上市外资股。H股是指注册地在内地、上市地在香港的外资股。在纽约、新加坡、伦敦上市的外资股就分别称为N股、S股、L股。

第三节　股票的价值与价格

一、股票的价值

股票是虚拟资本的一种形式，它本身没有价值。从本质上讲，股票仅是一个拥有某一种所有权的凭证。股票之所以能够有价，是因为股票的持有人，即股东，不但可以参加股东大会，对股份公司的经营决策施加影响，还享有参与分红与派息的权利，获得相应的经济利益。

从不同的角度进行考察，股票价值可以体现为账面价值和内在价值。

1. 账面价值

账面价值又称每股净资产，是指每股股票所代表的实际资产的价值，又称股票净值。

公司的资产净值是指公司的资本额（股票面值总额）加上公积金与未分配利润的数额。其中，各种公积金和未分配利润尽管没有以股利的形式分派出来，但仍属于股东。因此，净资产也称为股东权益。

2. 内在价值

股票的内在价值即理论价值，也即股票未来收益的现值，取决于股息收入和市场收益率。股票的内在价值决定股票的市场价格，但市场价格又不完全等于其内在价值。受供求关系等多种因素影响的市场价格围绕着股票内在价值波动。

二、股票的价格

(一) 股票的理论价格

股票代表的是持有者的股东权。这种股东权的直接经济利益,表现为股息、红利收入。股票的理论价格,就是为获得这种股息、红利收入的请求权而付出的代价,是股息资本化的表现。

从理论上说,股票价格应由其价值决定,但股票本身并没有价值,不是在生产过程中发挥职能作用的现实资本,而只是一张资本凭证。股票之所以有价格,是因为它代表着收益的价值,即能给它的持有者带来股息红利和资本利得。股票交易实际上是对未来收益权的转让,股票价格就是对未来收益的评定。

股票及其他有价证券的理论价格是根据现值理论而来的。现值理论认为,人们之所以愿意购买股票和其他证券,是因为它能够为其持有人带来预期收益,因此,它的"价值"取决于未来收益的大小。股票的未来股息收入、资本利得收入是股票的未来收益,将其按市场利率和有效期限折算成今天的价值,即为股票的现值。股票的现值就是股票未来收益的当前价值,也就是人们为了得到股票的未来收益愿意付出的代价。

股票的理论价格用公式表示为:

$$股票价格 = 预期股息 \div 市场利率$$

(二) 股票的市场价格

股票的市场价格一般是指股票在二级市场上买卖的价格,一般称为股票市价或股票行市。

股票的市场价格由股票的价值决定,但同时受许多其他因素的影响。其中,供求关系是最直接的影响因素,其他因素都是通过作用于供求关系而影响股票价格的。由于影响股票价格的因素复杂多变,所以股票的市场价格呈现出高低起伏的波动性特征。

三、影响股票价格的因素

在自由竞价的股票市场中,股票的市场价格不断变动。引起股票价格变动的直接原因是供求关系的变化,在供求关系的背后还有一系列更深层次的原因。除股份公司本身的经营状况以外，任何政治、经济、军事、社会等的变动都会影响股票市场的供求关系，进而影响股票价格的涨跌。

（一）宏观经济因素

即宏观经济环境状况及其变动对股票市场价格的影响，包括宏观经济运行的周期性波动等规律性因素和政府实施的经济政策等政策性因素。宏观经济影响股票价格的特点是波及范围广、干扰程度深、作用机制复杂和股价波动幅度较大。

1. 经济增长

一个国家或地区的社会经济是否能持续稳定地保持一定发展速度，是影响股票价格能否稳定上升的重要因素。当一国或地区运行势态良好，一般说来，大多数企业的经营状况也较良好，它们的股票价格会上升，反之股票价格会下降。

2. 经济周期循环

国民经济运行经常表现为扩张与收缩的周期性交替，每个周期一般都要经过高涨、衰退、萧条、复苏四个阶段，即所谓的景气循环。经济周期循环对股票市场的影响非常显著，可以这么说，是景气变动从根本上决定了股票价格的长期变动趋势。

通常经济周期变动与股价变动的关系是：复苏阶段——股价回升；高涨阶段——股价上涨；危机阶段——股价下跌；萧条阶段——股价低迷。经济周期变动通过下列环节影响股票价格：经济周期变动——公司利润增减——股息增减——投资者心理变化——供求关系变化——股票价格变化。在影响股票价格的各种经济因素中，景气循环是一个很重要的因素。

值得重视的是，股票价格的变动通常比实际经济的繁荣或衰退领先一步，即在经济高涨后期股价已率先下跌；在经济尚未全面复苏之际，股价已先行上涨。国外学者认为股价变动要比经济景气循环早4~6个月。这是因为股票价格是对未来收入的预期，所以先于经济周期的变动而变动。正因为如此，股票价格水平已成为经济周期变动的灵敏信号或称先导性指标。

3. 市场利率

市场利率变化通过以下途径影响股票价格：

（1）绝大部分企业都负有债务，利率提高，利息负担加重，公司净利润和股息相应减少，股票价格下降；利率下降，利息负担减轻，公司净盈利和股息增加，股票价格上升。

（2）利率提高，其他投资工具收益相应增加，一部分游资会流向储蓄、债券等其他收益固定的金融工具,对股票需求减少,股价下降。若利率下降,资金流向股票市场,对股票的需求增加,股票价格上升。

(3) 利率提高,一部分投资者要负担较高的利息才能借到所需资金进行证券投资。如果允许进行信用交易,则买空者的融资成本也相应提高,投资者会减少融资和对股票的需求,股票价格下降。若利率下降,投资者能以较低利率借到所需资金,增加融资和对股票的需求,股票价格上涨。

(二) 政治因素

1. 战争

战争是最有影响的政治因素:战争会破坏社会生产力。使经济停滞、生产凋敝、收入减少、利润下降。战争期间除了军火工业以外,大部分企业都会受到严重打击。战争又使投资者风险明显增大,在生命得不到保障的情况下,人们的投资愿望降到最低点。特别是全面的、长期的战争,会使股票市场受到致命打击,股票价格会长期低迷。

2. 政权更迭、领袖更替等政治事件

这些事件的爆发都会影响社会安定,进而影响投资者的心理状态和投资行为,引起股票市场的涨跌变化。

3. 国际社会政治经济的变化

随着世界经济一体化的进程,国家之间、地区之间的政治经济关系更趋紧密,加之先进通信工具的运用,国际关系的细微变化都可能引致各国股市发生敏感的联动。

(三) 法律因素

即一国的法律特别是股票市场的法律规范状况。一般来说,法律不健全的股票市场更具有投机性,震荡剧烈,涨跌无序,人为操纵成分大,不正当交易较多;反之,法律法规体系比较完善,制度和监管机制比较健全的股票市场,证券从业人员营私舞弊的机会较少,股票价格受人为操纵的情况也较少,因而表现得相对稳定和正常。总体上说,新兴的股票市场往往不够规范,而成熟的股票市场法律法规体系则比较健全。

(四) 公司经营状况

股份公司的经营状况是股票价格的基石。一家公司的经营状况一般只对本公司的股票价格产生深刻的影响,是一种典型的微观影响因素。

从理论上分析，公司经营状况与股票价格成正比，公司经营状况好，股价上升；反之，股价下跌。公司经营状况的好坏，可以从以下各项来分析：

1. 公司资产净值

资产净值或称净资产是公司现有的实际资产，是总资产减去总负债的净值。资产净值是全体股东的权益，也是决定股票价格的重要基准。股票作为投资的凭证，每一股代表一定数量的净值。从理论上讲，每股净值应与股价保持一定比例，即净值增加，股价上涨；净值减少，股价下跌。

2. 盈利水平

公司业绩好坏集中表现于盈利水平的高低，公司的盈利水平是影响股票价格的基本因素之一。在一般情况下，公司盈利增加，股息也会相应增加，股票的市场价格上涨；公司盈利减少，股息相应减少，股票市场价格下降。但值得注意的是，股票价格的涨跌和公司盈利的变化并不是同时发生的，通常股价的变化要先于盈利的变化，股价的变动幅度也要大于盈利的变化幅度。

3. 主要经营者更替

公司主要经营管理者的更换会改变公司的经营方针、管理水平、财务状况和盈利水平。一个锐意进取、管理有方的经营者可能使一个濒临破产的公司起死回生，而一个因循守旧、不谙管理的经营者也可能使有过辉煌业绩的公司江河日下。

4. 公司改组或合并

公司合并有多种情况，有的是为了扩大规模、增强竞争能力而相互合并，有的是为了消灭竞争对手，有的是为了控股，也有的是为操纵市场而进行恶意兼并。公司合并总会引起股价剧烈波动，但要分析公司合并对公司是否有利，合并后是否改善公司的经营状况，这是决定股价变动方向的决定因素。

（五）心理因素

投资者的心理变化对股价变动影响很大。在大多数投资者对股市抱乐观态度时，会有意无意地夸大市场有利因素的影响，并忽视一些潜在的不利因素，从而脱离上市公司的实际业绩而纷纷买进股票，促使股价上涨；反之，在大多数投资者对股市前景过于悲观时，会对潜在的有利因素视而不见，而对不利因素特别敏感，甚至不顾发行公司的优良业绩大量抛售股票，致使股价下跌。当大多数投资者对股市持观望态度时，市场交投就会减少，股价往往呈现盘整格局。股票市场中的中小投资者由于信息不灵，缺乏必要的专业知识和投资技巧，往往有严重的盲从心理，而有的人就利用这一盲从心理故意制造假象、渲染气氛，诱使中小投资者在股价上涨时盲目追涨或者股价下跌时恐慌抛售。从而加大了股价涨跌的程度。

第四节 股票价格指数

一、股价指数的含义

股票价格指数，简称股价指数，是由证券交易所或金融服务机构编制的表明股票行市变动的一种供参考的指示数字，通常是对股票市场上一些有代表性的公司发行的股票价格进行平均计算和动态对比后得出的数值。

由于股票价格起伏无常，投资者必然面临市场价格风险。对于某只股票的价格变化，投资者容易了解，而对于多种股票的价格变化，要逐一了解，既不容易，也不胜其烦。为了适应这种情况和需要，一些金融服务机构就利用自己的业务知识和熟悉市场的优势，编制出股票价格指数，公开发布，作为市场价格变动的指标。

股票指数的作用在于为股民提供一个衡量股市价值变化的参考依据，借助股票指数，人们可以观察和分析股票市场的发展动态，研究有关国家和地区的政治、经济发展趋势，拟订投资策略。

二、股价指数的计算

股价指数是将计算期的股票价格与基期股票价格相比较而得出的相对变化数。它是用来描述和反映整个股票市场总体价格水平走势及其变动趋势的指标，同时也是反映一个国家或地区社会经济发展状况的灵敏信号。

由于上市股票种类繁多，计算全部上市股票的价格平均数或指数的工作是艰巨而复杂的，因此人们常常从上市股票中选择若干种富有代表性的样本股票，并计算这些样本股票的价格平均数或指数，用以表示整个市场的股票价格总趋势及涨跌幅度。

编制股价指数，通常确定一个基础日期，以这个基期的股票价格作为 100 或 1 000，用以后各时期的股票价格和基期价格比较，计算出相对的百分比，就是该时期的股价指数。投资者根据指数的升降，可以判断出股票价格的整体变动趋势。

计算股价平均数或指数时经常考虑以下四点：（1）样本股票必须具有代表性，应综合考虑行业分布、市场影响力、股票等级、适当数量等因素。（2）计算方法具有高度的适应性，能对不断变化的行情做出相应的调整和修正，使股价指数或平均数具较好的敏感性。（3）要有科学的计算依据和手段。计算依据的口径必须统一，一般以收盘价为计算依据。（4）基期应有较好的均衡性和代表性。

（一）股价平均数的计算

股票价格平均数反映一定时点上市股票价格的绝对水平，可分为简单算术股价平均数、修正的股价平均数、加权股价平均数三种。人们通过对不同时点股价平均数的比较，可以看出股票价格的变动情况及趋势。

1. 简单算术股价平均数

就是将样本股票每日收盘价之和除以样本数。简单算术股价平均数的计算公式如下：

$$\bar{p} = \frac{1}{n}(p_1 + p_2 + \cdots + p_n) = \frac{1}{n}\sum_{i=1}^{n} p_i$$

式中，p_i 为第 i 只样本股的收盘价。

【例1.1】假设从某一股市采样的股票为 A、B、C、D 四种，在某一交易日的收盘价分别为 10 元、16 元、24 元和 30 元，计算该市场股价平均数。将上述数字代入公式中，即得：

$$股价平均数 = \frac{p_1 + p_2 + p_3 + p_4}{4}$$

$$= (10 + 16 + 24 + 30)/4 = 20（元）$$

世界上第一个股价平均数，道琼斯股价平均数在 1928 年 10 月 1 日以前就是使用这种方法计算的。该方法计算比较简单，但有两个缺点：一是未考虑样本的权数；二是当样本股票发生股票分割、派发红股、增资等情况时，股价平均数会发生断层而失去连续性和可比性。

如上述 D 股票发生以 1 股分割为 3 股时，股价势必从 30 元下调为 10 元，这时平均数就不是按上面计算得出的 20 元，而是 (10 + 16 + 24 + 10)/4 = 15（元）。这就是说，由于 D 股分割技术上的变化，导致股价平均数从 20 元下跌为 15 元（不考虑其他影响股价变动的因素），显然不符合平均数作为反映股价变动指标的要求。

2. 修正的股价平均数

第一，除数修正法，又称道氏修正法。这是道琼斯在 1928 年创造的一种计算股价平均数的方法。该法的核心是求出一个常数除数，以修正因股票分割、增资、发放红股等因素造成股价平均数的变化，以保持股价平均数的连续性和可比性。

具体做法是以新股价总额除以旧的股价平均数，求出新的除数，再以报告期的股价总额除以新除数，这就得出修正的股价平均数。计算公式为：

$$道氏除数 = \frac{变动后新的股价总额}{旧的股价平均数}$$

$$道氏修正平均股价 = \frac{报告期股价总额}{道氏除数}$$

道氏修正法的核心在于除数。求出的除数通常相对稳定，只有当作为计算依据的采样股票发生有偿增资、拆股或除权，以及更换采样股票时，才重新调整除数。

在例 1.1 中原除数是 4，若股票 D 发生 1 股分割为 3 股时，经调整后的新的除数应是：

新的除数 = (10 + 16 + 24 + 10)/20 = 3，将新的除数代入下列式中，则：

修正的股价平均数 = (10 + 16 + 24 + 10)/3 = 20（元）

得出的平均数与未分割时计算的一样，股价水平也不会因股票分割而变动。

第二，基数修正法。此法修正的对象为基期的数值。其方法是求出上市股数改变前后的市价总额之比，将原基期市价总额乘以这个比值，使股价平均数不会因拆股而变动。东京证券交易所股价指数在编制时就是采用此法来修正基期市价总额的。

计算公式为：

$$基期修正值 = 原市价总额 \times \frac{上市股数改变后的市价总额}{上市股数改变前的市价总额}$$

3. 加权股价平均数

加权股价平均数是根据各种样本股票的相对重要性进行加权平均计算的股价平均数，其权数可以是样本股的成交量、发行量等。用公式表示为：

$$加权股价平均数 = \frac{样本股票成交总额（市价总额）}{同期样本股成交量（发行总量）}$$

以样本股成交量为权数的加权平均股价是由样本股的成交总额除以同期的总成交量计算的，计算的结果即每股平均成交价。用公式表示为：

$$\begin{matrix}以成交量为权数的\\加权股价平均数\end{matrix} = \frac{样本股票成交总额}{同期样本股成交量}$$

以样本股发行量为权数的加权平均股价是由样本股的市价总额除以同期的发

行总量计算的，计算的结果即每股平均收盘价格。用公式表示为：

$$\frac{以发行量为权数的}{加权股价平均数} = \frac{样本股票市价总额}{同期样本股发行总量}$$

（二）股价指数的计算

股价指数是反映不同时点上股价变动情况的相对指标。通常是将报告期股票价格与基期价格相比，并将两者的比值乘以基期的指数值，即为该报告期的股价指数。股价指数的编制方法有相对法、综合法和加权法三种。

1. 相对法

相对法是先计算各样本股票指数，再加总求算术平均数。

2. 综合法

综合法是将样本股票的基期价格和报告期价格分别加总，然后相比求出股票指数。

3. 加权法

从平均法和综合法计算股票指数来看，两者都未考虑到由各种采样股票的发行量和交易量的不相同，而对整个股市股价的影响不一样等因素，因此，计算出来的指数亦不够准确。为使股票指数计算精确，则需要加入权数，这个权数可以是交易量，亦可以是发行量。

加权股价指数是以样本股票发行量或成交量为权数加以计算，又有基期加权和计算期加权之分。基期加权股价指数又称拉斯贝尔加权指数，系采用基期发行量或成交量作为权数。计算期加权股价指数又称派氏加权指数，采用计算期发行量或成交量作为权数。

三、国际主要股票市场的价格指数

（一）道琼斯股价指数

道琼斯股价指数又称道氏指数，是世界上最早、最享盛誉和最有影响力的股票价格指数，它是在 1884 年 7 月 3 日由道琼斯公司的创始人查理斯道开始编制的。道氏指数包括：道氏工业平均指数，由 30 家工业公司的股票价格平均数构成；道氏公用事业平均指数，由 15 家公用事业公司的股票价格平均数构成；道氏运输业平均指数，由 20 家运输公司的股票价格平均数构成；道氏 65 种股票价格平均数，由上述工业、运输业、公用事业的 65 家公司的股票价格混合构成。

道琼斯股票价格指数以 1928 年 10 月 1 日为基期，在纽约证券交易所交易时间每 30 分钟公布一次，用当日当时的股票价格算术平均数与基期的比值求得，是被西方新闻媒介引用最多的股票指数。

（二）标准普尔指数

标准普尔指数由美国标准普尔公司 1923 年开始编制发表，当时主要编制两种指数：一种是包括 90 种股票每日发表一次的指数，另一种是包括 480 种股票每月发表一次的指数。1957 年扩展为现行的，以 500 种采样股票通过加权平均综合计算得出的指数，在开市时间每半小时公布一次。

标准普尔指数以 1941~1943 年为基数，用每种股票的价格乘以已发行的数量的总和为分子，以基期的股价乘以股票发行数量的总和为分母相除后的百分数来表示。由于该指数是根据纽约证券交易所上市股票的绝大多数普通股票的价格计算而得，能够灵活地对认购新股权、股份分红和股票分割等引起的价格变动做出调节，指数数值较精确，并且具有很好的连续性，所以往往比道琼斯指数具有更好的代表性。

（三）香港恒生指数

恒生指数是香港股市历史最久的一种股价指数，由香港恒生银行于 1969 年 11 月 24 日公布使用。现行恒生指数以 1996 年 7 月 31 日为基期，根据各行业在港上市股票中的 33 种具有代表性的股票价格加权计算编制而成。因为这 33 家公司的股票总值占全部在港上市股票总值的 65% 以上，所以恒生指数是目前香港股票市场最具权威性和代表性的股票价格指数。

（四）日经指数

日经股票价格指数是日本股票市场的股票价格指数，由日本经济新闻社编制并公布的反映日本股票市场价格变动的股票价格平均数。日经指数的编制始于 1950 年 9 月，样本股票最初为在东京股票交易所第一组挂牌的 225 家公司股票，并以当日为基期，当日的平均股价 176.21 日元为基数。

1975 年，日本经济新闻社正式向美国道琼斯公司买进商标，采用修正的道琼斯公司股票价格平均数的计算方法计算，股票指数也就相应的改称为"日经道琼斯股票平均价格指数"。1985 年 5 月在合同满 10 年时，将名称改为"日经平均股价指数"。

日经 225 指数代表第一类股中近 60% 的交易量，以及近 50% 的总市值。日经225指数已被看作日本最有影响和代表性的股价指数,由于日本经济在世界经济中的特殊地位,日经指数日益为世界金融市场重视。

(五)《金融时报》指数

由富时国际集团 FTSE 编制并公布。它既是反映伦敦证券交易所行情变动的最权威指数,也是国际上公认的重要股价指数之一。

金融时报股价指数主要有两种。

第一种是从英国工商业中挑选出来具有代表性的 30 家公开挂牌企业的普通股价格指数。该指数最初以 1935 年 7 月 1 日为基期,后来调整为以 1962 年 4 月 10 日为基期,基点为 100 点,采用几何平均法计算。

第二种是根据伦敦证券交易所内交易较频繁的 100 家大公司股票计算的价格指数,以 1984 年 1 月 3 日为基期,基期指数为 1 000。

四、我国主要股票价格指数

目前我国主要的股票价格指数有上证综合指数、深证综合指数、上证 180 指数、深证成份指数、深证 100 指数和沪、深 300 指数等。

(一)上证综合指数

作为国内外普遍采用的衡量中国证券市场表现的权威统计指标,由上海证券交易所编制并发布的上证指数系列是一个包括上证 180 指数、上证 50 指数、上证综合指数、A 股指数、B 股指数、分类指数、债券指数、基金指数等的指数系列,其中最早编制的为上证综合指数。

上证综合指数的全称是"上海证券交易所股票价格综合指数",由我国上海证券交易所编制和发布,是国内外普遍采用的反映中国证券市场表现的权威统计指标。上证综合指数最初是中国工商银行上海分行信托投资公司静安证券业务部根据上海股市的实际情况,参考国外股价指标的生成方法编制而成。

上证综合指数以 1990 年 12 月 19 日为基准日,基期指数值为 100,1991 年 7 月 15 日正式开始发布。采样对象为在上海证券交易所所有上市股票,其中新上市的股票在挂牌的第二天纳入股票指数的计算范围。指数计算方式以指数股报告期的股本数作为权数加权计算。计算公式如下:

$$股票指数 = \frac{当日股票市价总值}{基期股票市价总值} \times 100$$

由于采取全部股票进行计算，因此，上证综合指数可以较为贴切地反映上海股价的变化情况。

（二）深证综合指数

深证证券交易所的指数系列主要包括深证综合指数、深证成份指数、深证A股指数、深证B股指数、深证100指数、深证基金指数。

深圳综合指数的全称是"深圳证券交易所股票价格综合指数"，是反映深圳股价变动的有效统计数字。由深圳证券交易所于1991年4月4日开始编制发布的。深证综合指数以1991年4月3日为基期，以基期的总股本为权数。当有新股上市时，在其上市后第二天纳入采样股计算。

深证成份指数是从上市的所有股票中抽取具有市场代表性的40家上市公司的股票作为计算对象，并以流通股为权数计算得出的加权股价指数，综合反映深交所上市A、B股的股价走势。深证成份指数的基日是1994年7月20日，基日指数是1 000点。

（三）上证180指数

为推动长远的证券市场基础建设和规范化进程，2002年6月，上海证券交易所对原上证30指数进行了调整并更名为上证成份指数（简称上证180指数）。上证成份指数的编制方案，是结合中国证券市场的发展现状，借鉴国际经验，在原上证30指数编制方案的基础上作进一步完善后形成的，目的在于通过科学客观的方法挑选出最具代表性的样本股票，建立一个反映上海证券市场的概貌和运行状况、能够作为投资评价尺度及金融衍生产品基础的基准指数。

上证180指数是1996年7月1日起正式发布的上证30指数的延续，从2002年7月1日起正式发布，基点为2002年6月28日上证30指数的收盘点数3 299.05点。

（四）深证100指数

深证100指数以2002年12月31日为基准日，基期指数定为1 000点，从2003年第一个交易日开始编制和发布。深证100指数选取在深交所上市的100只A股作为成份股，以成份股的可流通A股数为权数，采用派氏综合法编制。深证100指数的编制借鉴了国际惯例，吸取了深证成份指数的编制经验，成份股选取主要考察A股上市公司流通市值和成交金额份额两项重要指标。根据市场动态跟踪和成份股稳定性的原则，深证100指数将每半年调整一次成份股。

深证100指数属于"产品指数"，主要功能是用于开发指数化投资产品，为机构投资者提供跟踪投资的对象和组合投资的依据。该指数的推出，将为投资者（特别是机构投资者）提供有效的投资绩效评价基准，适应了市场多样化的投资需求和研究分析需求，为指数产品如指数基金和交易所交易基金的创新发展创造了条件。

（五）沪深300指数

沪深300指数是由上海和深圳证券市场中选取300只A股作为样本编制而成的成份股指数。沪深300指数样本覆盖了沪深市场六成左右的市值，具有良好的市场代表性。沪深300指数于2005年4月8日正式发布。沪深300指数以2004年12月31日为基日，基日点位1 000点。

沪深300指数的编制目标是反映中国证券市场股票价格变动的概貌和运行状况，并能够作为投资业绩的评价标准，为指数化投资及指数衍生产品创新提供基础条件。

（六）上证50指数

上证50指数是根据科学客观的方法，挑选上海证券市场规模大、流动性好的最具代表性的50只股票组成样本股，以便综合反映上海证券市场最具市场影响力的一批龙头企业的整体状况。上证红利指数挑选在上证所上市的现金股息率高、分红比较稳定、具有一定规模及流动性的50只股票作为样本，以反映上海证券市场高红利股票的整体状况和走势。上证50指数以2003年12月31日为基日，基点为1 000点。

第五节　我国股票市场

从1980年第一次股票发行算起，改革开放以后当代中国的股票市场已经有30年的历史，从1986年具有正式的股票买卖交易算起，中国的股票市场也已经走过了24年的历程，其发展之迅猛举世瞩目。

截至2010年年底，股票市场总市值已经达到了26.54万亿元，其中流通市值则为19.31万亿元，总成交金额达到54.56万亿元，占GDP的比率分别为66.69%、48.52%、137%。由此看来，股票市场已成为整个国民经济中不可或缺的一部分，其在国民经济中的地位和影响越来越大。

一、中国股票市场的复兴和起步（1980~1991年）

新中国成立以前和成立初期，我国曾经就有过股票的发行和流通以及股票市场的存在，但是，随着我国计划经济体制的确立与推行，因种种原因，股票及股票市场被摒弃了二十余年。改革开放以后，实行了几十年的传统计划经济体制越来越不能适应经济发展的需要，经济体制改革的课题被提到议事日程。

随着经济体制改革的推进，作为微观经济主体的企业对资金的需求日益多样化，这成为中国证券市场复苏的经济和社会土壤。在这样的背景下，一些经济较为发达地区的企业，在当地政府的默许或鼓励、金融主管部门的支持下，开始尝试通过向内部职工和社会发行股票进行股份集资。于是，我国股份经济复苏，股票市场开始步入复兴期。

（一）股票和股票发行市场的诞生

改革开放以后，在我国大陆地区的股票发行最早出现在何时何地，可谓众说纷纭。但是，有记载的第一次股票发行是开始于1980年。1980年8月，中国人民银行抚顺市分行新抚办事处为了解决红砖供求矛盾，与两个砖厂达成协议，由银行代砖厂发行红砖股票280万元，各有关单位自愿认购，用发行股票的资金在两个砖厂各建一座隧道窑，扩大红砖的生产能力。

此外，1983年7月，深圳市宝安县联合投资公司向全国公开招股集资1 300万元，同年，西安解放商场采取"入股自愿，退股自由"的方式，主要对商场职工发行了9.67万元的"爱店券"。1984年9月，我国改革开放后第一家股份有限公司，北京市天桥百货股份有限公司成立，该公司委托中国工商银行北京市分行发行了定期3年的股票。

不过，这一时期股票发行很不规范，股票发行未经过严格的资产评估，未划分等额股份；发行对象主要是内部职工，基本未采取公开（完全）发行；发行股票实行自愿入股、退股自由，保本付息，与债券没有差异或实际上就是债券。如深圳宝安的股票随时向社会发行，但采取"入股自愿，退股自由，保本保息分红"的方式；北京天桥股票则是定期定息分红，股息红利高达20%。

1984年11月，经中国人民银行上海分行批准，飞乐音响股份有限公司成立，并面向社会公众发行不偿还股票1万股，每股面值50元，总金额50万元。这次股票发行的规范性程度较以前有较大的提高，如规定入股后不得退股，在公司无盈利或亏损时暂停支付单位股金的利息和红利，个人和单位股东负有共同经济责任、享受平等权利等。正是从这一意义上，它被视为改革开放后我国第一张真正意义上的股票。1986年11月14日，邓小平在北京接见来华访问的美国纽约证券交易所董事长约翰·范尔霖先生时，将一张飞乐音响公司的股票赠送给他，该股票后来被陈列于美国纽约证券交易所的橱窗内，标示着向西方世界宣告了我国经济体制改革中股份制经济的产生和发展。

从第一张真正意义上的股票问世，截至1990年12月上交所开业之时，上海又有延中实业、爱使电子、真空电子、飞乐股份、豫园商场、申华股份、浙江凤凰八家公司发行了股票，这就是人们常说的上海老八股。1987年5月，深圳市发展银行首次向社会公开发行股票，成为深圳第一股。公开发行股票39.65万股，每股面值20元。深圳证券交易所1991年7月开业时，有5只股票在深市上市交易，它们分别是深发展、深万科、深金田、深安达、深原野，后来被称为深市老五股。

（二）股票交易市场：从柜台交易到证券交易所

股票的流通转让始于1984年。1984年11月飞乐音响发行股票后，股票持有人不久就提出了转让要求，并进行了一些自发的实际转让。飞乐音响股票的持有人最初转让股票时，必须自己找到受让人，然后到代理发行的工商银行上海市信托投资公司静安分公司办理转让手续，转让价格为中国人民银行上海市分行统一规定的票面金额加银行的活期储蓄利息。

虽然当时的股票转让活动极受限制，代理发行的"静安信托"只是一个过户机构而非交易中介，然而，这却是改革开放以来我国最早的股票转让。就其性质来讲，是一种自发的私下转让，处于股票流通的萌芽阶段。

1986年9月26日，经中国人民银行上海分行批准，工商银行上海信托投资公司静安分公司成立专门的证券业务部，正式进行股票的柜台挂牌买卖。股票持有者可以委托该业务部实现股票的代购、代销，而不必再自己去找受让人。当日上市交易的只有飞乐音响和延中实业两只股票，成交9万多元。这就是改革开放后我国第一个股票交易柜台，当时被海内外媒体称为"世界上最小的证券交易所"。之后，柜台交易迅速发展，以上海为例，在"静安股票交易柜台"开设之后不到一年的时间里，股票交易柜台就增加到9家。交易价格也从原来的票面金额加预测股息红利的限制发展为1987年11月的完全放开和随行就市。

1987年9月，经中国人民银行批准，深圳12家金融机构出资成立全国第一家证券公司——深圳经济特区证券公司，注册资本550万元。1988年4月，深圳特区证券公司开张，从此深圳也有了股票柜台交易点。1989年，深圳市又批准了 3 家有证券投资和经营资格的信托公司设立证券部，从事股票的代理发行、转让等事务。

随着股票发行数量的不断增加，投资者队伍的壮大，证券交易由分散的柜台交易向集中统一的证券交易所组织交易的转变成为一种必然的、内在的要求。

1990 年 9 月 28 日，经中国人民银行批准，中国证券交易自动报价系统成立。12 月 5 日，在北京正式投入运行，它是一个依托电脑网络进行有价证券交易的综合性场外交易市场，承担着法人股的转让中介，为会员公司提供有价证券的买卖价格信息以及结算等方面的服务。12 月 19 日，上海证券交易所正式开业，成为改革开放后的我国第一家证券交易所。1991 年 4 月 11 日，深圳证券交易所获中国人民银行正式批准成立。上海、深圳两个证券交易所的成立标志着我国柜台交易的结束，开始向现代化证券市场迈出最关键的一步。

1980～1991 年间，各类证券累计发行、流通总额分别为 3 944.53 亿元、648.11 亿元，证券流通率平均仅为 16.43%。截至 1991 年，上海、深圳两地上市证券的品种中，债券品种合计 36 个、股票品种合计 14 个（上海证交所共有 8 只上市股票，深圳证交所共有 6 只上市股票）。股票年成交量两市合计仅为 51.9 亿元，总体股票市场处于"低迷阶段"。

二、中国股票市场的扩容和成长（1992～1999 年）

（一）股票市场各个组成部分迅速发展壮大

1992 年年初，邓小平南方讲话从思想上排除了我国股票市场发展的障碍。股票市场的功能得到越来越多人的认同，大量国企纷纷改制上市，上市公司数量迅速增加。到 1999 年年底，两市境内上市公司已达到 949 家。两市上市公司的股票总市值达 26 471.17 亿元，占我国 GDP 的 32.4%，流通市值为 8 213.97 亿元，占 GDP 的 9.97%。这些数据均表明股票市场在国民经济中的地位不断提升，对国民经济的影响力、辐射力、推动力在不断加大。

投资者数量增长迅速，结构进一步改善。股票市场不断地为人们所认识，加之较早入市的投资者的赚钱示范效应，从而吸引了全国各地越来越多的人加入到股票投资者的队伍中。截至 1999 年年底，沪深两市的投资者开户总数达到 4 481.97 万户。1993 年 9 月，证券二级市场对机构投资者开放，机构投资者的数量开始稳步增长，使股票市场的投资者结构发生重大变革。到 1999 年年底，机构投资者开户数达 23.14 万户。机构投资者本身的结构也在不断优化，从最早的非国有企业为主，到境内所有机构均可入市，再到规范的证券投资基金逐渐成为证券市场的一支重要力量。

证券公司等中介机构不断发展壮大。1992年全国仅有3家全国性证券公司，到1999年11月底，注册资本超过5亿元的证券公司已达24家，其中10亿元以上的有8家。从最早的申银、万国合并，到后来的国泰、君安合并，再到由数家国有商业银行证券经营机构合并组建的银河证券公司，证券公司的规模越做越大。与证券市场相关的中介机构也快速成长起来。

1993年2月5日，司法部、中国证监会联合发出《关于从事证券法律业务及律师事务所资格确认的暂行规定》。之后，首批45家会计师事务所获准从事证券业务，35家律师事务所和21家资产评估机构成为我国证券市场第一批证券律师和资产评估机构。中介机构的不断发展与繁荣，适应了股票市场超常规发展的需要，同时也促进了股票市场以外的企业的市场化、规范化发展。

（二）股票市场筹资、资源配置、转换机制功能不断提升

至1999年年底，我国通过国内外证券市场筹集的资金总额超过了5 100亿元。股票市场的出现改变了我国企业长期以来单一依靠财政拨款和银行贷款的融资方式，开辟了一条低成本筹集资金的新渠道。

随着股票市场的发展与繁荣，接纳上市公司的能力也在不断提高。市场发展初创期，市场容量非常有限，只能容纳一些小企业上市，规模大一些的公司只能采取分拆或分步上市的办法。随着股票市场投资者的快速增长，市场接纳大型企业的能力也在不断提高，市场逐步具备了接纳大盘股的能力。1999年，浦发银行上市，一次性筹资达40亿元，而此时市场却表现得波澜不惊。上市公司数量和规模的扩大对二级市场产生的冲击已经越来越微弱。相反，新的有规模、有实力的企业不断加盟股票市场，不仅改变了上市公司的结构，而且带动了二级市场不断向上攀升。

与此同时吸引国外投资者投资国内企业，也成为企业的一个重要的融资渠道。1991年11月30日，电真空向海外投资者发行我国第一只人民币特种（B种）股票。1992年2月，上海电真空B股与深圳南玻B股分别上市，标志着我国B股市场的形成。1993年6月29日，青岛啤酒股份有限公司在香港正式招股，发售3.176亿股H股。7月15日成功上市，该公司成为我国内地首家在香港上市的国有企业。1996年前后，在香港证券市场上还一度掀起过一股席卷国际资本市场的红筹股旋风。中资企业已经成为香港证券市场上一支重要的新生力量。

1993年9月30日，深圳市中国宝安集团股份有限公司上海公司公告持有上

海延中实业股份有限公司发行的普通股超过5%，延中实业成为第一家被举牌收购的上市公司。10月23日，中国证监会宣布，宝安上海公司所获延中股权有效，但有违规行为，对其罚款100万元上交国库。至此，"宝延风波"虽告一段落，但我国股票市场史上收购上市公司的大幕由此拉开，同时也催生了我国股市挖掘不尽的题材板块——资产重组。至1998年，高科技公司入主上市公司的资产重组热更是将资产重组板块推向高潮。上市公司不断探索多种多样的资产重组形式，资产重组越来越成为上市公司利用股票市场不断发展壮大的有效手段。至1999年年底，上海市113家上市公司中有74家进行了形式不同的资产重组，占上海本地上市公司总数的65%，其他地区的上市公司情形也大体相似。

（三）法制建设步伐加快，全国统一集中的监管框架基本形成

这一时期，随着股票市场的迅速扩容与壮大，我国加快了股票市场的法制化建设，国家对股市的监管进一步加强，监管权也由多部门和地方政府逐渐向证监会转移，全国统一集中的监管框架逐步建立。

颁布的有关股票发行、上市、交易和股市监管的法律制度。1993年5月，国务院颁布了《股票发行与交易管理暂行条例》，这是新中国第一部正式的全国性股票市场法规。1994年7月和1999年7月又先后颁布了《公司法》、《证券法》等事关股票市场发展大局的基本大法，使我国股票市场的规范化建设有了基本依据，为证券市场的正常运行奠定了基础。证券监管机关还先后颁布、修改并实施了有关上市公司信息披露规则、股票上市规则、交易规则、证券发行操作规则等一系列股票市场运行规则以及保护投资者利益等诸多方面的法律法规，不少法规几经修改，使整个股票市场的管理日益向法制化方向转变。如证券委发布的《证券交易所管理暂行办法》（1993年7月）、《禁止证券欺诈行为暂行办法》（1993年8月）、《证券从业人员资格管理暂行规定》（1995年5月）等。证监会颁布了《关于颁发"股票发行审核程序与工作规则"的通知》（1993年5月）、《公开发行股票公司信息披露实施细则（试行）》（1993年6月）、《上市公司送配股的有关规定》（1993年12月）、《证券市场禁入暂行规定》（1997年3月）、《股票发行审核委员会条例》（1999年9月）等。

证券监管机构的变迁。1992年5月，中国人民银行成立证券管理办公室。7月，国务院建立国务院证券管理办公会议制度，代表国务院行使对证券业的日常管理职能。1992年10月，国务院决定成立专门的国家证券监管部门，由此产生了13个部委组成的国务院证券委，同时成立证券委的监管执行机构——中国证监会。从此我国结束了证券市场由人民银行、国家体改委、地方政府等多头管理

的局面。1998年4月，根据国务院机构改革方案，国务院证券委与中国证监会合并组成新的中国证券监督管理委员会。1999年7月1日，中国证监会派出机构正式挂牌，标志着我国集中统一的证券市场监管体制已经形成。

三、中国股票市场的规范和发展（2000年后）

（一）制度改革深化

2000年之后的我国股市进入了深入发展、制度不断完善、规范的时期。2000年3月15日，朱镕基总理在九届全国人大三次会议上作的《政府工作报告》指出，要进一步规范和发展证券市场，增加直接融资比重，完善股票发行上市制度，支持大型国企和高新技术企业上市融资。2001年4月30日，中国证监会发布《上市公司向社会公开募集股份暂行办法》，允许四类上市公司增发募股。7月，沪深上市公司达到1 004家，两市股票市价总值达到40 689.84亿元，相当于1999年GDP的49%，接近了大多数发展中国家的证券化率水平。

2001年2月20日，B股市场对内开放，境内自然人可以合法持有外汇账户交易B股。2月28日，B股开户数屡创新高，2天内新开户数已超过过去几年内开户数的总和。6月22日，中国石化刊登招股意向书，成为首家一次募资过百亿元的境内上市公司。

制度改革，使市场日趋规范化是这一阶段的显著特点。2000年3月16日，中国证监会发布《中国证监会股票发行核准程序》及《股票发行上市辅导工作暂行办法》、《信誉主承销商考评试行办法》等配套规章，由此拉开了股票发行制度由审批制向核准制转变的序幕。2001年4月18日《股票发行审核委员会工作程序执行指引》发布，4月19日，核准制下首份招股书面世，用友软件发行2 500万A股，发行价36.68元。

退市制度推出。继1999年7月沪深交易所推出对因连续3年亏损被暂停上市的股票实行"特别转让"即PT制度。2002年2月24日，中国证监会发布《亏损上市公司暂停上市和终止上市实施办法》，连续亏损的上市公司将依法退市，从而结束了我国股票市场只有入口没有出口的局面。

独立董事出现。2001年5月30日，中国证监会公布《关于在上市公司建立独立董事制度的指导意见（征求意见稿）》，意见规定上市公司、券商、基金管理公司均要设立独立董事，其中，上市公司设立独立董事的数量不得少于董事会成员数量的三分之一。同时证监会于5月28日至6月1日在京举办了首届上市公司独立董事培训班。

新股发行方式的变革。在 2000 年以前，新股发行主要以上网定价发行为主。2000 年 2 月 13 日，证监会决定新股发行采用部分向二级市场投资者配售的方式，即新股发行的 50% 采用上网定价发行，另 50% 采用市值配售。5 月 22 日，沪深两市与中国证券登记结算公司联合发布了《新股发行市值配售实施细则》。到 2002 年 12 月 12 日止，新股发行一律采用 100% 配售。

中小企业板和创业板的相继推出。2004 年 1 月 31 日，国务院发布《关于推进资本市场改革开放和稳定发展的若干意见》（因提出了九个方面的纲领性意见又被称为"国九条"），其中明确提出了分步推进创业板市场建设的要求，深交所从主板市场中设立中小企业板块是进行创业板市场建设的第一步，是对九条意见的具体落实。2004 年 5 月起深交所在主板市场内设立中小企业板块。2009 年 10 月 23 日创业板在深圳证券交易所正式开板。

（二）证监会监管力度加强

经过近 20 年的发展，证券市场的构成已经比较完备，但各参与主体在制度上仍然存在较大缺陷，尤其是上市公司的治理问题比较突出，成为股票市场进一步发展亟待解决的问题。

2000～2002 年 3 年间，是上市公司暴露问题较多的时期。2000 年 1 月"PT"红光被判犯"欺诈发行股票罪"成立，被判罚金 100 万元，4 名主要负责人被判刑，"PT"红光成为第一家被判刑事处罚的上市公司。3 月 29 日，郑百文收到中国信达资产管理公司向郑州市中级法院申请郑百文破产还债的申请书，股票市场首次出现上市公司被申请破产的事件。该事件暴露了郑百文通过做假账蒙混上市，两年的时间就从上市企业 100 强跌入了业绩最差公司。

2001 年 8 月，《财经》杂志发表封面文章《银广夏陷阱》，揭露了当时号称第一蓝筹股的上市公司银广夏 1999～2000 年度业绩绝大部分来自造假，同日，中国证监会对银广夏正式立案稽查。2001 年 9 月 6 日，证监会表示已查明银广夏公司通过各种造假手段，虚构巨额利润 7.45 亿元。随后银广夏以 15 个跌停板创出了股票价跳水的新纪录。

2000 年 7 月 24 日，为规范上市公司重组行为，支持上市公司通过重组提高资产质量，维护投资者合法权益，证监会发出《关于规范上市公司重大购买或出售资产行为的通知》。2001 年《公开发行证券公司信息披露的内容与格式准则》、《公开发行证券的公司财务报表及财务报表附注的一般规定》、《上市公司股东持股变动信息披露管理办法》等法规的颁布与实施，逐步使上市公司的治理纳入法制化轨道。

(三) 国有股减持

我国上市公司国有股（包括国家股和国有法人股）的比重占到 70% 左右，缺乏流动性，使同股同权原则无法贯彻，国有股长期处于一股独大的局面，股市由此产生的一系列问题已经严重阻碍了市场发展。实现国有股的流通问题成为改革走向深化过程中必须及时解决的一件大事。

国有股流通的试点开始于 1999 年 12 月，中国证监会公布了国有股配售方案，国有股配售价格在其净资产之上，市盈率 10 倍之下。2001 年 6 月 12 日，国务院发布《减持国有股筹集社会保障资金管理暂行办法》，使国有股减持问题再度成为市场焦点，《暂行办法》规定："凡国家拥有股份的股份有限公司（包括境外上市的公司）向公共投资者首次发行和增发股票时，均应按融资额的 10% 出售国有股。""减持国有股原则上采取市场定价方式。""国有股存量出售的收入，全部上缴全国社会保障基金。"

2002 年 6 月 23 日，国务院决定，除企业海外发行上市外，对国内上市公司停止执行《减持国有股筹集社会保障资金管理暂行办法》中关于利用证券市场减持国有股的规定，并不再出台具体实施办法。国有股减持停止了，但国有股转让，特别是将国有股转让给非国有公司的探索还在进行。到 2002 年年底，约有 50 多家实行了国有股协议转让。

(四) 股权分置改革

2004 年 1 月 31 日，国务院发布"国九条"，充分肯定了我国资本市场取得的巨大成就，明确了资本市场发展的指导思想和任务。"国九条"确立了尊重市场规律解决股权分置问题的基本原则，2005 年 4 月 29 日，中国证监会发布了《关于上市公司股权分置改革试点有关问题的通知》，启动股权分置改革。2006 年 6 月 19 日，"新老划断"后的全流通第一股中工国际上市，标志着中国股市进入全流通时代。截至 2011 年 7 月底，沪深两市 A 股中还有 8 家公司未完成股改。股权分置改革基本完成。

关 键 词 汇

普通股　优先股　优先认股权　累积投票制　累积优先股　参与优先股　可转换优先股　可赎回优先股　记名股　外资股　股票价格指数

第一章 股　票

思　考　题

1. 试述股票的特征。
2. 简述普通股股东的权利。
3. 普通股和优先股的区别表现在哪些方面？
4. 影响股票价格的因素有哪些？
5. 我国证券市场上常用的股票价格指数有哪些？其编制方法有什么特点？
6. 我国股票市场发展经历了哪些阶段？

练　习　题

一、单项选择题

1. 股票最基本的特征是（　　）。
　　A. 参与性　　　　B. 流动性　　　　C. 收益性　　　　D. 永久性
2. 下面关于股票性质描述错误的是（　　）。
　　A. 股票是综合权利证券　　　　　　B. 股票是证权证券、资本证券
　　C. 股票是有价证券、要式证券　　　D. 股票是物权证券、债权证券
3. 股票按股东享有权利的不同，可以分为（　　）。
　　A. 有面额股票和无面额股票　　　　B. 记名股票和无记名股票
　　C. 普通股票和优先股票　　　　　　D. 份额股票和比例股票
4. 记名股票的特点不包括（　　）。
　　A. 安全性较差　　　　　　　　　　B. 可以一次或分次缴纳出资
　　C. 股东权利归属于记名股东　　　　D. 转让相对复杂或受限制
5. 股票是把已存在的股东权利表现为证券的形式，它的作用不是创造股东的权利，而是证明股东的权利。所以说，股票是（　　）。
　　A. 设权证券　　　B. 资本证券　　　C. 要式证券　　　D. 证权证券
6. 稳定的现金股利政策对公司现金流管理有较高的要求，通常将那些经营业绩较好，具有稳定较高现金股利支付的公司股票称为（　　）。
　　A. 潜力股　　　　B. 红筹股　　　　C. 蓝筹股　　　　D. 绩优股
7. 由H股、N股、S股等构成的是（　　）。
　　A. 境外上市外资股　　　　　　　　B. 境内上市外资股
　　C. 社会公众股　　　　　　　　　　D. 红筹股
8. 下面关于B股的阐述错误的是（　　）。
　　A. 采取记名股票形式

B. 以外币标明面值，并以外币认购、买卖
C. 境内居民个人与非居民之间不得进行 B 股协议转让
D. 自从对境内居民个人开放 B 股市场后，境内投资者逐渐成为 B 股市场的重要投资主体，B 股的外资股性质发生了变化

9. 优先股票的特征不包括（　　）。
   A. 股息率固定　　　　　　　　B. 股息分派优先
   C. 一般有表决权　　　　　　　D. 剩余资产分配优先

10. （　　）是一般意义上的优先股票，其优先权不是体现在股息多少上，而是在分配顺序上。
    A. 参与优先股票　　　　　　　B. 非参与优先股票
    C. 可转换优先股票　　　　　　D. 可赎回优先股票

11. 决定股票市场价格的是股票的（　　）。
    A. 票面价值　　B. 账面价值　　C. 内在价值　　D. 清算价值

12. 下面关于无记名股票的叙述，错误的是（　　）。
    A. 与记名股票的差别不是在股东权利等方面，而是在股票的记载方式上
    B. 无记名股票发行时一般留有存根联，它在形式上分为两部分：一部分是股票的主体；另一部分是股息票，用于进行股息结算和行使增资权利
    C. 我国《公司法》规定，发行无记名股票的，公司应当记载其股票数量、编号及发行日期
    D. 认购时可以一次或分次缴纳出资

13. 我国《公司法》规定，有面额股票发行价格的最低界限是股票的（　　）。
    A. 票面金额　　B. 账面价格　　C. 清算价值　　D. 内在价值

二、不定项选择题

1. 有价证券是（　　）的统一表现形式。
   A. 财产权利　　B. 财产价值　　C. 财产证明　　D. 财产要求

2. 赋予普通股票股东优先认股权的主要目的是（　　）。
   A. 保证普通股票股东在股份公司保持原有的持股比例
   B. 保护原有普通股票股东的利益和持股价值
   C. 增加公司的募集资金
   D. 确保公司股份能足额认购

3. 许多国家在公司法或者其他法律中对股份公司红利的支付条件明确加以规定，一般原则是（　　）。

A. 股利的支付可适当减少法定公积金
B. 公司在无力偿债时不能支付红利
C. 股利的支付不能减少其注册资本
D. 只能用留存收益支付

4. 股份公司的经营状况和未来发展是股票价格的基石，公司经营状况好坏可通过（　　）来分析。
A. 财务状况　　　　　　　　　B. 公司竞争力
C. 公司治理水平与管理层质量　　D. 公司所隶属的行业

5. 关于股票价值与价格的叙述不正确的是（　　）。
A. 股票的账面价值又称面值，即在股票票面上标明的金额
B. 股票价格又称股票行市，是指股票在证券市场上买卖的价格，从理论上说，股票价格应由其价值决定
C. 股票及其他有价证券的理论价格是根据现值理论而来的
D. 股票的市场价格一般是指股票在一级市场上交易的价格，股票的市场价格由股票的价值决定，但同时受许多其他因素的影响

6. 普通股票股东的权利包括（　　）。
A. 公司重大决策参与权
B. 持有的股份可依法转让的权利
C. 优先认股权或配股权
D. 公司资产收益权和剩余资产分配权

7. 下面关于无记名股票与记名股票的差别，正确的是（　　）。
A. 二者在股东的权利方面存在差别
B. 记名股票股东权利归属于记名股东，而无记名股票股东权利归属股票的持有人
C. 无记名股票安全性较差，而记名股票相对安全
D. 缴纳出资的方式不同，记名股票可分一次或多次缴纳出资，而无记名股票在认购股票时要求一次缴纳出资

8. 我国《公司法》规定股票发行价格可以是（　　）。
A. 票面金额　　　　B. 超过票面金额
C. 任意金额　　　　D. 低于票面金额

9. 股东权利是一种综合权利，股东依法享有的权利包括（　　）。
A. 资产收益　　　　B. 选择管理者
C. 重大决策　　　　D. 对公司财产的直接支配处理

10. 关于优先股票的阐述不正确的是（ ）。
   A. 优先股票是指股东享有某些优先权利的股票
   B. 优先股票也兼有债券的若干特点，它在发行时事先确定固定的股息率，像债券的利息率事先固定一样
   C. 优先股票股东具备普通股票股东所具有的基本权利
   D. 优先股票股东有表决权
11. 优先股票根据不同的附加条件，大致可以分成（ ）。
   A. 参与优先股票和非参与优先股票
   B. 累积优先股票和非累积优先股票
   C. 可转换优先股票和不可转换优先股票
   D. 可赎回优先股票和不可赎回优先股票
12. 下列有关股东大会论述正确的是（ ）。
   A. 股东大会一般每一年或半年定期召开一次
   B. 股东大会做出决议，必须经出席会议的股东所持表决权三分之二以上通过
   C. 股东大会选举董事、监事，可以依照公司章程的规定或者股东大会的决议，实行累积投票制
   D. 股东可以亲自出席股东大会，也可以委托代理人出席股东会议
13. 关于股票收益性描述正确的是（ ）。
   A. 股票的收益只来源于股份公司
   B. 收益性是股票最基本的特征
   C. 其实现形式可以是资本利得
   D. 其实现形式可以是从公司领取股息和分享公司的红利

三、判断题

1. 行使股票所代表的财产权，必须以持有股票为条件，股东权利的转让应与股票占有的转移同时进行，股票的转让就是股东权的转让。（ ）
2. 发行股票是股份公司筹措公司自有资本的手段。（ ）
3. 股票实质上代表了股东对股份公司的所有权，股东凭借股票可以获得公司的股息和红利，参加股东大会并行使自己的权利。（ ）
4. 发行股息率固定优先股票，可以保护股票持有者的利益，同时对股份公司来说，有利于扩大股票发行量。（ ）
5. 未上市流通股份是指尚未在证券交易所上市交易的股份，具体又包括发

起人股份、募集法人股份、内部职工股、优先股或其他。（ ）

6. 优先股票股东可优先于普通股票股东分配公司的剩余资产，但一般是按优先股票的面值清偿。（ ）

7. 法人股是指企业法人或具有法人资格的事业单位和社会团体以其依法可支配的资产投入公司形成的股份。（ ）

8. 外资股是指股份公司向外国投资者发行的股票，不包括向我国香港、澳门、台湾地区发行的股票。（ ）

9. 具有法人资格的国有企业、事业单位及其他单位以其依法占用的法人资产向独立于自己的股份公司出资形成或依法定程序取得的股份，称为国有法人股，国有法人股属于社会公众股。（ ）

10. 股息率可调整优先股票的股息率变化一般与公司经营状况无关，而主要是随市场上其他证券价格或者银行存款利率的变化作调整。（ ）

11. 可赎回优先股票可以依照该股票发行时所附的赎回条款，由公司出价赎回，股份公司对赎回自己的股票，可再次发行，无须注销。（ ）

12. 优先股票在发行时就约定了固定的股息率，无论公司经营状况和盈利水平如何变化，该股息率不变。（ ）

13. 股票的内在价值是公司清算时每一股份所代表的实际价值。（ ）

14. 股票的账面价值又称股票净值或每股净资产，是每股股票所代表的实际资产的价值。（ ）

15. 股票应具备《公司法》规定的有关内容，但是若缺少非关键性的要件，股票就仍具有法律效力。（ ）

16. 修正股价平均数是在加权股价平均数的基础上，当发生拆股、增资配股时，通过变动除数，使股价平均数不受影响。（ ）

第二章 债　券

▶ 学习目标
- 债券的性质、特征、票面要素和分类
- 熟悉债券与股票的异同点
- 掌握国债的功能,了解我国国债和地方政府债券的发行情况
- 熟悉公司债券与企业债券的区别,了解我国公司债券的发行情况
- 掌握外国债券和欧洲债券的特征和分类
- 熟悉债券价格的影响因素,了解我国主要债券价格指数

第一节　债券概述

一、债券的含义

(一) 债券的定义

债券是发行人依照法定程序发行,并约定在一定期限还本付息的有价证券。它是反映发行者和投资者之间的债权、债务关系的法律凭证。

在先进国家的资本市场中,债券投资占有举足轻重的地位,在美国,债券的成交金额占资本市场交易量的80%,日本的债券成交量则是股票的5倍,相比之下,我国由于债券二级市场不够发达,成交量与股票相比还显得微不足道。

(二) 债券的性质

1. 债券属于有价证券

债券反映和代表一定的价值,本身有一定的面值;持有债券可按时取得利息

作为债券投资的收益；债券代表一定的权利，拥有债券就是拥有了债券代表的权利，而转让债券也就是将债券代表的权利一并转移。

2. 债券是一种虚拟资本

在债权债务关系建立时所投入的资金已被债务人占用，债券只是证明债权债务关系的证书，是实际运用的真实资本的证书，是虚拟资本。债券的流动并不意味着它所代表的实际资本也同样流动，债券独立于实际资本之外。

3. 债券是债权的表现

债券代表债券投资者的权利，这种权利是一种债权，拥有债券的人是债权人。债权人不同于财产所有人，对发行债券的单位来说，在某种意义上，财产所有人可以视作单位的内部构成分子，而债权人则与单位相对立，债权人除了按期取得本息外，对债务人不能作其他干预。

（三）债券的票面要素

1. 债券的票面价值

债券的票面价值主要靠规定票面币种和票面金额来表现。

（1）表示票面价值的币种。一般来说，在国内发行的债券通常以本国货币作为面值的计量单位；在国际金融市场筹资，则通常以债券发行地所在国家的货币或者以国际通用货币为计量标准。此外，确定币种还应考虑债券发行者本身对币种的需要。

（2）债券的票面金额。债券票面金额的确定要根据债券的发行对象、市场资金供给情况及债券发行费用等因素综合考虑：票面金额定得较小，有利于小额投资者购买，持有者分布面广，但债券本身的印刷及发行工作量大，费用较高；票面金额定得较大，有利于少数大额投资者认购，且印刷费用等也会相应减少，但却使小额投资者无法参与。

2. 债券的偿还期限

债券偿还期限是指债券从发行之日起至偿清本息之日止的时间。根据偿还期限的长短，可将债券分为短期债券、中期债券和长期债券。发行人在确定债券期限时，主要考虑以下因素的影响：

第一，资金使用方向。如果债务人借入资金是为了弥补临时性资金周转的短缺，可以发行短期债券，如果是为了满足对长期资金的需求，则可以相应地发行中长期债券。这样既能保证发行人不同的资金需要，又不因占用资金时间过长而增加利息负担。

第二，市场利率变化。一般来说，当未来市场利率趋于下降时，应选择发行期限较短的债券，这样可以避免市场利率下跌后仍支付较高的利息；当未来市场利率趋于上升时，应选择发行期限较长的债券，这样能在市场利率趋高的情况下保持较低的利息负担。

第三，债券变现能力。这一因素与债券流通市场发育程度有关，流通市场发达，债券容易变现，长期债券的销路就可能好一些；如果流通市场不发达，投资者买了长期债券后在急需资金时不易变现，长期债券的销售就可能不如短期债券。

3. 债券的票面利率

债券票面利率是债券年利息与债券票面价值的比率，通常年利率用百分数表示。在实际经济生活中，债券利率有单利、复利和贴现利率等多种形式。债券利率的确定也受很多因素影响，主要有：

第一，借贷资金市场利率水平。市场利率普遍较高时，债券的票面利率也较高，否则，投资者会选择其他金融资产投资而舍弃债券；反之，市场利率较低时，债券的票面利率也相应较低。

第二，筹资者的资信。如果债券发行人的资信状况好，债券信用等级高，投资者的风险小，债券票面利率可以定得低一些；如果债券发行人的资信状况差，债券信用等级低，投资者的风险大，债券票面利率就需要定得高一些。此时利率差异反映了信用风险的大小，高利率是对高风险的补偿。

第三，债券期限长短。一般来说，期限较长的债券，流动性差，风险相对较大，票面利率应该定得高一些；而期限较短的债券，流动性强，风险相对较小，票面利率就可以定得低一些。不过受其他因素的影响，有时也能见到短期债券票面利率高而长期债券票面利率低的现象。

4. 债券发行者名称

这一要素指明了该债券的债务主体，也为债权人到期追索本金和利息提供了依据。

还要说明的是，上面四个要素虽然是债券票面的基本要素，但它们也并非一定在债券上印制出来。在许多情况下，债券发行者是以公布条例或公告形式向社会公开宣布某债券的期限与利率，只要发行人具备良好的信誉，投资者也会认可接受。此外，债券票面上有时还包含一些其他因素，如还本付息方式等。

二、债券的特征

（一）偿还性

偿还性是指债券有规定的偿还期限，债务人必须按期向债权人支付利息和偿还本金，资金筹措者不能无限期地占用债券购买者的资金。不过在历史上也有例外,曾有国家发行过无期公债或永久性公债。这种公债无固定偿还期,持券者不能要求政府清偿,只能按期取息。

(二) 流动性

流动性是指债券持有人可按自己的需要和市场的实际状况,灵活地转让债券,以提前收回本金和实现投资收益。流动性首先取决于市场对转让提供的便利程度;其次还表现为在迅速转变为货币时,是否在以货币计算的价值上蒙受损失。一般来说,上市债券具有较好的流动性。当债券持有人急需资金时,可以在交易市场随时卖出。

(三) 安全性

由于债券发行时就约定了到期后可以支付本金和利息,故其收益稳定、安全性高。一般来说,流动性强的债券更安全,因为它可以按比较稳定的价格迅速转换为货币。但如果债务人不能充分和按时履约,或者债券在市场上转让时受市场利率影响而价格下跌,债券投资者就要蒙受损失。

(四) 收益性

收益性是指债券能为投资者带来一定的收入作为投资的报酬。在实际经济活动中,债券收益可以表现为两种形式:

1. 利息收入,即债权人在持有债券期间按约定的条件分期、分次取得利息或者到期一次取得利息。

2. 资本利得,即债权人到期收回的本金与买入债券或中途卖出债券与买入债券之间的价差收入。债券持有者能否获得转让价差或转让价差的多少,要视市场利率的变化情况而定。

三、债券与股票的关系

(一) 债券与股票的相同点

两者都属于有价证券,都可在证券市场上交易,构成证券市场的两大支柱;两者都是筹措资金的手段和投资的重要工具,相比银行贷款等间接融资手段,发行债券和股票筹资的数额大,时间长,成本低,且于不受贷款银行的条件限制。

(二) 债券与股票的区别

1. 两者权利不同

债券是债权凭证,债券持有者只可按期获取利息及到期收回本金,无权参与公司的经营决策。股票是所有权凭证，股票所有者是发行股票公司的股东，股东一般拥有表决权，可以通过参加股东大会选举董事、参与公司重大事项的审议和表决，行使对公司的经营决策权和监督权。

2. 两者的目的不同

发行债券是公司追加资金的需要，它属于公司的负债，不是资本金。发行股票则是股份公司创办企业和增加资本的需要，筹措的资金列入公司资本。而且，发行债券的经济主体很多，中央政府、地方政府、金融机构、公司企业等一般都可以发行债券，但能发行股票的经济主体只有股份有限公司。

3. 两者期限不同

债券一般有规定的偿还期，期满时债务人必须按时归还本金，是一种有期投资；股票通常是不能偿还的，一旦投资入股，股东便不能从股份公司抽回本金，因此股票是一种无期投资，或称永久投资。但是，股票持有者可以通过市场转让收回投资资金。

4. 两者收益不同

债券通常有规定的利率，可获固定的利息。股票的股息红利不固定，一般视公司经营情况而定。

5. 两者风险不同

股票风险较大，债券风险相对较小。因为：

第一，债券利息是公司的成本费用支出，计入公司成本，可以免税；股票的股息红利是公司利润的一部分，公司有盈利才能支付，而且支付顺序列在债券利息支付和纳税之后。

第二，倘若公司破产，清理资产有余额偿还时，债权人享有优先清偿权，只有当债权人的债务全部清偿完还有剩余资产时，股东才能对剩余资产进行分配。

第三，在二级市场上，债券因其利率固定，期限固定，市场价格稳定；而股票无固定的期限和利率，受各种宏观因素和微观因素的影响，市场价格波动频繁，涨跌幅度较大。

四、债券投资的收益与风险

（一）债券投资的收益

1. 债券收益的来源

债券的投资收益来自三个方面：一是债券的利息收益。这是债券发行时就决定的，除了保值贴补债券和浮动利率债券，债券的利息收入不会改变，投资者在购买债券前就可得知。二是资本利得。资本利得受债券市场价格变动的影响。三是再投资收益。再投资收益受以周期性利息收入作再投资时市场收益率变化的影响。由于资本利得和再投资收益具有不确定性，投资者在作投资决策时计算的到期收益和到期收益率只是预期的收益和收益率，只有当投资期结束时才能计算实际收益和实际到期收益率。

2. 债券收益率

在证券市场上，投资者并非根据债券的票面利率做出投资决策，而是在综合考虑债券价格、到期日、利息收入等因素来推断在债券的有效期内获得的全部收益相对于债券价格的百分率。债券收益率有票面收益率、直接收益率、到期收益率、持有期收益率、赎回收益率等，这些收益率又因债券的种类不同而具有不同的含义。

（二）债券投资的风险

1. 利率风险

利率同债券价格呈负相关关系，利率升高，债券价格下降，利率降低，债券价格上升。债券期限越长，债券价格受利率影响越大。

2. 购买力风险

通货膨胀将使债券代表的购买力降低。

3. 再投资风险

债券到期后，可能无法再买到收益率和原来一样高的新债券。

4. 违约风险

债券发行人在债券到期时无力偿还本金及利息而产生的风险。一般政府债券违约风险为零，金融债券较小，企业债券风险较高。

五、债券的分类

（一）按发行主体分类

1. 政府债券

政府债券的发行主体是政府（包括中央政府和地方政府），其主要目的是解决由政府投资的公共设施或重点建设项目的资金需要和弥补国家财政赤字，因此它的发行和收入的安排使用是从整个国民经济的范围和发展来考虑的，它的发行规模、期限结构、未清偿余额等，关系着一国的社会政治经济发展的全局。

2. 金融债券

金融债券的发行主体是银行或非银行的金融机构。对于金融机构来说，吸收存款和发行债券都是它的资金来源，构成了它的负债。存款的主动性在存款户，金融机构只能通过提供服务条件来吸引存款，却不能完全控制存款，而通过发行债券来主动负债则使金融机构有更大的主动权和灵活性。金融债券的期限以中期较为多见。金融机构一般有雄厚的资金实力，信用度较高，因此金融债券往往也有良好的信誉。

3. 公司债券

公司债券的发行主体是股份公司，但有些国家也允许非股份制企业发行债券，公司债券和企业发行的债券合在一起，称为公司（企业）债券。公司发行债券的目的主要是为了经营需要，期限长短视公司的需要而定。企业债券是以公司经营利润作为还本付息担保的，其风险高于国债和金融债券，故企业债券的利率会高于前两者。

（二）按债券形态分类

1. 实物债券

实物债券是一种具有标准格式实物券面的债券。在标准格式的债券券面上，一般印有债券面额、债券利率、债券期限、债券发行人全称、还本付息方式等各种债券票面要素。有时债券利率、债券期限等要素也可以通过公告向社会公布而不再在债券券面上注明。无记名国债就属于这种实物债券，它以实物券的形式记录债权、面值等，不记名、不挂失，可上市流通。

2. 凭证式债券

凭证式债券的形式是债权人认购债券的一种收款凭证，而不是债券发行人制定的标准格式的债券。凭证式债券可记名、挂失，不能上市流通，从购买之日起计息。在持有期内，持券人如有特殊情况需提取现金，可以到原购买网点提前兑取。提前兑取时，除偿还本金外，利息按实际持有天数及相应的利率档次计算，经办机构按兑付本金一定比例的收取手续费。

3. 记账式债券

记账式债券是没有实物形态的票券，只在电脑账户中作记录，通过证券交易所的交易系统来发行和交易。我国近年来通过沪、深交易所的交易系统发行和交易的记账式国债就是这方面的实例。投资者进行记账式债券买卖，必须在证券交易所设立账户。由于记账式债券的发行和交易均无纸化，所以效率高、成本低、交易安全，是债券发展的趋势。

（三）按计息方式分类

1. 单利债券

单利债券是指在计算利息时，不论期限长短，仅按本金计算，所生利息不再加入本金计算下期利息的债券。

2. 复利债券

复利债券是指计算利息时，按一定期限将所生利息加入本金再计算利息，逐期滚算的债券。在名义利率相同的情况下，复利债券的实得利息要多于单利债券。

3. 贴现债券

贴现债券是指在票面上不规定利率，发行时按规定的折扣率，以低于票面金额的价格发行，到期时按面额偿还本息的债券。贴现债券是属于折价方式发行的债券，其发行价格与票面金额的差额就是利息。从利息支付方式来看，贴现国债以低于面额的价格发行，可以看作利息预付。因而又可称为利息预付债券。

4. 累进利率债券

累进利率债券是指以利率逐年累进方法计算的债券。累进利率债券的利率随着时间的推移而递增，后期利率比前期利率高，呈累进状态。这种债券的期限往往是浮动的，但有最短持有期和最长持有期。

（四）按利率是否固定分类

1. 固定利率债券

固定利率债券就是在偿还期内利率固定的债券。在该偿还期内，无论市场利率如何变化，债券持有人只能按债券票面载明的利率获取债息。在偿还期内，如果市场利率上升且超过债券票面利率，债券持有人就要承担收益率相对降低的风险，相反如果利率下降且低于债券票面利率，债券持有人也就获得了额外收益。

2. 浮动利率债券

浮动利率债券是指利率可以变动的债券。这种债券的利率与基准利率挂钩，一般高于基准利率的一定百分点。当市场利率上升时，债券的利率也相应上浮；反之，当市场利率下降时，债券的利率就相应下调，有效避开因市场利率波动而产生的风险。

（五）按债券偿还期限长短分类

发行期限在 1 年以下的债券称短期债券，发行期限在 1~10 年的债券称中期债券，发行期限在 10 年以上的债券称长期债券。

（六）按付息方式分类

1. 零息债券

零息债券是指只有在到期日才能领取本金和利息的债券，也可称为到期付息债券。零息债券既包括按票面金额发行、到期一次还本付息的普通债券，也包括按折扣方式发行，到期按票面额兑付的贴现债券。零息债券于 20 世纪 80 年代初首次在美国债券市场上出现。

2. 附息债券

附息债券又称息票债券，是按照债券票面载明的利率及支付方式定期分次付息的债券。息票通常附在债券上，息票上标明利息额、支付利息的期限和债券号码等内容，息票一般以 6 个月为一期，到期时将息票剪下，到指定银行去领取利息，每次的利息额（以按年取息为例）等于面值与票面利率的乘积。

第二节 政府债券

一、政府债券概述

（一）政府债券的定义

政府债券是政府为了筹措资金而向投资者出具的，承诺在一定时期支付利息和到期还本的债务凭证。依政府债券发行主体的不同，政府债券又可分为中央政府债券和地方政府债券。除了政府部门直接发行的债券外，有些国家把政府担保的债券也划归为政府债券体系，称为政府保证债券。这种债券由一些与政府有直接关系的公司或金融机构发行，并由政府提供担保。

（二）政府债券的特征

1. 安全性高

政府债券由政府发行并承担还本付息的责任，是国家信用的体现，因此在各类债券中，政府债券的信用等级最高，尤其是中央政府债券被称为"金边债券"，在市场上广受欢迎。

2. 流通性强

政府债券的发行量大，安全性好，竞争力强，易于转让，所以，许多国家政府债券的二级市场十分发达，一般不仅允许在证券交易所上市交易，还允许在场外市场进行买卖。发达的二级市场又为政府债券的转让提供了方便，使其流通性大大增强。

3. 收益稳定

因政府债券的本息大多数固定且有保障，所以其交易价格一般不会出现大的波动，二级市场的交易双方均能得到相对稳定的收益。

4. 免税待遇

为了鼓励人们投资政府债券，大多数国家规定，对于购买政府债券所获得的收益，可以享受免税待遇。我国的个人所得税法规定，国债和国家发行的金融债券利息，可免交个人所得税。因此，在政府债券与其他证券收益率相等的情况下，如果考虑税收因素，投资者可以获得更多的实际投资收益。

延伸阅读

国债投资有关企业所得税问题

2011年6月22日，国家税务总局签发了2011年第36号公告，对国债投资有关企业所得税问题做了界定。

目前我国的国债分为记账式、不记名式、凭证式三类，其中记账式和不记名式允许流通转让，记账式国债在沪深两市交易转让，凭证式国债只能到规定的兑付点提前兑付，不允许流通转让。记账式国债和不记名式国债在到期日之前转让国债取得的收入中，包含了国债转让所得和未到期兑付应计利息两个部分，未到期兑付应计利息收入是否可视为《企业所得税法》中规定的免税收入，是最近几年国债利息所得税政策争议的焦点，36号公告规定的核心含义在于国债持有期间未兑付的利息收入允许作为免税收入。

如，2009年7月1日，A公司以1 050万元在沪市购买了10万手××记账式国债（每手面值为100元，共计面值1 000万元），该国债起息日为2009年1月1日，年末12月31日兑付利息，票面利率为5%。2009年10月1日，该公司将购买的国债转让，取得转让价款1 100万元。

1. A公司购买国债成本的确定。

不考虑相关税费情况下，国债投资成本为1 050万元。

2. A公司国债利息收入的认定。

根据 36 号公告，在兑付期前转让国债的，A 公司在国债转让时确认利息收入的实现。
国债利息收入 = 1 000 ×5% ×1/4 = 12.5（万元），该项利息收入免税。

3. A 公司国债转让所得的确定。
国债投资转让所得 = 1 100 − 12.5 − 1 050 = 37.5（万元）。

二、国家债券

国家债券是中央政府根据信用原则，以承担还本付息责任为前提而发行的债务凭证，简称为国债。

中央政府是国家的权力象征，它以该国的征税能力作为国债还本付息的保证，投资者一般不用担心"金边债券"的偿还能力。为了鼓励投资者购买国债，大多数国家都规定国债投资者可以享受国债利息收入方面的税收优惠，甚至免税。因此，"金边债券"为投资者所热衷，流动性很强，并被广泛地用作抵押和担保。不过，由于国债的风险低，安全性和流动性好，它的利率一般也低于其他类型债券。

（一）国债的功能

1. 弥补财政赤字

这是国债产生的主要动因，也是现代国家的普遍做法。相比较增税和向银行透支的方式来弥补赤字而言，发行国债产生的副作用最小，这是因为，发行国债只是暂时占用部分社会闲置资金的使用权，国债的认购通常遵循自愿原则，一般不会对经济产生不利影响，也不会引起通货膨胀。但若是财政赤字过大，债台高筑，最终会导致财政收支的恶性循环，而过多地占据社会闲置资金则可能会降低社会的投资和消费水平。

2. 筹集建设资金

在我国财政支出中，经济建设资金占到 50% 左右，从 1987 年开始发行重点建设债券和重点企业建设债券，包括电力债券、钢铁债券、石油化工债券和有色金属债券。

3. 调控经济运行

（1）国债投资不以追逐利润为主，而是注重社会经济效益的需要，一般用于国民经济的短线产品和薄弱环节，从宏观上调节产业结构并引导资源的流向，逐步实现国民经济结构的合理化。

（2）当社会供求关系失衡，如社会总供给大于社会总需求时，政府可通过举债，将筹集的资金投向基础设施、基础产业等领域或是增加财政供养人员和社会低收入阶层的收入，刺激投资需求和消费需求，实现经济增长目标。

（3）国家可以通过变动国债发行规模以及在金融市场上买卖国债等方式，调节市场货币流通量，保持货币供求平衡。

（二）国债的分类

1. 按偿还期限分类，分为短期国债、中期国债和长期国债

短期国债目的是应付国库资金临时的或季节性需求。在国际上，短期国债的常见形式是国库券。中、长期国债主要用于弥补赤字或政府投资。在国债发展史上，还曾经出现过一种无期国债，这种国债在发行之时并未规定还本期限，债权人平时有权按期索取利息，而无权要求清偿，政府可以随时从市场上买入而将其注销。

2. 按流通与否分类，分为流通国债和非流通国债

流通国债是指可以在流通市场上交易的国债。这种国债的特征是投资者可以自由认购、自由转让，通常不记名，转让价格取决于对该国债的供给与需求。流通国债的转让一般在证券市场上进行，如通过证券交易所或柜台市场交易。在不少国家，流通国债占据了国债发行量中的大部分。

非流通国债是指不允许在流通市场上交易的国债。这种国债不能自由转让，可以记名，也可以不记名。非流通国债的发行对象，有的是个人，有的是一些特殊的机构。以个人为发行对象的非流通国债，一般是吸收个人的小额储蓄资金，故有时称之为储蓄债券。

（三）我国的国债

1949年新中国成立以后，我国国债发行基本上分为两个阶段：20世纪50年代是第一阶段，80年代以来是第二阶段。第一阶段包括1950年发行的人民胜利折实公债，1954~1958年发行国家经济建设公债。在20世纪60年代和70年代，我国停止发行国债。随着改革开放的不断深入，中央政府于1981年恢复发行国债。

目前我国发行的国债品种有：

1. 国库券

国库券起源于英国，在西方国家，国库券属于一种弥补国库短期收支差额的政府债券。它极富流动性，有发达的一级市场和二级市场，交易和变现都很方便。我国曾经把短期国债、长期国债都叫做国库券。从1995年开始，我国发行的国债就不再称为国库券，而改称"无记名国债"、"凭证式国债"和"记账式国债"。

我国发行国库券始于1981年，以后基本上每年都发行，且发行规模逐年增长，发行方式日趋市场化，1991年之前主要采用行政摊派的发行方式，从1991年开始引入承购包销的发行方式，从1996年开始引入招标发放方式。

2. 无记名式（实物）国债

无记名式国债是一种票面上不记载债权人姓名或单位名称的债券，通常以实物券形式出现，又称实物券或国库券。无记名式国债由国务院财政部统一印制，固定面额，一般分100元、500元、1 000元等面额，不记名，不挂失，到期兑付本息，可上市买卖。无记名式国债按年度、分期次发行，存期为2年、3年、5年。

无记名式国债是我国发行历史最长的一种国债。从新中国成立起，50年代发行的国债和从1981年起发行的国债主要是无记名式国库券。发行时通过各银行储蓄网点、财政部门国债服务部以及国债经营机构的营业网点面向社会公开销售，投资者也可以利用证券账户委托证券经营机构在证券交易所场内购买。

无记名国债的现券兑付，由银行、邮政系统储蓄网点和财政国债中介机构办理，或实行交易场所场内兑付。

无记名式国库券的一般特点是：不记名、不挂失，可以上市流通。由于不记名、不挂失，其持有的安全性不如凭证式和记账式国库券，但购买手续简便。由于可上市转让，流通性较强。上市转让价格随二级市场的供求状况而定，当市场因素发生变动时，其价格会产生较大波动，因此具有获取较大利润的机会，同时也伴随着一定的风险。一般来说，无记名式国库券更适合金融机构和投资意识较强的购买者。

3. 凭证式国债

凭证式国债是指国家采取不印刷实物券，而用填制"国库券收款凭证"的方式，通过各银行储蓄网点和财政部门国债服务部面向社会发行，主要面向老百姓。凭证式国债是银行代理国家发行国债的一种主要手段，储户购买国债时由银行营业网点签发国债收款凭证。起点金额为100元人民币，大于100元人民币必须是百元的整数倍数，上限金额为50万元人民币。

凭证式国债按年度、分期次发行，存期为2年、3年、5年，该凭证为记名凭证，可挂失，可在同一城市内通兑，到期或提前兑付凭凭证支取本息。凭证式国债不得部分提前支取，投资者购买凭证式国债后如需变现，可以到原购买网点提前兑取，提前兑取时，除偿还本金外，利息按实际持有天数及相应的利率档次计付，经办机构按兑取本金的2‰收取手续费。对于提前兑取的凭证式国债，经办网点还可以二次卖出。

我国从 1994 年开始发行凭证式国债。凭证式国债其票面形式类似于银行定期存单，利率通常比同期银行存款利率高，具有类似储蓄、又优于储蓄的特点，通常被称为"储蓄式国债"，是以储蓄为目的的个人投资者理想的投资方式。

4. 记账式国债

记账式国债又称无纸化国债，它是指将投资者持有的国债登记于证券账户中，投资者仅取得收据或对账单以证实其所有权的一种国债。我国从 1994 年推出记账式国债这一品种。其特点是：（1）记账式国债可以记名、挂失，以无券形式发行可以防止证券的遗失、被窃与伪造，安全性好；（2）可上市转让，流通性好；（3）期限有长有短，但更适合短期国债的发行；（4）记账式国债通过交易所电脑网络发行，从而可降低证券的发行成本；（5）上市后价格随行就市，有获取较大收益的可能，但同时也伴随有一定的风险。

可见，记账式国债具有成本低、收益好、安全性好、流通性强的特点。由于记账式国债的发行、交易特点，它主要是针对金融意识较强的个人投资者以及有现金管理需求的机构投资者进行资产保值、增值的要求而设计的国债品种，投资者将其托管在指定券商的席位上，便于流通交易，变现能力强，不易丢失，还可以通过低买高卖获得高额利润。

无记名式、凭证式和记账式三种国债相比，各有其特点。在收益性上，无记名式和记账式国债要略好于凭证式国债，通常无记名式和记账式国债的票面利率要略高于相同期限的凭证式国债。在安全性上，凭证式国债略好于无记名式国债和记账式国债，后两者中记账式又略好些。在流动性上，记账式国债略好于无记名式国债，无记名式国债又略好于凭证式国债。无记名国债和记账式国债只有到期才能兑取，凭证式国债可以提前兑取，但只能到原发柜台办理，不能通兑。

5. 特别国债

为了增加国有商业银行的资本金，经第八届全国人大常委会第 30 次会议审议通过，并经国务院批准，财政部于 1998 年 8 月 18 日发行了 2 700 亿元特别国债。该国债为记账式附息国债，期限为 30 年，年利率为 7.2%，向四大国有商业银行定向发行，所筹资金专项用于拨补四大国有商业银行资本金。

6. 长期建设国债

1998 年，为应对亚洲金融危机的冲击，党中央、国务院果断做出了增加投入、扩大内需的决策，积极财政政策正式登台。为执行积极的财政政策，经九届全国人大常委会第 4 次会议通过，财政部于 1998 年 9 月向四大国有商业银行定向发行了 1 000 亿元、年利率为 5.5%、期限为 10 年的附息国债，专项用于国民经济和社会发展急需的基础设施投入。在这以后，1999~2004年，7年间我国累计发行长期建设国债9 100亿元，这部分国债拉动形成的投资总规模为5万亿元左右，每年拉动经济增长1.5~2个百分点，从而保证了国家集中力量建成一大批关系全局的重大基础设施项目，为扩大国内需求，抑制通货紧缩，推动国民经济增长发挥了积极作用。

三、地方政府债券

（一）地方政府债券的发行主体

地方政府债券是地方政府发行并负责偿还的债券，简称地方债券，也可以称为地方公债或地方债。地方政府债券是地方政府根据本地区经济发展和资金需要状况，以承担还本付息责任为前提，向社会筹集资金的债务凭证。筹集的资金一般用于弥补地方财政资金的不足，或者地方兴建大型项目。

地方政府债券的发行主体是地方政府，地方政府一般又有不同的级次组成，而且在不同的国家有不同的名称。美国地方政府债券由州、市、区、县和州政府所属机关和管理局发行，日本地方政府债券则由一般地方公共团体和特殊地方公共团体发行，前者是指都、道、府、县、市、镇、村政府，后者是指特别地区、地方公共团体联合组织和开发事业团等。

（二）地方政府债券的分类

地方政府债券按资金用途和偿还资金来源分类，通常可以分为一般债券（普通债券）和专项债券（收益债券），前者是指地方政府为缓解资金紧张或解决临时经费不足而发行的债券，后者是指为筹集资金建设某项具体工程而发行的债券。对于一般债券的偿还，地方政府通常以本地区的财政收入作担保，而对专项债券，地方政府往往以项目建成后取得的收入作保证。

（三）我国的地方政府债券

地方政府债券在新中国成立初期就已经存在，早在1950年，东北人民政府就发行过东北生产建设折实公债，但从1981年恢复国债发行到2009年，却从未正式发行过地方政府债券。并且我国1995年起实施的《中华人民共和国预算法》规定，地方政府不得发行地方政府债券（除法律和国务院另有规定外）；《担保法》也规定，国家机关不得为保证人（经国务院批准为使用外国政府或国际经济组织贷款进行转贷的除外)。因此,我国目前的政府债券仅限于中央政府债券。

尽管如此,地方政府在诸如桥梁、公路、隧道、供水、供气等基础设施的建设中都面临着资金短缺的问题,有限的地方财政和市政建设的高额需求,使中国地方政府直接或间接负债已成为普遍事实,于是形成了具有中国特色的地方政府债券。如 1999 年上海城市建设投资开发公司发行 5 亿元浦东建设债券,名义上是公司债券,但所筹资金则是用于上海地铁建设;济南自来水公司发行 1.5 亿元供水建设债券,名义上是公司债券,而所筹资金则用于济南自来水设施建设。

2009 年 2 月,财政部颁布了《2009 年地方政府债券预算管理办法》,当年由财政部代理发行 2 000 亿元地方债券。规定资金主要用于中央投资地方配套的公益性建设项目及其他难以吸引社会投资的公益性建设项目支出,严格控制安排用于能够通过市场化行为筹资的投资项目,不得安排用于经常性支出。资金使用范围主要包括:保障性安居工程,农村民生工程和农村基础设施,医疗卫生、教育文化等社会事业基础设施,生态建设工程,地震灾后恢复重建以及其他涉及民生的项目建设与配套。

作为首期地方政府债券,2009 年新疆维吾尔自治区政府债券(一期)于 2009 年 3 月 30 日至 2009 年 4 月 1 日在上证所发行,于 2009 年 4 月 3 日上市。

第三节　公司债券与金融债券

一、公司债券

(一) 公司债券的定义

公司债券是公司依照法定程序发行的、约定在一定期限还本付息的有价证券。它反映了发行债券的公司和债券投资者之间的债权债务关系。

(二) 公司债券的特征

1. 收益较高

公司债券所筹集的资金直接用于公司的生产经营,没有中间环节,所以收益率通常比较高。公众进行长期投资,一般选择公司债券居多。

2. 风险较大

投资公司债券比投资国家债券、金融债券的风险都要大,但总的来说,还是比较安全的。这主要是因为公司在发行债券时，一般都有严格的审查和财产抵押，必须符合规定的信用评级标准。

3. 优先性

债券持有人是公司的债权人，不是股东。他无权参与公司的经营管理决策，但有权按期取得利息，且利息分配顺序优于股东。如果公司因经营不善而破产，在清理资产时，债券持有者也可优于股东收回本金。

4. 通知偿还性

一部分公司债券附有通知偿还的规定，即债券发行人具有选择在债券到期之前偿还本金的权利。一般情况下，这种权利是在公司准备降低债券利率时行使。

5. 可转换性

一部分公司债券，允许其持有者在一定条件下转换成另一种金融工具，如公司股票等。发行可转换的公司债券，转换条件需事先在契约中明确。

（三）公司债券的类型

1. 信用公司债

信用公司债是一种不以公司任何资产作担保而发行的债券，属于无担保证券范畴。一般说，政府债券无须提供担保，因为政府掌握国家资源，可以征税，所以政府债券安全性最高。金融债券大多数也可免除担保，因为金融机构作为信用机构，本身具有较高的信用。公司债券不同，一般公司的信用状况要比政府和金融机构差，所以，大多数公司发行债券被要求提供某种形式的担保。但少数大公司经营良好，信誉卓著，也发行信用公司债。信用公司债的发行人实际上是将公司信誉作为担保。为了保护投资者的利益，可要求信用公司债附有某些限制性条款，如公司债券不得随意增加，债券未清偿之前股东的分红要有限制等。

2. 不动产抵押公司债

不动产抵押公司债是以公司的不动产（如房屋、土地等）作为抵押而发行的债券，是抵押证券的一种。公司以这种财产的房契或地契做抵押，若公司不能偿还债务，抵押的财产将被出售，所得款项用于抵债。另外，用做抵押的财产价值不一定与发生的债务额相等，当某抵押品价值很大时，可分作若干次抵押，这就有了第一抵押债券、第二抵押债券之分。在处理抵押品偿债时，要按顺序依次偿还优先一级的抵押债券。

3. 保证公司债

保证公司债是公司发行的由第三者作为还本付息担保人的债券，是担保债券的一种。担保人是发行人以外的其他人，如政府、信誉好的银行或举债公司的母公司等。一般来说，投资者比较愿意购买保证公司债，因为有担保人承担最终清偿责任。实践中，保证行为常见于母子公司之间，母公司往往是担保人。

4. 收益公司债

是一种特殊债券，其利息只有在公司盈利时才支付，利息的来源是发行公司的利润扣除各项固定支出后的余额，如余额不足支付，未付利息可以累加，待公司收益改善后再补发，所有应付利息付清后，公司才可对股东分红。

5. 可转换公司债

可转换公司债是指发行人依照法定程序发行，在一定期限内依据约定的条件可以转换成股份的公司债券。这种债券附加转换选择权，在转换前是公司债形式，转换后相当于增发了股票。可转换公司债兼有债权投资和股权投资的双重优势。可转换公司债与一般的债券一样，在转换前投资者可以得到利息收入，但此时不具有股东的权利，当发行公司的经营业绩取得显著增长时，可转换公司债的持有人可以在约定期限内，按预定的转换价格转换成公司的股份，以分享公司业绩增长带来的收益。可转换公司债一般要经股东大会或董事会的决议通过才能发行，而且在发行时，应在契约中规定转换期限和转换价格。

二、我国的公司债券

（一）企业债券

根据 2008 年 1 月，中华人民共和国国家发展和改革委员会颁布的《国家发展改革委关于推进企业债券市场发展、简化发行核准程序有关事项的通知》，企业债券，是指企业依照法定程序公开发行并约定在一定期限内还本付息的有价证券，包括依照公司法设立的公司发行的公司债券和其他企业发行的企业债券。

根据《公司法》的规定，可发行公司债券的企业只能是股份有限公司和有限责任公司，与此相比，企业的范畴要远大于公司。我国的企业债券发行主要根据是 1993 年出台的《企业债券管理条例》，当时，《公司法》尚未出台，股份有限公司和有限责任公司也尚未成为国有企业组织制度改革的主要方式。1994 年之后，虽然相当多国有企业进行了公司制改革，名称上也挂上了"公司"二字，由此，似乎企业债券就是公司债券的代名词了，但事实上，由于国家计委只管政府部门和国有企业的投融资安排，不管非国有企业的类似活动，所以，企业债券自一起步就限制在国有经济部门内，与众多的公司数量相比，它所涉及的发债主体比公司债券要窄得多。

鉴于20世纪90年代中期，一些地方发生了企业债券到期难以兑付本息的风险，当时的国家计委上收了企业债券的审批权，从而，形成了企业债券由国家计委集中管理审批的格局。这一历史过程表明了，企业债券并非公司债券。

2007年5月，中国证券监督管理委员会颁布了《公司债券发行试点办法》，2009年11月，深圳证券交易所发布了公司债券上市规则，公司债券的发行和交易日趋规范化。

（二）公司债券和企业债券的区别

与公司债券相比，企业债券比公司债券的外延要大得多，企业债券也涵盖公司债券。二者除发行人有企业与公司的区别之外，其他都是一样的。二者发行的利率均遵照《企业债券管理条例》第十八条"企业债券的利率由企业根据市场情况确定，但不得高于银行相同期限居民储蓄定期存款利率的40%"的规定。

企业债券与公司债券的主要区别有以下五个方面：

1. 发行主体的差别

公司债券是由股份有限公司或有限责任公司发行的债券，《公司法》和《证券法》对此也做了明确规定，因此，非公司制企业不得发行公司债券。企业债券是由中央政府部门所属机构、国有独资企业或国有控股企业发行的债券，它对发债主体的限制比公司债券狭窄得多。在我国各类公司的数量有几百万家，而国有企业仅有20多万家。

2. 发债资金用途的差别

公司债券是公司根据经营运作具体需要所发行的债券，它的主要用途包括固定资产投资、技术更新改造、改善公司资金来源的结构、调整公司资产结构、降低公司财务成本、支持公司并购和资产重组等，因此，只要不违反有关制度规定，发债资金如何使用几乎完全是发债公司自己的事务，无需政府部门关心和审批。但在我国的企业债券中，发债资金的用途主要限制在固定资产投资和技术革新改造方面，并与政府部门审批的项目直接相连。

3. 信用基础的差别

在市场经济中，发债公司的资产质量、经营状况、盈利水平和可持续发展能力等是公司债券的信用基础。由于各家公司的具体情况不尽相同，所以，公司债券的信用级别也相差甚多，与此对应，各家公司的债券价格和发债成本有着明显差异。虽然，运用担保机制可以增强公司债券的信用级别，但这一机制不是强制规定的。与此不同，我国的企业债券，不仅通过"国有"机制贯彻了政府信用，而且通过行政强制落实着担保机制，以至于企业债券的信用级别与其他政府债券

第二章 债 券

大同小异。

4. 管制程序的差别

在市场经济中，公司债券的发行通常实行登记注册制，即只要发债公司的登记材料符合法律等制度规定，监管机关无权限制其发债行为。在这种背景下，债券市场监管机关的主要工作集中在审核发债登记材料的合法性、严格债券的信用评级、监管发债主体的信息披露和债券市场的活动等方面。但我国企业债券的发行中，发债需经国家发改委报国务院审批，由于担心国有企业发债引致相关对付风险和社会问题，所以，在申请发债的相关资料中，不仅要求发债企业的债券余额不得超过净资产的 40%，而且要求有银行予以担保，以做到防控风险的万无一失。

5. 市场功能的差别

在发达国家中，公司债券是各类公司获得中长期债务性资金的一个主要方式，在 20 世纪 80 年代后，又成为推进金融脱媒和利率市场化的一支重要力量。在我国，由于企业债券实际上属政府债券，它的发行受到行政机制的严格控制，不仅每年的发行数额远低于国债、央行票据和金融债券，也明显低于股票的融资额，为此，不论在众多的企业融资中还是在金融市场和金融体系中，它的作用都微乎其微。

三、金融债券

（一）金融债券的含义

所谓金融债券，是指银行及非银行金融机构依照法定程序发行并约定在一定期限内还本付息的有价证券。20 世纪 60 年代以前，只有投资银行、投资公司之类的金融机构才发行金融债券，因为这些机构一般不吸收存款，或者只吸收少量的存款，发行金融债券成为其筹措资金来源的一个重要手段。而商业银行等金融机构，因能吸收存款，有稳定的资金来源，一般不允许发行金融债券。

20 世纪 60 年代以后，商业银行等金融机构为改变资产负债结构或用于某特定用途，纷纷加入发行金融债券的行列，从而打破了金融债券的发行格局。在欧美很多国家，由于商业银行和其他金融机构多采用股份公司这种组织形式，所以这些金融机构发行的债券与公司债券一样，受相同的法规管理，一般归类于公司债。日本则有所不同，金融债券的管理受制于特别法规。从广义上讲，金融债券还包括中央银行债券，只不过它是一种特殊的金融债券。其特殊性表现在：一是期限较短；二是为实现金融宏观调控而发行。

（二）我国的金融债券

我国金融债券的发行始于北洋政府时期，后来，南京国民政府时期也曾多次发行过"金融公债"、"金融长期公债"和"金融短期公债"。

新中国成立之后的金融债券发行始于1982年。该年，中国国际信托投资公司率先在日本的东京证券市场发行了外国金融债券。为推动金融资产多样化，筹集社会资金，国家决定于1985年由中国工商银行、中国农业银行发行金融债券，开办特种贷款。这是我国经济体制改革以后国内发行金融债券的开端。在此之后，工商银行和农业银行又多次发行金融债券，中国银行、中国建设银行也陆续发行了金融债券。1988年，部分非银行金融机构开始发行金融债券。1993年，中国投资银行被批准在境内发行外币金融债券，这是我国首次发行境内外币金融债券。1994年，我国政策性银行成立后，发行主体从商业银行转向政策性银行。1999年以后，我国金融债券的发行主体集中于政策性银行，其中，以国家开发银行为主，金融债券已成为其筹措资金的主要形式。

近年来，我国金融债券市场发展较快，金融债券品种不断增加，主要有以下几种：

1. 中央银行票据

2002年9月24日，为增加公开市场业务操作工具，扩大银行间债券市场交易品种，央行将2002年6月25日至9月24日进行的公开市场业务操作的91天、182天、364天的未到期正回购品种转换为相同期限的中央银行票据，转换后的中央银行票据共19只，总量为1 937.5亿元。2003年4月22日起，中国人民银行正式发行中央银行票据，至当年年底，共发行63期央行票据，发行总量为7 226.8亿元，发行余额3 376.8亿元；2004年共发行100期央行票据，发行总量为15 071.5亿元；2005年共发行124期央行票据，发行总量为27 462亿元；2006年共发行97期央行票据，发行总量为36 522.70亿元。

2. 商业银行次级债券

2004年6月24日，《商业银行次级债券发行管理办法》颁布实施。商业银行次级债券是指商业银行发行的、本金和利息的清偿顺序列于商业银行其他负债之后、先于商业银行股权资本的债券。经中国银行业监督管理委员会批准，次级债券可以计入附属资本。2004年年底，我国商业银行次级债券共计发行748.8亿元；2005年共计发行1 036.3亿元；2006年共计发行525亿元。

3. 证券公司债券

2003年8月29日，中国证监会发布《证券公司债券管理暂行办法》，并于

2004年3月1日核准中信证券、海通证券、长城证券公司发行公司债42.3亿元。证券公司债券是指证券公司依法发行的、约定在一定时期内还本付息的有价证券。2004年年末，国泰君安证券公司发行证券公司债券16.5亿元；长城证券公司发行2.3亿元；中信证券公司发行4.5亿元。2005年全年证券公司未发债。2006年中信证券公司发行了1期15亿元的债券。

4. 保险公司次级债

2004年9月29日，中国保监会发布了《保险公司次级定期债务管理暂行办法》。保险公司次级定期债务是指保险公司经批准定向募集的、期限在5年以上（含5年），本金和利息的清偿顺序列于保单责任和其他负债之后、先于保险公司股权资本的保险公司债务。与商业银行次级债务不同的是，按照《保险公司次级定期债务管理暂行办法》，保险公司次级债务的偿还只有在确保偿还次级债本息后偿付能力不低于100%的前提下，募集人才能偿付本息；并且，募集人在无法按时支付利息或偿还本金时，债权人无权向法院申请对募集人实施破产清偿。

5. 证券公司短期融资券

2004年10月，中国证监会和中国银监会制定并发布《证券公司短期融资券管理办法》。证券公司短期融资券是指证券公司以短期融资为目的，在银行间债券市场发行的约定在一定期限内还本付息的金融债券。2005年广发证券、中信证券、海通证券、招商证券、国泰君安证券分别发行了5期短期融资券，累计发行29亿元。

6. 混合资本债券

2006年9月6日中国人民银行发布《全国银行间债券市场金融债券发行管理办法》，就商业银行发行混合资本债券的有关事宜进行了规定。混合资本债券是一种混合资本工具，它比普通股票和债券更加复杂。《巴塞尔协议》并未对混合资本工具进行严格定义，仅规定了混合资本工具的一些原则特征，并赋予各国监管部门更大的自由裁量权，以确定本国混合资本工具的认可标准。中国银监会借鉴其他国家对混合资本工具的有关规定，严格按照《巴塞尔协议》要求的原则特征，选择以银行间市场发行的债券作为我国混合资本工具的主要形式，并由此命名我国的混合资本工具为混合资本债券。我国的混合资本债券是指商业银行为补充附属资本发行的、发行之日起10年内不可赎回的债券。2006年，共有兴业银行和民生银行两家商业银行发行了总额83亿元的混合资本债券。

按照现行规定，我国的混合资本债券具有四项基本特征：

(1) 期限在15年以上，发行之日起10年内不得赎回。发行之日起10年后发行人具有1次赎回权，若发行人未行使赎回权，可以适当提高混合资本债券的利率。

（2）混合资本债券到期前，如果发行人核心资本充足率低于4%，发行人可以延期支付利息；如果同时出现以下情况：最近1期经审计的资产负债表中盈余公积与未分配利润之和为负，且最近12个月内未向普通股股东支付现金红利，则发行人必须延期支付利息。在不满足延期支付利息的条件时，发行人应立即支付欠息及欠息产生的复利。

（3）当发行人清算时，混合资本债券本金和利息的清偿顺序列于一般债务和次级债务之后、先于股权资本。

（4）混合资本债券到期时，如果发行人无力支付清偿顺序在该债券之前的债务或支付该债券将导致无力支付清偿顺序在混合资本债券之前的债务，发行人可以延期支付该债券的本金和利息。待上述情况好转后，发行人应继续履行其还本付息义务，延期支付的本金和利息将根据混合资本债券的票面利率计算利息。

第四节 国际债券

一、国际债券概述

（一）国际债券的定义

国际债券是指一国借款人在国际证券市场上以外国货币为面值，向外国投资者发行的债券。国际债券的发行人，主要是各国政府、政府所属机构、银行或其他金融机构、工商企业及一些国际组织等。国际债券的投资者，主要是银行或其他金融机构、各种基金会、工商财团和自然人。

（二）国际债券的特征

国际债券是一种跨国发行的债券，涉及两个或两个以上的国家。同国内债券相比，具有一定的特殊性。

1. 资金来源广、发行规模大

发行国际债券是在国际债券市场上筹措资金，发行对象为各国的投资者，因此资金来源比国内债券广泛得多。

发行国际债券的目的之一就是要利用国际证券市场资金来源的广泛性和充足性。同时,发行人进入国际债券市场的门槛比较高,必须由国际著名的资信评估机构进行债券信用等级评定,只有高信用的发行人才能顺利进行投资,因此,在发行人资信状况得到充分肯定的情况下,国际债券的发行规模一般都比较大。

2. 存在汇率风险

发行国内债券,筹集和还本付息的资金都是本国货币,所以不存在汇率风险。发行国际债券筹集到的资金是外国货币,汇率一旦发生波动,发行人和投资者都有可能蒙受意外损失或获取意外收益。

3. 有国家主权保障

在国际债券市场上筹集资金,有时可以得到一个主权国家政府最终偿债的承诺保证,使得各国际债券市场愿意向该国开放,而国际债券也具备了较高的安全性。当然,政府要对本国发行人在国际债券市场上借债进行审查和控制。

4. 以自由兑换货币作为计量货币

国际债券在国际市场上发行,其计价货币往往是国际通用货币,一般以美元、英镑、欧元、日元和瑞士法郎为主。这样,发行人筹集到的资金是一种可通用的自由外汇资金。

二、国际债券的分类

(一) 外国债券

外国债券是指某一国借款人在本国以外的某一国家发行以该国货币为面值的债券。它的特点是债券发行人属于一个国家,债券的面值和发行市场属于另一个国家。

外国债券是一种传统的国际债券。在美国发行的外国债券被称为扬基债券,它是由美国居民在美国市场发行的吸收美国资金的债券。在日本发行的外国债券称为武士债券,它是外国人在日本债券市场上发行的以日元为面值的债券。

(二) 欧洲债券

欧洲债券是指借款人在本国境外市场发行的,不以发行市场所在国货币为面值的国际债券。欧洲债券是 20 世纪 60 年代初期随着欧洲货币市场的形成而出现和发展起来的,并且发展速度越来越快,目前,欧洲债券已成为各经济体在国际证券市场上筹措资金的重要手段。

欧洲债券的特点是债券发行者、债券发行地点和债券面值所使用的货币可以分别属于不同的国家。由于它不以发行市场所在国的货币为面值,故也称无国籍债券。欧洲债券票面使用的货币一般是可自由兑换的货币,主要为美元,其次还有欧元、英镑、日元等,也有使用复合货币单位的,如特别提款权。

欧洲债券和外国债券在很多方面不同:

1. 发行方式不同。外国债券一般由发行地所在国的证券公司、金融机构承销,而欧洲债券则由一家或几家大银行牵头,组成十几家或几十家国际性银行在一个国家或几个国家同时承销。

2. 发行法律的规定不同。外国债券的发行受发行地所在国有关法规的管制和约束,并且必须经官方主管机构批准;欧洲债券则不需要官方主管机构批准,也不受发行地所在国有关法规的管制和约束。

3. 发行纳税不同。外国债券受发行地所在国的税法管制,而欧洲债券的预扣税一般可以豁免,投资者的利息收入也免交所得税。

欧洲债券市场以众多创新品种而著称。在计息方式上既有传统的固定利率债券,也有种类繁多的浮动利率债券,还有零息债券、延付息票债券、利率递增债券(累进利率债券)和在一定条件下将浮动利率转换为固定利率的债券等。在附有选择权方面,有双货币债券、可转换债券和附权证债券等。双货币债券是指以一种货币支付息票利息、以另一种不同的货币支付本金的债券。附权证债券有权益权证、债务权证、货币权证、黄金权证等一系列类型。附权益权证债券允许权证持有人以约定的价格购买发行人的普通股票;附债务权证债券允许权证持有人以与主债券相同的价格和收益率向发行人购买额外的债券;附货币权证债券允许权证持有人以特定的价格,即固定汇率,将一种货币兑换成另一种货币;附黄金权证债券允许权证持有人按约定条件向债券发行人购买黄金。

三、我国的国际债券

对外发行债券是我国吸引外国资金的一个重要渠道,我国发行国际债券始于20世纪80年代初期。当时,在改革开放政策的指导下,为利用外国资金,加快我国的建设步伐,我国开始利用国际债券市场筹集资金。从1982年首次在国际市场发行债券至今,我国各类筹资主体已在国际债券市场发行了100多次债券。主要的债券品种有两种。

（一）政府债券

1987年10月，财政部在德国法兰克福发行了3亿马克的公募债券，这是我国经济体制改革后政府首次在国外发行债券。

1994年7月，我国政府在日本发行公债券，1995年11月又发行400亿日元债券，其中20年期100亿元，7年期300亿日元。

1996年我国政府成功地在美国发行100年期扬基债券，极大地提高了我国政府的国际形象，在国际资本市场上确定了我国主权信用债券的较高地位和等级。

1997年和1998年，我国利用国际债券融资进入了一个新的阶段，两年共发行美元债券34.31亿、德国马克债券5亿、日元债券140亿。

2001年5月17日，中国政府在海外成功发行了总值达15亿美元的欧元和美元债券。其中，10亿美元的10年期美元债券年息率6.8%，由高盛、JP摩根大通、摩根士丹利、法国巴黎、德意志银行及巴莱克资本等投资银行承销。此次发行债券不仅保持了中国在国际资本市场上经常发行人的地位，而且向国际金融社会展示了中国经济的活力，是一次具有战略眼光的融资行为。

2004年10月21日，中国政府在伦敦成功发行10亿欧元和5亿美元的债券。这是中国政府首次在国际资本市场上发行10年期长期欧元债券，发行额也是有史以来欧元债券发行中最高的。本次发行的债券中，欧元债券偿还期为10年，票面利率4.25%。美元债券的偿还期为5年，票面利率3.75%。欧元债券由德意志银行、法国巴黎银行和瑞士银行承销，美元债券则由美林公司、高盛公司、摩根士丹利公司和摩根大通银行承销。

（二）金融债券

1982年1月，中国国际信托投资公司在日本东京资本市场上发行了100亿日元的债券，期限12年，利率8.7%，采用私募方式发行。随后，在20世纪80年代中后期，福建投资信托公司、中国银行、上海国际信托投资公司、广东国际信托投资公司、天津国际信托投资公司、交通银行等，也先后在东京、法兰克福、中国香港、新加坡、伦敦发行国际债券，发行币种包括日元、港元、德国马克、美元等，期限均为中、长期，最短的5年，最长的12年，绝大多数采用公募方式发行。

1993年，中国投资银行被批准首次在境内发行外币金融债券，发行数量为5 000万美元，发行对象为城乡居民，期限为1年，采取浮动利率制，利率高于同期限美元存款利率1个百分点。

2004年9月28日，开发银行成功地在纽约发行了价值6亿美元的10年期美元债券和价值3.25亿欧元的5.5年期欧元债券。这是开发银行首次发行欧元债券，成为继财政部之后国内第二家发行欧元债券的实体。2004年12月28日，开发银行在国内银行间市场成功发行了总额5亿美元的境内美元债券。

2005年2月18日颁发的《国际开发机构人民币债券发行管理暂行办法》，允许符合条件的国际开发机构在中国发行人民币债券。2005年10月，中国人民银行批准国际金融公司和亚洲开发银行在全国银行间债券市场分别发行人民币债券11.3亿元和10亿元。这是中国债券市场首次引入外资机构发行主体，是中国市场对外开放的重要举措和有益尝试。国际多边金融机构首次在华发行的人民币债券被命名为"熊猫债券"。

第五节 债券价格决定

一、债券价格及其影响因素

（一）债券价格的种类

债券的价格主要有票面价格、发行价格、市场价格三种。

1. 票面价格指每张债券的面值，是写在券面上的。其重要性体现在两点：一是它的总和等于本金，二是它与票面利率的乘积就是投资者的利息收入。

2. 发行价格就是债券第一次发售的价格，它分为平价发行价格、溢价发行价格、折价发行价格。发行价格的确定，不是在市场上，一般都是发行者根据预期收益率计算出来的。

3. 市场价格是指债券在二级市场流通买卖时形成的价格，它是由债券的内在价值即现值决定的，同时直接受市场供求关系的影响。

（二）影响债券价格的因素

1. 市场利率

债券的交易价格与市场利率呈反方向变动。市场利率上升，债券持有人有可能将以较低价格出售债券，将资金转向其他利率较高的金融资产，从而引起对债券需求的减少，债券价格下降，反之，市场利率下降，债券价格上升。

2. 债券市场的供求关系

债券市场的供求关系直接影响债券价格的变化。债券的供给是指新债券的发行和已发债券的出售，债券的需求是投资者通过对各种金融资产风险和收益的分析预测而做出的对债券投资的选择，这种需求很大程度上取决于资金面的松紧和投资者的偏好。当债券市场的供给大于需求时，债券价格下降，反之，则债券价格上升。

3. 社会经济发展状况

在经济快速发展阶段，公司企业、政府对资金的需求增加，会通过增加债券发行筹措资金，使债券的供给增加，同时，社会资金相对紧缺，必然导致市场利率上升，债券价格下降。在经济衰退阶段，公司企业和金融机构会出现资金过剩，不仅会将闲置资金转向债券投资，而且会减少债券筹资的需求，因此导致债券价格上升，利率下降。

4. 财政收支状况

财政资金紧张出现赤字，政府会紧缩支出或通过发行政府债券弥补财政赤字，这样会带动社会资金紧张并大量增加债券供应，促使债券价格下跌，反之，财政资金宽松，会推动债券价格上升。

5. 货币政策

中央银行实施紧缩的货币政策，或是提高法定准备金率，或是提高再贴现率，或是在公开市场上出售政府债券，从而管紧货币供应，导致资金偏紧、利率上升、债券价格下降；反之，中央银行实施宽松的货币政策，则会采取一系列政策手段增加货币供应，导致债券价格上升。

6. 通货膨胀

当通货膨胀严重，政府又没有相应的补贴措施时，对票面利率固定的债券需求减少，债券价格下跌。但如果政府对某些债券给予保值贴补，则这类债券可以在一定程度上减轻通货膨胀风险，对他们的需求增加，价格也相应上升或稳定。

7. 国际间利差和汇率的影响

对于开放型的金融市场来说，本国货币以及外国货币间的汇率以及国内市场与国外市场的利率变化也是影响债券价格的重要因素。当本国货币升值时，国外资金会流入本国市场，会增加对本币债券的需求；当本国货币贬值时，国内资金会转移至国外而减少对本币债券的投资。同样，投资者也会对本国市场利率与外国市场利率加以比较，资金会流向利率高的国家或地区，导致国内债券市场供求关系的变化。

二、债券指数

（一）债券指数的作用

债券指数是反映债券市场价格总体走势的指标体系。和股票指数一样，债券指数是一个比值，其数值反映了当前市场的平均价格相对于基期市场平均价格的位置。债券指数的发展已有 20 余年，国际上已有了成熟的债券指数，并且还在不断地发展研究之中。

从实际运用的角度来说，债券指数主要有以下方面的作用：

1. 债券指数可以用来进行市场分析研究和市场预测。投资人可以通过对静态与实时债券指数走势图线进行一定的技术分析，预测未来债券市场整体的变化趋势。

2. 作为衡量债券整体市场收益率水平的基础，是评估投资人业绩优良的标准。投资人可以选择一定的投资评估区间，在这段时间内计算出指数的回报率，然后再与自己投资回报水平进行比较，评判出投资业绩的优劣。这也为金融机构考核债券投资相关部门的业绩提供了依据。

3. 帮助投资人建立指数型债券投资组合。相当多的研究表明，整体而言，大多数投资人的长期收益并不会高于市场整体收益（马科维茨的市场组合理论也恰好说明了这一点）。债券指数可以帮助投资人建立指数型债券投资组合，用以模拟和钉住债券市场整体收益水平，减少频繁市场操作的成本，同时也可以用来规避投资人收益低于市场整体收益的风险。

4. 帮助金融监管部门及时掌握债券市场的信息。债券指数作为债券市场整体的价格走势指标，可以帮助金融监管部门及时准确地掌握市场当前的情况，制定公开市场操作的策略。同时市场上离奇的价格也会在指数上清晰地反映出来，可以帮助监管部门及时地发现违规的市场行为。

5. 帮助债券发行主体了解市场情况，确立发债计划。各类债券的发行主体可以通过债券指数了解债券市场的当前行情和历史情况，为其制定债券发行的期限和价格提供决策帮助。

对于一个投资者而言，了解债券指数的编制方法并掌握其变化的意义，可以全面地把握债券市场的走势，为投资决策提供有力的帮助。

（二）中国的债券指数

自 1981 年中国恢复国债发行，上海证交所、深圳证交所于 1990 年年底相继成立,并陆续开始国债交易以来,经过管理层及广大投资者的不断培育,中国债券市场从无到有,蓬勃发展,债券品种及市场规模都有长足发展。为帮助投资者更好地把握、分析债券市场走势,2000年以来全国同业拆借中心等机构陆续推出了同业中心银债指数等一系列针对不同市场、券种的债券指数,这些指数设计各有侧重,从而为不同风格投资者调整投资组合、绩效评估提供了比较可靠、科学的决策依据,也为债券市场的金融创新奠定了良好基础。

市场上应用较为广泛的指数主要有:

1. 中国债券指数

2002年12月31日,中央国债等级结算有限责任公司开始发布中国债券指数系列,该指数体系包括国债指数、企业债指数、政策性银行金融债指数、银行间国债券指数、交易所债券指数、中短期债券指数和长期国债指数等,覆盖了交易所市场和银行间市场所有发行额在50亿元人民币以上、待偿期限在1年以上的债券,指数样本债券每月末调整一次。该指数系列以2001年12月31日为基日,基期指数为100,每个工作日计算一次。

2. 上证国债指数

上海证券交易所自2003年1月2日起发布上证国债指数。上证国债指数以在上海证券交易所上市的、剩余期限在1年以上的固定利率国债和一次还本付息国债为样本,按照国债发行量加权,基日为2002年12月31日,基点为100点。上证国债指数采用派氏法计算加权综合价格指数,以样本国债的发行量为权数。

3. 上证企业债指数

上海证券交易所于2003年6月9日起发布企业债指数。该指数以在沪、深证券交易所上市交易的固定利率付息和一次还本付息、剩余期限在1年以上(含1年)、信用评级为投资级(BBB)以上的非股权连接类企业债券为样本,以2002年12月31日为基准日,基日指数为100点,采用派氏加权综合价格指数公式计算。

4. 中国银行银债指数

该指数由中国银行于2002年5月编制发布,主要包括:

(1)中国银行银行间综合指数——样本涵盖银行间市场国债、金融债。

(2)中国银行银行间国债指数——样本涵盖银行间市场国债。

(3)中国银行银行间金融债指数——样本涵盖银行间市场金融债。

5. 银行间同业拆借中心银债指数

该指数由全国银行间同业拆借中心于2000年1月编制发布,主要包括:

(1)同业中心综合指数——样本涵盖银行间市场国债、金融债、企业债。

(2) 同业中心国债指数——样本涵盖银行间市场国债。

关 键 词 汇

债券 政府债券 金融债券 公司债券 实物债券 凭证式债券 记账式债券 累进利率债券 贴现债券 零息债券 混合资本证券 国际债券 外国债券 欧洲债券

思 考 题

1. 试述债券的性质和特征。
2. 简述债券与股票的区别与联系。
3. 简述政府债券的特征。
4. 国债的功能体现在哪些方面？
5. 公司债券与企业债券有哪些不同？
6. 债券价格的影响因素有哪些？
7. 债券指数有什么作用？中国证券市场上主要债券指数有哪些？

练 习 题

一、单项选择题

1. 债券是一种有价证券，是社会各类经济主体为筹集资金而向债券投资者出具的、承诺按一定利率定期支付利息的并到期偿还本金的（　　）凭证。
   A. 所有权、使用权　　　　　B. 债权债务
   C. 转让权　　　　　　　　　D. 设权
2. 下面不是债券基本性质的为（　　）。
   A. 发行人必须在约定的时间付息还本
   B. 债券是一种虚拟资本
   C. 债券是债权的表现
   D. 债券属于有价证券
3. 根据发行主体的不同，债券可以分为（　　）。
   A. 零息债券、附息债券和息票累积债券
   B. 实物债券、凭证式债券和记账式债券
   C. 政府债券、金融债券和公司债券
   D. 国债和地方债券

4. 关于记账式债券的论述不正确的是（   ）。
   A. 记账式债券是有实物形态的票券，所以可以记名、挂失，安全性较高
   B. 发行时间短，发行效率高，交易手续简便，成本低，交易安全
   C. 投资者进行记账式债券买卖，必须在证券交易所设立账户
   D. 我国1994年开始发行记账式债券
5. 债券与股票的比较，错误的是（   ）。
   A. 债券和股票都属于有价证券
   B. 债券和股票都是筹资手段，因而都属于负债
   C. 债券通常有规定的利率，而股票的股息红利不固定
   D. 尽管从单个债券和股票看，它们的收益率经常会发生差异，而且有时差距还很大，但是总体而言，二者的收益率是相互影响的
6. （   ）是指债券持有人具有按约定条件将债券与债券发行公司以外的其他公司的普通股票交换的选择权。
   A. 附有赎回选择权条款的债券　　B. 附有出售选择权条款的债券
   C. 附有可转换条款的债券　　　　D. 附有交换条款的债券
7. 在最低票面利率的基础上参照预先确定的某一基准利率予以定期调整的债券指的是（   ）。
   A. 零息债券　　　　　　　　　　B. 附息债券
   C. 息票累积债券　　　　　　　　D. 浮动利率债券
8. 在各类债券中，（   ）的信用等级是最高的，通常被称为金边债券。
   A. 金融债权　　B. 公司债券　　C. 政府债券　　D. 国际债券
9. 政府债券的特征不包括（   ）。
   A. 安全性高　　B. 流通性差　　C. 收益稳定　　D. 免税待遇
10. 关于债券所规定的借贷双方的权利义务关系的阐述，错误的是（   ）。
    A. 发行人是借入资金的经济主体
    B. 投资者是出借资金的经济主体
    C. 发行人必须在约定的时间付息还本
    D. 债券反映了发行者和投资者之间的委托、代理关系，而且是这一关系的法律凭证
11. 下面关于欧洲债券和外国债券的对比正确的是（   ）。
    A. 欧洲债券一般由发行地所在国的证券公司、金融机构承销
    B. 在发行法律方面，欧洲债券在法律上所受的限制比外国债券严格得多
    C. 外国债券的预扣税一般可以豁免，投资者的利息收入也免交税

D. 欧洲债券票面使用的货币一般是可自由兑换的货币，主要为美元，其次还有欧元、英镑、日元等

12. 信用公司债券属于（　　）范畴。
 A. 抵押债券　　B. 担保债券　　C. 无担保证券　　D. 金融债券

13. 下面叙述错误的是（　　）。
 A. 凭证式国债和储蓄国债（电子式）都在商业银行柜台发行，不能上市流通
 B. 尽管债券和股票有各自的特点，但它们都属于有价证券
 C. 从功能上看，政府债券最初仅是政府弥补赤字的手段，但在现代商品经济条件下，政府债券已成为政府筹集资金、扩大公共开支的重要手段
 D. 债券票面利率与期限成正比，所以不可能存在短期债券票面利率高而长期债券票面利率低的现象

二、不定项选择题

1. 债券的特征包括（　　）。
 A. 偿还性　　B. 风险性　　C. 收益性　　D. 安全性

2. 债券与股票的比较，正确的是（　　）。
 A. 股票风险较大，债券风险相对较小
 B. 债券是一种有期投资，股票是一种无期投资
 C. 债券通常有规定的利率，股票的股息红利不固定
 D. 发行债券的经济主体很多，但能发行股票的经济主体只有股份有限公司

3. 在实际经济活动中，债券收益可以表现为（　　）。
 A. 资本利得　　B. 利息收入　　C. 再投资收益　　D. 债务人违约金

4. 根据债券发行条款中是否规定在约定期限向债券持有人支付利息，债券可分为（　　）。
 A. 浮动利率债券　　　　　　B. 附息债券
 C. 零息债券　　　　　　　　D. 息票累积债券

5. 债券的票面要素包括（　　）。
 A. 债券发行者名称　　　　　B. 债券的到期期限
 C. 债券的票面价值　　　　　D. 债券的票面利率

6. 关于债券的票面价值描述正确的是（　　）。
 A. 债券票面金额的确定也要根据债券的发行对象、市场资金供给情况及

债券发行费用等因素综合考虑
   B. 票面金额定得较小，发行成本也就较小
   C. 票面金额定得较大，有利于小额投资者购买
   D. 在国际金融市场筹资，则通常以债券发行地所在国家的货币或以国际通用货币为计量标准
7. 欧洲债券的描述正确的是（　　）。
   A. 欧洲债券票面使用的货币一般是可自由兑换的货币
   B. 由于它不以发行市场所在国的货币为面值，故也称无国籍债券
   C. 债券发行者、债券发行地点和债券面值所使用的货币可以分别属于不同的国家
   D. 欧洲债券在法律上所受的限制比外国债券宽松得多，它不需要官方主管机构的批准
8. 关于外国债券论述不正确的是（　　）。
   A. 武士债券、扬基债券和熊猫债券都属于外国债券
   B. 目前，外国债券已成为各经济体在国际资本市场上筹措资金的重要手段
   C. 外国债券是指某一国家借款人在本国发行以外国货币为面值的债券
   D. 债券发行人属于一个国家，债券的面值货币和发行市场则属于另一个国家
9. 下面关于可转换债券的阐述，正确的是（　　）。
   A. 在发行时，应在发行条款中规定转换期限和转换价格
   B. 可转换公司债券兼有债权投资和股权投资的双重优势
   C. 可转换债券在转换前是公司债券形式，转换后相当于增发了股票
   D. 可转换公司债券一般要经股东大会或董事会的决议通过才能发行
10. 国际债券的发行人主要是（　　）。
    A. 银行或其他金融机构　　　　B. 各国政府、政府所属机构
    C. 自然人　　　　　　　　　　D. 工商企业及国际组织等
11. 我国证券市场上同时存在企业债券和公司债券，它们的区别有（　　）。
    A. 发行主体的范围不同
    B. 发行定价方式不同
    C. 担保要求不同
    D. 发行方式以及发行的审核方式不同
12. 保证公司债券的担保人可以是（　　）。
    A. 发行人　　　　　　　　　　B. 信誉好的银行
    C. 政府　　　　　　　　　　　D. 举债公司的母公司

13. 下面关于地方政府债券的阐述正确的是（   ）。
    A. 我国自1981年恢复国债发行以来，却从未发行过地方政府债券
    B. 地方政府债券是地方政府根据本地区经济发展和资金需求状况，以承担还本付息责任为前提，向社会筹集资金的债务凭证
    C. 目前，我国以金融债券的形式发行地方政府债券
    D. 地方政府债券按资金用途和偿还资金来源分类，通常可以分为一般债券（普通债券）和专项债券（收益债券）
14. 关于流通国债的描述，不正确的是（   ）。
    A. 投资者可以自由认购、自由转让
    B. 通常不记名，转让价格取决于对该国债的供给与需求
    C. 一般在证券市场上进行，如通过证券交易所或柜台市场交易
    D. 以个人为发行对象的流通国债，一般以吸收个人的小额储蓄资金为主，故有时称之为储蓄债券
15. 凭证式债券提前兑取时，除偿还本金外，利息按实际持有天数及相应的利率档次计算，经办机构按兑付本金的（   ）收取手续费。
    A. 7‰   B. 2‰   C. 5‰   D. 6‰
16. 债券所规定的借贷双方的权利义务关系包含的含义有（   ）。
    A. 投资者是出借资金的经济主体
    B. 发行人是借入资金的经济主体
    C. 发行人必须在约定的时间付息还本
    D. 债券反映了发行者和投资者之间的债权债务关系
17. 凭证式国债和储蓄国债（电子式）的区别有（   ）。
    A. 是否免税不同。凭证式国债免交利息税，储蓄国债（电子式）不免
    B. 申请购买手续不同。凭证式国债可持现金直接购买；储蓄国债（电子式）需开立个人国债托管账户并指定对应的资金账户后购买
    C. 发行对象不同。凭证式国债的发行对象主要是个人，部分机构也可认购；储蓄国债（电子式）的发行对象仅限个人，机构不允许购买或者持有
    D. 付息方式不同。凭证式国债为到期一次还本付息，储蓄国债（电子式）既有按年付息品种，也有利随本清品种

三、判断题

1. 可转换公司债券兼有债权投资和股权投资的双重优势。   （   ）

第二章 债券

2. 金融债券大多数可免除担保，因为金融机构作为信用机构，本身就具有较高的信用。（　）

3. 实物债券是专指具有实物票券的债券，它与无实物票券的债券（如记账式债券）相对应，而实物国债是指以某种商品实物为本位而发行的国债。（　）

4. 记账式国债是由财政部面向个人投资者、通过无纸化方式发行的、以电子记账方式记录债权并可以上市和流通转让的债券。（　）

5. 金融债券的发行主体是银行或非银行的金融机构。金融机构一般有雄厚的资金实力，信用度较高，通常被称为金边债券。（　）

6. 政府债券的主要用途是解决由政府投资的公共设施或重点建设项目的资金需要和弥补国家财政赤字。（　）

7. 流动性首先取决于市场为转让所提供的便利程度，其次取决于债券在迅速转变为货币时是否以货币计算的价值上蒙受损失。（　）

8. 一般来说，当未来市场利率趋于下降时，应选择发行期限较长的债券。（　）

9. 凭证式债券的形式是债权人认购债券的一种收款凭证，也是债券发行人制定的标准格式的债券。（　）

10. 可转换公司债券在转换前投资者不能得到利息收入，而且也不具有股东的权利。（　）

11. 欧洲债券的特点是债券发行者、债券发行地点和债券面值所使用的货币可以分别属于不同的国家。（　）

12. 外国债券的特点是债券发行人、债券的面值货币和发行市场同属于一个国家。（　）

13. 我国的公司债券是指公司依照法定程序发行、约定在3年以上期限内还本付息的有价证券。（　）

14. 在我国，企业债券主要是以大型的企业为主发行的；公司债券的发行不限于大型企业，一些中型企业甚至小型企业符合一定法规标准的都有发行机会。（　）

15. 通常零息债券以低于面值的价格发行和交易，债券持有人以买卖（到期赎回）价差的方式取得债券利息。（　）

第三章 证券投资基金

▶ 学习目标
- 掌握证券投资基金的作用和特点及其与股票、债券的区别
- 熟悉证券投资基金的主要分类,掌握契约型基金与公司型基金、封闭式基金与开放式基金的区别
- 理解 ETF 和 LOF 的异同
- 了解基金主要当事人的权利和义务
- 熟悉基金资产估值的基本方法、基金费用构成及收益分配原则
- 了解开放式基金和封闭式基金的交易方式

第一节 证券投资基金概述

一、证券投资基金的概念

(一) 证券投资基金的定义

证券投资基金是指通过发售基金份额,将众多投资者的资金集中起来,形成独立财产,由基金托管人托管,基金管理人管理,按照资产组合原理进行分散投资,获得收益后按投资者出资比例分配的一种利益共享、风险共担的集合投资方式。

由于各国发展历史及习惯的不同,对证券投资基金的称谓也有所区别。美国称之为"共同基金"或"互惠基金"(mutual fund),英国和我国香港地区称之为"单位信托基金"(unit trust),日本和我国台湾地区称之为"证券投资信托基金"(investment trust)。我国大陆报刊和文献中常用的名称是"投资基金",英

文可译为 investment fund。

(二) 证券投资基金与股票、债券的区别

1. 反映的经济关系不同

股票反映的是所有权关系，债券反映的是债权债务关系，而证券投资基金反映的是信托关系，基金单位的持有人是基金的受益人。

2. 所筹集资金的投向不同

股票和债券都是融资工具，其集资主要投向实业，是一种直接投资方式。而证券投资基金是信托工具，其集资主要投向有价证券，是一种间接投资方式。

与股票、债券的投资者不同，证券投资基金是一种间接的证券投资方式，基金的投资者不再直接参与有价证券的买卖活动，不再直接承担投资风险，而是由专业投资机构具体负责投资方向的确定、投资对象的选择。基金投资范围通常也是各类金融资产，包括股票、债券、外汇、期权、期货等。

3. 风险与收益状况不同

股票的收益是不确定的，其收益取决于发行公司的经营效益，投资股票有较大风险。债券的直接收益取决于债券利率，而债券利率一般是事先确定的，投资风险较小。投资基金主要投资于有价证券，采取组合投资，把资金按不同比例分别投向不同期限、不同种类的有价证券，能够在一定程度上分散风险。因而，基金的风险可小于股票，而收益又可能高于债券。

4. 投资回收方式不同

债券投资是有一定期限的，期满后收回本金。股票没有到期日，股票投资者不能要求退股，投资者如果想变现的话，只能在二级市场按市场价格出售。投资基金则要视所持有的基金类型不同而有区别。封闭式基金的投资者在基金存续期内不得赎回基金单位，如果想变现，只能在交易所或者柜台市场上出售，但存续期满投资者可以按持有的份额分得相应的剩余财产。开放式基金一般没有期限，投资者可以随时按资产净值向基金管理人要求赎回。

二、证券投资基金的特点

投资基金与其他投资方式相比，具有自身独特的优势。它的特点可以概括为三点。

(一) 集合理财、专业管理

基金的特点是将众多投资者的零散资金汇集起来，交给专业机构投资于各种

金融工具，以谋取资产的增值，表现出一种集合理财的特点。基金对投资的最低限额要求不高，如我国大部分开放式基金最低认购和申购金额都不超过1 000元，投资者可以根据自己的经济能力决定购买数量，有些基金甚至不限制投资额大小，因此，基金可以最广泛地吸收社会闲散资金，集腋成裘，汇成规模巨大的投资资金。在参与证券投资时，有利于发挥资金的规模优势，降低投资成本。

基金由基金管理人进行投资管理和运作。基金管理人一般拥有大量的专业投资研究人员和强大的信息网络，能够更好地对证券市场进行全方位的动态跟踪与分析，制定出切实可行的投资组合策略，确保有效地投资运作。将资金交给基金管理人管理，使中小投资者也能享受到专业化的投资管理服务。

（二）组合投资、分散风险

低风险和高收益是每个投资者所努力追求的，然而事物的发展往往不能遂人所愿。在投资活动中，风险和收益总是并存且成正比的，收益高，风险也就大；相反，承担的风险小，收益也会相应地减少。

中小投资者因为资金有限，故只能投资于有限的几种证券，若所投资的那几家公司业绩不佳，很可能会导致投资者严重亏损，风险较高。基金则可以凭借其雄厚的资本，进行科学的投资组合，分散投资于多种证券，从而把风险降到最低限度。尽管基金经理人无法避免整个金融市场的系统风险，但通过基金组合投资却可以达到规避非系统风险的目的。

基金通常会购买几十种甚至上百种股票，投资者购买基金就相当于用很少的资金购买了一揽子股票，某些股票下跌造成的损失可以用其他股票上涨的盈利来弥补。投资基金为个人投资者提供了以有限资金实现投资多元化的目的，真正地分散了非系统风险。

（三）利益共享、风险共担

基金投资人是基金的持有人。基金投资人共担风险，共享收益。基金投资收益在扣除由基金承担的费用后的盈余全部归基金投资者所有，并依据各投资者所持有的基金份额比例进行分配。为基金提供服务的基金托管人、基金管理人只能按规定收取一定的托管费、管理费，并不参与基金收益的分配。

三、证券投资基金的作用

证券投资基金作为一种集中资金、专家经营、组合投资、分散风险的投资方式，自诞生以来就备受投资者的青睐，对社会经济的发展起到了重要的作用。

（一）为中小投资者拓宽投资渠道

对于中小投资者来说，证券投资基金是一种十分理想的投资工具。为什么这样说呢？这是由中小投资者的特点和证券投资基金的特点所决定的。

对中小投资者来说，投资股市有很多障碍：小额资金入市较难；很难做到组合投资、分散风险；缺乏投资经验和研究能力，在具体操作中常常会陷入误区；信息不灵通，对宏观和微观方面的信息均难以及时获取和准确理解，往往不免盲目跟风；作为"业余选手"，时间和精力有限，在瞬息万变的证券市场中无法全身心投入，这样是很难获取较好收益的。

而证券投资基金却使这一问题迎刃而解。证券投资基金作为一种新型的间接投资工具，把众多投资者的资金汇集成巨额资金进行组合投资，由专家来管理和运作，大大拓宽了中小投资者的投资渠道。证券投资基金最大的特点是专家理财，它集涓涓细流汇成江河，资金规模大，注重中长期投资，对于证券市场的影响力，非闲散资金所能比拟；证券投资基金的经理人员都是金融理财方面的专家，他们具有丰富的投资分析和投资组合管理知识和经验，可以有依据、有计划地进行股票、债券的买卖，不断增加投资者的财富；基金管理公司的研究分析人员能够及时搜集到从国际、国内宏观经济到各家上市企业具体经营的详细资料，以供基金经理在投资决策时参考，在信息方面，显然具有一般中小投资者无法比拟的优势；基金管理公司内部还设置了监察与稽核部门，定期对基金经理的投资等内部工作进行查核，以减少基金运作中的风险。国内外的实践也说明，基金公司所承担的证券投资风险，是远远小于一般中小散户的。

在发达国家，基金作为一种投资工具，已成为老百姓家庭理财的主要手段之一。截至2009年年底，5 040万个美国家庭拥有共同基金，占美国家庭总数的43%，共同基金约占美国家庭金融资产的21%。在我国，2009年个人投资者在所有股票型基金持有人中所占比例也超过80%。

（二）有利于证券市场的稳定和发展

第一，证券投资基金作为一种主要投资于证券的金融工具，它的出现和发展增加了证券市场的投资品种，扩大了证券市场的交易规模，起到了丰富和活跃证券市场的作用。随着基金的发展壮大，它已成为推动证券市场发展的重要动力。

第二，基金的发展有利于证券市场的稳定。证券市场稳定与否同市场的投资者结构密切相关。一个成熟的证券市场应是一个以机构投资者为主的市场，而不是一个以中小投资者为主的市场。通过发展证券投资基金,可以将广大中小投资者分散的资金,转变为由专门机构持有的大资金。而大的机构投资者由于熟悉业务,具有经验,能够进行理性投资,因而能够减少投机性炒作,从而有利于证券市场的稳定。同时,基金一般注重资本的长期增长,多采取长期的投资行为,较少在证券市场上频繁进出,能减少证券市场的波动。

(三) 有利于证券市场的国际化

很多发展中国家对开放本国证券市场持谨慎态度。一方面,他们希望通过证券市场国际化来吸引更多的外资;另一方面又担心本国证券市场难以承受国际资本的冲击。在这种情况下,和外国合资、合作组建投资基金,逐步有序地引进外资投资本国证券市场,不失为一个明智的选择。和直接向外国投资者开放证券市场相比,这种方式使监管当局能控制好利用外资的规模和市场开放程度,有利于一国证券市场循序渐进地国际化。

第二节 证券投资基金的种类

一、契约型基金和公司型基金

按基金的组织形式不同,可分为契约型基金和公司型基金。

(一) 契约型基金

契约型基金又称为单位信托,是指将投资者、管理人、托管人三者作为基金的当事人,通过签订基金契约的形式发行受益凭证而设立的一种基金。契约型基金起源于英国,后来在中国香港、新加坡、印度尼西亚等国家和地区十分流行。契约型投资基金是以财产的信托为基础的,基金的运作是由受托者根据委托者的指示进行操作,而基金的受益人是不特定的大多数人。因此契约型投资基金有三方当事人:

委托人——基金经理公司,或基金管理人。

受托人——又称托管人,是投资基金的保管机构。契约型投资基金是以财产信托为基础的,因此基金的组成与运作必须符合经营与保管分开的原则,保持信托财产独立。受托人一般由信托公司或银行担任。

受益人——基金收益凭证的持有人。即以购买收益凭证的方式成为基金的实际投资者。

(二) 公司型基金

公司型基金是依据基金公司章程设立，在法律上具有独立法人地位的股份投资公司。公司型基金以发行股份的方式募集资金，投资者购买基金公司的股份后，以基金持有人的身份成为基金公司的股东，凭其持有的股份依法享有投资收益。公司型基金的组织形式与一般股份公司相同，即由股东大会、董事会、监事会和经理组成。公司型基金在结构上通常有四方当事人：投资公司——基金的主体，发行人；保管公司——基金的托管人，一般为指定的银行或信托公司；管理公司——基金投资公司的顾问；承销公司——基金投资公司的股票承销人。

(三) 契约型基金和公司型基金的区别

1. 资金的性质不同。契约型基金的资金是信托财产，公司型基金的资金是公司法人的资本。

2. 资金运用方式不同。契约型基金依据基金契约运用资金，公司型基金依据公司经营方针运用资金。

3. 投资者的地位不同。契约型基金投资者购买投资信托的受益证券，只是契约关系的当事人；公司型基金的投资者购买投资公司的股票成为投资公司的股东。因此，契约型基金的投资者对资金的运用没有发言权，而公司型基金的投资者，由于是公司股东，对资金的运用享有股东表决权和监督权。

二、封闭式基金和开放式基金

按基金份额是否可自由赎回和基金规模是否固定，可分为封闭式基金和开放式基金。

(一) 封闭式基金

封闭式基金是指经核准的基金份额总额在基金合同期限内固定不变，基金份额可以在依法设立的证券交易所交易，但基金份额持有人不得申请赎回的基金。由于封闭式基金在封闭期内不得追加认购或赎回，投资者只能通过证券经纪商在二级市场上进行买卖。封闭式基金的封闭期限是指基金的存续期，指的是基金从成立起到终止之间的时间。决定基金期限长短的因素主要有两个：一是基金本身投资期限的长短。一般来说，基金的目标是中长期投资，其存续期可长一些；基金的目标是短期投资，其存续期可短一些。二是宏观经济形势。一般经济稳定增长，基金存续期可长一些，若经济波浪起伏，则应短一些。当然，在现实中，还应考虑基金发起人和众多投资者的要求。基金合同终止时，基金解散，全部资产按照法定程序清算。

（二）开放式基金

开放式基金是指基金份额总额不固定，基金份额可以在基金合同约定的时间和场所进行申购或者赎回的基金。投资者申购将增加基金份额，赎回将减少基金份额，因此基金份额总数和基金规模随着申购和赎回而不断变化。投资者可以根据市场状况和各自的投资策略进行申购或赎回。为了满足投资者赎回资金、实现变现的要求，开放式基金一般都从所筹资金中拨出一定比例，以现金形式保持这部分资产。

（三）封闭式基金与开放式基金的区别

1. 期限不同。封闭式基金有固定的封闭期，通常在5年以上，一般为10年或15年，经受益人大会通过并经主管机关同意可以适当延长期限。开放式基金没有固定期限，投资者可随时向基金管理人赎回基金份额，若大量赎回甚至会导致清盘。

2. 发行规模限制不同。封闭式基金的基金规模是固定的，在封闭期内未经法定程序认可不能增加发行。开放式基金没有发行规模限制，投资者可随时提出申购或赎回申请，基金规模随之增加或减少。

3. 基金份额交易方式不同。封闭式基金的基金份额在封闭期内不能赎回，持有人只能在证券交易所出售给第三者，交易在基金投资者之间完成。开放式基金的投资者则可以在首次发行结束一段时间后，随时向基金管理人或中介机构提出申购或赎回申请，绝大多数开放式基金不上市交易，交易在投资者与基金管理人或其代理人之间进行。

4. 基金份额的交易价格计算标准不同。封闭式基金与开放式基金的基金份额除了首次发行价都是按面值加一定百分比的购买费计算外，以后的交易计价方式不同。封闭式基金的买卖价格受市场供求关系的影响，常出现溢价或折价现象，并不必然反映单位基金份额的净资产值。开放式基金的交易价格则取决于每一基金份额净资产值的大小，其申购价一般是基金份额净资产值加一定的购买费，赎回价一般是基金份额净资产值加一定的赎回费，不直接受市场供求影响。

5. 基金份额资产净值公布的时间不同。封闭式基金一般每周或更长时间公布一次，开放式基金一般在每个交易日连续公布。

6. 交易费用不同。投资者在买卖封闭式基金时，在基金价格之外要支付手续费；投资者在买卖开放式基金时，则要支付申购费和赎回费。

7. 投资策略不同。封闭式基金在封闭期内基金规模不会减少，因此可进行长期投资，基金资产的投资组合能有效地在预定计划内进行。开放式基金因基金份额可随时赎回，为应付投资者随时赎回兑现，所募集的资金不能全部用来投资，更不能把全部资金用于长期投资，必须保持基金资产的流动性，在投资组合上需保留一部分现金和高流动性的金融工具。

三、成长型基金、收入型基金和平衡型基金

按基金经营的目标划分，可分为成长型基金、收入型基金和平衡型基金。

（一）成长型基金

成长型基金追求资产的长期增值，而不是追求资产在短期内最大增值，主要投资于具有良好增长潜力的股票，例如高科技股票等。所谓成长类股票是指企业发行的具有良好前景的股票，其价格预期上涨速度要快于一般公司的股票或股价综合指数。发行这类股票的公司往往由于有新产品、新管理层，或整个产业类型趋于兴旺，并把其收入用于再投资，因此其资本增长速度一般快于国民经济和同行业的增长速度。成长型基金经理人购买这种股票并适时卖出，即可以从中获取利益。成长型基金又分为稳健成长型基金和积极成长型基金。

（二）收入型基金

收入型基金追求的目标是在稳定的前提下，取得最大的当前收入，而不强调资本的长期利益和成长。该基金的经理人通常选择能够带来现金利息的投资对象，其投资组合主要包括利息较高的债券、优先股和普通股。投资于这些类型的证券，投资收益较为稳定，但长期增长的潜力小，而且当市场利率波动较大的时候，收益稳定证券的价格容易大幅震荡，基金净值会因此而受到影响。

（三）平衡型基金

平衡型基金的投资目标是既要获得当期收入，又要求基金资产长期增值。平衡型基金把资金分散投资于股票和债券，分散于高成长股票与收益型股票，以保

证资金的安全性和盈利性。它的投资策略是将资产分别投资于两种或者多种不同特性的证券上，在以取得收入为目的的债券、优先股、收益股和以资本增值为目的的高成长股之间进行平衡。平衡型基金的风险比较低，成长潜力也受到了限制。

四、股票基金、债券基金、货币市场基金

按投资标的划分，可分为股票基金、债券基金、货币市场基金。

根据《证券投资基金运作管理办法》第二十九条规定：60%以上的基金资产投资于股票的，为股票基金；80%以上的基金资产投资于债券的，为债券基金；仅投资于货币市场工具的，为货币市场基金；投资于股票、债券和货币市场工具，并且股票投资和债券投资的比例不符合第（一）项、第（二）项规定的，为混合基金。

（一）股票基金

股票基金是以上市股票为主要投资对象的证券投资基金。

股票基金的投资目标侧重于追求资本利得和长期资本增值。基金管理人拟定投资组合，将资金投放到一个或几个国家甚至全球的股票市场，以达到分散投资、降低风险的目的。

（二）债券基金

债券基金是一种以债券为主要投资对象的证券投资基金。它的投资目标侧重于在保证本金安全的基础上获取稳定的利息收入。债券基金中有一种以国债为主要投资对象叫做国债基金，国债的年利率固定，又有国家信用作为保证，因此这类基金的风险比较低。

（三）货币市场基金

货币市场基金是以货币市场工具为投资对象的一种基金，其投资对象期限在1年以内，包括银行短期存款、国库券、公司债券、银行承兑票据及商业票据等货币市场工具。货币市场基金的收益率较低，风险也相对较低，流动性好，且类似于银行的活期存款可以随存随取，因此投资人可以利用其做短期资金投资。

五、指数基金

指数基金是20世纪70年代以来出现的新的基金品种。特点是：投资组合模仿某一股价指数或债券指数，收益随着即期的价格指数上下波动。当价格指数上升时，基金收益增加；反之，收益减少。指数基金因始终保持即期的市场平均收益水平，因而收益不会太高，也不会太低。

目前中国基金市场上可供的指数基金较多，例如上证50ETF、嘉实沪深300、华安180、南方沪深300指数基金、广发沪深300指数基金、鹏华沪深300指数型基金。

2010年3月22日，国内的首只海外指数基金国泰纳斯达克100指数基金开始公开发售。国泰纳斯达克100指数基金的投资标的涵盖微软、英特尔、苹果电脑、星巴克、谷歌及百度等全球最具创新成长潜力的100家上市公司。

六、在岸基金和离岸基金

按筹资和投资地域划分，可分为在岸基金和离岸基金。

（一）在岸基金

在岸基金是指在本国募集资金专供国内居民和法人认购，并由基金管理公司对该国证券市场进行投资的投资基金。

（二）离岸基金

离岸基金是指一国证券投资基金组织在他国发售基金份额，并将基金的资金投向本国或第三国市场以获取收益，它主要包括环球基金、区域基金和国家基金。

七、交易所交易的开放式基金

交易所交易的开放式基金是传统封闭式基金的交易便利性与开放式基金可赎回性相结合的一种新型基金。目前，我国沪、深交易所已经分别推出交易型开放式指数基金和上市型开放式基金两类变种。

（一）交易型开放式指数基金

交易型开放式指数基金（简称 ETF）属于开放式基金的一种特殊类型，通常被称为交易所交易基金，是一种在交易所上市的、基金份额可变的开放式基金。ETF 通常采用被动式投资策略跟踪某一指标的市场指数，因此具有指数型基金的特点。它综合了封闭式基金和开放式基金的优点，投资者既可以向基金管理公司申购或赎回基金份额，同时，又可以像封闭式基金一样在证券市场上按市场价格买卖 ETF 份额，不过，申购是以一篮子股票换取基金份额，赎回是换回一篮子股票而不是现金。这种交易机制是该类基金存在一级市场和二级市场的套利机制，使得投资者可以在 ETF 市场价格与基金单位净值之间存在差价时进行套利交易。套利机制的存在，使得 ETF 避免了封闭式基金普遍存在的折价问题。

（二）上市型开放式基金

上市型开放式基金（简称 LOF）是一种既可以在指定网点申购与赎回也可以在交易所买卖的基金。它是我国对证券基金的本土化创新。不过投资者如果是在指定网点申购的基金份额，想要上网抛出，须办理一定的转托管手续；同样，如果是在交易所网上买进的基金份额，想要在指定网点赎回，也要办理一定的转托管手续。根据深圳证券交易所已经开通的基金场内申购赎回业务，在场内认购的 LOF 不需办理转托管手续，可直接抛出。

（三）ETF 和 LOF 的相似点

1. ETF 和 LOF 都同时存在一级市场和二级市场，都可以像开放式基金一样通过基金发起人、管理人、银行及其他代销机构网点进行申购和赎回。同时，也可以像封闭式基金那样通过交易所的系统买卖。

2. 理论上都存在套利机会。由于上述两种交易方式并存，申购和赎回价格取决于基金单位资产净值，而市场交易价格由系统撮合形成，主要由市场供需决定，两者之间很可能存在一定程度的偏离，当这种偏离足以抵消交易成本的时候，就存在理论上的套利机会。投资者采取低买高卖的方式就可以获得差价收益。

3. 折溢价幅度小，虽然基金单位的交易价格受到供求关系和当日行情的影响，但它始终是围绕基金单位净值上下波动的。由于上述套利机制的存在，当两者的偏离超过一定的程度，就会引发套利行为，从而使交易价格向净值回归，所以他们的折溢价水平远低于单纯的封闭式基金。

4. 费用低，流动性强。在交易过程中不需申购和赎回费用，只需支付最多 0.5% 的双边费用。另外由于同时存在一级市场和二级市场，流动性明显强于一般的开放式基金。另外，ETF 属于被动式投资，管理费用一般不超过 0.5%，远远低于开放式基金的 1%~1.5% 水平。

（四）ETF 和 LOF 的区别

1. 适用类型不同。ETF 主要是基于某一指数的被动性投资基金产品，而 LOF 虽然也采取了在交易所上市的方式，但它不仅可以用于被动投资的基金产品，也可以用于主动投资的基金。

2. 申购和赎回的标的不同。在申购和赎回时，ETF 与投资者交换的是基金份额和"一揽子"股票，而 LOF 则是基金份额与投资者交换现金。

3. 参与的门槛不同。按照国外的经验和华夏基金上证 50ETF 的设计方案，其申购赎回的基本单位是 100 万份基金单位，起点较高，适合机构客户和有实力的个人投资者；而 LOF 产品的申购和赎回与其他开放式基金一样，申购起点为 1 000 基金单位，更适合中小投资者参与。

4. 套利操作方式和成本不同。ETF 在套利交易过程中必须通过一揽子股票的买卖，同时涉及基金和股票两个市场，而对 LOF 进行套利交易只涉及基金的交易。更突出的区别是，根据上交所关于 ETF 的设计，为投资者提供了实时套利的机会，可以实现 T+0 交易，其交易成本除交易费用外主要是冲击成本；而深交所目前对 LOF 的交易设计是申购和赎回的基金单位和市场买卖的基金单位分别由中国注册登记系统和中国结算深圳分公司系统托管，跨越申购赎回市场与交易所市场进行交易必须经过系统之间的转托管，需要两个交易日的时间，所以 LOF 套利还要承担时间上的等待成本，进而增加了套利成本。

5. 在二级市场的报价不同。ETF 每隔 15 秒提供一个基金净值报价；而 LOF 频率较低，通常 1 天提供一次或者几次基金净值报价。

八、QDII 基金

QDII 是 qualified domestic institutional investor（合格的境内机构投资者）的首字缩写。QDII 基金是在一国境内设立，经该国有关部门批准从事境外证券市场的股票、债券等有价证券业务的证券投资基金。和 QFII 一样，它也是在货币没有实现完全可自由兑换、资本项目尚未开放的情况下，有限度地允许境内投资者投资境外证券市场的一项过渡性的制度安排。

2006年9月，我国第一只QDII外币基金——华安国际配置基金正式通过工商银行、华安基金理财中心和华安基金网上销售向投资人定向募集，11月，华安国际配置基金正式成立，募集金额为1.97亿美元。该基金主要投资于纽约、伦敦、东京、香港等国际资本市场，投资范围主要覆盖股票、债券、房地产信托凭证（REITs）、商品基金等金融产品。

基金公司开展QDII业务，主要是直接投资境外证券市场不同风险层次的产品。与此前银行同类产品主要投资单一市场或结构性产品以及多数实施投资外包不同，基金公司的QDII产品投向更为广泛，把目标锁定全球股票市场，具有专业性强、投资更为积极主动的特点。与第二代银行QDII允许直接投资海外股市的比例达50%相比，基金QDII产品投资比例理论上可达到100%。在投资管理过程中，除了借助境外投资顾问的力量外，国内基金公司组成专门的投资团队参与境外投资的整个过程，享有完全的主动决策权。此外，基金QDII产品的门槛较低，适合更为广泛的投资者参与。大部分银行QDII产品认购门槛为几万甚至几十万人民币，基金QDII产品起点仅为1 000元人民币。

延伸阅读

QDII 与 QFII

QDII是指在人民币资本项下不可兑换、资本市场未开放条件下，在一国境内设立，经该国有关部门批准，有控制地、允许境内机构投资境外资本市场的股票、债券等有价证券投资业务的一项制度安排。

设立QDII的直接目的是为了"进一步开放资本账户，以创造更多外汇需求，使人民币汇率更加平衡、更加市场化，并鼓励国内更多企业走出国门，从而减少贸易顺差和资本项目盈余"，直接表现为让国内投资者直接参与国外的市场，并获取全球市场收益。

另一个与QDII相对应的制度叫QFII。QFII，即qualified foreign institutional investor，直译为合格的境外机构投资者。QDII和QFII的最大区别在于投资主体和参与资金的对立。站在中国的立场来说，在中国以外国家发行，并以合法（qualified）的渠道参与投资中国资本、债券或外汇等市场的资金管理人（investor）就是QFII，而在中国发行，并以合法（qualified）的渠道参与投资中国以外的资本、债券或外汇等市场的资金管理人（investor）就是QDII。

基金市场是一个不断创新的市场，随着证券市场的发展和完善，创新型投资基金不断涌现。此外，各基金公司也开始注重产品细分，从风险、收益特性对基金进行二次分类，着重打造自身的投资亮点，突出其产品优势。近年来，在中国基金市场上推出的生命周期基金、复制基金、结构分级基金都是创新型基金的代表。

第三节　证券投资基金的当事人

一、基金管理人

（一）基金管理人概述

1. 基金管理人的概念

基金管理人是负责发起设立基金并对基金资产进行运作的机构。基金管理人应当具有专业的投资知识与经验，根据法律、法规及基金章程或基金契约的规定，经营管理基金资产，谋求基金资产的不断增值，以使基金持有人收益最大化的机构。契约型基金都必须聘请专门的基金管理公司担任管理人，但一些私募公司型基金就可以不另外聘请管理人，因为它的基金公司本身就是管理型的，本身已经具备了管理基金资产的资格和能力。

在不同的基金市场上基金管理人的名称有所不同，如美国的"投资公司"、"投资顾问公司"或"资产管理公司"，日本的"证券投资信托委托公司"、"投资信托公司"和我国台湾的"证券投资信托公司"等，我国大陆则习惯将其称作"基金管理公司"。

2. 基金管理人的条件

基金业绩在很大程度上取决于基金管理人员的管理能力和职业操守，基金管理人担负着重要的使命。为了保护基金投资者利益，各国证券管理部门对基金管理人的审查和筛选一般都很苛刻，均对基金管理人、特别是其从业人员的资格做出严格规定。

在美国，基金管理公司必须经 SEC 核准，而在日本，从事基金管理业务必须取得大藏省的许可证。基金监管当局一般会从基金管理人的资本大小、资产质量、经营业绩、董事的资格、主要业务人员的素质经验以及是否有投资管理计划等方面来对基金管理人的资格进行审查。

我国对基金管理公司的设立实行审批制，在从事基金管理业务之前，基金管理公司资本金额、信誉状况及其主要业务人员的业务素质和职业道德水准都必须首先得到监管机构认可。在我国设立基金管理公司，应当具备下列条件：

（1）符合《证券投资基金法》和《中华人民共和国公司法》规定的章程；

（2）注册资本不低于1亿元人民币，且必须为实交货币资本；

（3）主要股东具有从事证券经营、证券投资咨询、信托资产管理或者其他金融资产管理的较好的经营业绩和良好的社会信誉，最近3年没有违法记录，注册资本不低于3亿元人民币；

（4）有符合要求的营业场所、安全防范设施和与基金管理业务有关的其他设施；

（5）有完善的内部稽核监控制度和风险控制制度；

（6）法律、行政法规规定的和经国务院批准的国务院证券监督管理机构规定的其他条件。

3. 基金管理人的业务范围

不同的国家、不同类型的基金，管理人的业务和职责范围会有所差别，但是业务的核心部分是一样的，就是资产管理。

在我国，基金管理公司经批准，可以从事基金管理和发起设立基金等业务。

（二）基金管理人的权利和义务

1. 基金管理人的权利

（1）自基金成立之日起，基金管理人依照诚实信用、勤勉尽责的原则，谨慎、有效管理和运用基金资产。

（2）根据基金合同的规定，制定和公布有关基金募集、认购、申购、赎回、转托管、非交易过户、冻结、质押、收益分配等方面的业务规则。

（3）根据基金合同的规定获得基金管理费，收取或委托收取投资者认购费、申购费、赎回费及其他事先公告的合理费用以及法律法规规定的其他费用。

（4）根据基金合同规定销售基金单位。

（5）提议召开基金持有人大会。

（6）在基金托管人更换时，提名新的基金托管人。

（7）依据基金合同及有关法律规定监督基金托管人，如认为基金托管人违反了基金合同或国家有关法律规定，并对基金资产或基金持有人利益造成重大损失的，应呈报中国证监会和银行监管机构，并有权提议召开基金持有人大会，由基金持有人大会表决更换基金托管人，或采取其他必要措施保护基金投资者的利益。

（8）选择、更换基金销售代理人，对基金销售代理人行为进行必要的监督和检查，如果基金管理人认为基金销售代理人的作为或不作为违反了法律法规、基金合同或基金销售代理协议，基金管理人应行使法律法规、基金合同或基金销售代理协议赋予、给与、规定的基金管理人的所有权利和救济措施，以保护基金资产的安全和基金投资者的利益。

（9）在基金合同约定的范围内，拒绝或暂停受理申购和赎回申请。

（10）以基金的名义依法为基金进行融资，并以相应基金财产履行偿还融资和支付利息的义务。

（11）依据基金合同的规定，决定基金收益的分配方案。

（12）按照《证券投资基金法》、《开放式基金试点办法》，代表基金对被投资公司行使股东权利。

（13）法律、法规、基金合同以及依据基金合同制定的其他法律文件所规定的其他权利。

2. 基金管理人的义务

（1）遵守基金契约。

（2）自基金成立之日起，以诚实信用、勤勉尽责的原则管理和运用基金资产。

（3）配备足够的具有专业资格的人员进行基金投资分析、决策，以专业化的经营方式管理和运作基金资产。

（4）不谋求对上市公司的控股和直接管理。

（5）建立健全内部风险控制、监察与稽核、财务管理及人事管理等制度，保证所管理的基金资产和基金管理人的资产相互独立，保证不同基金在资产运作、财务管理等方面相互独立。

（6）除依据《证券投资基金法》、《开放式基金试点办法》、基金合同及其他有关规定外，不得委托其他人运作基金资产。

（7）接受基金托管人依法进行的监督。

（8）按照规定计算并公告基金单位净值。

（9）严格按照《证券投资基金法》、《开放式基金试点办法》、基金合同及其他有关规定，履行信息披露及报告义务。

（10）保守基金商业秘密，不泄露基金投资计划、投资意向等。除法律法规、基金合同及其他有关规定另有规定外，在基金信息公开披露前，应予以保密，不向他人泄露。

（11）按基金契约规定向基金持有人分配基金收益。

（12）依据《证券投资基金法》、《开放式基金试点办法》、基金合同及其他有关规定召集基金持有人大会。

（13）负责基金注册登记。基金管理人应严格按照有关法律法规及本基金合同，办理或委托其他机构办理本基金的注册登记业务。

（14）按照法律法规和本基金契约的规定受理申购和赎回申请，及时、足额支付赎回和分红款项。

（15）保管基金的会计账册、报表、记录15年以上。

（16）参加基金清算小组，参与基金资产的保管、清理、估价、变现和分配。

（17）面临解散、依法被撤销、破产或者由接管人接管其资产时，及时报告中国证监会并通知基金托管人。

（18）因过错导致基金资产的损失，承担赔偿责任，其过错责任不因其退任而免除。基金管理人违背管理职责或者处理基金事务不当对第三人所负债务或者自己受到的损失，以其自有财产承担。

（19）基金托管人因过错造成基金资产损失时，基金管理人应为基金向基金托管人追偿。

（20）确保向基金投资人提供的各项文件或资料在规定时间内发出，保证投资人能够按照基金契约规定的时间和方式，随时查阅到与基金有关的公开资料，并得到有关资料的复印件。

（21）不从事任何有损基金及本基金其他当事人利益的活动。

（22）负责为基金聘请注册会计师和律师。

（23）法律法规及基金合同规定的其他义务。

二、基金托管人

（一）基金托管人概述

1. 基金托管人的概念

为了基金资产的安全，防止基金资产被挪用或从事与基金合同不符的投资活动，各国的法规都要求证券投资基金在设立的时候，必须委任一个独立的机构来保管基金资产，这独立的机构就是基金托管人。

基金托管人是指依据基金运行中管理与保管分开的原则对基金管理人进行监督和保管基金资产的机构，是基金持有人权益的代表，通常由有实力的商业银行或信托投资公司担任。在公司型基金运作模式中，托管人是基金公司董事会所雇佣的专业服务机构，在契约型基金运作模式中，托管人通常还是基金的名义持有人。

基金托管人应为基金开设独立的基金资产账户，负责款项收付、资金划拨、证券清算、分红派息等，所有这些，基金托管人都是按照基金管理人的指令行事，而基金管理人的指令也必须通过基金托管人来执行。

一般来说，基金托管人、基金管理人应当在行政上、财务上相互独立，高级管理人员不能在对方兼任任何职务。

2. 基金托管人的条件

基金托管人是基金资产的名义持有人与保管人，它是否尽职关系到基金持有人的根本利益。由于基金托管人在基金资产安全运作中的特殊作用，各国家和地区的基金监管法规都对基金托管人的资格有严格要求。从基金资产的安全性和基金托管人的独立性出发，一般都规定基金托管人必须是由独立于基金管理人并具有一定实力的专业金融机构担任。

在我国大陆，基金托管人应当具备下列条件：

（1）净资产和资本充足率符合有关规定；

（2）设有专门的基金托管部门；

（3）取得基金从业资格的专职人员达到法定人数；

（4）有安全保管基金财产的条件；

（5）有安全高效的清算、交割系统；

（6）有符合要求的营业场所、安全防范设施和与基金托管业务有关的其他设施；

（7）有完善的内部稽核监控制度和风险控制制度；

（8）法律、行政法规规定的和经国务院批准的国务院证券监督管理机构、国务院银行业监督管理机构规定的其他条件。

（二）基金托管人的权利和义务

1. 基金托管人的权利

（1）依法持有并保管基金资产。

（2）依照基金合同的约定获得基金托管费。

（3）监督基金的投资运作。

（4）在基金管理人更换时，提名新的基金管理人。

（5）监督基金管理人，如认为基金管理人违反了基金合同的有关规定，应呈报中国证监会和银行监管机构，并采取必要措施保护基金投资人的利益。除非法律法规、基金合同及《托管协议》规定，否则，基金托管人对基金管理人的行为不承担任何责任。

（6）有权对基金管理人的违法、违规投资指令不予执行，并向中国证监会报告。

（7）法律、法规、基金合同以及依据基金合同制定的其他法律文件所规定的其他权利。

2. 基金托管人的义务

（1）资产保管。基金托管人应对基金资产设立独立的托管账户，保证基金资产的安全。

（2）执行基金的投资指令，并办理基金名下的资金往来。

（3）复核审查管理人计算的基金净资产。

（4）监督基金管理人的行为是否符合基金契约的规定。

三、基金持有人

（一）基金持有人的概念

基金持有人是指持有基金单位或基金股份的自然人和法人，是基金资产的所有者和受益者，在公司型基金中还是基金公司的股东。基金契约或基金公司章程会对投资人的权利业务做出明确规定。基金发起人在基金成立之后，也就自然地成为基金持有人。基金持有人除了包括基金发起人之外，还包括其他普通的机构和个人投资者。基金投资者是基金出资人、基金资产所有者和基金投资收益受益人。

作为基金的受益人，基金持有人享有基金资产的一切权益。按照通行做法，基金的资产由基金的托管人保管，并且一般以托管人的名义持有，但是，基金最后的权益属于基金的持有人，持有人承担基金投资的亏损和收益。

（二）基金持有人的权利和义务

1. 基金持有人的权利

基金持有人的基本权利包括对基金收益的享有权、对基金单位的转让权和一定程度上对基金经营的决策权。在不同组织形态的基金中，基金持有人对基金决策的影响渠道是不同的。在公司型基金中，基金持有人通过股东大会选举产生基金公司的董事会来负责公司的决策；而在契约型基金中，基金的持有人只能通过召开持有人大会对基金的重大事项做出决议，而对基金在投资方面的决策一般不能有直接的影响。

按照法规的规定，我国的基金持有人享有以下权利：
（1）按基金合同的规定出席或者委派代表出席基金持有人大会。
（2）按基金合同的规定取得基金收益。
（3）监督基金经营情况，查询或获取公开的基金业务及财务状况的资料。
（4）申购或赎回基金单位。
（5）在不同的基金直销或代销机构之间转托管。
（6）获取基金清算后的剩余资产。
（7）要求基金管理人或基金托管人及时依据法律法规、基金合同以及依据基金合同制定的其他法律文件行使权利、履行义务。
（8）依照基金契约的规定，召集基金持有人大会。
（9）法律、法规、基金合同以及依据基金合同制定的其他法律文件规定的其他权利。

2. 基金持有人的义务
（1）遵守基金合同。
（2）缴纳基金认购、申购款项，承担基金合同规定的费用。
（3）以其对基金的投资额为限承担基金亏损或者终止的有限责任。
（4）不从事任何有损基金及本基金其他当事人利益的活动。
（5）法律、法规、基金合同以及依据基金合同制定的其他法律文件规定的其他义务。

四、证券投资基金的其他当事人

（一）基金代销机构

随着基金市场规模的不断扩大，基金行业内部的专业化分工不断深化。除基金管理人直接销售外，基金的销售可由证券公司、商业银行及其他中介机构代理完成，有些大的投资基金还设有自己的基金销售公司，这些独立的销售机构专门为基金管理人提供销售服务，并收取一定的销售佣金和服务费，我们称之为"基金代销机构"。基金代销机构是基金管理人的代理人，代表基金管理人与基金投资人进行基金单位的买卖活动。代销机构应当有便利、有效的客户联系网络，并具备办理基金单位申购、赎回业务的条件。

比如，在美国，大多数开放式基金的发行都是通过经纪商批发，再由他们零售给投资者。在日本，基金经理人常常在信托条款中指定一家或几家证券公司办理销售,即"指定定点销售证券公司",主要由野村、日兴、大和等三家证券公司受理。

在我国,封闭式基金的发行与股票的发行类似,一般仍由证券公司作为承销人和发行协调人,基金获准上市交易后,也由证券公司代理基金的买卖、交割和收益分配。开放式基金的认购、申购和赎回业务则可以由基金管理人直接办理,也可以由基金管理人委托其他机构代为办理。根据《开放式证券投资基金试点办法》,申请开办开放式基金单位的认购、申购和赎回业务的机构,应当符合下列条件:(1) 设有专门管理开放式基金单位认购、申购和赎回业务的部门;(2) 有足够的熟悉开放式基金业务的专业人员;(3) 有便利、有效的商业网络;(4) 有安全、高效的办理开放式基金单位认购、申购和赎回业务的技术设施;(5) 中国证监会规定的其他条件。

(二) 基金注册登记机构

办理注册登记的机构负责投资者账户的管理和服务,负责基金单位的注册登记以及红利发放等具体投资者服务内容。注册登记机构通常由基金管理人或其委托的商业银行或其他机构担任。

(三) 其他基金服务机构

1. 基金投资顾问公司,为基金投资提供咨询服务;
2. 为基金出具会计、审计和验资报告的会计师事务所、审计师事务所和基金验资机构;
3. 为基金出具法律意见的律师事务所。

五、证券投资基金当事人之间的关系

由于目前我国基金为契约型基金,当事人的关系主要以契约型基金为基础进行分析。

对于契约型证券投资基金当事人的法律关系的界定,我国立法者一直给予了高度关注。在信托制基金中,基金份额持有人、基金管理人和基金托管人等相关当事人之间的法律关系,决定其相互权利义务、责任承担直至整个信托制基金的构造。基于此考虑,立法机关对这个问题持慎重态度。在《证券投资基金法》起草和审议过程中对基金管理人与基金托管人的定位(即由谁来履行受托职责的问题)也曾经存在较大争议,经过各方讨论,最后通过的《证券投资基金法》对投资基金当事人法律关系做出了有别于英美法系和大陆法系信托理论的特别界定：

1. 基金持有人与基金管理人的关系

基金持有人通过发起或购买基金的行为表明其接受基金合同关系安排，成为契约型基金的当事人之一，参加基金投资并将资金交给基金管理人管理。因此，基金持有人与基金管理人之间的关系是委托人、受益人与受托人的关系。

2. 基金管理人与基金托管人的关系

基金管理人与托管人是相互制衡的关系。基金管理人由投资专业人员组成，负责基金资产的经营；托管人由主管机关认可的金融机构担任，负责基金资产的保管，依据基金管理机构的指令处置基金资产并监督管理人的投资运作是否合规合法。对基金管理人而言，处理有关证券、现金收付的具体事务交由基金托管人办理，自己就可以专心从事资产的运用和投资决策。基金管理人和基金托管人均对基金持有人负责。

3. 基金持有人与基金托管人的关系

契约型基金中，基金持有人与基金托管人的关系是受益人与受托人的关系，基金托管人对保障基金持有人的权益负有不可推卸的责任。在契约型基金出现问题、基金持有人利益受到非市场风险、投资风险而导致损失的时候，基金持有人除向基金管理人索赔之外，还可以向基金托管人提出赔偿。

第四节　证券投资基金的估值、费用及收益分配

一、基金资产净值及其估值

（一）基金资产净值

基金资产净值是指在某一基金估值时点上，按照公允价格计算的基金资产的总市值扣除负债后的余额，该余额是基金单位持有人的权益。按照公允价格计算基金资产的过程就是基金的估值。

单位基金资产净值，即每一基金单位代表的基金资产的净值。单位基金资产净值计算的公式为：

$$单位基金资产净值 = (总资产 - 总负债) \div 基金单位总数$$

其中，总资产是指基金拥有的所有资产（包括股票、债券、银行存款和其他有价证券等）按照公允价格计算的资产总额。总负债是指基金运作及融资时所形成的负债，包括应付给他人的各项费用、应付资金利息等。基金单位总数是指当时发行在外的基金单位的总量。

单位基金资产净值是基金单位价格的内在价值。单位基金资产净值是衡量一个基金经营好坏的主要指标，也是基金单位交易价格的计算依据。一般情况下，基金单位价格与单位基金资产净值趋于一致，即单位基金资产净值增长，基金价格也随之提高。尤其是开放式基金，其基金单位的申购或赎回价格都是直接按单位基金资产净值为基准来计价。但是，封闭式基金在证券交易所上市，其价格除取决于资产净值外，还受到市场供求状况、经济形势、政治环境等多种因素的影响，所以，其价格与资产净值常发生偏离。

基金单位资产净值的具体计算方法应当在基金契约和招募说明书中予以载明。基金资产估值，应由基金管理人计算并公告基金资产净值，基金托管人有职责复核、审查基金管理人计算的基金资产净值。

开放式基金单位计价主要取决于基金单位资产净值，具体有两种基本的划分方法：

一是已知价法（或称事前价、历史计价）。已知价计算法就是基金管理人根据上一个交易日的收盘价来计算基金所拥有的金融资产，包括股票、债券、期货合约、认股权证等的总值，加上现金资产，然后除以已出售出的基金单位总额，得出每个基金单位的资产净值。投资人可以在申购和赎回时就知道确切的申购价和赎回价。

二是未知价法（或称事后价、预约计价）。未知价法是基金管理公司根据接到申购和赎回申请当日的基金单位资产净值作为申购和赎回的依据，投资人在申请申购和赎回时尚无法知道确切的申购价和赎回价。采用未知价法估值，可以增加基金投资人申购和赎回基金单位的不确定性，从而在股市上涨（下跌）时减轻来自投资者的申购（赎回）压力，对市场的剧烈波动起一种缓冲作用。

（二）基金资产的估值

基金往往分散投资于证券市场的各种投资工具，如股票、债券等，由于这些资产的市场价格是不断变动的，因此，只有每日对单位基金资产净值重新计算，才能及时反映基金的投资价值。基金资产的估值目的就是客观、准确地反映基金资产的价值，并为基金单位的申购与赎回提供计价依据。基金成立后，每日均应对基金资产进行估值。

1. 估值原则

（1）基金持有的任何上市流通的有价证券须以估值日在证券交易所挂牌的市价估值（封闭式基金按平均价估值，开放式基金按收盘价估值）；估值日无交易的，以最近交易日的市价估值。

（2）未上市的股票分两种情况。未上市流通的属于送股、转增、增发新股或配股的股票以其估值日的收盘价计算，该日无交易的，以最近一日的收盘价计算；未上市流通的属于首次公开发行的股票以其成本价计算。

（3）未上市国债及未到期定期存款，以本金加计至估值日的应计利息额计算。

（4）如遇特殊情况而无法或不宜以上述规定确定资产价值时，基金管理人依照国家有关规定办理。

在实务操作中，基金估值往往还遵循以下惯例：

（1）在任何情况下，基金管理人如采用上述规定的方法对基金资产进行估值，均应被认为采用了适当的估值方法。但是，如果基金管理人认为按上述规定的方法对基金资产进行估值不能客观反映其公允价值的，基金管理人可根据具体情况，并与基金托管人商定后，按最能反映公允价值的价格估值。

（2）派发的股息红利、债券利息以至估值日为止的实际获得额计算。

（3）配股权证，从配股除权日起到配股确认日止，按市价高于配股价的差额估值；如果市价低于配股价，估值为零。

2. 估值程序

基金的日常估值由基金管理人进行。用于公开披露的基金资产净值由基金管理人完成估值后，将估值结果以书面形式报送基金托管人，基金托管人按照本基金契约规定的估值方法、时间与程序进行复核；基金托管人复核无误后签章返回给基金管理人；月末、年中和年末估值、复核与基金会计账目的核对同时进行。

当基金估值出现错误时，基金管理人应当立即公告、予以纠正，并采取合理的措施防止损失进一步扩大；估值错误偏差达到基金资产净值的一定比例时，基金管理人应当通报基金托管人并报中国证监会备案。因基金估值错误给投资者造成损失的应先由基金管理人承担，基金管理人对不应由其承担的责任，有权向过错人追偿。

3. 开放式基金暂停公告净值的情形

（1）基金投资涉及的证券交易所遇法定节假日或因其他原因停市时；

（2）因不可抗力或其他情形致使基金管理人、基金托管人无法准确评估基金资产价值时。

4. 基金单位净值的确认及错误的处理方式

（1）基金单位净值的计算精确到 0.001 元，小数点后第四位四舍五入。

(2) 基金管理人和基金托管人应采取必要、适当、合理的措施确保基金资产估值的准确性和及时性。当基金单位计价出现错误时，基金管理人应当立即公告、予以纠正，并采取合理的措施防止损失进一步扩大。错误偏差达到基金资产净值的0.5%时，基金管理人应当通报基金托管人并报中国证监会备案。

(3) 因基金单位净值错误给投资人造成损失的，基金管理人应当承担赔偿责任。基金管理人在赔偿基金投资人后，有权向有关责任方追偿。

5. 特殊情形的处理

由于证券交易所及登记结算公司发送的数据错误，或由于不可抗力原因，基金管理人和基金托管人虽然已经采取必要、适当、合理的措施进行检查，但是未能发现该错误而造成的基金资产估值错误，基金管理人、基金托管人可以免除赔偿责任。但基金管理人、基金托管人应积极采取必要的措施消除由此造成的影响。

二、证券投资基金的费用

基金从设立到终止都要支付一定的费用。通常情况下，基金所支付的费用主要有四个方面。

(一) 基金管理费

基金管理费是指从基金资产中提取的、支付给为基金提供专业化服务的基金管理人的费用，也就是基金管理人为管理和操作基金而收取的费用。基金管理人可按固定费率（或固定费率加提业绩报酬）的方式收取管理费。固定管理费率不得高于基金净资产的2%。业绩报酬指在固定费率的基础上、在基金业绩超出某一事先约定的水平时给基金管理人的奖励费。基金管理人须在基金契约和招募说明书中明确规定业绩报酬的计提原则和计提方法。2001年，为了进一步规范证券投资基金管理激励机制，我国监管部门下发了《关于证券投资基金业绩报酬有关问题的通知》，规定基金管理公司不得再提取基金业绩报酬。

基金管理费费率通常与基金规模成反比，与风险成正比。基金规模越大，基金管理费费率越低；基金风险程度越高，基金管理费费率越高。不同类别及不同国家或地区的基金，管理费费率不完全相同，但从基金类型看，证券衍生工具基金管理费费率最高，如认股权证基金的管理费费率约为1.5%~2.5%；股票基金居中，约为1%~1.5%；其次为债券基金，约为0.5%~1.5%；货币市场基金为最低，管理费费率约为0.25%~1%。在美国等基金业发达的国家和地区，基金的管理年费率通常为1%左右。但在一些发展中国家或地区则较高，有的发展中国家的基金管理年费率甚至超过3%。目前我国基金大部分按照1.5%的比例计提基金管理费，债券基金的管理费费率通常低于1%，货币基金的管理费费率为0.33%。

在我国，基金管理费按前一日基金资产净值的一定比例逐日计提。计算方法是：

$$P = NAV \times R \div 365$$

式中，P为每日计提的管理费；NAV为前一日的基金资产净值；R为管理费提取比例。

按照有关规定，基金成立3个月后，如基金持有现金比例高于基金资产净值的20%，超过部分不计提管理费。

目前，我国基金管理人的管理费每日计提并累计，按月支付，不另向投资者收取。由基金托管人于次月数个工作日内从基金资产中一次性支付给基金管理人，若遇法定节假日、休息日等，支付日期顺延。具体支付的时间要求在基金合同中列明。

（二）基金托管费

基金托管费指基金托管人履行基金托管职责所收取的费用，该费用不得高于基金净资产的0.25%。基金托管费收取的比例与基金规模、基金类型有一定关系，通常基金规模越大，基金托管费费率越低。目前我国封闭式基金按照0.25%的比例计提基金托管费，开放式基金根据基金契约的规定比例计提，通常低于0.25%。

在我国，基金托管费按前一日基金资产净值的一定比例逐日计提，计算方法是：

$$P = NAV \times R \div 365$$

式中，P为每日计提的托管费；NAV为前一日的基金资产净值；R为托管费提取比例。

基金托管费逐日计提累计至每月月末，按月支付。由基金托管人于次月前数个工作日内从基金资产中一次性支付。具体支付的时间要求由基金契约规定。

（三）基金销售费用

指基金管理人收取的主要用于开放式基金市场推广和销售的费用。有的国家和地区对销售费用占销售价格的比例有最高的比例限制，如美国，要求销售费用最高不得超过8%，平均约为4%~5%，在我国台湾地区，基金受益凭证的销售费用不得超过2%。一般来说，基金销售费用的比率不是固定的，而是随着投资者认购基金的规模的增加而减少，这一措施有利于大额的投资者，同时小额的投资者也可以从中间接受益，因为基金规模的扩大可以产生规模效益，能减少单位基金所负担的固定费用。收取申购费的基金，该费用不得高于基金净资产的0.1%；免佣基金（指免收申购费的开放式基金）则可收取费率不得高于基金净资产的0.5%的基金服务费。

（四）其他费用

基金的其他费用主要是维持基金运作的费用，包括审计费用、律师费用、上市年费、信息披露费、分红手续费、持有人大会费用、开户费等。按照有关规定，发生的这些费用如果影响基金单位净值小数点后第五位的，即发生的费用大于基金净值十万分之一，应采用预提或待摊的方法计入基金损益。发生的费用如果不影响基金单位净值小数点后第五位的，即发生的费用小于基金净值十万分之一，应于发生时直接计入基金损益。

三、基金的收益分配

（一）基金收益来源

投资基金从不同渠道以不同方式获得投资收益，包括：

1. 利息收入：包括优先股股息、债券、存款利息。
2. 股利收入：指基金通过在一级市场或二级市场购入并持有各公司发行股票而从公司取得的一种收益。
3. 资本利得收入：指证券买卖的价差收入。资本利得分为已实现资本利得和未实现资本利得，相对于资本利得的是损失，它也分为已实现资本损失和未实现资本损失，构成投资基金收益的减少。

基金收益中的股利、股息、利息都是指基金已经实现的收入。至于收益中的资本利得或损失部分，应当是已经实现的投资收益或亏损，这部分收益或亏损计入卖出行为发生的会计年度。

（二）基金收益分配及程序

基金可分配收益或称基金净收益，为基金收益扣除按照国家规定可以扣除的费用等项目后的余额。基金的收益分配，应当根据基金契约及招募说明书的规定进行，并遵循以下原则：

1. 基金收益分配比例不低于基金净收益的90%；
2. 基金收益每会计年度分配一次，采用现金形式分配（基金一般以现金形式进行收益分配，但投资者可以选择将所分配的现金，自动转化成基金单位，即红利再投资）；
3. 基金当年收益先弥补上一年度亏损后，方可进行当年收益分配；
4. 基金投资当年亏损，则不进行收益分配；
5. 每份基金单位享有同等分配权。

不同基金应在各自的招募说明书中明确规定自己的收益分配原则及方式，为投资人提供参考。基金收益分配方案先由基金管理人拟定，经基金托管人核实后，报中国证监会备案。

在基金收益分配的程序上，由基金管理公司下达指令给基金托管机构，由基金托管机构将核准的分配金总额拨付给基金管理人或过户代理人。基金管理人或过户代理人决定投资者应得红利金额并负责支付给投资者。对选择现金分红的持有人，在直销的情况下，基金管理人或过户代理人可以直接向投资人支付现金或通过支票付款，汇入投资者银行账户；在代销的情况下，应由基金管理人或过户代理人将款项支付给销售代理人，由其办理直接对投资者的支付。选择红利再投资的投资者，其累计投资的基金单位则应直接由过户代理人按合适的净资产值重新购买基金单位，增加其持有的基金单位数。

第五节 基金交易

一、封闭式基金投资

（一）基金发行和认购

在我国，证券投资基金的发行方式主要有两种：上网发行方式和网下发行方式。上网发行方式是指将所发行的基金单位通过与证券交易所的交易系统联网的全国各地的证券营业部，向广大的社会公众发售基金单位的发行方式，主要是封闭式基金的发行方式。网下发行方式是指将所要发行的基金通过分布在一定地区的银行或证券营业网点，向社会公众发售基金单位的发行方式。主要是开放式基金的发行方式。

封闭式基金流通的方式是在证券交易所内挂牌交易。目前，我国基金上市的场所主要是上海证券交易所和深圳证券交易所。投资者认购基金，必须开立深、沪股票账户或基金账户。委托申购上网定价发行基金的申购手续与上网发行股票的申购手续相同。投资者可通过填写申购委托单、电话委托或磁卡委托方式在其开立资金账户的证券经营机构办理申购委托。

封闭式基金场内认购采用份额认购的方式。发行面值为 1.00 元/份，发行费用为 0.01 元/份。基金申购价格即为 1.01 元/份。每一账户的申购量下限为 1 000 份；超过 1 000 份的，须为 1 000 份的整数倍。每一账户申购不设上限，投资者可以多次申购，但每笔申购不得超过 99.9 万份。同一账户多次申购的，将多次申购的数量全部累加后，对同一账户的申购进行连续配号。

（二）封闭式基金交易

封闭式基金设立后，符合交易所上市条件，即可以申请挂牌交易。基金交易时间、原则、竞价方式均与 A 股相同，具体申报规则如表 3.1 所示。

表 3.1　　　　　　　　封闭式基金交易申报规则

项目	规则
报价单位	基金为"每份基金价格"
价格最小变化档位	基金交易为 0.001 元人民币
涨跌幅限制	基金涨跌幅比例为 10%，基金上市首日不受涨跌幅限制
委托买卖单位	申报数量应当为 100（份）或其整数倍
申报上限	单笔申报最大数量应当不超过 100 万份
交收方式	采用 T+1 方式
交易费用	不超过成交金额的 0.3%，起点 5 元

二、开放式基金投资

开放式基金最大的特点是基金规模不固定。基金发行时不设规模上限，投资者可以在发行期内认购基金。基金成立后，投资者还可以申购或赎回基金，申购将导致基金规模的扩大，而赎回将导致基金规模的缩小。开放式基金就是通过投资者的申购和赎回来实现流通的，开放式基金一般不上市交易，仅在销售网点申购赎回。2005 年 8 月，由于上证所、深交所开放式基金场内认购、申购与赎回业务先后开通,为开放式基金开辟了新的销售渠道。目前,投资者可使用上海证券账户或深圳证券账户在交易时间办理交易所场内认购、申购与赎回。

(一) 开放式基金发行认购

开放式基金首次认购指开放式基金第一次发行时投资者参与的申购,与股票首次发行新股相似,投资者在规定的时间内对基金进行认购,认购结束后该基金即进入3个月的封闭期,也就是3个月的时间内该基金不能赎回;3个月后,基金进入开放期,投资者开始日常申购与赎回。

因此基金在招募、设立时采用的发行方式及销售网点在招募说明书和发行公告中均有明确规定,投资人需携带本人有效身份证件和银行账户卡,按直销或代销网点规定的手续办理基金认购。

投资人买卖开放式基金首先要开立基金账户(12位阿拉伯数字)和基金交易账户(TA账户)。基金账户是指基金注册登记人为投资者开立的记录其持有开放式基金份额及其变更情况的账户。基金交易账户指销售人为投资者开立的记录其通过该销售人买卖开放式基金份额、份额变动及结余情况的账户。

基金账户的开立条件、具体程序等内容可以从放置于基金销售网点的有关销售文件中查阅。一个投资者只能开立一个基金账户,但却可以开设多个基金交易账户,即可以使用唯一的基金账户通过不同销售网点开设多个基金交易账户。购买不同基金公司发行的基金,需要分别开立基金TA账户。各销售网点一般都提供柜台开户和网上开户两种开户方式。

投资者在开户当天即可进行认购交易。基金采用金额认(申)购方式,最低认购(申)金额、最低追加申购金额、最高认购金额、交易级差由基金管理人确定并公告。博时主题行业的认/申购限制如表3.2所示。

表 3.2   博时主题行业认/申购限制

首次认/申购 最低限额(元)	追加认/申购 最低限额(元)	定期定额申购 最低限额(元)	交易账户最低 持有限额(份)
500	500	200	50

设立募集期内,投资者可多次认购基金单位。认购金额的申报需符合以下条件:

初始认购金额 = 个人最低认购金额 + 交易级差 × N(N为整数)
但不能高于最高认购金额。

追加认购金额 = 个人最低追加认购金额 + 交易级差 × N(N为整数)
有效认购份额的计算以认购金额和认购金额在基金认购期间内产生的利息为

基础，其中利息以注册登记机构的记录为准。

$$认购费用 = 认购金额 \times 认购费率$$

$$认购份额 = (认购金额 - 认购费用 + 认购利息) \div 基金份额面值$$

认购的有效份额保留到整数位，剩余部分折回金额返回投资人。基金发行时份额面值一般为1元。认购费率在招募说明书列示。不同类型基金的认购费率差异较大，由高到低依次是股票型基金、债券型基金，指数型基金。货币型基金不收取认购费。此外，基金认购多用分级费率，认购金额超过一定数额，有费率优惠。如博时主题行业的招募说明书规定，认购金额小于50万元，认购费率为1%，认购金额大于50万元，认购费率为0.8%。

在基金合同生效后的两个工作日后，投资者可以通过券商营业部查询自己的认购份额。

（二）开放式基金申购与赎回

1. 申购与赎回的原则

开放式基金申购和赎回交易遵循下列原则：

（1）"未知价"原则，即申购、赎回价格以有效申请当日收市后计算的基金份额净值为基准进行计算。

（2）"金额申购、份额赎回"原则，即申购以金额申请，赎回以份额申请。

在开放式基金开放申购、赎回后，投资者可以通过有资格的上证所会员营业部以"金额申购"的方式进行申购申报。投资者的每笔申报必须满足所申购基金的最低申购金额的要求，同时每笔申购金额必须是交易级差的整数倍。

"金额申购"时，按照投资者具体应得的基金份额，取其整数部分记入投资者的账户，剩余的小数部分重新折算成金额退还给投资者。比如，若计算出的投资者应得基金份额是1 588.88份，则实际记入该投资者证券账户中基金份额为1 588份，小数部分0.88份基金份额按折算成的金额退还给该投资者。

在开放式基金开放申购、赎回后，投资者通过销售机构以"份额赎回"的方式进行赎回申报，赎回价格以受理申请当日收市后计算的基金份额净值为基准进行计算。投资者的每笔申报必须满足所赎回基金的最低赎回份额的要求，同时赎回申报必须是整数份额。

（3）当日的申购和赎回申请可以在基金管理人规定的时间以前撤销。

2. 申购费与赎回费

投资人申购开放式基金，需交纳申购费，用于市场推广、销售、注册登记等各项费用。目前，不少基金推出前端收费和后端收费两种收费模式供投资人选择。购买时交纳的称为前端申购费用，赎回时交纳的称为后端申购费用。

如广发聚丰基金就提供两种收费方式。若投资人选择交纳前端申购费用时，按申购金额采用分级费率。投资人选择交纳后端申购费用时，申购费率按持有时间递减。因此，后端收费模式更适合于长期投资者。具体申购费率如表3.3所示。

表3.3　　　　　　　　　　　广发聚丰申购费率

前端收费		后端收费	
申购金额（M）	费率（%）	持有期限（N）	费率（%）
M<100 万元	1.5	N<1 年	1.8
100 万元≤M<500 万元	0.9	1 年≤N<2 年	1.5
500 万元≤M<1 000 万元	0.3	2 年≤N<3 年	1.2
M≥1 000 万元	每笔1 000 元	3 年≤N<4 年	0.9
		4 年≤N<5 年	0.5
		N≥5 年	0

投资人在赎回基金份额时，应交纳赎回费。赎回费总额的25%计入基金财产，扣除计入基金财产部分，赎回费的其他部分用于支付注册登记费和必要的手续费。赎回费率一般随赎回基金份额持有年份的增加而递减。

部分债券基金提供 A、B 和 C 类收费模式。A 类为前端收费模式，即申购费前端收取，无赎回费；B 类为后端收费模式，即申购费后端收取，无赎回费，而 C 类称为持续性收费模式，该模式不收取申购费和赎回费，但是会收取每年 0.3% 的销售服务费用，按天从基金资产中计提。这种收费结构与货币基金及中短债基金相同。由于收费模式的不同，债券 A/B 类具有相同的净值，而 C 类由于每天计提销售服务费，基金净值与债券 A/B 类不同。自 2006 年 4 月，有华夏债券基金、大成债券基金、鹏华债券基金等基金相继增加了 C 类收费模式。

3. 申购份额与赎回金额的计算方式

（1）基金申购份额的计算

基金申购份额的计算多采用外扣法。如果投资者选择交纳前端申购费用，则申购份数的计算方法如下：

$$净申购金额 = 申购金额/(1 + 前端申购费率)$$

$$前端申购费用 = 申购金额 - 净申购金额$$

$$申购份数 = 净申购金额/T 日基金份额净值$$

如果投资者选择交纳后端申购费用，则申购份数的计算方法如下：

申购份数 = 申购金额/T 日基金份额净值

(2) 基金赎回支付金额的计算

如果投资人在认购或申购时选择交纳前端认购或申购费用,则赎回金额的计算方法如下:

赎回总额 = 赎回份数 × T 日基金份额净值

赎回费用 = 赎回总额 × 赎回费率

赎回金额 = 赎回总额 − 赎回费用

如果投资人在申购时选择交纳后端申购费用,则赎回金额的计算方法如下:

赎回总额 = 赎回份数 × T 日基金份额净值

后端申购费用 = 赎回份额 × 申购日基金份额资产净值 × 对应的后端申购费率

赎回费用 = 赎回总额 × 赎回费率

赎回金额 = 赎回总额 − 后端申购费用 − 赎回费用

【例 3.1】某投资人赎回本基金 10 000 份基金份额,持有时间为一年两个月,对应的后端申购费率为 1.5%,对应的赎回费率为 0.3%,假设申购日基金份额净值为 1.0002 元,赎回当日基金份额净值是 1.05 元,则其可得到的赎回金额为:

赎回总额 = 10 000 × 1.05 = 10 500 (元)

后端申购费用 = 10 000 × 1.02 × 1.5% = 153 (元)

赎回费用 = 10 500 × 0.3% = 31.5 (元)

赎回净额 = 10 500 − 153 − 31.5 = 10 315.5 (元)

(三) 基金转换

基金转换,是指当一家基金管理人同时管理多只开放式基金时,基金投资者可以将持有的一只基金转换为另一只基金。即投资者卖出一只基金的同时,买入该基金管理人管理的另一只基金。基金转换费率视基金转换方向而定。一般股票型基金转债券型基金、货币型基金不收费。具体转换规则可参阅基金管理公司公告。华夏基金部分基金转换费如表 3.4 所示。

表 3.4　　　　　基金转换费率表(华夏基金管理公司,节选)

转出基金/转入基金	成长前	大盘前	红利前	回报前	回报二	债券前
华夏大盘	0.30%	—	0	0	0.5% (转入金额 1 000 万元以上为 1 000 元)	0
华夏红利	0.30%	0	—	0	0.5% (转入金额 1 000 万元以上为 500 元)	0

续表

转出基金/转入基金	成长前	大盘前	红利前	回报前	回报二	债券前
华夏回报	0.30%	0	0	—	0.5%（转入金额1 000万元以上为1 000元）	0
华夏债券	0.80%	0.50%	0.5%（转入金额1 000万元以上为500元）	0.50%	1%（转入金额1 000万元以上为1 000元）	—

关 键 词 汇

投资基金　封闭式基金　开放式基金　契约型基金　公司型基金　离岸基金　交易型开放式指数基金　上市型开放式基金　QDII基金　基金资产净值　未知价法　基金转换

思 考 题

1. 简述证券投资基金的特点。
2. 试述证券投资基金与股票、债券的区别。
3. 开放式基金相对于封闭式基金有哪些特点？
4. 阐述契约型基金和公司型基金的区别。
5. 试述证券投资基金的主要当事人。
6. 试述证券投资基金的主要费用。
7. 开放式基金和封闭式基金的价格是如何决定的？
8. 我国开放式基金和封闭式基金交易方式有哪些区别？
9. 举例说明目前中国市场上新推出的一种创新基金品种的特点。

练 习 题

一、单项选择题

1. 证券投资基金的特点不包括（　　）。
   A. 分散风险　　B. 专业理财　　C. 稳定市场　　D. 集合投资
2. 关于证券投资基金与股票、债券区别的描述错误的是（　　）。
   A. 反映的经济关系不同　　　　B. 投资主体不同
   C. 所筹集资金的投向不同　　　D. 风险水平不同
3. 按基金的组织形式不同，证券投资基金可分为（　　）。

A. 契约型基金和公司型基金
B. 封闭式基金和开放式基金
C. 国债基金、股票基金、货币市场基金
D. 成长型基金、收入型基金和平衡型基金

4. 下列选项中，对契约型基金描述正确的是（　　）。
   A. 指将投资者、管理人、托管人三者作为信托关系的当事人，通过签订基金契约的形式发行受益凭证而设立的一种基金
   B. 基金的设立程序类似于一般股份公司，基金本身为独立法人机构
   C. 是最重要的基金品种，它的优点是资本的成长潜力较大
   D. 契约型基金起源于美国，后来在中国香港、新加坡、印度尼西亚等国家和地区十分流行

5. 下列关于开放式基金和封闭式基金主要区别的阐述错误的是（　　）。
   A. 封闭式基金有固定的存续期，通常在5年以上，一般为10年或15年；开放式基金没有固定期限
   B. 封闭式基金的基金规模是固定的；开放式基金没有发行规模限制
   C. 封闭式基金与开放式基金的基金份额除了首次发行价都是按面值加一定百分比的购买费计算外，以后的交易计价方式不同
   D. 开放式基金一般每周或更长时间公布一次份额资产净值，封闭式基金一般在每个交易日连续公布

6. 下列选项中，关于收入型基金叙述错误的是（　　）。
   A. 收入型基金主要投资于可带来现金收入的有价证券，以获取当期的最大收入为目的
   B. 固定收入型基金的主要投资对象是债券，因而尽管收益率较高，但长期成长的潜力很小
   C. 收入型基金资产的成长潜力较小，损失本金的风险相对也较低
   D. 一般可分为固定收入型基金和股票收入型基金

7. 对基金管理人的概念认识错误的是（　　）。
   A. 基金管理人的目标函数是受益人利益的最大化，不得出于自身利益的考虑损害基金持有人的利益
   B. 设立基金管理公司必须经国务院批准
   C. 不仅负责基金的投资管理，而且承担着产品设计、基金营销、基金注册登记、基金估值、会计核算和客户服务等多方面的职责
   D. 基金管理公司通常由证券公司、信托投资公司或其他机构等发起成立

8. （　　）是一种既可以同时在场外市场进行基金份额申购、赎回，又可以在交易所进行基金份额交易和基金份额申购或赎回，并通过份额转托管机制将场外市场与场内市场有机地联系在一起的一种开放式基金。

　　A. 保本基金　　　B. QDII 基金　　　C. ETF　　　　D. LOF

9. 我国《证券投资基金法》规定，基金托管人由依法设立并取得基金托管资格的（　　）担任。

　　A. 实力雄厚的证券公司　　　　B. 信托投资公司

　　C. 商业银行　　　　　　　　　D. 基金公司

10. 下列对基金份额持有人与管理人之间的关系认识错误的是（　　）。

　　A. 是委托人、受益人与受托人的关系

　　B. 基金份额持有人是基金资产的终极所有者和基金投资收益的受益人；基金管理人则是接受基金份额持有人的委托，负责对所筹集的资金进行具体的投资决策和日常管理

　　C. 是所有者和经营者之间的关系

　　D. 是相互制衡的关系

11. ETF 是一种在交易所上市交易的、基金份额可变的一种基金运作方式。ETF 结合了（　　）的运作特点。

　　A. 契约型基金与公司型基金　　　B. 封闭式基金与开放式基金

　　C. 股票基金与货币基金　　　　　D. 成长型基金、收入型基金

12. 基金资产净值是指基金资产总值减去（　　）后的价值。

　　A. 基金负债　　　　　　　　　B. 证券基金的费用

　　C. 各类证券的价值　　　　　　D. 基金应收的申购基金款

13. 公开披露的基金信息不包括（　　）。

　　A. 基金资产净值和基金份额净值公告

　　B. 涉及基金管理人、基金财产、基金托管业务的诉讼

　　C. 对证券投资业绩进行的预测

　　D. 基金份额发售公告、基金财产的资产组合季度报告、财务会计报告及中期和年度基金报告

14. 下面关于 LOF 的阐述，错误的是（　　）。

　　A. LOF 是一种开放式基金

　　B. 对申购和赎回有一定的规模上的限制，可以在交易所申购、赎回

　　C. LOF 不一定采用指数基金模式，也可以是主动管理型基金

　　D. LOF 的申购和赎回均以现金进行

15. 在我国，根据《证券投资基金运作管理办法》的规定，（　　）以上的基金资产投资于股票的，为股票基金。
    A. 60%　　　　B. 70%　　　　C. 80%　　　　D. 90%
16. 对平衡型基金认识不正确的是（　　）。
    A. 将资产分别投资于两种不同特性的证券上
    B. 在以取得收入为目的的债券及优先股和以资本增值为目的的普通股之间进行平衡
    C. 一般是将一定比例的资产投资于债券，其余的投资于优先股
    D. 特点是风险比较低，缺点是成长的潜力不大
17. QDII 基金是指在一国境内设立，经该国有关部门批准从事境外证券市场的股票、债券等有价证券投资的基金，（　　）年我国推出了首批 QDII 基金。
    A. 2006　　　　B. 2007　　　　C. 2008　　　　D. 2009
18. （　　）是衡量一个基金经营业绩的主要指标，也是基金份额交易价格的内在价值和计算依据。
    A. 基金份额净值　　　　　　　B. 基金资产净值
    C. 基金资产总值　　　　　　　D. 基金资产的估值
19. 目前，我国股票基金大部分按照（　　）比例计提基金管理费，债券基金的管理费率一般低于（　　），货币基金的管理费率为 0.33%。
    A. 2.5%，2%　　B. 2%，2.5%　　C. 1.5%，1%　　D. 1%，1.5%

二、不定项选择题

1. 下列对证券投资基金认识正确的是（　　）。
    A. 通过公开发售基金份额募集资金
    B. 由基金托管人托管，由基金管理人管理和运用资金
    C. 基金与股票和债券一样，属于是直接投资工具，筹集的资金主要投向实业
    D. 与银行业、证券业、保险业并驾齐驱，成为现代金融体系的四大支柱之一
2. 证券投资基金的作用有（　　）。
    A. 基金为中小投资者拓宽了投资渠道
    B. 基金丰富了大投资者的投资方式
    C. 有利于证券市场的稳定和发展
    D. 有利于证券市场的国际化
3. 对基金、股票与债券认识正确的是（　　）。
    A. 股票反映的是所有权关系，债券反映的是债权债务关系，而基金反映

第三章 证券投资基金

的则是信托关系

B. 债券筹集的资金主要投向实业,股票、基金所筹集的资金主要投向有价证券等金融工具

C. 基金是间接投资工具,股票和债券是直接投资工具

D. 基金的收益有可能高于债券,投资风险又可能小于股票

4. 契约型基金与公司型基金的区别是( )。

   A. 资金的性质不同   B. 投资者的地位不同

   C. 基金的营运依据不同   D. 对投资额的限制不同

5. 关于封闭式基金和开放式基金的叙述正确的是( )。

   A. 封闭式基金的基金份额总额在基金合同期限内固定不变,开放式基金的基金份额总额不固定

   B. 封闭基金期限届满即为基金终止,管理人应组织清算小组对基金资产进行清产核资,并将清产核资后的基金净资产按照投资者的出资比例进行公正合理的分配

   C. 开放式基金一般都从所筹资金中拨出一定比例,以现金形式保持这部分资产

   D. 封闭式基金一般每周或更长时间公布一次基金份额资产净值,开放式基金一般在每个交易日连续公布

6. 属于封闭式基金与开放式基金主要区别的是( )。

   A. 投资策略不同   B. 基金份额交易方式不同

   C. 发行规模限制不同   D. 期限不同

7. 基金管理人、基金托管人和其他基金信息披露义务人应当依法披露基金信息,公开披露的基金信息,不得有( )行为。

   A. 虚假记载、误导性陈述或者重大遗漏

   B. 对证券投资业绩进行预测

   C. 诋毁其他基金管理人、基金托管人或者基金份额发售机构

   D. 违规承诺收益或者承担损失

8. 下列对股票基金认识正确的是( )。

   A. 股票基金是重要的基金品种,仅次于国债基金

   B. 各国政府对股票基金的监管都十分严格,不同程度地规定了基金购买某一家上市公司的股票总额不得超过基金资产净值的一定比例,以防止基金过度投机和操纵股市

   C. 股票基金的投资目标侧重于追求资本利得和长期资本增值

D. 按基金投资的标的划分,可将股票基金划分为一般股票基金和专门化股票基金

9. 我国《基金法》规定,基金份额持有人享受的权利有( )。
   A. 分享基金财产收益
   B. 参与分配清算后的剩余基金财产
   C. 按照规定要求召开基金份额持有人大会
   D. 在封闭式基金存续期间,要求赎回基金份额

10. 下面关于ETF的描述,正确的是( )。
    A. ETF是以某一选定的指数所包含的成分证券为投资对象,依据构成指数的证券种类和比例,采用完全复制或抽样复制的方法进行被动投资的指数型基金
    B. ETF最大的特点是实物申购赎回机制
    C. ETF实行一级市场和二级市场并存的交易制度
    D. 现存最早的ETF是美国证券交易所(AMEX)于1993年推出的标准普尔存托凭证(SPDRs)

11. 我国《基金法》规定,下列事项应当通过召开基金份额持有人大会审议决定( )。
    A. 提前终止基金合同
    B. 基金扩募或者延长基金合同期限
    C. 转换基金运作方式
    D. 提高基金管理人、基金托管人的报酬标准

12. 对基金管理人的概念理解正确的是( )。
    A. 不仅负责基金的投资管理,而且承担着产品设计、基金营销、基金注册登记、基金估值、会计核算和客户服务等多方面的职责
    B. 由依法设立的基金管理公司担任
    C. 基金管理人的目标函数是自身利益的最大化
    D. 基金管理公司通常由证券公司、信托投资公司或其他机构等发起成立,但不具有独立法人地位

13. 我国基金管理公司的主要业务范围包括( )。
    A. 证券投资基金业务　　　　B. 受托资产管理业务
    C. 企业年金管理　　　　　　D. 投资咨询服务

14. 下面关于基金利润(收益)的分配方式的描述,正确的是( )。
    A. 基金利润(收益)分配通常有两种方式:一是分配现金,这是最普

遍的分配方式；二是分配基金份额
    B. 封闭式基金年度收益分配比例不得低于基金年度已实现收益的90%
    C. 封闭式基金的分红方式有现金分红和分红再投资转换为基金份额两种
    D. 货币基金投资者于周一赎回或转换转出的基金份额享有周六、周日和周一的利润
15. 通常情况下，基金所支付的费用主要包括（   ）。
    A. 基金管理费   B. 基金销售服务费
    C. 基金交易费   D. 基金运作费用

三、判断题

1. 契约型基金的资金是通过发行基金份额筹集起来的信托财产，公司型基金的资金是通过发行普通股票筹集的公司法人的资本。（   ）

2. 开放式基金一般每周或更长时间公布一次基金份额资产净值，而封闭式基金一般每个交易日连续公布。（   ）

3. 投资者在买卖封闭式基金时，在基金价格之外要支付手续费；投资者在买卖开放式基金时，则要支付申购费和赎回费。（   ）

4. 由于指数基金的投资非常分散，可以完全消除投资组合的系统风险。（   ）

5. 收入型基金主要投资于可带来现金收入的有价证券，以获取当期的最大收入为目的。收入型基金资产的成长潜力较大，损失本金的风险相对也较高。（   ）

6. 基金托管人是基金持有人权益的代表，通常由国务院银行业监督管理机构和国务院证券监督管理机构担任。（   ）

7. 管理费通常从基金的股息、利息收益中或从基金资产中扣除，也可以向投资者收取。（   ）

8. 托管费通常按照基金资产总值的一定比率提取，逐日计算并累计，按月支付给托管人。（   ）

9. 经基金资产估值后确定的基金资产净值而计算出的基金份额净值，是计算基金份额转让价格尤其是计算开放式基金申购与赎回价格的基础。（   ）

10. 一般情况下，基金份额价格与资产净值趋于一致，即资产净值增长，基金价格也随之提高。尤其是封闭式基金，其基金份额的申购直接按基金份额资产净值计价。（   ）

第四章 金融衍生工具

▶ 学习目标
- 熟悉金融衍生工具的特征与功能
- 掌握金融期货的功能和种类
- 理解金融期货交易规则、交易程序和交易制度
- 熟悉多头套期保值和空头套期保值的操作
- 理解期权交易、期货交易及远期交易的区别
- 掌握期权交易的四种基本交易策略
- 掌握可转换证券的要素
- 了解沪深300股指期货合约的内容及交易规则
- 了解我国资产证券化的发展

第一节 金融衍生工具概述

一、金融衍生工具的概念及特征

(一) 金融衍生工具的含义

随着我国金融业的对外开放和金融市场的迅速发育,金融衍生工具已经通过各种途径进入了我国的金融市场。随着金融市场衍生工具品种的不断丰富,规模的不断扩大,金融衍生工具必将对我国经济的发展产生越来越重要的影响。

所谓衍生工具,是指一种价值取决于其他基本相关变量的工具。而金融衍生工具则是指股票、债券等传统金融工具基础上派生出来的新型金融工具。它既指一类特定的交易方式,也指以这种交易方式形成的一系列合约。

在实践中，为了更好地确认衍生工具，各国及国际权威机构给衍生工具下了比较明确的定义。1998年，美国财务会计准则委员会（FASB）所发布的第133号会计准则——《衍生工具与避险业务会计准则》是首个具有重要影响的文件，该准则将金融衍生工具划分为独立衍生工具和嵌入式衍生工具两大类，并给出了较为明确的识别标准和计量依据，尤其是所谓公允价值的应用，对后来各类机构制定衍生工具计量标准具有重大影响。2001年，国际会计准则委员会发布的第39号会计准则——《金融工具：确认和计量》和2006年2月我国财政部颁布的《企业会计准则第22号——金融工具确认和计量》均基本沿用了FASB133的衍生工具定义。

1. 独立衍生工具

独立衍生工具包括远期合同、期货合同、互换和期权，以及具有远期合同、期货合同、互换和期权中一种或一种以上特征的工具。其主要特征包括：

（1）其价值随特定利率、金融工具价格、商品价格、汇率、价格指数、费率指数、信用等级、信用指数或其他类似变量的变动而变动，变量为非金融变量的，该变量与合同的任一方不存在特定关系；

（2）不要求初始净投资，或与对市场情况变化有类似反应的其他类型合同相比，要求很少的初始净投资；

（3）在未来某一日期结算。

2. 嵌入式衍生工具

嵌入式衍生工具是指嵌入到非衍生工具（即主合同）中，使混合工具的全部或部分现金流量随特定利率、金融工具价格、商品价格、汇率、价格指数、费率指数、信用等级、信用指数或其他类似变量的变动而变动的衍生工具。嵌入式衍生工具与主合同构成混合工具，如可转换公司债券等。

一旦被确认为衍生产品或可分离的嵌入式衍生产品，相关机构就要把这一部分资产归入交易性资产类别，按照公允价格计价。

金融衍生工具以传统金融工具为存在前提，以这些金融工具为交易对象，价格也由这些金融工具决定。那些能够产生金融衍生工具的传统金融工具被称为基础工具，包括货币、股票、债券、利率、汇率等。

在现代市场经济条件下，货币利率、外汇汇率、债券价格或利率、股票价格和股票指数等都处在不断变化之中。投资者预测这些金融工具未来的变化，支付少量保证金或权利金签订远期性的合约，合约到期后，交易双方一般不进行实物交割，而是根据合约规定的权利和义务进行清算。通过这些基本形式的组合或者嵌入到其他金融工具中，就形成了多种多样的金融衍生工具。

（二）金融衍生工具的特征

在金融市场中，判断一种金融工具是否属于金融衍生工具，主要是依据金融衍生工具的以下四个显著特征：

1. 跨期性

金融衍生工具是交易双方通过对利率、汇率、股价等因素变动趋势的预测，约定在未来某一时间按照一定条件进行交易或选择是否交易的合约。无论是哪一种金融衍生工具，都会影响交易者在未来一段时间内或未来某时点上的现金流，跨期交易的特点十分突出。这就要求交易双方对利率、汇率、股价等价格因素的未来变动趋势做出判断，而判断的准确与否直接决定了交易者的交易盈亏。

2. 杠杆性

达成金融衍生工具合约不需要交纳合同的全部金额，利用少量的资金就可以进行几十倍金融衍生工具交易，就好像用一根长长的杠杆能省力地撬动一块巨石，参与交易的各方讲求信用，是这种杠杆式交易普遍化的基本前提。

3. 联动性

指金融衍生工具的价值与基础产品或基础变量紧密联系、规则变动。通常，金融衍生工具与基础变量相联系的支付特征由衍生工具合约规定，其联动关系既可以是简单的线性关系，也可以表达为非线性函数或者分段函数。

4. 不确定性或高风险性

金融衍生工具的交易后果取决于交易者对基础工具（变量）未来价格（数值）的预测和判断的准确程度。基础工具价格的变幻莫测决定了金融衍生工具交易盈亏的不确定性，这是金融衍生工具高风险性的重要诱因。基础金融工具价格不确定性仅仅是金融衍生工具风险性的一个方面，国际证监会组织在1994年7月公布的一份报告中，认为金融衍生工具还伴随着以下风险：

（1）交易中对方违约，没有履行所作承诺造成损失的信用风险；

（2）因资产或指数价格不利变动可能带来损失的市场风险；

（3）因市场缺乏交易对手而导致投资者不能平仓或变现所带来的流动性风险；

（4）因交易对手无法按时付款或交割可能带来的结算风险；

（5）因交易或管理人员的人为错误或系统故障、控制失灵而造成的运作风险；

（6）因合约不符合所在国法律，无法履行或合约条款遗漏及模糊导致的法律风险。

二、金融衍生工具的功能

（一）规避风险

1973年和1978年两次石油危机使西方国家经济陷入滞胀，为对付通货膨胀，美国不得不运用利率工具，这又使金融市场的利率波动剧烈。利率的升降会引起证券价格的反方向变化，并直接影响投资者的收益。面对利市、汇市、债市、股市发生的前所未有的波动，市场风险急剧放大，迫使商业银行、投资机构、企业寻找可以回避市场风险、进行套期保值的金融工具，金融期货、期权、股指期货等金融衍生工具便应运而生。西方国家金融自由化政策使利率、汇率、股价的波动更加频繁、剧烈，投资者迫切需要可以回避市场风险的工具。

金融家不断创新设计出了大量的金融衍生工具，金融市场得到了丰富和完善，金融市场内形成了许多既相互联系又相对独立的子市场。通过衍生交易，或者传统交易与衍生交易的组合，或者若干衍生交易的组合，投资者在一个市场上的损失可以由另一个市场的收益来弥补。这样的实际结果是：汇率、利率、价格等因素的变化被限定在较小的范围内，即使发生不利情况产生风险，损失也将大为减少。

必须注意的是，利用金融衍生工具可以避险，但并不等于金融衍生工具没有风险，比如，价格波动带来损失形成的价格风险，合约一方可能违约带来的信用风险，市场缺乏对手而导致投资者无法平仓的流动性风险，人为操作失误或技术系统故障导致的技术风险等。这些都引起了国际金融界的广泛重视，各国金融监管机关正携手研究对衍生市场的统一监测、控制，各投资者尤其是一些商业银行和大公司纷纷加强了内部风险管理。

（二）追求利润

金融自由化促进了金融竞争，由于允许各金融机构业务交叉、相互渗透，多元化的金融机构纷纷出现，直接或迂回地夺走了银行业很大一块阵地，再加上银行业本身业务向多功能、综合化方向发展，同业竞争激烈，存贷利差趋于缩小，不得不寻找新的收益来源，改变以存贷款业务为主的传统经营方式，把金融衍生工具视作未来的新增长点。

金融衍生工具的盈利，包含交易本身带来的收入，也包含提供经纪人服务的收入。在金融机构所进行的资产负债管理背景下，金融衍生工具业务属于表外业务，既不影响资产负债表状况，又能带来手续费收入。同时，金融机构可以利用自身在金融衍生工具方面的优势，直接进行自营交易，扩大利润来源。为此，金融衍生工具市场吸引了为数众多的金融机构。

（三）资产配置

随着金融衍生产品的不断创新，它们在资产配置中的独特功能正日趋重要。它们使得投资者更快捷、高效而低成本地对投资组合进行调整成为可能。若某投资者计划减少1 000万美元的股票投资并将其转为固定受益证券。有两种不同的途径达到这一目的。一种是在股票市场上一只一只地卖出投资组合中的股票，直到回笼1 000万美元资金。然后，将这些资金买成国债。这无疑是一种更为人们所熟悉和更容易理解的减少股票持有量的方法。但是，它有速度慢、效率低和成本高的缺点。另外一种殊途同归的途径是，你只需卖出价值1 000万美元的S&P500股指期货合约，这个操作仅需要几秒钟时间，而且成本也非常低，但它与前一种费时而昂贵的操作有着同样的效果。

三、金融衍生工具的分类

（一）按照基础金融工具划分

1. 股权式衍生工具。是指以股票或股价指数为基础工具的金融衍生工具。主要包括股票期货、股票期权、股指期货、股指期权以及上述合约的混合交易合约。

2. 货币衍生工具。是指以各种货币为基础工具的金融衍生工具。主要包括远期外汇合约、货币期货、货币期权、货币互换以及上述合约的混合交易合约。

3. 利率衍生工具。是指以利率或利率的载体为基础工具的金融衍生工具。主要包括利率期货、利率期权、远期利率协议、利率互换以及上述合约的混合交易合约。

4. 信用衍生工具。是以基础产品所蕴含的信用风险或违约风险为基础变量的金融衍生工具，用于转移或防范信用风险，是20世纪90年代以来发展最为迅速的一类衍生产品，主要包括信用互换、信用联结票据等。

（二）按照交易方式划分

按交易方式划分，可以分为远期合约、期货合约、互换合约和期权合约。

远期合约和期货合约都是交易双方约定在未来某一特定时间、以某一特定价格、买卖某一特定数量和质量资产的交易形式。期货合约是期货交易所制定的标准化合约，对合约到期日及其买卖的资产的种类、数量、质量做出了统一规定。远期合约是根据买卖双方的特殊需求由买卖双方自行签订的合约。因此，期货交易流动性较高，远期交易流动性较低。

互换合约是一种为交易双方签订的在未来某一时期相互交换某种资产的合约。更为准确地说，互换合约是当事人之间签订的在未来某一期间内相互交换他们认为具有相等经济价值的现金流的合约。较为常见的是利率互换合约和货币互换合约。互换合约中规定的交换货币是同种货币，则为利率互换；是异种货币，则为货币互换。

期权交易是买卖权利的交易。期权合约规定了在某一特定时间、以某一特定价格买卖某一特定种类、数量、质量原生资产的权利。期权合同有在交易所上市的标准化合同，也有在柜台交易的非标准化合同。

第二节 金融期货

一、金融期货的含义

（一）金融期货的定义

也称金融期货合约，是指买卖双方在有组织的交易所内以公开竞价的形式达成的，在将来某一特定时间交、收标准数量特定金融工具的协议。

与现货交易不同的是金融期货和远期交易不要求即期交割，而是通过合约的形式规定于未来某个确定的时间内按约定的价格和数量交割。

（二）金融期货的产生和发展

金融期货的产生有其深刻的社会背景。20世纪70年代初期，世界经济格局发生了重大变化，布雷顿森林体系彻底崩溃，浮动汇率制取代了固定汇率制。与此同时，以美国为首的西方发达国家因经济迅速发展而积存的通货膨胀的压力也进一步增加，利率的波动幅度和波动频率进一步加大。利率和汇率波动的加大，使得经济活动的不确定性和经济运行的风险也随之增加。为了保证资产价值又因捉摸不定的利率和汇率的剧烈波动而遭受损失，许多公司和金融机构都想方设法要用新的手段来减少甚至避免利率和汇率风险。而投机者也想通过对风险投下赌注谋求巨额利润。在这种形势下，金融期货便应运而生。

此外，70年代后期的西方国家进入了低经济增长阶段，企业活力下降，企业成长缓慢，这使企业的成本意识大大增加，纷纷寻找新的金融手段来保护自身利益，例如为避免现有资本降价而进行套期保值等，这也刺激了金融期货市场的进一步发展。当然，计算机和信息处理技术的改进及其在金融领域的运用，不仅使金融期货的产生有了技术上的可能，而且为金融期货在世界范围内迅猛发展创造了必要的条件。

1972年5月，美国芝加哥商品交易所（CME）在该交易所内另设专门从事金融期货业务的部门，即国际货币市场（IMM），并首次上市标准化通货期货合约，这是第一笔金融期货合约在交易所内上市交易，使期货交易产品从实物商品扩展到金融期货商品。继CME首次推出通货期货合约之后，1975年10月，美国芝加哥交易所（CBOT）上市第一笔利率期货合约。随后，其他类型的期货合约也纷纷引入到场内进行交易。到70年代末期，这项由美国市场引发的创新工具因许多国际性大银行和证券公司的积极运用而开始走向国际市场。1981年，美国CME开始引进3月期的欧洲美元存款利率期货合约。随后，伦敦国际金融期货交易所（LIFFE）、东京股票交易所（TSE）以及新加坡国际货币交易所（SIMEX）都引入了欧洲美元利率期货合约。1982年2月，美国堪萨斯市交易所（KCBOT）首次推出股价指数期货，随后，伦敦LIFFE也开始上市股价指数期货。1986年5月，香港期货交易所推出恒生指数期货；同年10月，新加坡SIMEX开始交易日经225种股票指数期货。

到80年代中期，已有美国、英国、德国、法国、荷兰、加拿大、澳大利亚、新西兰、日本、新加坡、香港及巴西等12个国家和地区的交易所进行了金融期货交易。

金融期货问世至今不过只有短短30余年的历史，远不如商品期货的历史悠久，但其发展速度却比商品期货快得多。1995年，世界期货交易量达15亿张合约，其中利率期货相当于全球交易量的57%，有40个品种。2006年9月8日，中国金融期货交易所在上海成立。2010年4月16日，首批四个沪深300股票指数期货合约在中国金融期货交易所上市交易，标志着中国资本市场翻开了历史性的一页，跨入了双向交易时代。

目前，金融期货交易已成为金融市场的主要内容之一，在许多重要的金融市场上，金融期货交易量甚至超过了其基础金融产品的交易量。随着全球金融市场的发展,金融期货日益呈现国际化特征,世界主要金融期货市场的互动性增强,竞争也日趋激烈。

二、金融期货的主要功能

(一) 套期保值,转移风险

利用金融期货交易进行套期保值,转移风险,主要是利用期货合约作为将来在期货市场上买卖金融证券的临时替代物,对其现在拥有或将来拥有的资产、负债予以保值。确切地讲,利用期货市场进行套期保值,就是在现货市场上买进或卖出金融证券的同时,在期货市场上卖出或买进同质同量的期货合约,从而达到实现以期货的盈亏来抵消现货的亏盈。其目的不是为了赚取利润,而是使现在或将来拥有的资产、负债得到保值,不致因金融商品价格变化遭受损失。

套期保值的基本做法是:在现货市场买进或卖出某种金融工具的同时,做一笔与现货交易品种、数量、期限相当但方向相反的期货交易,以期在未来某一时间通过期货合约的对冲,以一个市场的盈利来弥补另一个市场的亏损,从而规避现货价格变动带来的风险,实现保值的目的。

套期保值的基本类型有两种:

一是多头套期保值。若对未来行情看涨,就可做期货多头,即在期货市场上买进期货,待行情真的上涨后再以高价卖出以平仓,用期货市场低买高卖的收益来弥补现货市场上因价格上涨后买进现货的损失。

二是空头套期保值。若对未来行情看跌,就可做期货空头,即在期货市场上卖出期货,待行情真的下跌后再以低价买进以平仓,用期货市场高卖低买的收益来弥补现货市场上因价格下跌后卖出现货的损失。

由于期货交易的对象是标准化产品,因此,套期保值者很可能难以找到与现货头寸在品种、期限、数量上均恰好匹配的期货合约。如果选用替代合约进行套期保值操作,则不能完全锁定未来现金流,由此带来的风险称为"基差风险"。(基差=现货价格-期货价格)

【例4.1】股指期货空头套期保值

2010年3月1日,沪深300指数现货报价为3 324点,在仿真交易市场,2010年9月到期(9月17日到期)的沪深300股指期货合约报价为3 400点,某投资者持有价值为1亿元人民币的市场组合,为防范在9月18日之前出现系统性风险,可卖出9月份沪深300指数期货进行保值。

如果该投资者做空 100 张 9 月到期合约[100 000 000/(3 324×300)−100]，则到 9 月 17 日收盘时：

现货头寸价值：1 亿元×9 月 17 日现货收盘价/3 月 1 日现货报价

期货头寸盈亏：300 元×(9 月 17 日期货结算价−3 月 1 日期货报价)×做空合约张数

在不同指数点位下，头寸变化如表 4.1 所示。

表 4.1　　　　　　　　　沪深 300 指数期货套期保值

9 月 17 日沪深 300 指数	现货头寸价值（元）	期货头寸盈亏（元）	合计（元）
2 900	87 244 284.00	12 720 000	99 964 284.00
3 000	90 252 707.58	9 720 000	99 972 707.58
3 100	93 261 131.17	6 720 000	99 981 131.17
3 200	96 269 554.75	3 720 000	99 989 554.75
3 300	99 277 978.34	720 000	99 997 978.34
3 400	102 286 401.90	−2 280 000	100 006 401.90
3 500	105 294 825.50	−5 280 000	100 014 825.50
3 600	108 303 249.10	−8 280 000	100 023 249.10
3 700	111 311 672.70	−11 280 000	100 031 672.70

由表 4.1 可知，经空头套期保值后，不论 2010 年 9 月沪深 300 指数如何变化，该投资者的账户总值基本维持不变。

(二) 价格发现

价格发现，也称价格形成，是指市场能提供交易产品的价格信息。期货市场上的价格是由交易双方公开竞争决定的，并具有一定的代表性和普遍性，代表了所有市场参加者对于未来行情的综合预期，所有的交易者都有同等的机会在其现有的供给和需求情况下，根据各自对未来行情走势的预测，公开报出自己的理想价格，通过讨价还价，最后以双方最合适都可以接受的价格成交。所以交易成交的价格，可以说是一个真正反映双方意愿、需要和预测的价格；它是市场参与者对当前及未来资金供求、某些金融工具供求、价格变化趋势、风险程度及收益水平的综合判断，是生产者和投资者进行生产和投资决策的重要参考，是确定合理生产、投资及价格的依据，从而也是调节资源分配的重要依据。

三、金融期货的种类

（一）外汇期货

外汇期货又称货币期货，是金融期货中最早产生的品种，它是指交易双方在集中性的交易市场以公开竞价的方式约定在未来某个确定的时间，按约定的价格买进或卖出若干标准单位数量的外汇的合约。

世界上第一张标准化的外汇期货合约是在1972年5月由美国芝加哥商品交易所首先推出的。当时，芝加哥商品交易所为了适应经济形势发展的需要，在其内部建立了国际货币市场分部，主要进行英镑、澳大利亚元、加拿大元、德国马克、法国法郎、瑞士法郎和日元的期货合约交易。目前在主要期货市场上进行交易的外汇期货主要有欧元、英镑、瑞士法郎、日元、加拿大元等。

外汇期货的产生和发展是与国际货币制度的变动相联系的。1973年实施的牙买加协议后有管理的浮动汇率制使浮动汇率合法化，大多数国家开始实施浮动汇率制，其货币的汇率取决于市场的供求关系。由于影响汇率的各类因素的变动以及投机因素的影响，汇率的变动风险加大。于是，利用外汇期货交易进行保值便应运而生。在合约到期时，因汇率变动造成的现汇买卖盈亏可由外汇期货交易上的盈亏弥补。

外汇期货合约的交易单位一般是用一定数量的外币计价单位来规定的。不同的外汇币种其期货合约的交易单位也不同。如美国芝加哥商品交易所不同币种期货合约的交易单位为：英镑期货合约62 500英镑/张，瑞士法郎期货合约125 000瑞士法郎/张等。

交易所一般还要对不同币种的外汇期货合约规定不同的最小变动价位。如芝加哥商品交易所规定：英镑期货的最小变动价位为0.0002英镑，每张合约6.25美元；设置最小变动价位是为了保护交易者的利益，保障外汇期货交易的安全。最小变动价位是在期货交易所进行外汇期货交易时的最低报价单位，外汇期货报价必须是最小变动价位的整数倍。

表4.2为芝加哥商品交易所外汇期货合约规格。

表 4.2　　　　　　　芝加哥商品交易所外汇期货合约规格

产品	合约单位	清算	最小变动价位	合约月份
澳元/美元	100 000 澳元	实物交割	0.0001 美元/澳元 (10.00 美元/合约)	3月、6月、 9月、12月
加元/美元	100 000 加元	实物交割	0.0001 美元/加元 (10.00 美元/合约)	
瑞郎/美元	125 000 瑞郎	实物交割	0.0001 美元/瑞郎 (12.50 美元/合约)	
欧元/美元	125 000 欧元	实物交割	0.0001 美元/欧元 (12.50 美元/合约)	
英镑/美元	62 500 英镑	实物交割	0.0001 美元/英镑 (6.25 美元/合约)	
日元/美元	12 500 000 日元	实物交割	0.000001 美元/日元 (12.50 美元/合约)	

资料来源：http://www.cmegroup.com/trading/fx/.

延伸阅读

CME 集团宣布推出新的人民币外汇期货合约

2011 年 7 月 11 日，全球最大的受监管外汇市场芝加哥商业交易所集团 CME 宣布推出全新的人民币计价外汇期货合约。

由于人民币还不能自由兑换，投资者目前通过衍生工具等手段进行交易。国际结算银行 2010 年进行的一项调查显示，在亚洲进行的人民币交易中，有三分之二左右的交易是通过远期合约以及掉期交易等方式私下进行的。

为了满足全球客户对人民币计价产品的越来越大的需求，这些创新性的期货合约将按银行间（欧洲）条款报价，体现 1 美元兑换人民币的数量。这些期货产品遵守场外市场无本金交割远期合约的规范，同时可降低交易所衍生品交易的对手风险。这些将在 CME 挂牌上市并受其规则与规章条例制约的新货币产品将于 2011 年 10 月 17 日在 CME 国际货币市场（IMM）开始挂牌交易。

CME 集团外汇产品董事总经理罗杰·卢瑟福（Roger Rutherford）指出："鉴于人民币在朝着可自由兑换的方向发展，而且人民币在香港的离岸交易量也越来越大，CME 集团开发了这些创新化的新人民币期货合约。此次所推出的新人民币合约产品与成熟市场和新兴市场均密切相关，这些新的人民币期货产品为希望控制人民币货币风险的客户提供了益处。"

为了服务机构和零售市场，CME 集团将推出完整的美元/人民币合约及一个 E-micro（小型电子）版本。这些新合约将成为 CME 集团于 2006 年 6 月推出的现有人民币/美元期货合约的一部分，在 CME Globex 进行交易，也可通过 CME ClearPort 用于大宗交易和期货转现货。

（二）利率期货

利率期货是一种在期货市场上通过标准化利率期货合约的买卖来规避利率风险的金融工具。而利率期货合约则是指在有组织的交易所内，买卖双方通过公开竞价而达成的在未来某一日期按成交价格交收标准数量特定金融凭证的标准合约。

利率期货的产生是缘于规避利率风险的需要。在金融市场上，借款人向贷款人开具的载明借款金额、利率水平和还款日期的单据是一种金融凭证，这种金融凭证是一种生息资产，可以在市场上买卖。既然可以买卖，就必然有价格，其价格取决于多种因素，但基本因素是市场利率。当市场利率高于凭证上标明的利率时，凭证的价格就会下跌；反之，其价格则会上涨。因此，当市场利率波动较大时，就给凭证的买卖双方带来了风险，这就是利率风险。利率风险的存在，使买卖双方都有可能遭受损失。因此，金融市场上的借贷双方、金融凭证的买卖双方都迫切需要一种工具来减少甚至避免这种利率风险。

利率期货的价格与现货价格呈同方向变动，与市场利率呈反方向变动。利率越高，利率期货的价格越低，反之亦然。由于利率期货以某种利率产品为标的，因此，影响利率产品的因素，如利率，对利率期货的价格也会产生相同方向的影响。所不同的是，利率期货的价格反映的是其标的物未来的远期价格。正是由于利率期货的这个特性，使得利率期货成为被投资者广泛使用的规避利率风险工具。

利率期货产生于 1975 年 10 月，是为适应人们管理利率风险的需要而产生的，虽然比外汇期货晚了 3 年，但其发展速度与应用范围都远较外汇期货来得迅速和广泛。在美国期货市场上交易的利率期货主要有短期国库券期货、3 个月期欧洲美元期货和美国政府长期国债期货。此外，在其他国家和地区较为流行的利率期货还有 90 天英镑定期存款期货、英镑长期国债期货、日元长期国债期货以及 3 个月港元利率期货。

利率期货合约由交易所设计推出，投资者必须按照标准合约进行交易。因此，利率期货合约的设计是否科学合理，决定了投资者的期货交易能否顺利进行，交易所的经营管理能否成功。经过几十年的实践，美国的利率期货合约具有一定的示范价值。这里介绍美国的两种主要利率期货合约。

美国 90 天短期国库券期货合约，其标的物为美国 90 天短期国库券，每份合约面值为 100 万美元，交割日通常在交割月（3 月、6 月、9 月、12 月）的第三周，国库券以贴现方式发行，其收益率是国库券的面值与市场价格之差。短期国库券期货按照"国际货币市场指数"报价，用短期国库券的收益率与 100 的差额表示，最小变动价位是 25 美元，每日价格变动不能超过前一个交易日最高价的 50 点（即 1 250 美元），或不能超过最低价的 100 点（即 2 500 美元）。

美国长期国库券期货合约，每份基本交易单位为面值 10 万美元，收益率为 8%，交割月为 3 月、6 月、9 月和 12 月，交割日为交割月的任何工作日，以 100 美元的面值报价，每日价格最大波动幅度限制为上一交易日收盘价格的 24/32 个百分点，初始保证金为 3 000 美元。

（三）股票指数期货

股票指数期货是指为转移和利用股票价格大幅波动所引发的风险或机会而以股票市场的价格指数为标的物的标准化期货合约，简称股指期货。股市上多种股票的价格常常会涨跌互异，选择一个市场上所有的或部分有代表性的股票，运用加权平均或算术平均法计算出某一时间这些股票的市价，然后与基准期的市价相比较，得到的数字即为股价指数，股价指数反映一个市场的总体走势。比较常见的股价指数包括美国道琼斯股价指数和标准普尔股价指数、英国的金融时报指数、日本的日经指数、香港的恒生指数等。始于 1884 年的美国道琼斯股价指数历史最为悠久。

股价指数的跌宕起伏，使股市参与者面临巨大的风险，为规避风险，股指期货交易应运而生。股指期货以股价指数这种没有实物形式的金融工具为交易对象，交易双方通过交易所竞价确定成交价格，合约的金额为股价指数乘以统一的约定乘数，到期时以现金交割。

与其他期货合约相比，股指期货合约有如下特点：

1. 股指期货合约是以股票指数为基础的金融期货。长期以来，市场上没有出现单种股票的期货交易，这是因为单种股票不能满足期货交易上市的条件。而且，利用它也难以回避股市波动的系统性风险。而股价指数由于是众多股票价格平均水平的转化形式，在很大程度上可以作为代表股票资产的相对指标。股价指数上升或下降表示股票资本增多或减少，这样，股价指数就具备了成为金融期货的条件。利用股指期货合约交易可以消除股市波动所带来的系统性风险。

2. 股指期货合约所代表的指数必须是具有代表性的权威性指数。目前，由期货交易所开发成功的所有股票指数期货合约都是以权威的股价指数为基础。如芝加哥商业交易所的 S&P500 指数期货合约就是以标准普尔公司公布的 500 种股票指数为基础。沪深 300 股指期货是以沪深 300 指数作为标的物,由上海和深圳证券市场中选取 300 只 A 股作为样本,选择标准为规模大,流动性好的股票。样本覆盖了沪深市场六成左右的市值,具有良好的市场代表性。

权威性股价指数的基本特点就是具有客观反映股票市场行情的总体代表性和影响的广泛性。这一点保证了期货市场具有较强的流动性和广泛的参与性,是股指期货成功的先决条件。

3. 股指期货合约的价格是以股价指数的"点"来表示的。世界上所有的股价指数都是以点数表示的,而股价指数的点数也是该指数的期货合约的价格。例如,S&P500 指数 6 月份为 260 点,这 260 点也是 6 月份的股价指数合约的价格。以指数点乘以一个确定的金额数值就是合约的金额。在美国,绝大多数的股指期货合约的金额是用指数乘以 500 美元,例如,在 S&P500 指数 260 点时,S&P500 指数期货合约代表的金额为 260×500 = 13 000(美元)。指数每涨跌一点,该指数期货交易者就会有 500 美元的盈亏。沪深 300 股指期货合约乘数为每点 300 元,假设指数期货价格为 2 500 元,则合约价值为 2 500×300 = 750 000(元)。

4. 股指期货合约是现金交割的期货合约。股票指数期货合约之所以采用现金交割,主要有两个方面的原因:第一,股价指数是一种特殊的股票资产,其变化非常频繁,而且是众多股票价格的平均值的相对指标,如果采用实物交割,势必涉及繁琐的计算和实物交接等极为麻烦的手续;第二,股指期货合约的交易者并不愿意交收该股指所代表的实际股票,他们的目的在于保值和投机,而采用现金交割和最终结算,既简单快捷,又节省费用。

四、金融期货交易

(一)期货合约

期货合约是买卖双方通过期货交易所和经纪人签订的书面合约,一个期货合约通常包括如下要素。

1. 标的产品

金融期货按照交易种类的不同可分为国库券、欧洲美元、英镑等货币或各国股价指数或利率等。

2. 成交价格

期货交易所对交易过程中价格变动方式的三方面作了明确规定。

(1)报价单位。不同交易所上市品种的特点各异,各自规定的报价单位也不相同。

(2) 最小变动价位。这是指某一合约交易中所允许的最小价格变动值,也称最小价格波动。每次报价时,加减的额度必须是最小变动价位的整数倍。如表4.3 所示,沪深 300 股指期货合约的最小变动价位为 0.2 点。最小变动价位在股票指数期货合约中常以指数点表示,指数点乘以规定的金额,即为每张合约的最小变动价值。

(3) 每日价格变动限制。它是由交易所逐日为每种期货合约规定的最大价格变动幅度,目的是防止由于价格过分波动对期货市场造成冲击。每日交易停板额是通过在某一合约的前一交易日结算价格的基础上增加或减少一定金额计算得出的。沪深 300 股指期货合约的每日价格最大波动限制为上一个交易日结算价的 ±10%。

3. 合约月份

指合约到期的月份,一般根据交易对象的特点而定。

4. 最后交易日

指期货合约到期月份中进行交易的最后一天。如沪深 300 股指期货的最后交易日为合约到期月份的第三个周五。

表 4.3　　　　　　　　　沪深 300 股指期货合约表

合约标的	沪深 300 指数
合约乘数	每点 300 元
报价单位	指数点
最小变动价位	0.2 点
合约月份	当月、下月及随后两个季月
交易时间	上午:9:15~11:30,下午:13:00~15:15
最后交易日交易时间	上午:9:15~11:30,下午:13:00~15:00
每日价格最大波动限制	上一个交易日结算价的 ±10%
最低交易保证金	合约价值的 12%
最后交易日	合约到期月份的第三个周五,遇国家法定假日顺延
交割日期	同最后交易日
交割方式	现金交割
交易代码	IF
上市交易所	中国金融期货交易所

（二）期货交易制度

为保证期货交易的顺利进行，期货交易所规定了一系列的规章制度，其中比较重要的制度包括：

1. "对冲"制度

期货交易的特点之一就是不一定需要进行实物交易，买卖双方在合约到期前都可以通过一个相反的交易来结束自己的义务，这就是"对冲"制度。实行"对冲"制度后，期货合约签约双方都可以有两种选择：一种是保持合约到规定的交割日期，然后按照合约规定的条件进行交割；另一种选择是在到期前随时实行相反的交易，达到"对冲"或"平仓"的目的。

2. 保证金制度

在期货交易所签约期货合约买卖双方必须交纳保证金。保证金通过经纪人交纳给交易所的清算所，因此，保证金既是一种履约的信用担保，又是清算所实行每日结算制度的基础。保证金包括初始保证金与追加保证金。初始保证金是交易者在交易时按规定比例存入其保证金账户的那部分资金。追加保证金是交易者在持仓期间因价格变动发生亏损，使其保证金账户的余额减少到规定的维持保证金以下时所必须补交的保证金。在这里维持保证金是指交易所规定的交易者在其保证金账户中所必须保有的最低余额的保证金。

3. 每日结算制度

期货合约签订后，在到期前或通过对冲制度结束交易义务前，交易所的清算所将根据每日的结算价格计算出每一交易者未平仓部位的盈亏余额，并增减其保证金账户的余额。若有盈利，使保证金的余额超过规定的初始保证金，交易者可以提走此盈余部分；若有亏损，保证金的余额减少到规定的维持保证金以下，则交易者就必须按要求补交追加保证金使之回到初始保证金水平。否则，交易所或清算所将强行处置其未平仓部位。期货交易中的每日结算制度使买卖双方每日的盈余或亏损及时得到清算，避免了风险的累积。

4. 每日价格变动限制

为了防止期货价格发生过分剧烈的波动，各交易所对每种期货每天价格的变动幅度进行了限制。这样，可以保证交易者不会受到太大的资本损失，也可避免违约风险。

（三）期货市场的组织结构

一般来说，期货市场由四个部分构成。

1. 期货交易所

期货交易所是一非营利的会员制组织。只有交易所会员才能直接进场从事交易。交易所日常开支费用来自会员，主要有交易所会费、合约交易费等。

交易所最高权力机构为会员大会。董事会或理事会是常设决策机构，由交易所会员大会选举产生，负责日常事务的决策与监督，并服从官方监督。

2. 清算所

每个交易所都指定一个清算所负责期货合约的交易与登记工作。清算所既可以是一个独立的组织，也可以隶属于交易所。清算所是一盈利性机构，交易所会员要想成为清算所成员必须单独申请，每笔期货合约交易的登记与清算需要另外付费。非清算所会员的交易所会员必须与清算所会员有账户关系，通过清算所会员清算并交纳一定的佣金。

一旦期货合约交易在清算所登记，市场参与者就不必考虑信用管理问题。清算所是多头合约的卖方，同时也是空头合约的买方。

3. 经纪人

期货经纪人是一个代表金融、商业机构或一般公众进行期货交易的个人或公司。期货经纪人的基本职能是受那些不具有交易所会员资格的客户委托，代替他们在交易所从事期货交易，并从客户那里收取佣金以作为其收入。

4. 交易者

期货市场的交易者按其交易目的不同大致可分为两类：一是套期保值者，二是投机者。套期保值者通过期货交易来规避风险，而投机者则是根据其对期货价格的预测，通过低价买入，高价卖出获取利润的交易者。

（四）金融期货交易的程序

这里所说金融期货交易的程序，是指从期货交易者拟进入期货市场开始，到完成期货交易结算为止的整个过程，它主要包括以下几个环节：

1. 选择期货经纪公司

由于非期货交易所会员进行期货交易必须通过交易所会员才能实现，所以选择期货经纪公司便成为期货交易者的首要之事。在选择经纪公司时需要注意：投资者应尽可能选择那些具有交易所会员资格的经纪公司，委托这样的经纪公司进行交易，可以减少交易环节，缩短交易流程，降低交易成本，提高交易速度和效率。

在选择了期货经纪公司后，投资者还要选定具体的经纪人代理其交易。我们通常提到的经纪人有两类：一类是在各交易所内具体执行每一指令的场内经纪人，他们通常受雇于会员公司，代表该公司在场内买卖；另一类是在场外代理客户进行期货交易的经纪人或称客户执行员，他们受雇于期货经纪公司，代表公司与客户保持经常的业务联系。投资者进行期货买卖，需要选择的正是这类经纪人。谨慎地选择适当的经纪人是十分重要的，投资者应当尽量全面地了解经纪人的情况，一个优秀的经纪人应当熟悉期货交易的有关法规、章程，具有丰富的期货交易知识和代理期货交易业务的实践经验，并有认真负责的工作态度，能及时向客户通报期货交易和价格变动情况，协助客户做出适当的投资决策。

2. 申请开户

在正式办理期货交易手续前，投资者应向其选择的经纪人了解以下情况：一是上市品种。各交易所经营的期货品种是有差异的。只有在交易所上市的商品范围内，经纪公司才能为客户代理其期货交易。二是交易单位。期货交易买卖的是标准化的期货合约，每份合约的数量都是既定的，每次买卖的量只能是每份合约规定数量的整数倍。三是报价单位。报价单位是交易所公布的每种商品单位价格的变动额。如纽约商品交易所黄金报价单位是每盎司 0.1 美元。四是交易时间。期货交易时间各交易所均有明确的规定。五是停板额。六是市场的其他情况。

客户在充分了解市场后，就可通过经纪人向期货经纪公司申请开户。与期货经纪公司签订《期货买卖委托协议书》，与经纪人签订《代理买卖委托书》。开户后，客户的资金就可以进入期货经纪公司，只要客户按要求交足了保证金，便可以下达具体交易指令来从事期货合约的买卖了。

3. 下达交易指令

期货交易指令有很多种类，不管是哪一种指令，都包括客户的姓名、客户在经纪公司的账号、交易商品的名称及代号、是买入还是卖出、合约数量、经纪人和客户的签字等。按价格指示的方式不同，期货交易指令主要有：一是市价指令，指客户通知经纪人立即以指令送达交易所时所能得到的最优价格购进或卖出。市价指令虽便于快速执行，但是隐含较大的风险。二是限价指令，指期货市场价格到达某一限定价位时才执行的指令。限价指令交易要求明确，但能否执行取决于价格波动情况，无法实现交易的可能性较大。三是止损指令，即客户要求在价格跌（或涨）至预定限度内即以市价卖出或买入的指令。它的运用可以使客户在价格走势判断失误或市场出现逆转时，保护既得利益或限制亏损的额度，所以客户经常使用此类指令。四是停止损失限价指令，指客户要求在价格跌（或涨）至预定限度后才以限定价格卖出或买入的指令。它不仅考虑了价格逆转的可能性，还考虑了再反弹或回档的可能性。五是阶梯价格指令，指按指定的价格间隔，逐步购买或出售指定数量期货的指令。它可以防止因判断失误仓促行事而蒙受损失。

4. 成交

客户发出的指令通过经纪人传至经纪公司,再由经纪公司最终传至场内经纪人。期货交易成交价格的确定是场内经纪人竞价交易的结果。场内经纪人通过自由叫价制或集体竞价制,按照价格优先、时间优先的原则最终确定是否成交。

5. 结算、确认

期货交易制度规定,每一笔交易期货合约的买卖,都要经过结算所核定、结算、注册后,才能得到最终的确认。

第三节 金融期权

一、金融期权概述

(一)金融期权的含义

期权又称选择权,是一种能在未来某特定时间以特定价格买入或卖出某种特定商品的权利。金融期权是交易双方按约定的价格,在约定的期间内,就是否购买或出售某种金融商品,预先达成的合约。

金融期权交易具有如下性质:

首先,金融期权交易的对象是一种权利,一种关于在特定时间以特定价格买进或卖出某种特定金融商品的权利,而不是商品本身。

其次,这种权利是可以选择的,即可以执行、转让或放弃。

最后,这个权利是单方面的,期权的买方在支付了权利金后获得选择权。他有权在规定的时间内,根据市场行情决定是否执行合约。行市有利,则执行期权;行市不利,则放弃期权。期权卖方获得权利金,负有执行合约的义务(除非期权买方自动放弃);另外,这种权利具有时效性,只能在合约规定的有效期内行使,一旦超过有效期,便被视为自动放弃而失效。

(二)金融期权的要素

1. 金融期权的买方和卖方

金融期权的买方又称期权合约的持有者,通过支付一笔期权费,获得在一定时间以双方协定的价格买卖一定数量的指定金融商品的权利。金融期权的买方在期权合约规定的有效期内,可以行使这一权利,即执行买卖某种特定金融商品的权利,也可以放弃这一权利。无论他是否行使这一权利,他所支付的期权费都不会被退还。金融期权的卖方或称期权合约的签署者,通过出售期权合约(出售权利)获得买方所支付的期权费,只要金融期权的买方决定行使权利,他就应履行合约规定的买卖金融商品的义务。

2. 期权合约

期权合约就是进行金融期权交易的合约单。它与期货合约在很多方面都是相似的,从合约的内容来看,主要的条款包括对标的物的描述、交割方式、履约价格以及权利期间的长短。

3. 金融期权标的物

金融期权标的物一般包括股票、股价指数、外币、利率相关证券以及期货。不管标的物为哪种,其品质、数量、交割方式必须能明确的定义出来,以利契约的标准化与交易的进行。以股票为例,期权合约中规定的通常都是比较活跃的股票,每份合约协定股票的数量因地而异,在美国是 100 股,在澳大利亚是 1 000 股。

4. 履约价格

履约价格,也称协议价格,敲定价格,是由期权交易双方在买卖期权时所议定的某项实际金融商品执行时的买卖价格。履约价格一经确定,则不管标的物(某项实际金融商品)价格如何变动,履约价格就是执行期权的价格,期权合约的购买者都可以按这个价格买进或卖出金融商品。

5. 权利期间

权利期间即合约有效时间,从期权合约签订生效到期权合约到期这一段时间。权利期间一般不超过 9 个月,以 3 个月和 6 个月最常见。在权利期间,期权合约规定的买卖期限有两种:一种是美国式,另一种是欧洲式。前者是期权可以在订约后至到期日的这一段时间中的任何时候行使,后者是期权只能在到期日行使。

6. 期权价格

期权价格是金融期权的买方购买期权合约所赋予的权利时所支付给金融期权卖方的代价,又称期权费。期权费的重要意义在于将期权买方可能遭受的最大损失控制在期权费的范围之内。

二、金融期权与金融期货的区别

金融期货和金融期权买卖的都是远期交货的标准化合约,都要通过公开竞价进行交易，这是两者的共性。但金融期货和金融期权也存在明显的区别，主要体现在以下几个方面。

1. 标的物不同

金融期货交易的标的物是金融商品或期货合约，而金融期权交易的标的物则是一种金融商品或期货合约选择权的买卖权利。

2. 交易双方的权利和义务不同

期货交易的双方权利和义务都是对等的，双方都有履约的义务和要求对方履约的权利。期权交易的双方权利和义务是不对等的，期权的买方因支付了期权费而获得选择权，没有义务，期权卖方获得期权费，承担履约的责任，没有选择的权利。

3. 履约保证不同

金融期货合约的买卖双方都要交纳一定数额的履约保证金；而在期权交易中，买方不需交纳履约保证金，只要求卖方交纳履约保证金，以表明他具有相应的履行期权合约的财力。

4. 交割方式不同

在金融期货交易中，交易双方最后都要进行结算，或以对冲结算，或以实物交收，或以现金结算。期权交易的选择执行权在买方，买方可根据有利无利来决定执行或放弃，因此，期权不一定要进行结算。

5. 盈亏的特点不同

金融期权买方的收益随市场价格的变化而波动，是不固定的，其亏损则只限于购买期权的保险费；卖方的收益只是出售期权的保险费，其亏损则是不固定的。金融期货的交易双方则都面临着无限的盈利和无止境的亏损。

三、金融期权的种类

（一）根据金融期权交易买进卖出的性质分类

1. 看涨期权

看涨期权又称买入期权，它赋予金融期权的买方在未来某一时期按履约价格买进某种金融商品的权利。通常情况下，只有金融商品的价格上升，或者人们预期其价格将要上涨，而且上涨的幅度比较大，以至于补偿购买看涨期权的期权费后还有盈余时，人们才乐意购买看涨期权。当价格如购买者所预期而上涨时，金融期权购买方就可以行使期权而获利。当价格与金融期权买方的预期不符时，金融期权的买方此时有两种选择：一是让其到期自动作废，损失全部期权费；二是将看涨期权合约削价出售，这时候的购买者是那些对行情仍抱有希望者。这种期权因为是在涨价时购买者才能获利，所以叫做看涨期权。

2. 看跌期权

看跌期权又称卖出期权，它赋予金融期权的买方在未来某一时期按履约价格卖出某种金融商品的权利。一般来说，金融商品的价格下跌，或者人们预期其价格将要下跌时，人们才有兴趣购买看跌期权。这种期权的买方对市场行情看跌，只有在市场行情下跌时才有可能获利，所以叫做看跌期权。

（二）根据金融期权合约的标的物不同分类

1. 股票期权

股票期权是指金融期权交易的买方和卖方经过协商之后以支付一笔约定的期权费为代价，取得一种在一定期限内按协定价格购买或出售一定数额股票的权利，超过期限买卖双方的合约义务自动解除。

2. 外汇期权

外汇期权又称外币期权，其持有者即金融期权的买方享有在契约到期或之前以协定价格购买或销售一定数额某种外汇资产的权利。

3. 利率期权

利率期权赋予购买者在期权有效期间以确定的利率购买或销售有息金融商品的权利。

4. 期货期权

期货期权是指期货合约的选择权。期货期权的购买者在支付一定数额的期权费之后，即拥有在规定时间内购买或售出一定数量的相关商品期货合约的权利。

5. 股指期权

股指期权就是指以股价指数为期权合约标的物的一种选择权。

以上5种期权是同一原理在不同金融工具交易中的运用结果。它们分别对股票、外汇、利率、期货、股价指数的价格进行预期，并规定一个履约价格，届时将市场现行价格与履约价格相比较，选择对金融期权购买方自己有利的价格。

（三）按行使权利的时间不同分类

按行使权利的时间不同，可分为欧式期权和美式期权。

欧式期权规定金融期权的购买者只能在期权合约到期日才能选择行使期权。美式期权则允许金融期权的购买者在期权合约有效期内任何一个交易日选择行使其权利。美式期权购买者可以选择一个最有利的时机行使其权利,而欧式期权购买者情况就不同了,在期权有效期内即使出现一个很有利的价格水平,欧式期权的购买者也不能提前行使其权利,而必须等到合约到期日,可是等到那一天来临时,有利的价格水平可能变得不那么有利,甚至消失,或者变得不利,可见,美式期权比欧式期权具有更大灵活性。

(四) 按交易场地的不同分类

按交易场地的不同,可分为交易所交易期权和柜台式(场外)期权。

交易所交易期权是一种标准化的期权,在交易所大厅中以正规的方式进行交易。柜台式期权是金融期权的出售者为满足某一购买者特定的需求而产生,它并不在交易所大厅中交易。

四、金融期权的定价

期权价格是标准化合约中唯一待定的变量,由买卖双方经纪人在场内通过公开竞价的方式达成。期权价格也是场外交易市场中交易双方讨价还价的焦点所在。

(一) 期权价格的构成

期权价格即期权费,它是由两个部分构成:一是内在价值,二是时间价值。

1. 内在价值

所谓内在价值是指期权本身具有的价值,即期权的履约价格与该金融商品的现货价格的差额。根据履约价格与现货价格的关系,期权可分为实值期权(内在价值为正),虚值期权(内在价值为负),平价期权(内在价值为零)。从理论上说,期权内在价值可正可负。但从实际来看无论是看涨期权还是看跌期权,也无论期权标的物的市价如何,期权的内在价值必然大于零或等于零。因为对于任何期权合约的购买者而言,他支付期权费后,获得执行期权或放弃期权的选择权。如果期权内在价值为正,期权购买者执行期权,如果期权无内在价值(内在价值为负或为零),购买者则放弃期权。

2. 时间价值

在现实的期权交易中,各种期权通常是以高于内在价值的价格买卖的。之所以如此,是因为期权价格除了决定于内在价值外,还决定于时间价值。所谓时间价值是指期权合约的购买者为购买期权而支付的期权费超过期权内在价值的部分。期权购买者之所以愿意支付时间价值，是因为他预期随着时间的推移和市价的变动，期权的内在价值会增加。

当期权合约的履约价格等于标的物的现货价格时，期权合约的时间价值最大。随着两者差距的增大，期权合约的时间价值不断地下降。当期权合约到期时，期权合约的时间价值为零，期权价格等于内在价值。

综上所述，期权价格等于期权内在价值与时间价值之和。内在价值决定于履约价格与现货价格的关系，而时间价值决定于投资者在合约到期前对市价变动的预期。

（二）影响金融期权价格的因素

期权价格既然由内在价值与时间价值共同构成，因此，凡是影响内在价值和时间价值的因素也就是影响期权价格的因素，其中最重要的有以下几点：

1. 距离到期日时间的长短

一般来说，距离到期日时间越长，应支付的期权费就越多，反之就越少。这主要是因为，距离到期日时间越长，买方行使权利的机会也相应增多，其潜在的盈利性加大，卖方的风险亦随之增加。所以有必要收取更多的期权费，使卖方的收益与可能承受的风险相匹配，这里所体现的实际上正是期权的时间价值。

2. 履约价格的高低

履约价格由交易所规定，各国的情况差异很大。在美国，同一期货商品至少有五种不同履约价格期权合约在市场上买卖，每种价格分别低于、等于或高于该种商品期货合约的时价。但在有些国家，如澳大利亚的悉尼期货交易所，其期权交易价格就是期货市场上的现行市价，并没有什么履约价格。根据履约价格和市场价格的关系，期权有有利价、平价、无利价三种状态。一般情况下，期权因履约价格的不同由有利价向无利价波动时，其期权价格随之降低。换句话说，看涨期权的期权价格随履约价格的降低而增加，而看跌期权的期权价格则随履约价格的提高而增加。

3. 标的物市场价格的未来走势

当期权因市场价格的变化由有利价滑向无利价时，期权价格同样会由高变低，也就是说，如果市场上价格呈升势，且升势越明显，可能出现的升幅越大，则看涨期权的期权价格越高。反之，如果市场上价格呈跌势，且跌势越明显，可能出现的降幅越大，则看跌期权的期权价格越高。

五、金融期权基本交易策略

金融期权的基本交易策略主要有四个：买入看涨期权、卖出看涨期权、买入看跌期权和卖出看跌期权。

（一）买入看涨期权

买入看涨期权是指购买者支付期权费，获得以特定价格向期权出售者买入一定数量的某种金融商品的权利。当投资者预期金融商品的市场价格上涨时，他可以支付一定的期权费买入看涨期权。如果市场价格朝其预期方向变动，其获得的收益会随着市场价格的上涨而增加，从理论上说，市场价格的上涨幅度无限，因此其收益也是无限的。如果购买者预期错误，市场价格朝其预期相反方向变动，投资者可以放弃该权利，最大损失为期权费；当市场价格等于履约价格加上期权费时，投资者不盈不亏，此即为盈亏平衡点。

（二）卖出看涨期权

卖出看涨期权是指卖出者获得期权费，若买入看涨期权者执行合约，卖出者必须以特定价格向期权的买入方卖出一定数量的某种特定金融商品。看涨期权卖出方往往预期市场价格将下跌。当市场价格向其预期方向变动时，买入看涨期权者放弃买入权，卖出看涨期权者最大收益为期权费；当市价不跌反涨时，其风险会随着市场价格的上涨而增加，从理论上说，风险是无限的；当市场价格等于履约价格加上期权费时，出售者不盈不亏，双方均达到盈亏平衡点。

【例 4.2】 假设 A 预期 N 公司的股票将上涨，而 B 则认为不会上涨。他们达成看涨期权合约，A 作为买方，B 作为卖方。期权的有效期 3 个月，协议价格（X）为 20 元/股，期权费（C）为 3 元/股，合约规定股票数量为 100 股。在未来 3 个月中，A、B 双方的盈亏分布如表 4.4 所示。

表 4.4 看涨期权盈亏分析

股价（S）范围/元	看涨期权买方的盈亏/元	看涨期权卖方的盈亏/元
$S \leq 20$	-300	300
$20 < S \leq 23$	$(S-20-3) \times 100$	$(20+3-S) \times 100$
$S > 23$	$(S-20-3) \times 100$	$(20+3-S) \times 100$

(1) N公司股票市价等于或小于20元/股,则买方的最大亏损为支付的期权费总额,即100股×3元/股=300元,卖方的盈利则为300元。

(2) N公司股价大于20元/股,却小于、等于23元/股(20+3=23),即协议价格加上期权费,买方将行使权利,其亏损介于0~300元之间,而卖方的盈利在0~300元间。

(3) N公司股价大于23元/股,则买方将行使权利,且将盈利,此时卖方将亏损。

该看涨期权买方和卖方的盈亏分析图如图4.1、图4.2所示。

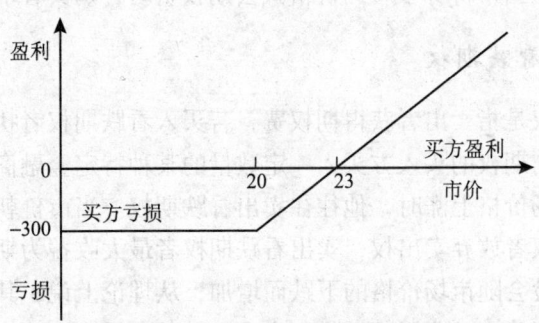

图4.1 看涨期权买方盈亏分析

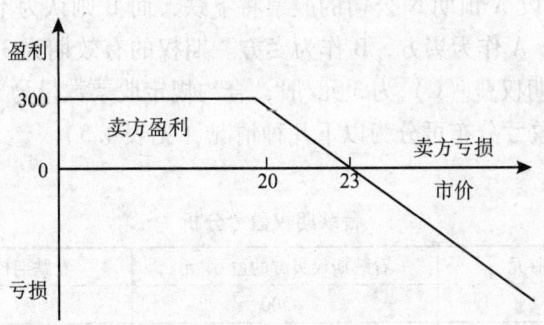

图4.2 看涨期权卖方盈亏分析

从上述分析可以看出,看涨期权买方的亏损是有限的,盈利在理论上却是无限的;看涨期权卖方的盈利是有限的,亏损在理论上却是无限的。如果不考虑时间因素,期权价值(即盈亏)取决于标的资产市价(S)与协议价格(X)的差距。对于看涨期权来说,为了表达标的资产市价与协议价格的关系,我们把S大于 X 时的看涨期权称为实值期权，把 S = X 时的看涨期权称为平值期权，把 S 小于 X 时的看涨期权称为虚值期权。

（三）买入看跌期权

买入看跌期权是指购买者支付期权费，获得以特定价格向期权出售者卖出一定数量的某种金融商品的权利。看跌期权买入者往往预期市场价格将下跌。当市价变动与其预期方向一致时，从理论上说，其最大收益为履约价格减去期权费（商品市价为零时）；当市价不降反升，买入看跌期权者放弃行使卖出权利，其最大损失为期权费；当市价等于履约价格减去期权费时，购买者不盈不亏。

（四）卖出看跌期权

卖出看跌期权是指卖出者获得期权费，若买入看跌期权者执行合约，卖出者必须以特定价格向期权的买入方买入一定数量的某种特定金融商品。当投资者预期金融商品的市场价格上涨时，他往往卖出看跌期权。当市价朝其预期方向上涨时，买入看跌期权者放弃卖出权，卖出看跌期权者最大收益为期权费；当市价不涨反跌时，其风险会随市场价格的下跌而增加，从理论上说，其最大风险为履约价格减去期权费（商品市价为零时）；当市场价格等于履约价格减去期权费时，双方均达到盈亏平衡。

【例 4.3】假设 A 预期 N 公司的股票将下跌，而 B 则认为不会下跌。他们达成看跌期权合约，A 作为买方，B 作为卖方。期权的有效期为 3 个月，协议价格（X）20 元/股，期权费（C）为 3 元/股，合约规定股票数量为 100 股。在未来 3 个月中，双方的盈亏分布可分为以下几种情况（见表 4.5）。

表 4.5　　　　　　　　　　　　看跌期权盈亏分析

股价（S）范围/元	看跌期权买方的盈亏/元	看跌期权卖方的盈亏/元
$S \geq 20$	-300	300
$17 \leq S < 20$	$(20 - 3 - S) \times 100$	$(S - 20 + 3) \times 100$
$S < 17$	$(20 - 3 - S) \times 100$	$(S - 20 + 3) \times 100$

（1）N 公司股票市价大于或等于 20 元/股，则买方的最大亏损为支付的期权费，即 100 股 × 3 元/股 = 300 元，卖方的盈利则为 300 元。

（2）N 公司股价小于 20 元/股，却大于、等于 17 元/股（20 - 3 = 17），即协议价格减期权费，买方将行使权利，其亏损介于 0 ~ 300 元之间，而卖方的盈利在 0~300 元之间。

（3）N 公司股价小于 17 元/股，则买方将行使权利，且将盈利，此时卖方将亏损。

该看跌期权买方和卖方的盈亏分布见图 4.3、图 4.4。

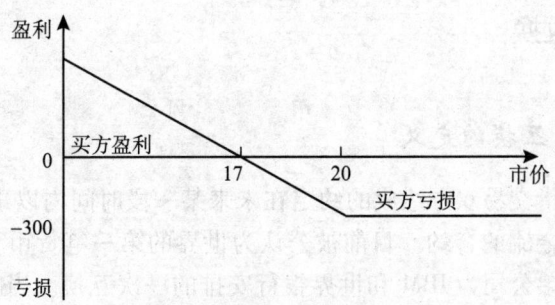

图 4.3　看跌期权买方盈亏分析

从上述分析可以看出，看跌期权买方的亏损是有限的，盈利在理论上是无限的；看跌期权卖方的盈利是有限的，亏损在理论上却是无限的。从理论上讲是标的资产现货价格跌到零，看跌期权买卖双方盈亏达到极限，本例是 (20-3-0)×100=1 700（元）。如果不考虑时间因素，期权价值（即盈亏）取决于标的资产市价（S）与协议价格（X）的差距。对于看跌期权来说，我们把 X 大于 S 时的看跌期权称为实值期权，把 X=S 时的看跌期权称为平价期权，X 小于 S 时的看跌期权称为虚值期权。

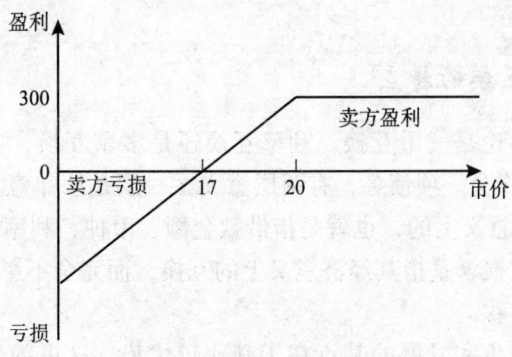

图 4.4　看跌期权卖方盈亏分析

第四节 金融互换和金融远期

一、金融互换

(一) 金融互换的定义

金融互换是指交易双方达成的约定在未来某一段时间内以事先规定的方法，交换一系列的现金流的合约。目前被公认为世界的第一笔货币互换是 1981 年 8 月美国所罗门兄弟公司为 IBM 和世界银行安排的一次互换。当时 IBM 公司绝大部分资产以美元构成，为避免汇率风险，希望其负债与其对称也为美元；另一方面，世界银行希望用瑞士法郎或德国马克这类货币进行利率管理。世界银行与 IBM 公司在不同市场上有比较优势，世行通过发行欧洲美元筹资，其成本要低于 IBM 公司筹措美元资金的成本；IBM 通过发行瑞士法郎债券筹资，其成本也低于世行筹措瑞士法郎资金的成本。于是通过所罗门兄弟公司的撮合，世行将其发行的 2.9 亿欧洲美元债券与 IBM 公司等值的德国马克、瑞士法郎债券进行交换，各自达到了降低筹资成本的目的。这次著名的货币互换成功后，由于双方享有很高的声誉，在各大金融市场上造成很大的影响，有力地推动了货币互换的发展。金融互换被越来越多的人所认识、接受、运用，取得了异常迅猛的发展，交易总量飞速增加，涉及的金融商品越来越多，互换种类不断增加。互换市场规模不断扩大。

(二) 金融互换的特点

1. 互换业务不论是货币互换、利率互换还是多重互换，主要是债务人之间"债务"的互换。作为一项债务，有两层意义，一层是法律意义上的债权债务关系，另一层是经济意义上的，也就是指借款金额、币种、利率、期限等。金融互换作为"债务"互换，是指其经济意义上的互换，而完全不影响债务人和他的债权人之间的法律关系。

2. 互换业务产生和发展的基点在于其比较优势。这里的比较优势是指交易方在自己所熟悉的领域拥有的信誉、信息等优势，利用这些优势他能以更有利的条件获取某种金融商品。互换业务的本质在于分配由比较优势而产生的全部经济利益。

3. 互换业务的主要动因在于：消除、减少或预防金融风险，增强金融资产的流动性，改善和重构企业的资产负债表结构，提高金融投资活动的收益率。

4. 通过互换交易，交易双方可以尽量利用各自的筹资优势，使筹资者可以间接地进入某些优惠市场，筹措到任何期限、币种、利率条件的资金。因此，互换交易市场也被称为最佳筹资市场。

5. 互换交易不增加交易者的债务总额，也不计入资产负债表，产生的收益也不需要另外增加税金支付。因此，互换业务还可以被用来避开外汇管制、利率管理和税收方面的某些管制。

（三）金融互换的种类

1. 货币互换

所谓货币互换，是指以一种货币表示的一定数量的资本及在此基础上产生的利息支付义务，与另一种货币表示的相应的资本额及在此基础上产生的利息支付义务进行相互交换。因此，货币互换的前提是要存在两个在期限与金额上利益相同而对货币种类需要则相反的交易伙伴，然后双方按照预定的汇率进行资本额互换，完成互换后，每年按照约定的利率和资本额进行利息支付互换，协议到期后，再按原约定汇率将原资本额换回。这样，通过货币互换，可以使得交易双方达到降低融资成本，解决各自资产负债管理需求与资本市场需求之间矛盾的目的。

货币互换是一项常用的债务保值工具，主要用来控制中长期汇率风险，把以一种外汇计价的债务或资产转换为以另一种外汇计价的债务或资产，达到规避汇率风险、降低成本的目的。早期的"平行贷款"、"背对背贷款"就具有类似的功能。但是无论是"平行贷款"还是"背对背贷款"仍然属于贷款行为，在资产负债表上将产生新的资产和负债。而货币互换作为一项资产负债表外业务，能够在不对资产负债表造成影响的情况下，达到同样的目的。

2. 利率互换

利率互换是根据交易双方的存在信用等级、筹资成本和负债结构的差异，利用各自在国际金融市场上的筹集资金的相对优势，将同一种货币的不同利率的债务进行对双方都有利的安排。

利率互换经常用来降低筹资成本。一般情况是，A方可以进行相对便宜的固定利率的筹资，但它需要的是浮动利率的资金；而B方可以进行相对便宜的浮动利率融资，但需要的却是固定利率资金。通过互换，双方都可以获得希望的融资形式，同时还可以从其相对的融资优势中获利。B 方负担了固定利息的支付义务，A 方则有义务按浮动利率付息。这一过程中，没有实际本金的交换，只有互换伙伴要对自己的债权人付利息时，才进行相互调换的利息清算。

利率互换产生于货币互换之后，二者的区别是：（1）在一个货币互换过程中，需要在不同币种之间进行交换，而在利率互换中，是同一种货币不同利率的互换。（2）货币互换中，双方一般要在期初按约定汇率交换两种不同货币的本金，然后按约定的日期进行利息和本金的互换；而在一般的利率互换中，不进行本金的互换，只交换利息支付义务。（3）货币互换常常需要较长的时间来实现，文件条款较多，操作相对复杂；利率互换市场上的交易能够迅速完成，文件简单，很多条款都是标准化的，操作较为简便。

（四）影响金融互换价格的因素

1. 影响利率互换价格的因素

利率互换的价格一方面反映了当前资金市场的利率水准和对未来利率的预期，另一方面又体现了互换的费用、风险、经纪人之间的竞争以及市场本身对固定利率的供求状况等因素。

（1）市场利率变化。由于互换利率是在市场利率的基础上加上对未来利率的预期决定的，因此市场利率变化对互换利率有决定性的影响，互换利率与市场利率走势成正比关系。

（2）长期国库券价格。互换利率的制定以国债收益率为参照。当中长期国债价格上升时，国债的收益率就会下降。所以互换利率与中长期国债价格成反比，与国债收益率成正比。

（3）市场对固定利率资金的供求状况。若市场对固定利率资金的需求增加，则互换利率上升，反之，互换利率下降。

（4）互换市场竞争的激烈程度。标准化程度较高的互换品种，由于参与者较多，竞争激烈，故价格偏低，标准化程度低，金额较小，或是为客户"量身定做"的特殊品种，中介人就会抬高价格。

2. 影响货币互换价格的因素

货币互换的价格反映了外汇市场即期汇率和远期汇率的变化。考虑到货币的时间价值，货币互换的价格最主要取决于远期汇率，包含两国经济周期、通货膨胀差异、国民收入水平、利率水平、政局变动、心理预期等。

二、金融远期

在金融市场上,根据交易合约的签订与实际交割之间的关系,将市场交易的组织形态划分为三类,即现货交易、远期交易和期货交易。远期交易与外汇期货交易在许多方面有着相同或相似之处,常常被误认为是期货交易。

金融远期是指交易双方达成的,在未来某一特定日期按照事先商定的价格,以事先确定的方式买卖某种金融商品的合约。金融远期可以说是最简单的一种衍生工具,同时金融远期还是其他衍生工具的基础。期货交易就是在远期交易基础上产生的,它是将远期交易加以标准化进行集中交易,由此形成了不同于远期交易的功能和经济作用。

金融远期主要有远期利率协议、远期外汇交易和远期股票交易等。

远期利率协议是一种利率的远期合约,是指交易双方对一定期限后将要支付的浮动利率规定一个协议利率,到期时根据当时的市场基准利率和协议利率之间的差额,由一方向另一方支付差额,这样所签订的协议称为远期利率协议。

远期外汇交易又称为期汇交易,指的是买卖外汇双方事先签订的,规定在将来某个约定的时间按规定的价格和成交额进行外汇实际交割的合约。

远期股票交易是指交易双方约定在将来某一特定日期按特定价格交付一定数量单个股票或一揽子股票的协议。其条款包括:(1)票面价值或作为该远期基础工具的股票数量;(2)计算日期;(3)结算价格。

(一) 远期外汇交易

在金融远期合约中,远期外汇交易是发展规模最大、最为成熟的种类。远期外汇交易的交割期限通常为1个月、2个月、3个月、5个月,有时也有长至1年,短至几天的。

人们进行远期外汇交易的具体目的是多方面的,但也不外乎是为了套期保值和投机。

通过套期保值使外币资产或负债避免遭受汇率变动的影响;进出口商和资金借贷者为避免商业或金融交易遭受汇率变动的风险而进行远期外汇交易,外汇银行为平衡期汇头寸而进行远期外汇交易。

投机则是根据对汇率变动的预期,有意持有外汇的多头或空头,利用汇率变动来从中赚取利润。例如,投机者预期欧元将在30天后升值,就买进30天期的欧元期汇,到期若欧元汇率上升,就按上升后的汇率卖出欧元现汇来交割欧元期汇,从而获得投机利润。

(二) 远期利率协议

远期利率协议最早在1983年由伦敦的银行提出,目前伦敦市场是远期利率协议的交易中心。在远期利率协议中,交易一方是为了避免利率上升的风险,另一方是为了防范利率下跌的风险。

远期利率协议通过固定将来实际交付的利率而避免了利率变动风险。合约到期后,不管利率如何变动,远期利率协议的双方总可将其将来所收付的资金的成本或收益固定在协议利率水平上,若参照利率上升,相当于协议购买方资金成本加大,但由于他可以从协议出售方得到参照利率和协议利率的差价,这样正好弥补加大了的资金成本。而协议出售方则固定了资金的收益。另外,远期利率协议给交易方提供了一种管理利率风险而无须改变资产负债结构的有效工具。由于远期利率协议的本金不用交付,利率是按差额结算,所以资金流动量也较小。与金融期权、金融期货相比,远期利率协议具有简便、灵活、不需支付保证金、无需在交易所交易等特点。这对于没有期货合约的货币来说,远期利率协议非常具有吸引力。

(三) 远期与期货的区别

期货合约和远期合约虽然都是在交易时约定在将来某一时间按约定的条件买卖一定数量的某种标的物的合约,但它们存在诸多区别,主要有:

第一,买卖双方关系和信用风险不同。金融期货交易双方分别与期货交易所的清算所签订合约,而实际的买卖双方无直接合同责任;远期交易双方直接签订合约,具有直接合同责任,具有较强的信用风险。

第二,标准化规定不同。金融期货交易是标准化的合约交易,交易品种、数量、交割日期、交割地点、保证金、交割程序都是标准化的,都有严格而详尽的规定;远期交易的交易品种、数量、交割日期、交割地点、保证金、交割程序则是由交易双方自行议定,没有固定的规格和标准。

第三,交易方式不同。金融期货交易一般是在交易所进行公开竞价交易,交易所必须能提供一个特定集中的场地。交易所也必须能规范客户的订单在公平合理的交易价格下完成。期货合约在交易厅内公开交易,交易所还必须保证让当时的买卖价格能及时并广泛传播出去,使得期货从交易的透明化中享受到交易的优点。而远期交易为场外交易,没有交易所,远期市场组织较为松散,也没有集中交易地点,交易方式也不是集中式的。

第四，实际交割不同。金融期货交易双方在合约到期前随时可实行相反的交易进行"对冲"或"平仓"来结束自己的责任，因此金融期货交易不一定发生实际交割；远期交易到期则必须进行实际交割。

第五节　其他金融衍生工具

一、权证

权证是基础证券发行人或其以外的第三人（下文简称"发行人"）发行的，约定持有人在规定期间内或特定到期日，有权按约定价格向发行人购买或出售标的证券，或以现金结算方式收取结算差价的有价证券。从产品属性看，权证是一种期权类金融衍生品。权证与交易所交易期权的主要区别在于：交易所挂牌交易的权证是交易所制定的标准化合约，具有同一基础资产、不同行权价格和行权时间的多个期权形成期权系列进行交易，而权证则是权证发行人发行的合约，发行人作为权利的授予者承担全部责任。

（一）权证分类

1. 按基础资产分类

根据权证行权的基础资产或标的资产，可将权证分为股权类权证、债权类权证以及其他权证。目前我国证券市场推出的权证均为股权类权证，其标的资产可以是单只股票或股票组合（如 ETF）。

2. 按基础资产的来源分类

根据权证行权所买卖的标的股票来源不同，权证分为认股权证和备兑权证。认股权证也称为股本权证，一般由基础证券的发行人发行，行权时上市公司增发新股售予认股权证的持有人行权会增加公司股本。备兑权证通常由投资银行发行，备兑权证所认兑的股票不是新发行的股票，而是已在市场上流通的股票，不会增加股份公司的股本。目前创新类证券公司创设的权证均为备兑权证。

3. 按持有人权利分类

按照持有人权利的性质不同，权证分为认购权证和认沽权证。前者实质上属看涨期权，其持有人有权按规定价格购买基础资产；后者属看跌期权，其持有人有权按规定价格卖出基础资产。

4. 按行权的时间分类

按照权证持有人行权的时间不同，可以将权证分为美式权证、欧式权证、百慕大式权证等类别。美式权证可以在权证失效日之前任何交易日行权，欧式权证仅可以在失效日当日行权，百慕大式权证则可在失效日之前一段规定时间内行权。

5. 按权证的内在价值分类

按权证的内在价值，可以将权证分为平价权证、价内权证和价外权证，其原理与期权相同。

（二）权证要素

权证的要素包括权证类别、标的、行权价格、存续时间、行权日期、行权结算方式、行权比例等要素。

1. 权证类别。即标明该权证属认购权证或认沽权证。
2. 标的。权证的标的物种类涵盖股票、债券、外币、指数、商品或其他金融工具，其中股票权证的标的可以是单一股票或是一揽子股票组合。
3. 行权价格。发行人发行权证时所约定的，权证持有人向发行人购买或出售标的证券的价格。若标的证券在发行后有除息、除权等事项，通常要对认股权证的认股价格进行调整。
4. 存续时间。权证的存续时间即权证的有效期，超过有效期，认股权自动失效。目前上海证券交易所、深圳证券交易所均规定，权证自上市之日起存续时间为6个月以上24个月以下。
5. 行权日期。权证持有人有权行使权利的日期。
6. 行权结算方式。分为证券给付结算方式和现金结算方式两种。前者指权证持有人行权时，发行人有义务按照行权价格向权证持有人出售或购买标的证券；后者指权证持有人行权时，发行人按照约定向权证持有人支付行权价格与标的证券结算价格之间的差额。
7. 行权比例。指单位权证可以购买或出售的标的证券数量。目前上海和深圳证券交易所规定，标的证券发生除权的，行权比例应作相应调整，除息则不作调整。

（三）权证发行、上市与交易

目前上海和深圳证券交易所均对权证的发行、上市和交易进行了具体规定。

1. 权证的发行

由标的证券发行人以外的第三人发行并上市的权证，发行人应按照下列规定之一，提供履约担保：

(1) 通过专用账户提供并维持足够数量的标的证券或现金，作为履约担保。

履约担保的标的证券数量＝权证上市数量×行权比例×担保系数

履约担保的现金金额＝权证上市数量×行权价格×行权比例×担保系数

担保系数由交易所发布并适时调整。

(2) 提供交易所认可的机构作为履约的不可撤销的连带责任保证人。

2. 权证的上市和交易

上海、深圳证券交易所对权证的上市资格标准不尽相同，但均对标的股票的流通股份市值、标的股票交易的活跃性、权证存量、权证持有人数量、权证存续期等做出要求。

目前权证交易实行 T+0 回转交易。

二、认股权证

(一) 认股权证的定义

认股权证全称股票认购授权证，它由上市公司发行，给予持有权证的投资者在未来某个时间或某一段时间以事先确认的价格购买一定量该公司股票的权利。认股权证实质上是一种股票的长期看涨期权。认股权证在多数情况下与债券或优先股共同发行，20世纪80年代以来才逐渐有与普通股共同发行的认股权证。

(二) 认股权证的要素

1. 认股数量

认股数量是指认股权证认购股份的数量，它可以用两种方式约定：一是确定每一单位认股权证可以认购多少公司发行普通股，二是确定每一单位认股权证可以认购多少金额的普通股。

2. 认股价格

认股权证在发行时，发行公司即要确定其认股价格。认股价格的确定，一般在认股权证发行时该公司普通股票价格的基础上，上浮10%~30%。如果出现公司股份增加或减少等情况，一般要对认股权证的认股价格进行调整。

3. 认股期限

认股期限是指认股权证的有效期。在有效期内，认股权证的持有人可以随时认购股份；超过有效期，认股权自动失效。认股期限的长短因不同国家、不同地区以及不同市场而差异很大,主要根据投资者和股票发行公司的要求而定。一般来说,认股期限多为 3~10 年。认股期限越长,其认股价格就越高。认股期限极短的认股权证与配股权证十分相似。

(三) 认股权证的发行

认股权证一般采用两种方式发行。最常用的方式是,在新发行优先股或公司债券时对优先股或公司债券的投资者发行认股权证,因投资者对认股权证无需支付认购款项,从而可增强公司优先股或债券对投资者的吸引力。以这种方式发行认股权证时,认股权证将随优先股份或债券凭证一同给予认购者,在无纸化交易制度下,认股权证将随优先股份或债券一并由中央登记结算公司划入投资者账户。

认股权证的另一种发行方式为单独发行。在这种方式下,认股权证的发行与优先股份或债券的发行没有内在的联系,而是发行公司对老股东的一种回报。其具体做法是按老股东的持股数量以一定比例发放。

(四) 认股权证的交易

认股权证的交易既可以在交易所内进行,也可以在场外交易市场上进行,其交易方式与股票类似,如认股权证的最低交易量为一手,有买入价和卖出价,交易双方要支付佣金、印花税、交易征费和特别征费,在交易后 24 小时内交割。

在新闻媒体上登载的认股权证成交表中,通常有一项是"行使价",它是指以认股权证换取普通股的成本价。

(五) 认股权证的价值

1. 内在价值

认股权证内在价值的计算公式为:

$$V = (P - E) \times N$$

式中,V 为认股权证的内在价值;P 为公司发行的每股普通股的市场价格;E 为认股权证的每股普通股的认购价格;N 为换股比例,即每张认股权证可购买的普通股票数。

由上式可以看出,影响认股权证价值的因素主要有:

(1) 普通股的市价。市价高于认购价格越多,认股权证的价值越大;市价波动幅度越大,市价高于认购价格的可能性越大,认股权证的价值就越大。

(2) 剩余有效期间。认股权证的剩余有效期间越长,市价高于认购价格的可能性越大，认股权证的价值就越大。

（3）换股比例。认股权证的换股比例越高，其价值越大；反之，则越小。

（4）认股价格。认股价格越低，认股权证的持有者为换股而付出的代价就越小，而普通股市价高于认股价格的机会就越大，因而认股权证的价值也就越大。

2. 投机价值

从认股权证内在价值的决定来看，如果普通股的市价高于或等于认股价格，则认股权证的内在价值就可能大于或等于零；当普通股的市价低于认股价格时，认股权证的理论价值小于零，但市场价格仍可能大于零，因为认股权证本身还有投机价值。这就是说，普通股的市价低于认股价格的现象只是暂时的，只要认股权证没有到期，普通股的价格就仍有超过认股价格的机会，其内在价值就会大于零。

另外，认股权证也有杠杆作用，即认股权证价值的变化幅度大于股价的涨跌幅度，这也是其投机价值的一种表现。

三、可转换证券

（一）可转换证券概述

1. 可转换证券的含义和分类

所谓可转换证券，是指其持有者可以在一定时期内按一定比例或价格将之转换成一定数量的另一种证券的证券。可转换证券通常是转换成普通股票，因此，实际上是一种长期的普通股票的看涨期权。

可转换证券主要分为两类：一类是可转换债券，即可将信用债券转换成本公司的普通股票；另一类是可转换优先股票，即可将优先股票转换成本公司的普通股票。

2. 发行可转换证券的原因与意义

（1）公司发行可转换证券的原因

当公司准备发行证券筹集资金时，可能由于市场条件不利，不适宜发行普通股票；也可能由于市场利率过高，发行一般信用债券必须支付较高利息而加重公司的利息负担；也可能由于公司正面临财务或经营上的困难，投资者对其发行的普通股票和一般信用债券缺乏信心。此时，公司为降低发行成本，及时募集所需资金，可发行可转换证券。由于可转换证券给予了投资者一定的转换权利，从而可增强对投资者的吸引力，同时，因其利率或优先股股息率一般略低于同类信用债券，因而可节省发行成本。

另外，很多国家的法令禁止商业银行和其他金融机构投资普通股票，而可转换证券属于债券或优先股，特别是可转换债券，不在禁止范围内。发行公司为吸引这些大机构投资者，也为了满足他们进行资产组合和享受普通股票增值收益的需要，发行可转换证券。

（2）发行可转换证券的意义

对公司而言，可转换证券不仅以它较低的利率或优先股股息率为公司提供财务杠杆作用，而且今后一旦转换成普通股票，既能使公司将原来筹集的期限有限的资金转化成长期稳定的股本，又可节省一笔可观的股票发行费用。

对投资者来说，可转换证券的吸引力在于，当普通股票市场疲软或发行公司财务状况不佳、股价低迷时，可以得到稳定的债券利息收入并有本金安全的法律保障，或是得到固定的优先股股息；当股票市场趋于好转或公司经营状况有所改观、股价上扬时，又可享受普通股股东的丰厚股息和资本利得。所以，当投资者对公司普通股票的升值抱有希望时，愿意以接受略低的利率或优先股股息率为代价而购买可转换证券。

（二）可转换证券的特点

1. 可以转换成普通股票

可转换证券的最主要特征是可以在一定条件下转换为普通股票，其转换条件一般在证券发行时就作了规定。该转换条件既可以用转换比例表示，也可以用转换价格表示。

2. 有事先规定的转换期限

可转换证券在发行前的公告中必须规定一个转换期限。该证券持有者只有在这一期限内才可行使转换权，过期不得转换。

3. 持有者的身份随着证券的转换而相应转换

在发行后至转换前的一段时间内，可转换证券以债券或优先股的形式存在，其持有者是公司的债权人或是优先股股东，可按期获得固定债息或优先股股息。一旦持有者行使转换权，原来的债券、优先股便不复存在，持有者的身份也转换为普通股股东，可分享普通股增值所带来的潜在收益。

4. 市场价格变动比一般债券频繁，并随本公司普通股票价格的升降而增减

当普通股票价格上升时，可转换证券的价格随之上涨；反之，当普通股票价格下跌时，可转换证券的价格也下跌，但此时它仍可作为债券或优先股出售，其价格一般不会低于相同类型、相同期限的债券或优先股的价格。

由于可转换证券价格多变，因此，它也是一种风险较大、投机性较强的投资工具。

（三）可转换证券的要素

1. 转换比例

转换比例是指一定面额可转换证券可转换成普通股的股数。

2. 转换价格

转换价格是指可转换证券转换为每股普通股份所支付的价格。

3. 转换期限

转换期限是指可转换证券转换为普通股份的起始日至结束日的期间。可转换证券的转换期限可以与债券的期限相同。但大多数情况下，发行人都规定某一具体期限，在有效期内，允许可转换债券持有者按转换比例或转换价格转换成发行人的股票。在很多情况下，公司还规定在有效期内转换比例逐渐递减或是附赎回条款。转换比例递减是规定每隔一定年限可转换的普通股股数就减少若干。附赎回条款是指公司具有在一定时间按一定价格赎回这种证券的权利。公司规定的赎回价格一般略高于证券面值，当证券市场价格高于赎回价格时，公司往往行使赎回的权利，这时，投资者若不愿按赎回价格卖给公司，就只能将其转换成普通股，所以，赎回条款具有迫使投资者实行转换或将债券卖出的作用。

四、资产证券化和证券化产品

（一）资产证券化的定义

资产证券化（asset securitization）是指将缺乏流动性的资产，转换为在金融市场上可以自由买卖的证券的行为，使其具有流动性。

资产证券化是以特定资产组合或特定现金流为支持，发行可交易证券的一种融资形式。传统的证券发行是以企业为基础，而资产证券化以特定的资产池为基础发行证券。自1970年美国的政府国民抵押协会，首次发行以抵押贷款组合为基础资产的抵押支持证券——房贷转付证券，完成首笔资产证券化交易以来，资产证券化逐渐成为一种被广泛采用的金融创新工具而得到了迅猛发展。

一次完整的证券化融资的基本流程是：发起人将证券化资产出售给一家特殊目的机构（special purpose vehicle，SPV），或者由SPV主动购买可证券化的资产，然后SPV将这些资产汇集成资产池（assets pool），再以该资产池所产生的现金流为支撑在金融市场上发行有价证券融资,最后用资产池产生的现金流来清偿所发行的有价证券。

(二) 资产证券化的种类与范围

1. 根据基础资产分类

可分为不动产证券化、应收账款证券化、信贷资产证券化、未来收益证券化和债券组合证券化等。

2. 按资产证券化的地域分类

可分为境内资产证券化和离岸资产证券化。国内融资方通过在国外的特殊目的机构或结构化投资机构(structured investment vehicles, SIVs)在国际市场上以资产证券化的方式向国外投资者融资称为离岸资产证券化,融资方通过境内SPV在境内市场融资则称为境内资产证券化。

3. 按证券化产品的属性分类

可分为股权型证券化、债权型证券化和混合型证券化。最早的证券化产品是以商业银行房地产按揭贷款为支持,故称为按揭支持证券(MBS)。随着可供证券化操作的基础产品越来越多,出现了资产支持证券(ABS)的概念;再后来,由于混合型证券(具有股权和债权性质)越来越多,干脆用CDOs(collateralized debt obligations)概念代指证券化产品,并细分为CLOs、COMs、CBOs等产品。最近几年,还采用金融工程方法,利用信用衍生产品构造出合成CDOs。

(三) 资产证券化的有关当事人

1. 发起人。也称原始权益人,是证券化基础资产的原始所有者,通常是金融机构或大型工商企业。

2. 特定目的机构或特定目的的受托人。受委托持有资产,并以该资产为基础发行证券化产品的机构。选择特定目的机构或受托人时,通常要求满足所谓"破产隔离"条件,即发起人破产对其不产生影响。

3. 资金和资产存管机构。

4. 信用增级机构。分外部增级和内部增级。此类机构负责提升证券化产品的信用等级,为此要向特定目的机构收取相应费用,并在证券违约时承担赔偿责任。有些证券化交易中,并不需要外部增级机构,而是采用超额抵押等方法进行内部增级。

5. 信用评级机构。如果发行的证券化产品属于债券,发行前必须经过评级机构进行信用评级。

6. 承销人。是指负责证券设计和发行承销的投资银行，如果证券化交易涉及金额较大，可能会组成承销团。

7. 证券化产品投资者。除上述当事人外，证券化交易还可能需要金融机构充当服务人，服务人负责对资产池中的现金流进行日常管理，通常可由发起人兼任。

（四）中国资产证券化的发展

我国资产证券化试点之路颇为漫长。2005 年，央行和银监会联合发布《信贷资产证券化试点管理办法》，随后建设银行和国家开发银行获准进行信贷资产证券化首批试点。在央行和银监会主导下，基本确立了以信贷资产为融资基础、由信托公司组建信托型 SPV、在银行间债券市场发行资产支持证券并进行流通的证券化框架。

2005 年 12 月，作为资产证券化试点银行，中国建设银行和国家开发银行分别以个人住房抵押贷款和信贷资产为支持，在银行间市场发行了第一期资产证券化产品。2005 年 12 月 21 日，内地第一只房地产投资信托基金——广州越秀房地产投资信托基金正式在香港交易所上市交易。

2007 年，浦发、工行、兴业、浙商银行及上汽通用汽车金融公司等机构成为第二批试点。但第二批试点额度用完之时，恰逢金融危机席卷全球，对证券化产品的谈虎色变令这一新兴事物的成长戛然而止。2009 年起，再没有发行一单产品。在经历了 2009 年的信贷狂飙之后，监管部门对资本充足率的硬约束以及随后的信贷收紧令，使得业界对资产证券化扩容或重启的呼声四起。

五、结构化金融衍生产品

（一）结构化金融衍生产品定义

结构化金融衍生产品是运用金融工程结构化方法，将若干种基础金融商品和金融衍生品相结合设计出的新型金融产品。目前最为流行的结构化金融衍生产品主要是由商业银行开发的各类结构化理财产品以及在交易所市场上市交易的各类结构化票据。它们通常与某种金融价格相联系，其投资收益随该价格的变化而变化。

（二）结构化金融衍生产品类别

1. 按联结的基础产品分类，可分为股权联结型产品、利率联结型产品、汇率联结型产品、商品联结型产品等。

2. 按收益保障性分类，可分为收益保证型产品和非收益保证型产品两大类，其中前者又可进一步细分为保本型产品和保证最低收益型产品。

如：2010年4月，某国有银行发售一款挂钩4只港股［建设银行（0939.HK）、华润置地（1109.HK）、中国国航（0753.HK）、玖龙纸业（2689.HK）］的1年期人民币理财产品。根据产品合同规定，以2010年4月22日为基准，若1年后（2011年4月18日）上述4只股票价格均高于基准日价格，则该产品支付6%的年收益；若仅有其中3只股票价格高于基准日价格，则该产品支付2.25%的年收益；其他情况下，该产品支付0.36%的年收益。

3. 按发行方式分类，可分为公开募集的结构化产品与私募结构化产品，前者通常可以在交易所交易。目前，美国证券交易所（AMEX）有数千种结构化产品上市交易；我国香港交易所也推出了结构性产品。

4. 按嵌入式衍生产品分类，可分为基于互换的结构化产品，基于期权的结构化产品。结构化金融产品通常会内嵌一个或一个以上的衍生产品，它们有些是以合约规定条款（如提前终止条款）形式出现的；也有些嵌入式衍生产品并无显性的表达，必须通过细致分析方可分解出相应衍生产品。按照嵌入式衍生产品的属性不同，可以分为基于互换的结构化产品、基于期权的结构化产品等类别。

在我国，结构化产品是银行及证券公司理财业务的重要发展方向，随着外资银行大量进入国内市场，国内结构化产品的发行也增长迅速，目前结构化产品主要是针对外币的，发行机构利用境外投资工具多、风险对冲机制完善的优点，推出多种结构化产品，得到了市场青睐。在产品结构方面，向投资者出售以本金保护型产品为主，挂钩标的除传统的利率和汇率外，还有股票指数。过往国内银行的人民币理财业务由于投资范围较窄，主要是债券、央行票据、存款等，收益率较低，对投资者吸引力不大。近来国内银行将外币结构化产品的设计模式运用于人民币理财已渐成趋势，各行已推出多项人民币理财业务，如光大银行推出的人民币理财A计划，就包含了与原油期货挂钩的产品。

由于结构化金融衍生产品挂钩的基础资产具有不同的风险特征，嵌入式衍生产品的种类、结构各异，导致结构化产品的收益与风险出现非常大的差异。同时，由于这类产品结构复杂，难以为普通投资者所掌握，通常监管机构和行业自律组织均要求金融机构在销售时格外当心，防止错误地销售给不具备风险承受能力的客户。

关 键 词 汇

金融衍生工具　　嵌入式衍生工具　　股权式衍生工具　　信用衍生工具　　金融期

货 多头套期保值 空头套期保值 外汇期货 利率期货 股票指数期货 "对冲"制度 金融期权 看涨期权 看跌期权 欧式期权 美式期权 金融互换 金融远期 认股权证 可转换证券 资产证券化 结构化金融衍生产品

思 考 题

1. 简述金融衍生工具的特征和功能。
2. 试述金融期货的主要功能。
3. 与其他期货合约相比，股指期货合约的特点表现在哪些方面？
4. 金融期货交易的基本流程有哪些环节构成？
5. 金融期权与金融期货的区别表现在几个方面？
6. 简述金融互换的特点。
7. 金融远期和金融期货的区别有哪些？
8. 发行可转换证券有什么意义？

练 习 题

一、单项选择题

1. 金融衍生工具交易一般只需要支付少量的保证金或权利金就可签订远期大额合约或互换不同的金融工具，这是金融衍生工具的（　　）特性。
   A. 跨期性　　　　　　　　　　B. 联动性
   C. 杠杆性　　　　　　　　　　D. 不确定性或高风险性

2. 金融衍生工具依照（　　）可以划分为股权类产品的衍生工具、货币衍生工具和利率衍生工具、信用衍生工具以及其他衍生工具。
   A. 基础工具分类
   B. 金融衍生工具自身交易的方法及特点
   C. 交易场所
   D. 产品形态

3. 外汇期货交易自1972年在（　　）所属的国际货币市场（IMM）率先推出后得到了迅速发展。
   A. 伦敦国际金融期权期货交易所　　B. 欧洲交易所
   C. 纽约交易所　　　　　　　　　　D. 芝加哥商业交易所

4. 可转换债券是指其持有者可以在一定时期内按一定比例或价格将之转换成一定数量的另一种证券的证券。可转换债券通常是转换成（　　）。

A. 优先股　　　B. 普通股票　　　C. 金融债券　　　D. 公司债券

5. 金融期货的（　　），就是通过在现货市场与期货市场建立相反的头寸，从而锁定未来现金流或公允价值的交易行为。

　　A. 套期保值功能　　　　　　　B. 价格发现功能
　　C. 投机功能　　　　　　　　　D. 套利功能

6. 关于期货市场价格发现功能论述不正确的是（　　）。

　　A. 期货价格与现货价格的走势基本一致并逐渐趋同，所以今天的期货价格可能就是未来的现货价格
　　B. 世界各地的套期保值者和现货经营者，利用期货价格和传播的市场信息来制定各自的经营决策，这样，期货价格成为世界各地现货成交价的基础
　　C. 期货价格克服了分散、局部的市场价格在时间上和空间上的局限性，具有公开性、连续性、预期性的特点
　　D. 理论上说，期货价格要反映现货的持有成本，如现货价格保持不变，期货价格就不会与之存在差异

7. 目前我国股票市场实行 T+1 清算制度，而期货市场是（　　）。

　　A. T+0　　　B. T+2　　　C. T+3　　　D. T+7

8. 根据（　　）划分，金融期权可以分为欧式期权、美式期权和修正的美式期权。

　　A. 选择权的性质
　　B. 合约所规定的履约时间的不同
　　C. 金融期权基础资产性质的不同
　　D. 协定价格与基础资产市场价格的关系

9. 下列说法错误的是（　　）。

　　A. 期权又称选择权，是指其持有者能在规定的期限内按交易双方商定的价格购买或出售一定数量的基础工具的权利
　　B. 看涨期权也称认购权，看跌期权也称认沽权
　　C. 期权交易实际上是一种权利的单方面有偿让渡
　　D. 金融期权与金融期货都是人们常用的套期保值工具，它们的作用与效果日渐趋同

10. 关于认股权证论述不正确的是（　　）。

　　A. 认股权证也称为股本权证
　　B. 认股权证一般由基础证券的发行人发行

C. 行权时不会增加股份公司的股本

D. 我国证券市场曾经出现过的认股权证以及配股权证、转配股权证，就属于认股权证

11. (　　) 是可转换公司债券最主要的金融特征。
    A. 风险收益的限定性　　　　　B. 套期保值
    C. 附有转股权　　　　　　　　D. 双重选择权

12. 关于金融衍生工具的基本特征叙述错误的是 (　　)。
    A. 无论是哪一种金融衍生工具，都会影响交易者在未来一段时间内或未来某时点上的现金流，跨期交易的特点十分突出
    B. 金融衍生工具交易一般只需要支付少量的保证金或权利金，就可签订远期大额合约或互换不同的金融工具
    C. 金融衍生工具的价值与基础产品或基础变量紧密联系、规则变动
    D. 金融衍生工具的交易后果取决于交易者对衍生工具（变量）未来价格（数值）的预测和判断的准确程度

13. (　　) 是指交易双方在场外市场上通过协商，按约定价格（称为"远期价格"）在约定的未来日期（交割日）买卖某种标的金融资产（或金融变量）的合约。
    A. 金融期货合约　　　　　　　B. 金融远期合约
    C. 互换　　　　　　　　　　　D. 金融期权

14. 关于利率期货叙述不正确的是 (　　)。
    A. 其基础资产是一定数量的与利率相关的某种金融工具，主要是各类浮动收益金融工具
    B. 利率期货主要是为了规避利率风险而产生的
    C. 固定利率有价证券的价格受到现行利率和预期利率的影响，价格变化与利率变化一般呈反向关系
    D. 利率期货品种主要包括债券期货和主要参考利率期货

15. (　　) 是指在一国证券市场流通的代表外国公司有价证券的可转让凭证。
    A. 存托凭证　　B. 权证　　　C. 股票期权　　D. 可转换债券

16. 投资者A买入Z公司股票的看涨期权，期权的有效期为9个月，协议价格为每股50元，合约规定股票数量为100股，期权费为每股2元。当3个月后Z公司的股票价格为 (　　) 时，投资者A会亏损。
    A. 48元　　　　B. 50元　　　C. 51元　　　D. 53元

二、不定项选择题

1. 与金融衍生产品相对应的基础金融产品可以是（　　）。
   A. 债券　　　　　　　　　　B. 股票
   C. 银行定期存款单　　　　　D. 金融衍生工具
2. 金融衍生工具的基本特征包括（　　）。
   A. 跨期性　　　　　　　　　B. 杠杆性
   C. 联动性　　　　　　　　　D. 不确定性或高风险性
3. 关于信用衍生工具的论述正确的是（　　）。
   A. 主要包括信用互换、信用联结票据等
   B. 用于转移或防范系统风险
   C. 是以基础产品所蕴含的信用风险或违约风险为基础变量的金融衍生工具
   D. 是20世纪90年代以来发展最为迅速的一类衍生产品
4. 金融互换是指两个或两个以上的当事人按共同商定的条件，在约定的时间内定期交换现金流的金融交易，可分为（　　）。
   A. 货币互换　　B. 利率互换　　C. 股权互换　　D. 信用互换
5. 金融远期合约主要包括（　　）。
   A. 远期利率协议　　　　　　B. 远期外汇合约
   C. 远期股票合约　　　　　　D. 远期债券合约
6. 根据交易合约的签订与实际交割之间的关系，将市场交易的组织形态划分为（　　）。
   A. 现货交易　　B. 互换交易　　C. 远期交易　　D. 期货交易
7. 关于期货交易结算所论述正确的是（　　）。
   A. 结算所是期货交易的专门清算机构，通常附属于交易所，但又以独立的公司形式组建
   B. 由于逐日盯市制度以1个交易日为最长的结算周期，对所有账户的交易头寸按不同到期日分别计算，并要求所有的交易盈亏都能及时结算，从而能及时调整保证金账户，控制市场风险
   C. 以每种期货合约在交易日收盘前规定时间内的平均成交价作为当日结算价
   D. 结算所实行无负债的每日结算制度，又称逐日盯市制度
8. 根据（　　）划分，金融期权可以分为看涨期权和看跌期权。
   A. 选择权的性质　　　　　　B. 合约所规定的履约时间的不同
   C. 基础资产性质　　　　　　D. 基础资产的来源

9. 套期保值的基本做法是（　　）。
   A. 持有现货空头，买入期货合约　　B. 持有现货空头，卖出期货合约
   C. 持有现货多头，卖出期货合约　　D. 持有现货多头，买入期货合约

10. 在国际金融市场上，存在若干重要的参考利率，它们是市场利率水平的重要指标，同时也是金融机构制定利率政策和设计金融工具的主要依据。除国债利率外，常见的参考利率包括（　　）。
    A. 伦敦银行间同业拆放利率（Libor）
    B. 香港银行间同业拆放利率（Hibor）
    C. 欧洲美元定期存款单利率
    D. 联邦基金利率

11. 关于金融期权与金融期货套期保值的作用与效果阐述不正确的是（　　）。
    A. 金融期权与金融期货都是人们常用的套期保值工具，它们的作用与效果基本是相同的
    B. 人们利用金融期货进行套期保值，在避免价格不利变动造成的损失的同时，也必须放弃若价格有利变动可能获得的利益
    C. 通过金融期权交易，既可避免价格不利变动造成的损失，又可在相当程度上保住价格有利变动而带来的利益，因而金融期权比金融期货更为有利
    D. 在现实的交易活动中，人们往往将金融期权与金融期货结合起来，通过一定的组合或搭配来实现某一特定目标

12. 利率期权合约通常以（　　）为基础资产。
    A. 政府短、中、长期债券　　B. 欧洲美元债券
    C. 大面额可转让存单　　D. 金融债券

13. 独立衍生工具的特征包括（　　）。
    A. 与对市场情况变化有类似反应的其他类型合同相比，要求较多的初始净投资
    B. 其价值随特定利率、金融工具价格、商品价格、汇率、价格指数或其他类似变量的变动而变动，变量为非金融变量的，该变量与合同的任一方不存在特定关系
    C. 不要求初始净投资，或与对市场情况变化有类似反应的其他类型合同相比，要求很少的初始净投资
    D. 在未来某一日期结算

14. 下面关于金融期货与金融期权区别的阐述,正确的是(   )。
    A. 一般地说,凡可作期货交易的金融工具都可作期权交易。然而,可作期权交易的金融工具却未必可作期货交易
    B. 金融期货交易双方的权利与义务对称,而金融期权交易双方的权利与义务存在着明显的不对称性
    C. 金融期货交易双方均需开立保证金账户;至于期权的购买者,因无需开立保证金账户,也无需缴纳保证金
    D. 一般来说,金融期货的风险大于金融期权
15. 根据证券化的基础资产不同,可以将资产证券划分为(   )。
    A. 不动产证券化、应收账款证券化   B. 信贷资产证券化
    C. 未来收益证券化   D. 债券组合证券化
16. 按联结的基础产品分类,结构化金融衍生产品可分为(   )。
    A. 股权联结型产品   B. 利率联结型产品
    C. 汇率联结型产品   D. 商品联结型产品
17. 关于可转换债券要素的叙述,正确的是(   )。
    A. 可转换债券要素基本决定了可转换债券的转换条件、转换价值、市场价格等总体特征
    B. 可转换公司债券的票面利率是指可转换债券作为一种债券的票面年利率,由发行人根据当前市场利率水平、公司债券资信等级和发行条款确定,一般高于相同条件的不可转换公司债券
    C. 转换比例是指一定面额可转换债券可转换成优先股的股数
    D. 赎回条款和回售条款是可转换债券在发行时规定的赎回行为和回售行为发生的具体市场条件

三、判断题

1. 金融期货的交易价格是在交易过程中形成的,但这一交易价格是对金融现货未来价格的预期,这相当于在交易的同时发现了金融现货基础工具(或金融变量)的未来价格。(   )
2. 严格意义上的期货套利是指利用同一合约在不同市场上可能存在的短暂价格差异进行买卖,赚取差价,称为跨市场套利。(   )
3. 互换交易的主要用途是改变交易者资产或负债的风险结构(比如利率或汇率结构),从而规避相应的风险。(   )
4. 与金融期货相比,金融期权的主要特征在于它仅仅是买卖权利的交换。
(   )

5. 目前，我国内地已存在交易所交易的结构化产品，如很多商业银行均通过柜台销售各类"挂钩理财产品"就属于这类结构化金融产品。（　）

6. 从理论上说，期权出售者在交易中所取得的盈利是有限的，仅限于他所收取的期权费，而他可能遭受的损失却是无限的。（　）

7. 股票指数期权没有可作实物交割的具体股票，只能采取现金轧差的方式结算。（　）

8. 国内融资方通过在国外的特殊目的机构或结构化投资机构在国际市场上以资产证券化的方式向国外投资者融资的方式称为离岸资产证券化。（　）

9. 传统的证券发行是以企业和政府为基础，而资产证券化则是以特定的资产池为基础发行证券。（　）

10. 金融期货交易双方在成交时不发生现金收付关系，但在成交后，由于实行逐日结算制度，交易双方将因价格的变动而发生现金流转。（　）

11 如果有投资者拥有较多资金欲投资于股票现货，又担心建仓期内大盘出现非预期大幅上涨导致建仓成本过高，也可以采取空头套期保值。（　）

12. 股指期货竞价交易连续竞价交易方式按照最大成交量原则确定成交价，即以此价格成交能够得到最大成交量。（　）

四、计算分析题

假定你买入了一张 B 公司 5 月份执行价格为 100 元的看涨期权合约，期权价格为 5 元，并且卖出了一张 B 公司 5 月份执行价格为 105 元的看涨期权合约，期权价格为 2 元。

1. 这个策略能获得的最大潜在利润是多少？
2. 如果到期时，IBM 公司的股票价格为每股 103 美元，你的利润是多少？
3. 该策略的最大可能的损失是多大？
4. 达到盈亏平衡时的股票价格是多少？

… 第二编　证券市场

第五章 证券发行市场

▶ 学习目标
- 掌握证券发行市场特点和发行方式,理解证券发行市场的功能
- 熟悉我国公开发行股票的一般条件和首次公开发行并上市的条件
- 掌握股票发行方式和发行定价的方法
- 了解配股、增发新股和非公开发行的条件
- 掌握我国公司债券的发行方式和发行价格的确定方法
- 了解股票海外发行的方式和程序
- 了解债券的信用评级

第一节 证券发行市场概述

证券发行市场,又称初级市场(primary market)或一级市场,是指发行人通过发行证券向投资者筹集资金的市场。证券发行市场是整个证券市场的基础,它的内容和发展决定着证券交易市场的内容和发展方向。

证券发行是伴随生产社会化和企业股份化而产生的,同时也是社会信用制度高度发展的结果。出于资金融通的需要,各类有价证券随着信用制度的发展而不断增加,但提供信用的人所提供的资金未必都是长期闲置的,有时为了急需资金,就必须保证所持有的有价证券具有一定的流动性,以便能出售换取现款。这样,信用工具——各类有价证券的转让流通和买卖,就成为其存在和运用的必要条件。证券的发行和买卖使得证券成为一种金融性商品,从而使证券市场的产生成为必然。

一、证券发行市场的特点

(一) 发行市场是个无形市场

证券发行市场通常不存在具体的市场形式和固定场所,新发行证券的认购和销售一般不是在有组织的交易所内进行,有的可以由发行者直接在市场上公开出售给投资者,有的可以由投资银行、信托投资公司和证券公司等认购后再向投资者销售,也可能由承销商进入证券交易所销售。发行人向投资者出售证券的市场,包含了从规划到销售以及承购等阶段的全过程,主要不是在有组织的固定场所内进行,而是由众多证券承销商分散地进行,因而是个抽象的、观念上的市场。

(二) 证券发行市场的证券具有不可逆转性

在证券发行市场上,证券只能由发行人流向认购人,资金只能由认购人流向发行人,而不能相反,这是证券发行市场与证券交易市场的一个重要区别。

二、证券发行市场的功能

(一) 为资金需求者提供筹措资金的渠道

证券发行市场拥有大量的运行成熟的证券商品供发行者选择,发行者可以参照各类证券的期限、收益水平、参与权、流通性、风险度、发行成本等不同特点,根据自己的需要和可能选择发行何种证券,并根据当时市场上的供求关系和价格行情来确定证券发行数量和价格。发行市场上还有众多的为发行者服务的中介机构,它们可以接受发行者的委托,利用自己的信誉、资金、人力、技术和网点等向公众推销证券,有助于发行者及时筹措到所需资金。发达的发行市场还可以冲破地区限制,为发行者扩大筹资范围和对象,在境内或境外面向各类投资者筹措资金,并通过市场竞争逐步使筹资成本合理化。

(二) 为资金供应者提供投资和获利的机会,实现储蓄向投资转化

政府、企业和个人在经济活动中可能出现暂时闲置的货币资金,证券发行市场提供了多种多样的投资机会,实现社会储蓄向投资转化。储蓄转化为投资是社

（三）形成资金流动的收益导向机制，促进资源配置的不断优化

在现代经济活动中，生产要素都跟随着资金流动，只有实现了货币资金的优化配置，才有可能实现社会资源的优化配置。证券发行市场通过市场机制选择发行证券的企业，那些产业前景好、经营业绩优良和具有发展潜力的企业更容易从证券市场筹集所需要的资金，从而使资金流入最能产生效益的行业和企业，达到促进资源优化的目的。

三、证券发行市场的结构

证券发行市场由证券发行者、证券投资者和证券中介机构三部分组成。

（一）发行者（issuer）

证券发行者是证券发行市场的供给方，同时也是资金的需求方。一般来说，都是一些公司或政府，他们发行证券数量的多少要取决于所在证券市场的规模和发达程度。反过来，发行者的证券发行规模和投资者的实际投资能力，决定着发行市场的容量和发达程度。

（二）投资者（investor）

证券投资者，是证券市场证券的需求者，同时也是市场上资金的供给者。投资者人数的多少和资金实力的大小，同样也取决于证券市场的发展规模，还要受到一个国家经济发展的影响。一般来说，证券市场上有两类投资者：一类是个人投资者，另一类是机构投资者。机构投资者主要由证券公司、保险公司、信托投资公司、投资基金以及国家允许可以入市买卖股票的企业构成。

（三）证券中介机构（agent）

证券中介机构是指为证券的发行与交易提供服务的各类机构。在证券市场起中介作用的机构是证券公司和其他证券服务机构，通常把两者合称为证券中介机构。证券承销者主要代理证券发行，向投资者推销证券，一般是一些证券公司。证券经纪人就是专门代理客户买卖证券的证券中介，他们接受客户委托指令，在交易所内代替客户买卖。另外，还有一些为证券发行服务的机构，包括信用评级机构、登记结算公司、投资咨询公司、会计、律师事务所、资产评估机构等。

四、证券发行方式

证券发行方式是指证券发行者采用什么方法,通过何种渠道或途径将证券投入市场,为广大投资者所接受。证券发行方式对于发行者能否及时筹集和筹足资金有着极其重要的意义,因此发行者应根据自身、市场及投资者等诸方面的实际情况正确地选择适当的证券发行方式,下面介绍几种主要的证券发行方式。

(一)公开发行与私募发行

这是根据发行的对象不同来划分的。公开发行(public placement)又称公开募集,简称公募,是指事先没有特定的发行对象,向社会广大投资者公开推销证券的方式。这种发行方式的特点是以众多投资者为发行对象,筹资潜力大;持券范围较分散,避免证券被少数人操纵;发行过程比较复杂,登记核准时间较长,发行费用较高。《证券法》要求发行者公开发行证券需满足三个条件:(1)向不特定对象发行证券;(2)向特定对象发行证券累计超过200人;(3)其他法定行为。

私募发行又称不公开发行或内部发行(private placement),是指发行者面向少数特定投资人(个人投资者或者机构投资者)发行证券的方式。其特点是发行对象明确,发行比较简单,可节省发行时间与费用;投资者数量较少,流通性较差。

(二)直接发行与间接发行

这是根据发行者推销出售股票的方式不同来划分的。直接发行,是指发行者自己承担证券发行的一切事务和发行风险,直接向认购者推销出售证券的方式。采用直接发行方式时,要求发行者熟悉证券发行手续、筹资技术并具备一定的条件。

间接发行,是指发行者委托证券发行中介机构出售证券的方式。这些中介机构作为证券的推销者,办理一切发行事务,承担一定的发行风险并从中提取相应的收益。证券的间接发行有两种方法:

1. 代销(best effort)。承销商只负责按照发行者的条件推销证券,而不承担任何发行风险,在约定期限内能销多少算多少,期满仍销不出去的证券退还给发行者。发行人与承销商签订代销协议,二者之间建立的是一种委托代理关系。代销过程中,未售出证券的所有权属于发行人,承销商仅是受委托办理证券销售事务。由于全部发行风险和责任都由发行者承担，证券发行中介机构只是受委托代为推销，因此，代销手续费较低。

2. 包销（firm commitment）。所谓证券包销是指在证券发行时，承销商以自己的资金购买计划发行的全部或部分证券，然后再向公众出售，承销期满时未销出部分仍由承销商自己持有的一种承销方式。证券包销又分两种方式：一种全额包销，另一种是余额包销。全额包销是承销商承购发行的全部证券，承销商将按合同约定支付给发行人证券的资金总额。在这种证券销售方式下，承销商先用自己的资金一次性地把将要公开发行的证券全部买下，然后再根据市场行情逐渐卖出，从中赚取买卖差价。若有滞销证券，中介机构减价出售或自己持有。由于发行者可以快速获得全部所筹资金，而承销商则要全部承担发行风险，因此，全额包销费更高于代销费和余额包销费。余额包销是承销商承购发行人发行的部分证券。这种发行方法的特点是能够保证完成证券发行额度，一般较受发行者的欢迎，而中介机构因需承担一定的发行风险，故承销费高于代销的手续费，但略低于全额包销费。

无论是全额包销，还是余额包销，发行人与承销商之间形成的关系都是证券买卖关系。在承销过程中未售出的证券，其所有权属于承销商。

对于一次发行量特别大的证券发行，一家承销机构往往不愿意单独承担发行风险，这时就会组织一个承销团，由多家机构共同担任承销人，这样每一家承销机构单独承担的风险就减少了。承销团的发起者为证券承销的主承销商，一般由实力雄厚的大型证券经营机构充当。发起者的任务包括组建承销团、代表承销团与发行者签订承销合同和有关文件、决定承销团内各成员的承销份额、负责组织签订内部成员的合同和有关文件、选择证券分销商和零售商和负责核定发行市场的证券价格。

证券间接发行时究竟采用哪一种方法，发行者和承销商考虑的角度是不同的，需要双方协商确定。一般来说，发行者主要考虑自己在市场上的信誉、用款时间、发行成本和对推销者的信任程度，承销商则主要考虑所承担的风险和所能获得的收益。

（三）协议发行和招标发行

按照发行条件如何确定，可分为协议发行和招标发行。协议发行是发行者与承销商相互磋商确定承销资格和发行条件的发行方式。采取协议方式可以使双方通过充分的交流与合作设计出满意的发行方案，但它受人为因素（如双方的谈判能力）的影响较大，不利于得到公平的证券市场价格。

招标发行指通过招标方式确定证券承销商和发行条件,即证券发行者(招标人)发出招标通知,说明拟发行证券的名称、数量及其他条件,邀请投标人在特定的时间按照一定的程序和规则进行投标,从而确定发行价格和承销商的行为。招标发行比协议发行更贴近市场,定价更充分、更准确。目前,招标方式在世界各国的股票和债券的发行中得到广泛应用。

第二节 股票发行市场

股票发行市场是指股票初次发行的市场,是公司通过证券市场直接向投资者筹集资本金的场所。

一、股票发行的目的

(一) 为筹措资本金而发行股票

筹措资金是股票发行最基本的目的,也是股票最初产生时的基本动力。在企业资本金不足时,需要以发行股票的方式来筹集资本金以保证生产经营活动的顺利进行,或者用于扩大生产规模。这又可以分为两种情况:

一种是新的股份公司成立时发行股票。创建新的股份公司需要有初始资本,就需要通过发行股票来筹措资本。新的股份公司设立方式包括募集设立和发起设立两种。采取募集设立方式的股份有限公司必须通过发行股票来向社会筹集资本,以便达到预定的资本规模。这类公司规模一般比较大,所筹集的资金往往需要几次才能募足,而且从发起到设立需要很长的时间。采用发起设立的股份公司,在创建初期,由发行人一次认购全部发行的股票,初始资本一次募足。这类公司一般规模比较小,而且设立的过程也比较简单。

另一种就是已经设立的股份公司为增加资本而发行股票。已经成立的股份公司,有时为了扩大生产经营规模,需要扩充自有资本,发行股票就是一种有效的方式;有时为了调整公司的财务结构,保持适当的资产负债比例也会采取增发股票的方式,因为自有资本在来源中的比重是衡量公司财务结构和实力的重要标志,所以,保持适当的资产负债比例有利于股份公司的经营。

(二) 为巩固公司的经营权增加资本而发行股票

这种方式的股票发行目的不在于筹措资金,一般是出于两方面的考虑:一是为了维护公司的支配权，防止被其他公司兼并。如果公司的规模太小，那么被兼并收购的可能性就大，特别是已经上市的公司，在股票上市条件要求严格的情况下，大公司通过这种小规模的公司借壳上市就成了一种可选的方式。二是为了公司经营事业的发展，谋求与其他公司合作而增资发行股票。这种增资是因为本公司需要与其他企业进行协作，以增强本公司的实力，扩大社会影响，这就需要吸收这些单位和个人成为本公司的股东，因此需要对这些单位和个人发行一部分股票。

（三）为了股东直接利益而增资发行股票

这种股票发行是为了股东利益而进行的无偿增资。公司股本的增加不是靠外部募集，而是靠减少公司的公积金或盈余结存，按照比例无偿交付给原股东，以调整公司的资本结构，提高公司的信誉，增强股东的信心；或将公司发行的可转换债券转换为股票，使得公司的股本增加。

二、股票发行方式

股票的发行方式亦即股票经销出售的方式。由于各国金融市场体制不同，金融体系结构和金融市场结构不同，股票发行方式也就存在差异。一般来说，主要有三种发行方式。

（一）按照发行对象不同，分为公开发行与非公开发行

公开发行又称公开募集，简称公募，是指向不确定的多数投资者公开销售股票的方式。采用这种方式，可以扩大股东的范围，分散持股，防止囤积股票或被少数人操纵，有利于提高公司的社会性和知名度，为以后筹集更多的资金打下基础，也可增加股票的适销性和流通性。公开发行可以采用公司自己直接发售的方法，也可以支付一定的发行费用通过金融中介机构代理。

非公开发行又称私募发行，是指发行者只对特定的发行对象推销股票的方式。通常在两种情况下采用：

1. 股东配股。即股份公司按股票面值向原有股东分配该公司的新股认购权，动员股东认购。这种新股发行价格往往低于市场价格，事实上成为对股东的一种优待，一般股东都乐于认购。如果有的股东不愿认购，他可以自动放弃新股认购权，也可以把这种认购权转让他人，从而形成了认购权的交易。

2. 私人配股。又称第三者分摊，即股份公司将新股票分售给股东以外的本

公司职工、往来客户等与公司有特殊关系的第三者。采用这种方式往往出于两种考虑：一是为了按优惠价格将新股分摊给特定者，以示照顾；二是当新股票发行遇到困难时，向第三者分摊以求支持。无论是股东还是私人配售，由于发行对象是既定的，因此，不必通过公募方式，这不仅可以节省委托中介机构的手续费，降低发行成本，还可以调动股东和内部的积极性，巩固和发展公司的公共关系。但缺点是这种私募发行的股票流动性差，不能公开在市场上转让出售，而且也会降低股份公司的社会性和知名度，还存在被杀价和控股的危险。

在我国，自2003年以来战略投资者成为一个很重要的私人配股对象。企业为了促进产品结构升级，增强企业核心竞争力和创新能力，拓展企业产品市场占有率，往往会寻找那些具有资金、技术、管理、市场、人才优势，能够长期投资合作并谋求获得长期利益回报的境内外大企业、大集团作为战略投资者参与股票配售。

（二）按照有无中介机构参与股票销售，分为直接发行与间接发行

股票直接发行又称直接招股，是指公司自己承担股票发行的一切事务和发行风险，直接向认购者推销出售股票的方式。采用直接发行方式时，一般要求发行者在股票市场上具有较高的知名度和信誉状况，熟悉招股手续，精通招股技术并具备一定的条件。如果当认购额达不到计划招股额时，新建股份公司的发起人或现有股份公司的董事会必须自己认购未出售的股票。因此，直接发行只适用于有既定发行对象或发行风险小、手续简单的股票。在一般情况下，私募发行的股票或因公开发行有困难的股票；或是实力雄厚，有把握实现巨额私募以省发行费用的大股份公司股票，才采用直接发行的方式。

股票间接发行有代销和包销两种方式。根据我国《证券发行与承销管理办法》（2006年）的规定，对上市公司非公开发行股票未采用自行销售方式或者上市公司配股的，要求采用代销方式。发行者采用代销方式销售股票，在代销期限届满时，向投资者出售的股票数量未达到拟公开发行股票数量的70%，被认为是发行失败。在这种情况下，发行人应当按照发行价并加算银行同期存款利息返还股票认购人。建立发行失败制度有利于促使发行人和承销商充分考虑市场需求，合理确定发行价格，否则将承担发行失败的风险。对于大宗股票的发行经常采用承销团形式。我国新《证券法》规定拟公开发行的股票票面总值超过人民币5 000万元的，应由承销团承销，承销团由两个以上承销机构组成。

另外，为平衡股票需求和稳定股票价格，在巨量股票承销中常常设立回拨机制和超额配售选择权制度。回拨机制（clawback mechanism）是指股票在同一次

发行中采取两种发行方式时,例如市值配售和上网定价发行、市值配售和法人投资者配售或者上网定价发行和法人投资者配售,为了保证发行成功和公平对待不同类型投资者,发行者先人为设定不同发行方式下的发行数量,然后根据认购结果,按照预先公布的规则在两者之间适当调整发行数量。

超额配售选择权,又称"绿鞋"(green shoe option),是指发行人授予主承销商的一项选择权,获此授权的主承销商按同一发行价格超额发售不超过包销数额15%的股份,即主承销商按不超过包销数额115%的股份向投资者发售。在增发包销部分的股票上市之日起30日内,主承销商有权根据市场情况选择从集中竞价交易市场购买发行人股票,或者要求发行人增发股票,分配给对此超额发售部分提出认购申请的投资者。超额配售选择权机制主要在市场气氛不佳、对发行结果不乐观或难以预料的情况下使用。目的是防止新股发行上市后股价下跌至发行价或发行价以下,增强参与一级市场认购的投资者的信心,实现新股股价由一级市场向二级市场的平稳过渡。

我国规定首次公开发行股票数量在4亿股以上的,发行人及其主承销商可以在发行方案中采用超额配售选择权。比如,2010年7月15日中国农业银行首次公开发行A股并上市交易,每股发行价为2.68元。为稳定农业银行上市后的股价,其发行计划中安排了超额配售选择权制度。自上市交易日至稳定后市期结束日8月13日,农业银行股价始终平稳运行在发行价格及以上,截至8月13日收盘于2.69元,较发行价格2.68元上涨0.37%。在此期间内,农业银行联席主承销商并未利用农业银行A股IPO发行超额配售所获得的资金从A股二级市场买入农业银行股票,因此农业银行超额配售选择权得到了全额行使。2010年8月13日主承销商中国国际金融公司全额行使超额配售选择权,按该次发行价格向投资者超额配售33.35亿股,占该次初始发行规模的15%,超额配售后总配售规模为255.71亿股,该次发行最终募集资金总额约为685.29亿元,成为全球最大IPO。

(三)按照发行者能否得到股票发行现款,分为有偿增资发行和无偿增资发行

有偿增资发行是指认购者必须按照股票的某种发行价格支付现款后,方能获得所购股票的发行方式。对原有股东配股的发行、对第三者配股发行以及一般的公开发行均是有偿增资发行。

无偿增资发行则是指公司股本增加不是靠外界募集,而是将盈余结余、公积金和资产重估增益转入资本金或股本科目的同时,发行与之对应的新股的发行方

式。其发行目的并非直接筹资,而是为了调整资本结构或把积累资本化,并提高公司的信誉,增强股东信心。采取这种方式时,只需公司将股票按比例分配给原有股东,原股东无须交纳认股款。无偿增资发行有以下三种形式:

1. 公积金转增资本。是公司将法定公积金和任意公积金转入资本,发行相应数额新股并分配给原股东的增资方法。公积金转增资本必须按原股东持有股数平等摊配,以保持原股东对公司股份所有权的比例和对公司的各项权益不发生变化。公积金转增资本可以进一步明确产权关系,有助于提高股东对公司长期发展和积累的信心,从而形成企业积累的内外动力机制。公积金转增资本应遵循国家有关法律的规定,公司的积累基金应首先用于弥补历年的亏损。为了使公司留有应付亏损的余地,我国规定法定公积金的金额必须达到注册资本的50%,才可将其中不超过一半的数额转为增资,任意公积金则可由股东大会决定全部或部分转为增资。

2. 股票股利。又称股票分红,股份公司将本应分摊给原股东的股息红利转入资本,通过发行相应数额的新股票对股东进行分配。这种被公司用作股息分发给股东的新股票,称作股息股票。股票分红对股份公司来说,可以扩大自有资本规模,将当年的股息红利支出转化成为生产经营性资金。但是由于增加了股份数额,也加重了利益分配的负担。公司股东则既取得了参与盈余分配的同样效果,又可免交个人所得税(大多数国家规定将收入作为再投资免交所得税),而且派息的股票有将来增加股息收入的希望。不仅如此,发行股票股利还可增加公司股票的发行量和流动性,从而提高企业的知名度。

3. 股份分割。亦称股票分割或股份拆细,是指股份公司在资本总额不变的情况下,对大面额股票实行细分,以增加股份流通数。如将原来的1股分为2股。实行股份分割的目的在于,降低股票的单位价格,便于个人投资者购买。股份分割的结果只是增加股份公司的股份总额,而资本额并不发生变化。

三、我国股票发行条件与限制

根据《公司法》和《证券法》以及相关法律法规,公司发行股票需要满足一定的条件。

(一)公开发行股票的一般条件

《公司法》相关条款规定,股份有限公司的股份采取股票的形式。股票是公司签发的证明股东所持股份的凭证。股份的发行,实行公平、公正的原则,同种类的每一股份应当具有同等权利。同次发行的同种类股票，每股的发行条件和价格应当相同；任何单位或者个人所认购的股份，每股应当支付相同价款。以募集设立方式设立股份有限公司的，发起人认购的股份不得少于公司股份总数的35%。

《证券法》及2006年5月7日公布的《上市公司证券发行管理办法》对公开发行股票的一般条件做出具体规定：

1. 具备健全且运行良好的组织机构；
2. 具有持续盈利能力，财务状况良好；
3. 最近3年财务会计文件无虚假记载，无其他重大违法行为；
4. 募集资金的数额和使用应当符合相关规定；
5. 经国务院批准的国务院证券监督管理机构规定的其他条件。

（二）股票首次公开发行并上市条件

公司首次公开发行股票并上市，除应符合《证券法》、《公司法》规定的一般发行条件外，还应满足《首次公开发行股票并上市管理办法》（2006年）的要求。该办法对发行人的主体资格、公司治理、独立性、同业竞争、关联关系、财务要求和公众持股等方面做出详细的规定。

1. 主体资格：A股发行主体应是依法设立且合法存续的股份有限公司；经国务院批准，有限责任公司在依法变更为股份有限公司时，可以公开发行股票。

2. 公司治理：发行人已经依法建立健全股东大会、董事会、监事会、独立董事、董事会秘书制度，相关机构和人员能够依法履行职责；发行人董事、监事和高级管理人员符合法律、行政法规和规章规定的任职资格；发行人的董事、监事和高级管理人员已经了解与股票发行上市有关的法律法规，知悉上市公司及其董事、监事和高级管理人员的法定义务和责任；内部控制制度健全且被有效执行，能够合理保证财务报告的可靠性、生产经营的合法性、营运的效率与效果。

3. 独立性：发行人应具有完整的业务体系和直接面向市场独立经营的能力，资产应当完整，人员、财务、机构以及业务必须独立。

4. 同业竞争：与控股股东、实际控制人及其控制的其他企业间不得有同业竞争；募集资金投资项目实施后，也不会产生同业竞争。

5. 关联交易：与控股股东、实际控制人及其控制的其他企业间不得有显失公平的关联交易；应完整披露关联方关系并按重要性原则恰当披露关联交易，关联交易价格公允，不存在通过关联交易操纵利润的情形。

6. 财务要求：发行前 3 年的累计净利润超过 3 000 万元人民币；发行前 3 年累计净经营性现金流超过 5 000 万元人民币或累计营业收入超过 3 亿元；无形资产与净资产比例不超过 20%；过去 3 年的财务报告中无虚假记载。

7. 股本及公众持股：发行前不少于 3 000 万股；上市股份公司股本总额不低于人民币 5 000 万元；公众持股至少为 25%；如果发行时股份总数超过 4 亿股，发行比例可以降低，但不得低于 10%；发行人的股权清晰，控股股东和受控股股东、实际控制人支配的股东持有的发行人股份不存在重大权属纠纷。

8. 其他要求：发行人最近 3 年内主营业务和董事、高级管理人员没有发生重大变化，实际控制人没有发生变更；发行人的注册资本已足额交纳，发起人或者股东用作出资的资产的财产权转移手续已办理完毕，发行人的主要资产不存在重大权属纠纷；发行人的生产经营符合法律、行政法规和公司章程的规定，符合国家产业政策；最近 3 年内不得有重大违法行为。

（三）上市公司增发新股条件

增发股票是指上市公司为了再融资而再次发行股票的行为。增发股票除应满足公开发行股票的一般条件外，还应满足《上市公司证券发行管理办法》的相应规定。

1. 最近 3 个会计年度加权平均净资产收益率平均不低于 6%。扣除非经常性损益后的净利润与扣除前的净利润相比，以低者作为加权平均净资产收益率的计算依据。

2. 除金融类企业外，最近一期末不存在持有金额较大的交易性金融资产和可供出售的金融资产、借与他人款项、委托理财等财务性投资的情形。

3. 发行价格应不低于公告招股意向书前 20 个交易日公司股票均价或前一个交易日的均价。

（四）上市公司配股条件

配股发行是上市公司增资发行的一种，是指上市公司在获得有关部门的批准后，向其现有股东提出配股建议，使现有股东可按其所持有股份的比例认购配售股份的行为。它是上市公司发行新股的一种方式。《上市公司证券发行管理办法》规定，向原股东配售股份除应满足证券公开发行的一般条件外，还应满足以下条件：

1. 拟配售股份数量不超过本次配售股份前股本总额的 30%。

2. 控股股东应当在股东大会召开前公开承诺认配股份的数量。

3. 采用证券法规定的代销方式发行。控股股东不履行认配股份的承诺，或者代销期限届满，原股东认购股票的数量未达到拟配售数量70%的，发行人应当按照发行价并加算银行同期存款利息返还已经认购的股东。

（五）上市公司非公开发行股票条件

《上市公司证券发行管理办法》对上市公司非公开发行股票的发行对象、发行价格、发行条件以及不得发行的情形做出了具体规定。股票非公开发行对象应当符合股东大会决议规定的条件，且数额上不超过10名。如果股票非公开发行对象为境外战略投资者的，应当经相关部门批准。

1. 该办法第三十八条规定了上市公司非公开发行股票应当符合以下具体要求：

（1）发行价格不低于定价基准日前20个交易日公司股票均价的90%。

（2）本次发行的股份自发行结束之日起，12个月内不得转让；控股股东、实际控制人及其控制的企业认购的股份，36个月内不得转让。

（3）募集资金使用符合一定的要求。

（4）本次发行将导致上市公司控制权发生变化的，还应当符合中国证监会的其他规定。

2. 该办法对上市公司不得非公开发行股票的情形也做了具体规定：

（1）本次发行申请文件有虚假记载、误导性陈述或重大遗漏。

（2）上市公司的权益被控股股东或实际控制人严重损害且尚未消除。

（3）上市公司及其附属公司违规对外提供担保且尚未解除。

（4）现任董事、高级管理人员最近36个月内受到过中国证监会的行政处罚，或者最近12个月内受到过证券交易所公开谴责。

（5）上市公司或其现任董事、高级管理人员因涉嫌犯罪正被司法机关立案侦查或涉嫌违法违规正被中国证监会立案调查。

（6）最近一年及一期财务报表被注册会计师出具保留意见、否定意见或无法表示意见的审计报告。保留意见、否定意见或无法表示意见所涉及事项的重大影响已经消除或者本次发行涉及重大重组的除外。

（7）严重损害投资者合法权益和社会公共利益的其他情形。

四、股票发行价的确定方法

（一）股票发行价格的种类及基本规定

股票发行价格指公司将股票公开发售给特定或非特定投资者所采用的价格。

根据发行价与票面金额的不同差异，发行价格可以分为面值发行、溢价发行和折价发行。

《证券法》规定公司发行可以溢价或者平价发行，但不得折价发行。如果股票发行采取溢价发行的，其发行价格由发行人与承销的证券公司协商确定。

一般而言，在确定股票发行价格时应综合考虑公司的盈利水平、公司潜力、发行数量、行业特点以及股市状态等影响股价的基本因素。

（二）股票发行定价方法介绍

1. 市盈率法

市盈率又称本益比（简写为 P/E），是指股票市场价格与每股收益的比率。计算公式为：

$$市盈率 = 股票市价 / 每股净盈利$$

$$每股净盈利 = 税后利润 / 股份总额$$

每股税后利润的计算通常有两种方法：一种为完全摊薄法，即用发行当年预测全部税后利润除以总股本，直接得出每股税后利润；另一种是加权平均法。

加权平均法的计算公式为：

$$发行当年每股预测盈利 = 发行当年预测盈利 \div 发行当年加权平均股数$$

其中：

$$发行当年加权平均股数 = 原股数 + 本次发行股数 \times 权数$$

$$权数 = 新股发行到本会计年度结束所余时间（月）\div 12（月）$$

$$= (12 - 发行月数) \div 12$$

通过市盈率法确定股票发行价格，首先应根据专业会计师审核后的盈利预测计算出发行人的每股净盈利；其次可根据二级市场的平均市盈率、发行人的行业情况（同类营业公司的股票市盈率）、发行人的经营状况及其成长性等拟订发行市盈率；最后依发行市盈率与每股净盈利之乘积决定发行价。发行价计算公式为：

$$发行价 = 每股净盈利 \times 发行市盈率$$

不同的方法得到不同的发行价格。理论上，采用全面摊薄法计算股票的发行价较加权平均法计算的低。但每股税后利润确定采用加权平均法较为合理，因为股票发行的时间不同，资金实际到位的先后将对企业效益产生较大影响，同时投资者只有在购股后才应享受应有的权益。

【例 5.1】某拟上市公司预计税后净利 9 000 万元，现有 3 000 万股份，拟在 4 月再次公开发行 6 000 万股股份，同行业类似公司平均市盈率为 15。计算发行市价。

采用加权平均法确定股票发行价格：

$$每股净利 = \frac{9\,000}{3\,000 + 6\,000 \times \frac{12-4}{12}} = 1.286（元/股）$$

则每股发行价为：$1.286 \times 15 = 19.29$（元）

采用全面摊薄法确定股票发行价格：

每股净利 = $9\,000 / (3\,000 + 6\,000) = 1$（元/股）

股票发行价 = $15 \times 1 = 15$（元）

2. 净资产倍率法

净资产倍率法又称资产现值法，指通过资产评估（物业评估）和相关会计手段确定发行人拟募股资产的净现值和每股净资产值，然后根据证券市场的状况将每股净资产值乘以一定的倍率或一定折扣，以此确定股票发行价格的方法。净资产倍率法常用于房地产公司或资产现值有重要商业意义的公司的股票发行。以此种方式确定每股发行价格不仅应考虑公平市值，而且还需考虑市场所能接受的溢价倍数或折扣倍率。我国在20世纪90年代初期国有企业改制上市时，为防止国有资产流失或股票定价过低，曾对股票发行定价的下限做过规定，股票发行价不得低于净资产的0.65倍。

净资产倍率法下确定的发行价公式为：

发行价格 = 每股净资产值 × 溢价倍率（折扣倍率）

3. 现金流量折现法

基本思想是根据任何资产的价值是其预期会产生的现金流量的折现值总和来估计价格的。现金流量折现法通过预测公司未来盈利能力，据此计算出公司净现值，并按一定的折扣率折算，从而确定股票发行价格。该方法首先是用市场接受的会计手段预测公司每个项目未来若干年内每年的净现金流量，再按照市场公允的折现率，分别计算出每个项目未来的净现金流量的净现值。公司的净现值除以公司股份数，即为每股净现值。由于未来收益存在不确定性，发行价格通常要对上述每股净现值折让20%～30%。

国际主要股票市场对新上市公路、港口、桥梁、电厂等基建公司的估值和发行定价一般采用现金流量折现法。这类公司的特点是前期投资大，初期回报不高，上市时的利润一般偏低，如果采用市盈率法发行定价则会低估其真实价值，而对公司未来收益（现金流量）的分析和预测能比较准确地反映公司的整体和长远价值。用现金流量折现法定价的公司，其市盈率往往远高于市场平均水平，但这类公司发行上市时套算出来的市盈率与一般公司发行的市盈率之间不具可比性。

4. 协商定价法

发行价由发行公司、主要股东、保荐人或承销商共同议定。各方议定价格时,考虑的诸多因素有公司净值、公司营运状况、公司管理阶层能力、公司获利前景、证券市场现状与其他已上市同业市值、公司于同业间之业界地位和发行量。相对定价法,就是运用一些共同的变量,如盈余、现金流量、账面价值等,从其他已上市公司的股价推出初次公开募集公司的发行价格。

最常用的相对定价法是使用行业的平均市盈率来对承销股票作评价,而其隐含的假设则是产业中的其他公司与被评价的公司性质相当,而且平均而言,市场对这些公司已公开交易股票的评价相当正确。

5. 累计投标定价法

累计投标定价法(book building method)有多种价格法和单一价格法两种。多种价格法的基本思路是,在这一方式下将从最高投标价开始,逐渐往下分配,直到拍卖的股票分配完为止。中标人是根据他们的投标价格购买新股,所以各中标人支付的价格不同,比起固定价格系统,竞价拍卖方式具备提供更高收入和更高的平均发行价格的潜能。主要缺点是可能令少数以最低价格成功分配到股票的投资人高兴,而认购价高者则未必感到舒服。

单一价格法的基本思路是,分配到股票的投标者,将全部按照一个价格支付股款,而不是按照个别所投标的价格,无人会因多付股款而感到不甘心。投资者根据自己的意愿决定投标价格和数量。主承销商对投资者的全部预约申购按报价由高到低排序,直到发售的股票分配完为止,此时的价格即为最终发行价格。这一方式的缺点是:鼓励过高的申购价,因为申购者不用支付所标的价格,而是支付最终的发行价,投资人为了确保获得配股,尽可能提高自己的申购价,因而导致太高的成功标价,从而令股票随后在二级市场交易时股价疲软。

6. 上网竞价法

上网竞价发行是指发行人和主承销商利用证券交易所的交易系统,由主承销商作为新股的唯一卖方,以发行人宣布的发行底价为最低价格,以新股实际发行量为总的卖出数,由投资者在指定的时间内竞价委托申购,发行人和主承销商以价格优先的原则确定发行价格并发行股票。发行底价由发行人和承销商根据发行人的经营业绩、盈利预测、投资的规模、市盈率、发行市场与股票交易市场上同类股票的价格及影响发行价格的其他因素,共同研究协商确定。

(三)我国股票发行定价方法的历史演变

我国新股发行方式经历了多次变革,早期股票公开发行曾尝试过类似私募和推销的方式，然后经历了从限量发售认购证、无限量发售认购证、与储蓄存款挂钩、全额预交比例配售、上网竞价、上网定价，向二级市场投资者配售等，再到2004年对首次公开发行股票采用询价制，正式确立了市场化的股票发行定价机制。每一次发行定价方式的改变都引起了市场的广泛关注。

1. 第一阶段（1990~1995年）：固定价格

沪深股市建立以前，公司股票大部分按照面值发行，定价无章可循。证券市场建立初期，公司在股票发行的数量、发行价格和市盈率方面完全没有决定权，基本上由监管部门确定，大部分采用固定价格方式定价。从1994年开始，我国进行发行价格改革，曾在一段时间内实行竞价发行，当时由于股票市场规模太小，股票供给与需求极不平衡，股票发行定价往往较高。只是进行了几个试点，以后便不再使用。

2. 第二阶段（1996~1999年）：相对固定市盈率定价

1999年《证券法》实施以前，新股发行定价使用的是相对固定市盈率的定价方法，新股的发行价格根据企业的每股税后利润和一个相对固定的市盈率水平来确定，在此期间，由于股票发行方式和发行价格均带有明显的行政色彩，发行市盈率与二级市场的平均市盈率脱节，造成股票发行价格和二级市场交易价格之间的巨大差异，新股上市当天一般均有50%~250%的涨幅，由此导致一系列问题。由于一级市场与二级市场的利差，使新股风险加大，新股一进入二级市场市盈率就较高，持股风险加大。

1997年1月18日，中国证监会发布《关于股票发行与认购方式的暂行规定》的通知，对新股发行与认购明确规定三种方式，即"上网定价"、"与储蓄存款挂钩"和"全额预交款方式"。这几种方式的发行程序、发行费用等虽然不同，但在定价和股份分配方面并无本质差别，均是固定价格公开认购方式的不同实现形式。定价方法以市盈率倍数法为主，发行市盈率基本维持在13~16倍之间。

1998年8月，中国证监会发出通知，证券投资基金可以申请配售新股。1999年11月，基金的新股申购特权进一步扩大，公开发行量在5 000万股及以上的新股，都按不低于公开发行量的20%的比例供各基金申请配售，每只基金一年内用于配售新股资金比例由15%提高到不超过30%。2000年5月，基金配售新股的特权被取消。

3. 第三阶段（2000~2004年）：累积投标定价

1999年7月1日生效的《证券法》在新股发行定价方式上规定，"股票发行采取溢价发行的，其发行价格由发行人与承销的证券公司协商确定，报国务院监管机构核准。"表明我国在证券市场的价格机制上,向市场化迈进了一大步。7月28日证监会发布《关于进一步完善股票发行方式的通知》,对新股发行定价的市场化作了进一步的明确规定,股本总额在4亿元以上的公司,可采用对一般投资者上网发行和对法人配售相结合的方式发行股票。当然这种定价也要通过中国证监会的审核,该措施利于在一定基础上实现新股的价格发现功能。从通知中可以看出,新股发行定价可以超出发行价格区间,但是超出量的界限并没有明确。在市场运行中,创新出累积投标的新股发行定价方式。2001年5月中国证监会发布《新股发行上网竞价方式指导意见(征求意见书)》,明确了累积投标定价方式,包括申购倍率法和基准价格法两种具体方法。

4. 目前采用询价制进行定价(2005年至今)

2004年8月30日,中国证监会下发了《关于首次发行股票试行询价制度若干问题的通知》,规定首次公开发行股票的公司及其保荐机构应通过向基金公司、证券公司、信托公司、财务公司、保险机构及QFII等询价对象询价的方式来确定股票发行价格,这是我国新股发行方式的又一次创新,也给了市场、机构投资者和流通股东更大的发言权。

2005年1月1日试行首次公开发行股票询价制度。即通过向询价对象询价的方式确定股票发行价格,标志着我国首次公开发行股票市场化定价机制的初步建立。2006年9月11日中国证监会审议通过《证券发行与承销管理办法》,该办法细化了询价、定价、证券发售等环节的有关操作规定。

询价分为初步询价和累计投标询价。

在初步询价阶段。发行人及其主承销商应当通过初步询价确定发行价格区间,在发行价格区间内通过累计投标询价确定发行价格。未参与初步询价或者参与初步询价但未有效报价的询价对象,不得参与累计投标询价和网下配售。

累计投标询价阶段分为以下三种形式:

一是网上累计投标询价,是指由主承销商将公司发行股票总额输入其在交易所的股票发行专户中,并作为股票的唯一"卖方",按网上累计投标询价结果最终确定的发行价格作为卖出价。

二是网下累计投标询价,是指网下对战略投资者和证券投资基金累计投标询价申购。

三是网上、网下累计投标询价,指在价格区间内网下向战略投资者、证券投资基金累计投标询价和网上向社会公众投资者累计投标询价相结合的发行方式。

如果首次发行的股票在中小企业板、创业板上市的,发行人及其主承销商可以根据初步询价结果确定发行价格,不再进行累计投标询价。

五、公开发行股票的初始信息披露及法定文件

（一）招股说明书

招股说明书（prospectus）是供社会公众了解发起人和将要设立公司的情况，说明公司股份发行的有关事宜，指导公众购买公司股份的规范性文件。公司首次公开发行股票，必须制作招股说明书。其内容主要涉及发行概况、风险因素、发行人基本情况、主要业务和技术、同业竞争与关联交易、董事、监事、高级管理人员与核心技术人员、公司治理、财务会计信息、募集资金运用、股利分配政策和其他重要事项等。因招股说明书内容较多，不方便投资者阅读，公司发行股票时往往还发布招股说明书摘要，对招股说明书中的重要问题专门列出。中国证监会2006年修订的《公开发行证券的公司信息披露内容与格式准则第1号——招股说明书》详细规定了招股说明书的格式和内容。

（二）上市公告书

上市公告书（listing report）是指上市公司按照证券法规和证券交易所业务规则的要求，于其证券上市前，就其公司自身情况及证券上市的有关事宜，通过证券上市管理机构指定的报刊向社会公众公布的宣传和说明材料。上市公告书的内容应包括下列事项：证券获准在交易所交易的日期和批准文号；证券发行情况；公司创立大会或股东大会同意公司证券在证交所交易的决议；公司董事、监事和高级管理人员简历及其持有本公司证券情况；公司近3年或成立以来的经营业绩和财务状况以及下一年的溢利预测文件；证券交易所要求载明的其他事项。我国证监会在2001年5月，发布《公开发行证券的公司信息披露内容与格式准则第7号——股票上市公告书》，详细规定了上市公告书需要载明的重要事项。

（三）承销机构名称及有关的协议

证券承销协议（securities underwriting agreement）是证券发行人与证券公司之间签署旨在规范和调整证券承销关系以及承销行为的合同文件。具体来说，它是证券公司等证券经营机构担任主承销商或联合主承销商承销证券时，与发行人签订的包销或者代销协议。其内容主要包括：当事人的名称、住所及法定代表人的姓名；包销、代销证券的种类、数量、金额及发行价格；承销期限及起止日

期;付款方式及日期;承销费用和结算办法;违约责任等。

(四) 其他文件

公司公开发行股票时,还需要披露的其他文件主要有公司营业执照、公司章程、股东大会和董事会决议、财务审计文件、法律文件等。

六、股票发行程序

股票的发行必须严格遵循法律法规规定的程序,任何未经法定程序发行的股票都不具有法律效力。不同的国家或地区、不同的证券市场以及不同的股票发行审核制度下,其股票发行的程序也不尽相同。在目前我国股票发行核准制度下,以首次公开发行股票并上市为例,一般分为三个阶段。

(一) 公开发行股票前的准备工作

1. 选定承销机构,提出承销方案和草拟承销协议

拟发行股票公司与承销商进行双向选择。发行公司根据股票承销商的声誉和能力、承销经验和类似发行能力、股票分销能力、上市股价稳定能力以及承销费用等选择主承销商。承销商选择股票发行公司时,一般考虑如下几方面:是否符合股票发行条件,是否受市场欢迎,是否具备优秀的管理层,是否具备增长潜力。

发行人选定承销机构后,双方需草拟股票发行承销协议。承销协议一般载明:当事人的名称、住所及法定代表人的姓名,承销方式,承销股票的种类、数量、金额及发行价格,承销期及起止日期,承销付款的日期及方式,承销费用计算、支付方式和日期,违约责任,其他需要约定的事项。

2. 组建发行工作小组

股票发行公司与承销商双向选定以后,就开始组建发行工作小组。发行工作小组除承销商和发行公司以外,还需聘请包括会计师事务所、资产评估机构、律师事务所等专业性机构,对公司的资信、资产、财务状况进行审定、评估和就有关事项出具法律意见书。

3. 尽职调查与辅导

尽职调查(due diligence)是指中介机构(包括证券公司、律师事务所和会计师事务所等)在股票承销时,以本行业公认的业务标准和道德规范,对股票发行人的独立性进行调查(包括上市公司与具有实际控制权的法人或其他组织及其他关联企业在人员、资产、财务上的分开情况），前次募集资金使用情况，财务与经营风险，未来可持续发展能力，以及市场的有关情况及有关文件的真实性、准确性、完整性进行的核查、验证等专业调查。为不断提高股票发行工作水平，主承销商在报送申请文件前，应对发行人进行辅导，并出具承诺函。在辅导期间，主承销商或者保荐人主要从下面几个方面对发行人进行辅导，使之符合证券公开发行上市的条件和有关规定：与发起人、大股东、实际控制人之间在业务、资产、人员、机构、财务等方面相互独立，不存在同业竞争、显失公允的关联交易以及影响发行人独立运作的其他行为；公司治理、财务和会计制度等不存在可能妨碍持续规范运作的重大缺陷；高管人员已掌握进入证券市场所必备的法律、行政法规和相关知识，知悉上市公司及其高管人员的法定义务和责任，具备足够的诚信水准和管理上市公司的能力及经验。

为了使发行人符合公开发行的条件或在公开发行时取得更好的效果，往往会在承销商的指导下对发行人进行重组。重组方案的制定应尽量做到：发行人主体明确，主业突出、资本债务结构得到优化；财务结构与同类上市公司比较，具有一定优越性；使每股税后利润较大，从而有利于企业筹集到尽可能多的资金；有利于公司利用股票市场进行再次融资；减少关联交易；避免同业竞争等。

4. 制定股票发行方案

由发行人会议或者董事会制定股票发行方案，并提请股东大会做出同意公开发行股票的决议，股票发行方案包括发行股票的种类和数额、发行价格、发行方式、筹资目的和运用计划等。股份有限公司在初创时期发行股票，由发行人会议做出发行决议，但增资发行时必须召开股东大会做出发行决议。

5. 准备各项申请文件

股票公开发行是一个相当复杂的过程，需要许多中介机构及相关机构的参与，准备大量的材料。主承销商必须协调好各有关机构的工作，以保证所有材料在规定时间内完成。首次公开发行需提交的申请文件主要有：

（1）发行股票的申请报告；

（2）发行人会议或股东大会做出的公开发行股票的决议；

（3）政府批准设立股份公司的文件；

（4）由工商行政管理部门颁发的股份公司营业执照或者股份公司筹建登记证明；

（5）公司章程或者公司章程草案；

（6）招股说明书；

（7）募集资金运用的可能性报告；
（8）承销机构的名称及有关的协议；
（9）保荐机构的名称，保荐协议，及发行保荐书；
（10）发行人近3年的财务会计报告；
（11）律师事务所出具的法律意见书。

（二）公开发行股票的审核阶段

1. 中国证监会受理申请文件

发行人按照中国证监会颁布的《公司公开发行股票申请文件标准格式》制作申请文件，由主承销商或者保荐人推荐并向中国证监会申报。中国证监会收到申请文件后在5个工作日内做出是否受理的决定。未按规定要求制作申请文件的，不予受理。同意受理的，根据国家有关规定收取审核费。

2. 中国证监会初审

中国证监会受理申请文件后，对发行人申请文件的合规性进行初审，并在30日内将初审意见函告发行人及其主承销商。主承销商自收到初审意见之日起10日内将补充完善的申请文件报至中国证监会。中国证监会在初审过程中，将就发行人投资项目是否符合国家产业政策征求国家发展计划委员会和国家经济贸易委员会意见，两委自收到文件后在15个工作日内，将有关意见函告中国证监会。

3. 发行人预先披露招股说明书

申请文件受理后、发行审核委员会审核前，发行人应当将招股说明书（申报稿）在中国证监会网站预先披露。发行人也可以将招股说明书（申报稿）刊登于其企业网站，但披露内容应当完全一致，且不得早于在中国证监会网站的披露时间。这里应注意的是，预先披露的招股说明书（申报稿）不是发行人发行股票的正式文件，不能含有价格信息。股票发行预披露制度强化了社会监督，促进发行人和保荐机构增强责任和诚信意识，提高上市公司质量。

4. 发行审核委员会审核

中国证监会对按初审意见补充完善的申请文件进一步审核，并在受理申请文件后60日内，将初审报告和申请文件提交发行审核委员会审核。发行审核委员会由一定资质的专业人员和有关专家组成，以投票方式对股票发行申请进行表决，提出审核意见。

5. 中国证监会核准发行

依据发行审核委员会的审核意见，中国证监会对发行人的发行申请做出核准或不予核准的决定。予以核准的,出具核准公开发行的文件。不予核准的,出具书面意见,说明不予核准的理由。中国证监会自受理申请文件到做出决定的期限为3个月。

6. 发行人提出复议申请

发行申请未被核准的企业,接到中国证监会书面决定之日起60日内可提出复议申请。中国证监会收到复议申请后60日内,对复议申请做出决定。

7. 公开发行股票

发行人在获得中国证监会同意其公开发行股票的核准后,就可以按照核准发行方案发行股票。

(三) 实施股票公开发行方案

在股票公开发行取得核准的前提下,发行公司着手实施股票公开发行。其发行流程如表5.1所示。

表5.1　　　　　　　　股票公开发行日程安排

日期	活动安排
T-6日	刊登招股意向书和发行安排及初步询价公告
T-5日~T-3日	进行网下初步询价和网下累计投标询价
T-2日	刊登网上发行公告,启动网上发行
T-1日	网上路演,网下申购
T日	投资者网上申购
T+1日	冻结申购资金
T+2日	验资、配号
T+3日	摇号、抽签
T+4日	解冻申购资金、募集资金划转

七、我国境内企业境外发行上市

境内企业可以选择境内上市和境外上市两种方式。目前境内的上市融资途径有三个:主板市场发行A股和B股、中小企业板和创业板市场发行上市。国内企业海外上市的途径虽然非常多,但归纳起来无外乎两大类:直接上市与间接上市。

(一) 境内企业境外上市方式

1. 境外直接发行上市

境外直接上市即直接以境内公司的名义向境外证券主管部门申请登记注册,并发行股票(或其他衍生金融工具),并向当地证券交易所申请挂牌上市交易。即通常所说的 H 股、N 股、S 股等。H 股,是指境内企业在香港联合交易所发行股票并上市,取 Hongkong 第一个字母"H"为名;N 股,是指境内企业在纽约交易所发行股票并上市,取 New York 第一个字母"N"为名,同样 S 股是指境内企业在新加坡交易所上市。通常,境外直接上市都是采用 IPO 方式进行。程序较为复杂,因为需要经过境内、境外监管机构审批,成本较高,所聘请的中介机构也较多;花费的时间较长。但是,IPO 有三大好处:一是公司股价能达到尽可能高的价格;二是公司可以获得较大的声誉;三是股票发行的范围更广,筹集资金更大。所以从公司长远的发展来看,境外直接上市应该是境内企业境外上市的主要方式。

境外直接上市的主要困难在于:境内法律与境外法律不同,对公司的管理、股票发行和交易的要求也不同。准备在境外直接上市的公司需通过与中介机构密切配合,探讨出符合境内、境外法规及交易所要求的上市方案。

2. 境外间接上市

由于直接上市程序繁杂,成本高,时间长,所以许多企业,尤其是民营企业为了避开境内复杂的审批程序,会以间接方式在境外上市。即境内企业在境外注册公司,境外公司以收购、股权置换等方式取得境内资产的控股权,然后将境内公司拿到境外交易所上市。间接上市主要有两种形式:买壳上市和造壳上市。其本质都是通过将境内资产注入壳公司的方式,达到拿境内资产上市的目的,壳公司可以是已上市公司,也可以是拟上市公司。间接上市的好处是成本较低,花费的时间较短,可以避开境内复杂的审批程序。但有三大问题要妥善处理:向中国证监会报材料备案、壳公司对境内资产的控股比例问题和选择上市时机。

3. 其他境外上市方式

境内企业在境外上市通常采用直接上市与间接上市两大类,但也有少数公司采用存托凭证和可转换债券上市。这两种上市方式往往是已在境外上市企业再次融资时采用的方式。

(1) 存托凭证 (depositorg receipt, DR):是一种可转让的、代表某种证券的证明,包括 ADR (美国存托凭证) 和 GDR (全球存托凭证)。

(2) 可转换债券 (convertible bond): 是公司发行的一种债券,它准许证券持有人在债务条款中规定的未来的某段时间内将这些债券转换成发行公司一定数量的普通股股票。

(二) 公司申请境外上市条件

境内企业申请到境外主板市场发行股票并上市的条件主要有:
1. 符合我国有关境外上市的法律、法规和规则。
2. 筹资用途符合国家产业政策、利用外资政策及国家有关固定资产投资立项的规定。
3. 净资产不少于4亿元人民币,过去一年税后利润不少于是6 000万元人民币,并有增长潜力,按合理预期市盈率计算,筹资额不少于5 000万美元。
4. 具有规范的法人治理结构及较完善的内部管理制度,有较稳定的高级管理层及较高的管理水平。
5. 上市后分红派息有可靠的外汇来源,符合国家外汇管理的有关规定。
6. 证监会规定的其他条件。

(三) 公司申请境外上市须报送的文件

1. 申请报告。内容包括:公司历史及业务概况,重组方案与股本结构,符合境外上市条件的说明,经营业绩与财务状况(最近3个会计年度的财务报表、本年度税后利润及依据),筹资用途。申请报告须经全体董事或全体筹委会成员签字,公司或主要发起人盖章。同时,填写境外上市申报简表。
2. 所在地省级人民政府或国务院有关部门同意公司境外上市的文件。
3. 境外投资银行对公司发行上市的分析推荐报告。
4. 公司审批机关对设立股份公司和转为境外募集公司的批复。
5. 公司股东大会关于在境外募集股份及上市的决议。
6. 国有资产管理部门对资产评估的确认文件、国有股权管理的批复。
7. 国土资源管理部门对土地使用权评估确认文件、国有股权管理的批复。
8. 公司章程。
9. 招股说明书。
10. 重组协议、股权协议及其他关联交易协议。
11. 法律意见书。
12. 审计报告、资产评估报告及盈利预测报告。
13. 发行上市方案。

14. 证监会要求的其他文件。

(四) 境外上市的审批程序

1. 确定中介机构和重组方案。一般来讲，境内企业在明确其境外上市融资的意向后，应该首先确定包括证券公司、律师事务所和会计师事务所在内的中介机构，商议并确定其重组方案。通常企业需要根据自身状况，按照重组方案将其重组为一个适合上市的公司。需特别指出的是，如果公司拟纳入上市公司的业务，涉及外商投资产业政策问题，公司须在上述所有步骤之前，取得国家行政主管部门（局）关于公司重组及境外募集股份的同意。这是公司确定重组方案的先决条件。

在重组的同时，企业需由土地评估机构、资产评估机构分别对重组范围内的土地资产及其他资产进行评估，制作评估报告，并报有关部门确认。财务审计机构就公司前3年的财务状况出具有关法律文件，并制作公司设立的法律意见书。

2. 向中国证监会报送文件，作为企业境外上市的预申请。根据中国证监会发布的《关于企业申请境外上市的有关问题的通知》（1999年7月14日发布并实施）的要求，企业在向境外证券交易所提出申请前3个月，应向中国证监会报送有关文件。企业确定中介机构后，还应将中介机构名单报中国证监会备案。

3. 向国家商务部报送有关文件，申请设立股份有限公司，召开创立大会，进行公司登记注册，发起人应通过省级人民政府向国家商务部提出设立股份有限公司的申请，并报送相关文件。在国家商务部做出批准设立股份有限公司的批复后，发起人即可召开创立大会，通过公司章程，并办理工商注册手续。领取营业执照后，股份公司即依法成立。

4. 向境外交易场所提出上市的初步申请，递交规定表格。在递交表格前5个工作日，应将该表格的填写内容报中国证监会备案。

5. 召开临时股东大会，通过公司章程及选举独立董事，并批准公司转为社会募集股份公司并在境外上市。在公司正式注册成立后，即应召开临时股东大会，通过按照中国证监会发布的《境外上市公司章程必备条款》（1994年8月27日发布并实施）修订公司章程，并通过选举独立董事、批准公司转为社会募集股份有限公司并在境外上市等决议。

6. 向国家商务部报送有关文件，申请转为社会募集股份有限公司。股份公司通过省级人民政府向国家商务部提出转为社会募集股份有限公司的申请，并向其报送文件。

7. 向中国证监会提交有关文件，申请在境外公开发行股票并上市。在获得国家商务部的批复后，即可向中国证监会提出境外上市的正式申请，并报送相关文件。

8. 向境外交易所提出上市的正式申请。取得中国证监会的正式批复后，股份公司即可向境外交易所提出正式申请。获得核准后，公司进行路演及股票公开发行，并在交易所挂牌上市。

第三节 债券发行市场

债券发行市场又称债券一级市场，是发行单位初次出售新债券的市场。债券发行市场的作用是将政府、金融机构以及工商企业等为筹集资金向社会发行的债券，分散发行到投资者的手中。

一、债券发行目的

发行债券，是为了筹措资金以达到某种目的。不同的债券发行主体包括中央政府、地方政府、金融机构、企业或公司、国际组织等，其债券发行目的各异。一般来说，中央政府和地方政府发行债券的目的主要是弥补财政赤字和扩大公共投资，金融机构发行债券的目的是为了获得长期稳定的资金来源扩大贷款额和投资。公司发行债券的目的较为复杂，主要有以下几种。

（一）扩大公司筹资渠道

企业的资金来源，除了自身资本增值积累之外，还有取得银行贷款、发行股票和债券等途径。企业通过发行债券，又增加了一条集资渠道，增添了一种筹资方式，从而扩大企业的资金来源。

（二）降低资金成本

公司债券比起银行贷款来，贷款的条件往往比较苛刻，债券的条件则比较宽松；比起股票来，公司债券的付息低一些。因为债券具有安全性特点，其价格波动比较平缓，到期不仅可以收回本金，且收益也比较稳定，风险较小，因而债券利息率就可以定低一点。因此，公司债券能以相对低的价格售出，使公司筹集资金的成本相对较低。

（三）减少税收支出

公司债券利息属于公司的一种经营费用，列支在公司经营成本项目中。因此，可以从公司应纳税项目中扣除掉，这样，企业发行公司债券就可以减少税收支出。

（四）维持公司原股东对公司的控制权

债券购买者同公司的关系是债权债务关系，他们无权过问公司管理。所以无论发行多少债券，是否集中于少数人手中，都不会改变公司资本的所有关系，不能分散原有股东对公司的控制权。

二、债券的发行方式

债券发行方式主要有直接发行、代销发行、承购包销发行和招标拍卖发行。在债券市场发展的初期，一般采用直接发行、代销或者承购包销发行方式，债券的这三种发行方式与股票发行类似，不再赘述。在成熟的债券发行市场中，最常见的、采用最多的发行方式是招标拍卖发行。招标拍卖发行属于债券间接发行方式，是一种特殊的债券承销方式。

（一）招标承销

所谓招标承销是通过竞拍招标方式来确定债券发行的承销商和发行条件。其特点是采用竞争机制来确定价格，因而有利于发行者以低资金成本筹集资金。此外，招标发行还有利于缩短发行时间，促进债券一、二级市场之间的衔接。基于这些优点，招标发行已成为世界各国债券发行的主要方式。

招标有两种具体方式：竞争性招标和非竞争性招标。

竞争性招标，是指债券发行人确定发行总额和标的，通过招标系统发布招标书，符合一定资质的投标者根据自身和客户需求在规定的时间内提出愿意认购的债券价格（或利率）和数量，在一定的招标规则下确定发行价格（或利率）。这里，一定资质的投标者通常被称为一级承销商。决定中标的依据，就是发行价格的高低。投标者认购价格高，招标者受益就大，所以出价高者胜出。

非竞争投标是指债券认购者只申报认购的数量，其中标收益率由竞争性招标的结果而定，在单一价格招标时非竞争性招标人接受的是统一的中标收益率，在多种价格招标时接受的往往是所有中标收益率的加权平均值。这种投标方式，实际上是一种数量招标，只有在认购数量不大时，才允许认购者采用，主要是为照顾小额认购人的利益而设定。在美国，对于个人投资者通常采用非竞争性投标。

根据招标竞争标的物不同，招标发行又可分为交款期招标、价格招标和收益率招标。

1. 交款期招标

交款期招标是指在债券的票面利率和发行价格已经确定的条件下，按照承销机构向发行者交款的先后顺序获得中标权利，直至满足预定发行额为止。以交款期为标的，债券发行以募满发行额为止，中标人的最迟交款期作为全体中标人的最终交款日期，所有中标人的交款日期相同。一般情况下，交款期间招标适用于招标机制不很健全的环境，或者债券市场发展的初级阶段。

2. 价格招标

价格招标主要用于贴现债券的发行，具体是按投标人所报买价从高到低的顺序排列，报价高者优先中标，直至满足预定发行额为止。一般情况下，若中标人以所有中标价格中的最低价格认购中标的债券数额，则为荷兰式招标，因其首先产生在荷兰而得名。若投标人在中标后分别以各自出价来认购债券，则为美国式招标，因美国最常采用而得名。

在以价格为标的的美国式招标制度下，全场加权平均中标价格为债券的发行价格，各中标机构按各自中标价格承销。低于发行价格一定程度的标位，全部落标。如果投标人的标位背离全场加权平均投标价格一定程度则视为无效投标。在实际发行中，债券发行人往往为了最大限度地降低发行成本，吸引投标人，往往把高于或等于全场加权平均中标价格的标位，按全场加权平均中标价格购买当期债券；将低于全场加权平均中标价格一定价位以内的标位，按各中标价格购买当期债券。

如在一场招标中，有三个投标人 A、B、C，他们投标价格分别是 85 元、80 元、75 元，那么按照"荷兰式"招标，中标价格为 75 元。倘若按照"美国式"招标，则 A、B、C 三者的中标价分别是 85 元、80 元和 75 元。如果投标人 A、B、C 的中标额分别为 90 亿元、60 亿元、50 亿元，那么，债券的发行价格为 81 元（$85 \times 90/200 + 80 \times 60/200 + 75 \times 50/200$）。由上可见，荷兰式招标的特点是"单一价格"，而美国式招标的特点是"多种价格"。我国目前短期贴现国债、短期融资券主要运用荷兰式价格招标方式予以发行。

3. 收益率或利率招标

收益率或利率招标主要用于附息债券发行，它同样可以分为荷兰式招标和美国式招标两种形式，原理与价格招标相似。债券的票面利率由投资者以招标方式进行竞争，按照投标人所报的收益率或利率由低到高依次中标，直到满足预定发行额为止。美国的国债发行主要采用招标发行。附息债券的票面利率，一般为所有中标收益率的加权平均数。收益率招标时，中标人的盈亏一般是由其缴款价格相对于面值的差额体现，即当中标收益率低于加权平均数时，则交款价格高于面值，反之，则相对盈利。

在收益率作为标的荷兰式招标制度下，最后中标认购收益率为所有中标收益率的最高收益率。当以加权平均中标收益率作为票面利率，将会使票面利率低于最高中标收益率，则全部中标人的认购交款价格低于面值，显然对发行人不利。所以，在荷兰式招标中，一般将最高中标收益率作为票面利率。

在收益率作为标的美国式招标制度下，把全场加权平均中标利率作为票面利率，各中标机构依各自及全场加权平均中标利率折算承销价格。在实际发行中，往往把低于或等于票面利率的标位，按面值承销；高于票面利率若干基点以内的标位，按各自中标利率与票面利率折算的价格承销；高于票面利率若干基点以上的标位，全部落标。背离全场加权平均投标利率一定基点以上的标位视为无效投标。

不论是交款期，还是价格或者收益率作为竞争标的物，均可按美国式招标方式，美国式招标因各自中标价格或收益率水平的不同，最能体现投标人的分析和决策能力，公平竞争最为明显。

下面举一个以利率为标的招标例子，对标的为利率的美国式招标进行阐述。

假设：某期国债竞争性招标量为 250 亿元，标的为利率，采用美国式招标方式进行招标。在实际招标过程中，全部承销商最低竞投标位是 3%，最高竞投标位是 4%。

按照美国式招标的规则，财政部将从 3% 开始的标位竞投数量进行累计，假设到 3.6% 时，竞投数量累计为 250 亿元。由此，这 3% ~ 3.6% 的利率区间就是计算美国式招标时全场加权平均中标利率的计算区间，具体计算方法是：将 3% ~ 3.6% 之间所有标位按照竞投数量进行加权平均，即可得出全场加权平均中标利率，我们假设这个利率是 3.4%，而我们将 3.6% 命名为最优中标标位。高于 3.6% 的标位则落标。

这样，就出现了两个利率区间段：3% ~ 3.4% 及 3.41% ~ 3.6%。

所有在 3% ~ 3.4% 的标位之间进行竞投的承销商，都将按照 3.4% 的利率进行承销。所有在 3.41% ~ 3.6% 之间进行竞投的承销商，都将按照各自投标利率进行承销。

因此，如果某承销商幸运地选择了在 3.41% ~ 3.6% 之间进行竞投，那么相对于那些按照全场加权平均中标利率进行承销的承销商而言，就拥有了一定的利差优势。

（二）债券分销

债券在一级市场上通过招标方式发行，承销商中标后，再向客户分销债券。所谓债券分销是指在债券发行人规定的分销期内，承销商向市场其他参与者进行销售的行为。与股票的承销团承销不同，债券的分销一般不允许在承销团成员间进行分销。

因为国债和金融债发行额比较巨大，所以国债和金融债券招标发行和分销一起构成债券一级市场。其中一级承销商是发行人每年根据上一年债券发行情况确定的资信状况较好的机构，只有这些机构才能在该发行人发行债券时进行投标，其他市场参与者如果想要持有该主体的债券，则需要向一级承销商认购。债券分销是金融机构成功参与债券发行的重要保障，是债券一级承销商在债券分销期内向其他市场参与者转让债券所有权的行为。目前我国国债和金融债券的发行采取发行人直接向一级承销商招标发行的方式，然后由一级承销商向市场其他参与者分销其所中标债券的模式。

债券的分销主要采用场内挂牌分销、场外签订分销合同以及商业银行柜台销售三种方式。

场内挂牌分销一般利用证券交易所的交易系统、银行间债券市场或中央债券登记结算系统，由承销商在交易时间内根据自己的意愿确定挂牌卖出债券的数量和价格，进行分销。分销对象为在国债登记公司开立债券账户及在证券登记公司开立股票和基金账户的各类投资者。

场外签订分销合同一般是承销商与大型金融或非金融机构投资者签订分销协议，通过债券分销，那些希望投资于各类债券而又无法在一级市场直接进行投标的大额投资需求得到满足，并获得价格上的一定优惠。

商业银行柜台销售是指利用商业银行密布的营业网点，把债券的销售终端直接延伸到规模巨大的储蓄资金市场，极大地拓展了债券的应债主体。随着银行业务网络化、电子化和安全化的快速发展，债券认购人除直接在银行柜台购买外，也可以通过网上银行、电话银行购买，足不出户就可以完成所有操作。

（三）我国债券的发行方式

1. 我国国债的发行方式

改革开放以来，我国国债发行方式经历了20世纪80年代的行政分配，90年代初的承购包销，到目前的定向发售、承购包销和招标发行并存并以招标发行为主的发展过程，总的变化趋势是不断趋向低成本、高效率的发行方式，逐步走向规范化与市场化。

（1）定向发售。定向发售方式是指定向养老保险基金、失业保险基金、金融机构等特定机构发行国债的方式，主要用于国家重点建设债券、财政债券、特种国债等品种，一般采用私募发行。

（2）承购包销，主要用于凭证式或者储蓄式国债的发行，由商业银行承购包销并利用银行营业网点分销。

（3）招标发行，主要用于我国记账式国债的发行，通过对一级自营商[①]的招标，确定国债的承销商和发行条件，利用证券交易所或者银行间债券市场进行分销。在实际招标中，根据中标规则，有荷兰式招标和美国式招标；根据发行对象的不同，招标标的有利率、利差和价格三种形式。

（4）代理发行，主要用于地方政府债券的发行。2009年我国为应对美国金融危机的负面影响，开启了地方政府发行债券的先河，由财政部代理发行地方政府债券。地方政府债券每期发行数额、发行时间等由地方政府与财政部协商确定，财政部代理发行地方政府债券，涉及地方政府的相关业务由地方财政部门负责办理。

2. 我国金融债券的发行方式

金融债券的发行方式比较复杂，不同发行主体和不同的金融债券类型，目前我国对其发行方式的要求也不同。金融债券包括普通债券和次级债券。根据我国《商业银行次级债券发行管理办法》（2004年）、《全国银行间债券市场金融债券发行管理办法》（2005年）和《全国银行间债券市场金融债券发行管理操作规程》（2009年）的规定，我国普通金融债券的发行主体是我国政策性银行、商业银行、企业集团财务公司及其他金融机构，次级金融债券的发行主体主要是政策性银行和商业银行。金融债券可在全国银行间债券市场公开发行，也可以定向私募发行；可以采取一次足额发行或限额内分期发行的方式，如果是分期发行同一类次级债券，发行人根据需要，应在募集说明书中详细说明每期发行时间及发行额度。在我国，金融债券不能直接发行，必须由承销人组建承销团，承销人可在发行期内向其他投资者分销其所承销的金融债券。承销可采用代销、协议承销、招标承销等方式。如果金融债券采用招投标发行则需要通过中国人民银行债券发行系统进行。

[①] 一级自营商是指具备一定资格条件、经政府主管机关批准的银行、证券公司、信托投资公司等金融机构，它们有责任包销每次国债发行量的一定比例，再通过各自的市场销售网络开展分销与零售业务。

证券公司和保险公司等非银行金融机构发行的普通债券和次级债券是特殊的金融债券，是证券公司和保险公司依法发行的、约定在一定期限内还本付息并有一定清偿顺序的有价证券。证券公司债券经核准可以向社会公开发行，也可以定向发行，如果是后者则只能向合格投资者发行。证券公司债券的承销可采取包销、代销或者直接销售方式。国际金融机构和国际金融组织在我国发行金融债券的方式也另有规定，依据中国证监会《国际开发机构人民币债券发行管理暂行办法》，在中国境内公开发行人民币债券必须组成承销团，承销商应当为在中国境内设立的具备债券承销资格的金融机构。

3. 我国企业债券或公司债券的发行方式

《企业债券管理条例》（1993年）规定"企业发行企业债券，应当由证券经营机构承销"，另外，《关于推进企业债券市场发展、简化发行核准程序有关事项的通知》（2004年）进一步强调了"企业不得自行销售企业债券"，所以我国企业债券的发行只能采用间接方式，主要采用代销、协议包销等方式发行。

对于按照公司法设立并合法运营的股份有限公司和有限责任公司发行公司债券。发行公司债券，可以申请一次核准，分期发行。自中国证监会核准发行之日起，公司应在6个月内首期发行，剩余数量应当在24个月内发行完毕。首期发行数量应当不少于总发行数量的50%，剩余各期发行的数量由公司自行确定，每期发行完毕后5个工作日内报中国证监会备案。

在这里，需要注意的是我国公司债券和企业债券是有区别的，差别在于发行主体不同。公司债券是由股份有限公司或有限责任公司发行的债券，《公司法》和《证券法》对此也做了明确规定，因此，非公司制企业不能发行公司债券。企业债券是由中央政府部门所属机构、国有独资企业或国有控股企业发行的债券，它对发债主体的限制比公司债券狭窄得多。

三、债券的发行程序

不同的债券类型，包括公司债券、金融债券和国债，因其发行主体不同，在发行程序方面除审核繁简程度、审核或备案部门略有差异外，基本上很相近。以公司债券公开发行为例，其发行程序一般如下：

（一）做出决议或决定

股份有限公司或有限责任公司发行公司债券，由董事会制定方案，股东大会或者股东会做出决议。

（二）申请发行

公司在做出发行公司债券的决议或者决定后，必须依照相应的法律法规规定的条件，向主管部门提交规定的申请文件，报请批准，所提交的申请文件，必须真实、准确、完整。主管部门提交的申请文件主要包括公司登记证明、公司章程、公司债券募集办法、资产评估报告和验资报告等。

（三）发行公司债券的审核

主管部门依照法定条件负责审核公司债券的发行，该部门应当自受理公司债券发行申请文件之日起一定期限内做出决定；不予核准的，应当做出说明。

（四）公告募集办法

发行公司债券申请经批准后，应当公告债券募集办法；在募集办法中应当载明下列事项：（1）公司名称；（2）债券总额和债券的票面金额；（3）债券的利率；（4）还本付息的期限和方式；（5）债券发行的起止日期；（6）公司净资产额；（7）已发行的尚未到期的公司债券总额；（8）公司债券的承销机构。

（五）公司债券的载明事项

公司发行公司债券，必须在债券上载明公司名称、债券票面金额、利率、偿还期限等事项，并由董事长签名，公司盖章。

（六）公司债券存根簿

公司发行公司债券应当置备公司债券存根簿。发行记名公司债券的，应当在公司债券存根簿上载明下列事项：（1）债券持有人的姓名或者名称及住所；（2）债券持有人取得债券的日期及债务的编号；（3）债券总额，债券的票面金额，债券的利率，债券的还本付息的期限和方式；（4）债券的发行日期。

（七）发行中不当行为的纠正

主管部门对已做出的审核公司债券发行的决定，发现不符合法律、行政法规规定的，应当予以撤销；尚未发行的，停止发行；已经发行公司债券的，发行的公司应当向认购人退还所交股款并加算银行同期存款利息。

四、债券的发行条件

债券发行条件是指债券发行者在以债券形式筹集资金时所必须考虑的有关因素，包括发行金额、票面金额、期限、偿还方式、票面利率、付息方式、发行价格、发行费用、税收效应以及有无担保等项内容。不同的国家或地区、不同发展程度的债券市场以及不同的债券类型，其法定发行条件也是在不断的调整变化。

以我国为例，各种债券的发行需要满足一定的法定条件。

（一）国债的发行条件

我国国债分为中央政府债券和地方政府债券。在发行实践中，中央政府债券主要有国库券、记账式债券、凭证式债券、储蓄国债以及特种国债等类型。我国财政部根据经济发展水平、财政赤字、预算内投资规模、国债还本附息额等因素，依据国债发行计划，确定发行规模、发行时机、发行条件和发行类别。目前，对于中央政府债券的发行，我国尚无完善、统一的立法。

2009年之前，我国不允许发行地方政府债券。但2008年美国爆发了金融危机并席卷全球，全球经济发展受到重创，我国出口业务也受到严重影响。为了扩大内需，促进经济平稳较快发展，2009年我国实施积极的财政政策，由财政部代理发行地方政府债券，主要用于民生工程、基础设施、生态环境和灾区重建等方面。但这种地方政府债券的发行需要中央政府批准，并要遵从严格的审批程序。中央根据地方政府的申请，确定地方政府债券发行配额，其本息和发行费用由地方政府统借统还。目前，对地方政府债券的发行、审批和监督尚无明确统一的法律规范。地方政府债券每期发行数额、发行时间等由地方政府与财政部协商确定，财政部代理发行地方政府债券涉及地方政府的相关业务由地方财政部门负责办理。具体方式是，地方财政部门根据用款需要，向财政部上报债券发行计划建议；财政部根据地方政府上报的债券发行计划建议，综合国债发行安排、金融市场运行、债券市场供求等因素，向地方财政部门提出调整建议；地方财政部门认可后向财政部确认。在此基础上，财政部按规定提前向社会公布发行计划，方便承销机构和投资者承销认购地方政府债券。

（二）企业债券的发行条件

企业申请发行企业债券需符合《证券法》、《公司法》、《企业债券管理条例》等法律法规及有关文件规定的条件和程序。2008年国家发展改革委发布了《关于推进企业债券市场发展、简化发行核准程序有关事项的通知》，对企业债券直接核准发行的条件及程序再次作了具体规定和调整。

企业申请公开发行企业债券应符合下列条件：

1. 股份有限公司的净资产不低于人民币3 000万元，有限责任公司和其他类型企业的净资产不低于人民币6 000万元。

2. 累计债券余额不超过企业净资产（不包括少数股东权益）的40%。

3. 最近3年平均可分配利润（净利润）足以支付企业债券一年的利息。

4. 筹集资金的投向符合国家产业政策和行业发展方向，所需相关手续齐全。用于固定资产投资项目的，应符合固定资产投资项目资本金制度的要求，原则上累计发行额不得超过该项目总投资的60%。用于收购产权（股权）的，比照该比例执行。用于调整债务结构的，不受该比例限制，但企业应提供银行同意以债还贷的证明；用于补充营运资金的，不超过发债总额的20%。

5. 债券的利率由企业根据市场情况确定，但不得超过国务院限定的利率水平。

6. 已发行的企业债券或者其他债务未处于违约或者延迟支付本息的状态。

7. 最近3年没有重大违法违规行为。

（三）公司债券的发行条件

1.《证券法》的要求

我国对公司债券的发行要求较为严格，《证券法》要求公开发行债券的条件包括：股份有限公司的净资产不低于人民币3 000万元，有限责任公司的净资产不低于人民币6 000万元；累计债券余额不超过公司净资产的40%；最近3年平均可分配利润足以支付公司债券一年的利息；筹集的资金投向符合国家产业政策；债券的利率不超过国务院限定的利率水平等。

如果公司存在下面三种情形，则不得再次公开发行公司债券：（1）前一次公开发行的公司债券尚未募足；（2）或者对已公开发行的公司债券或者其他债务有违约或者延迟支付本息的事实，仍处于继续状态；（3）改变公开发行公司债券所募资金的用途。

2.《公司债券发行试点办法》的规定

中国证券监督管理委员会颁布的《公司债券发行试点办法》的规定，发行公司债券，应当符合下列规定：

（1）公司的生产经营符合法律、行政法规和公司章程的规定，符合国家产业政策。

(2) 公司内部控制制度健全，内部控制制度的完整性、合理性、有效性不存在重大缺陷。

(3) 经资信评级机构评级，债券信用级别良好。

(4) 公司最近一期末经审计的净资产额应符合法律、行政法规和中国证监会的有关规定。

(5) 最近3个会计年度实现的年均可分配利润不少于公司债券一年的利息。

(6) 本次发行后累计公司债券余额不超过最近一期末净资产额的40%；金融类公司的累计公司债券余额按金融企业的有关规定计算。

如果公司申请公司债券上市交易，不仅要符合法定的公司债券发行条件，还要求公司债券的期限为一年以上及公司债券实际发行额不少于人民币5 000万元。此外，还应当满足交易所规定的上市条件。

（四）上市公司发行可转换公司债券的条件

上市公司发行可转换公司债券，除应满足《公司法》、《证券法》规定的条件外，还应满足《上市公司股东发行可交换公司债券试行规定》（2008年10月17日发布并实施），其主要发行条件如下：上市公司发行可转换为股票的公司债券，除应当符合第一款规定的条件外，还应当符合本法关于公开发行股票的条件，并报国务院证券监督管理机构核准。

1. 公司组织机构健全，运行良好，内部控制制度不存在重大缺陷；
2. 公司最近一期末的净资产额不少于人民币3亿元；
3. 公司最近3个会计年度实现的年均可分配利润不少于公司债券一年的利息；
4. 本次发行后累计公司债券余额不超过最近一期末净资产额的40%；
5. 本次发行债券的金额不超过预备用于交换的股票按募集说明书公告日前20个交易日均价计算的市值的70%，且应当将预备用于交换的股票设定为本次发行的公司债券的担保物；
6. 经资信评级机构评级，债券信用级别良好。

（五）金融债券的发行条件

金融债券是由银行和非银行金融机构发行的债券，它属于银行等金融机构的主动负债。在英、美等欧美国家，金融机构发行的债券归类于公司债券。在我国及日本等国家，金融机构发行的债券称为金融债券。在我国，金融债券的发行，不同于公司债券，不同的发行主体、不同的金融债券类型需要遵从不同的法律法规。因此，金融债券是一个特殊的债券品种。我国政策性银行、商业银行、企业集团财务公司、证券公司等发行金融债券有不同的规范，详见表5.2。

政策性银行发行金融债券。国家开发银行①、中国进出口银行和中国农业发展银行这三家银行作为发行体，只要按年向中国人民银行报送金融债券发行申请，并经中国人民银行核准后便可发行。

商业银行发行金融证券，要求具有良好的公司治理机制，核心资本充足率不低于4%，最近3年连续盈利，贷款损失准备计提充足，风险监管指标符合监管机构有关规定，最近3年没有重大违法、违规行为，其他条件。根据商业银行申请，中央银行可对前款条例进行豁免。

企业集团财务公司发行金融证券，要求具有良好的公司治理机制，资本充足率不低于10%，风险监管指标符合监管机构的有关规定，最近3年没有重大违法、违规行为，以及其他条件。另外，企业集团财务公司发行金融债券还需满足中国银监会2007年发布实施的《关于企业集团财务公司发行金融债券有关问题的通知》有关规定。

境内金融机构赴香港特别行政区发行人民币债券，要求具有良好的公司治理机制，核心资本充足率不低于4%，最近3年连续盈利，贷款损失准备计提充足，风险监管指标符合监管机构的有关规定，最近3年没有重大违法、违规行为，以及中国人民银行规定的其他条件。

国际开发性金融机构在境内发行人民币债券，是指进行开发性贷款和投资的多边、双边以及地区国际开发性金融机构依法在中国境内发行的、约定在一定期限内还本付息的、以人民币计价的债券。2010年9月发布实施的新修订的《国际开发机构人民币债券发行管理暂行办法》要求国际开发机构申请在中国境内发行人民币债券应具备以下条件：

1. 财务稳健，资信良好，经两家以上（含两家）评级公司评级，其中至少应有一家评级公司在中国境内注册且具备人民币债券评级能力，人民币债券信用级别为AA级（或相当于AA级）以上；

2. 已为中国境内项目或企业提供的贷款和股本资金在10亿美元以上，经国务院批准予以豁免的除外；

3. 所募集资金应优先用于向中国境内的建设项目提供中长期固定资产贷款或提供股本资金，投资项目符合中国国家产业政策、利用外资政策和固定资产投

---

① 2007年国家开发银行开始全面推进商业化改制，但目前仍承担部分政策性贷款任务。

资管理规定。主权外债项目应列入相关国外贷款规划。

对于银行或非银行金融机构发行次级债券、短期融资券或其他类型债券,我国法律法规也有具体规定,详见表5.2。

表5.2　　　　我国银行与非银行金融机构发行金融债券条件一览

金融债券类型	发布部门	发行规范文件	发布实施时间	具体章、条
银行间债券市场金融债券	中国人民银行	全国银行间债券市场金融债券发行管理办法	2005年4月27日发布2005年6月1日实施	第二章第七条、第八条
证券公司债券	中国证监会	证券公司债券管理暂行办法	2004年10月18日发布并实施	第二章第七条、第八条、第九条
保险公司次级定期债务	中国保监会	保险公司次级定期债务管理暂行办法	2004年9月29日发布并实施	第二章第七条
商业银行次级债券	中国人民银行中国银监会	商业银行次级债券发行管理办法	2004年6月17日发布并实施	第二章第九条、第十条
证券公司短期融资券	中国人民银行	证券公司短期融资券管理办法	2004年10月18日发布,2004年11月1日施行	第二章
财务公司金融债券	中国银监会	关于企业集团财务公司发行金融债券有关问题的通知	2007年7月13日发布并实施	第七条
境内金融机构香港发行人民币债券	中国人民银行国家发改委	境内金融机构赴香港发行人民币债券管理暂行办法	2007年6月8日发布并实施	第六条
国际开发性金融机构境内发行人民币债券	中国人民银行财政部国家发改委中国证监会	国际开发机构人民币债券发行管理暂行办法	2010年9月16日发布并实施	第九条

五、债券发行定价方法

债券的发行价格,是指在发行市场(一级市场)上,投资者在购买债券时实际支付的价格。债券的发行价格有三种形式:平价发行(at par)、溢价发行(at a premium)和折价发行(at a discount)。无论是哪种形式发行人均按照面值偿还。债券发行人在准备发行债券时，通常要按市场收益率来确定债券的票面利率，但资金市场的利率是不断变化的，市场收益率也随之发生变化。市场收益率在短时间内可能上升或下降，从而使事先确定的票面利率与债券发行时的市场收益率发生差异，如果仍按票面值发行债券就会使投资者得到的实际收益率与市场收益率不相等。因此，需要调整债券发行价格，以使投资者得到的实际收益率与市场收益率相匹配。债券发行价格的计算公式随利息支付方式的不同而不同，下面简单介绍不同类型债券的发行价格的计算公式。

（一）贴现债券

贴现发行，即以低于面值的价格发行，到期按面值偿还，面值与发行价之间的差额，即为债券利息。这是国库券的发行和定价方式。

贴现债券的定价公式：

$$P = \frac{M}{(1+y)^N}$$

式中，P 为债券价格；N 为债券期限；M 为面值；y 为市场收益率。

【例 5.1】某种债券的面值为 100 元，期限一年，预期的市场收益率为 10%，该债券贴现发行，则理论上该债券的发行价格为多少？

债券的发行价格为 $P = \dfrac{100}{(1+10\%)} = 90.91$（元）

（二）附息债券

附息债券，即定期支付利息，到期一次还本并支付最后一期利息。公司债券和中长期政府债券大多是附息债券。其定价公式为：

$$P = \sum_{t=1}^{N} \frac{C}{(1+y)^t} + \frac{M}{(1+y)^N}$$

式中，C 为债券利息；其他符号含义如前所述。

【例 5.2】某公司拟发行固定利率附息债券，面值为 100 元，期限为 10 年，票面利率为 8%，利息按年支付。

若预期市场收益率为 10%，则债券理论发行价格为：

$P = \sum_{t=1}^{10} \dfrac{8}{(1+10\%)^t} + \dfrac{100}{(1+10\%)^{10}} = 87.71$（元），低于面值，属折价发行。

若预期收益率为 6%，同理可计算出债券的理论发行价格为 114.72 元，超过面值，属溢价发行。

(三) 一次还本付息债券

一次还本付息债券，又称为利随本清债券，即本息相加到期一次偿还。在其定价公式为：

$$P = \frac{M(1+iN)}{(1+y)^N}$$

式中，i 为票面利率，按单利计息；其他符号含义如前所述。

【例 5.3】某种债券的面值为 100 元，期限 3 年，票面利率为 12%，预期的市场收益率为 10%，则该债券的发行价格为多少？

$$P = \frac{100(1+12\% \times 3)}{(1+10\%)^3} = 102.18 \text{ （元）}$$

六、债券信用评级

(一) 债券信用评级概述

债券信用评级（bond credit rating）是指由独立的第三方信用评级机构对影响以企业或其他经济主体发行的债券的诸多信用风险因素进行分析研究，就其信用能力（主要是偿债能力及偿债意愿）进行综合评价，并用简单明了的符号标示其信用程度的等级。信用评级的根本目的是揭示受评对象违约风险的大小，而不是其他类型的投资风险，如利率风险、通货膨胀风险等。

对债券进行信用评级，是为证券市场上投资者购买和流通转让债券活动提供信息服务。投资者购买债券是要承担一定风险的。如果发行者到期不能偿还本息，投资者就会蒙受损失，这种风险称为信用风险。债券的信用风险因发行后偿还能力不同而有所差异，对广大投资者尤其是中小投资者来说，事先了解债券的信用等级是非常重要的。由于受到时间、知识和信息的限制，无法对众多债券进行分析和选择，因此需要专业机构对准备发行的债券还本付息的可靠程度，进行客观、公正和权威的评定，也就是进行债券信用评级。债券信用评级的另一个重要原因，是减少信誉高的发行人的筹资成本。一般来讲，资信等级越高的债券，越容易得到投资者的信任，发行者能够以较低的利率出售；而资信等级低的债券，风险较大，只能以较高的利率发行。

目前国际上公认的最具权威性的信用评级机构，主要有美国标准·普尔公司和穆迪投资服务公司。上述两家公司负责评级的债券很广泛，包括地方政府债券、公司债券、外国债券等。

以标准普尔债券信用评级为例，分两个层次，长期债券信用等级和短期债券信用等级。前者共设10个等级分别为AAA、AA、A、BBB、BB、B、CCC、CC、C和D，前四个级别债券信誉高，履约风险小，是"投资级债券"，第五级开始的债券信誉低，是"投机级债券"。另外，AA至CCC级可用"+"和"-"号进行微调，表示评级在各主要评级分类中的相对强度。如果评级依据公开信息做出，则评级符号后标有"pi"，表示该等评级是使用已公开的财务资料或其他公开信息作为分析的依据，即标准普尔并未与该机构的管理层进行深入的讨论或全面考虑其重要的非公开资料。表5.3是标准普尔长期债券信用等级说明。而短期债券信用等级，共设6个等级分别为A-1、A-2、A-3、B、C和D。

表5.3　　　　　　　　　　标准普尔长期债券信用等级

级别分类	级别	说明
投资类	AAA	最高评级。偿还债务能力极强。
	AA	偿还债务能力很强，与最高评级差别很小。
	A	偿还债务能力较强，但相对于较高评级的发债人，其偿债能力较易受外在环境及经济状况变动的不利因素的影响。
	BBB	目前有足够偿债能力，但若在恶劣的经济条件或外在环境下其偿债能力可能较脆弱。
投机类	BB	相对于其他投机级评级，违约的可能性最低。但持续的重大不稳定情况或恶劣的商业、金融、经济条件可能令发债人没有足够能力偿还债务。
	B	违约可能性较"BB"级高，发债人目前仍有能力偿还债务，但恶劣的商业、金融或经济情况可能削弱发债人偿还债务的能力和意愿。
	CCC	目前有可能违约，发债人须倚赖良好的商业、金融或经济条件才有能力偿还债务。如果商业、金融、经济条件恶化，发债人可能会违约。
	CC	目前违约的可能性较高。由于其财务状况，目前正在受监察。在受监察期内，监管机构有权审定某一债务较其他债务有优先偿付权。
	C	濒临破产，债务清偿能力极低。
	D	出现债务到期而发债人未能按期偿还债务的情况，或者正在申请破产或已做出类似行动以致债务的偿付受阻的情形。当发债人有选择地对某些或某类债务违约时，给予"SD"评级（选择性违约）。

（二）我国债券发行的信用评级

我国债券的信用评级制度是伴随着企业债券的发行而产生的。1987年，国务院颁布了《企业债券管理暂行条例》，开始对企业债券及评级进行统一管理，并要求发债企业公布债券还本付息方式及风险责任。为防范金融风险,银行系统的一些机构组建了信用评级机构。

近年来,特别是 2005 年以来,债券市场的快速发展极大地推动了债券信用评级业的发展。2005 年,新《证券法》第八章"证券服务机构"对资信评级机构(包括债券信用评级机构)的定位、性质以及管理等做出了明确规定。证券资信评级机构属于证券服务机构,其为证券发行和上市出具资信评级报告时,应当勤勉尽责,对所依据的文件资料内容的真实性、准确性、完整性进行核查和验证。2007 年 8 月中国证监会发布了《证券市场资信评级业务管理暂行办法》,对申请证券评级业务许可的资信评级机构的条件和业务规则做出了详细规定。目前,我国初步形成了包括大公国际和中诚信等多家证券信用评级公司。

我国债券信用评级是指对发行人发行的债券的评级,评定的是其违约概率和违约后投资者遭受损失程度的违约损失率。信用评级对象主要涉及公司债券、可转换公司债券(含分离交易的可转换公司债券)、金融债券、资产支撑债券等类型。信用等级同样分为长期信用等级和短期信用等级。前者从高到低设为 9 级,分别是 AAA、AA、A、BBB、BB、B、CCC、CC 和 C,AAA 至 BBB 四个级别的债券有较强的偿付能力,是"投资级债券",后五个级别,被认为是"投机级债券"。表 5.4 是我国长期债券信用等级。

表 5.4　　　　　　　　我国长期债券信用等级一览

级别分类	级别	说明
投资类	AAA	偿还债务的能力极强,基本不受不利经济环境的影响,违约风险极低。
	AA	偿还债务的能力很强,受不利经济环境的影响较小,违约风险很低。
	A	偿还债务的能力较强,较易受不利经济环境的影响,违约风险较低。
	BBB	偿还债务能力一般,受不利经济环境影响较大,违约风险一般。
投机类	BB	偿还债务的能力较弱,受不利经济环境影响很大,有较高违约风险。
	B	偿还债务的能力较大地依赖于良好的经济环境,违约风险很高。
	CCC	偿还债务的能力极度依赖于良好的经济环境,违约风险极高。
	CC	在破产或重组时可获得的保护较小,基本不能保证偿还债务。
	C	不能偿还债务。

我国短期债券信用等级的设置采用 6 级制,符号表示为:A-1、A-2、A-3、B、C、D。各等级含义如表 5.5 所示。

表 5.5　　　　　　　　　我国短期债券信用等级一览

级别分类	级别	说明
投资类	A-1	还本付息能力最强，安全性最高；此级别可附加上"+"号微调，以示更强的债务偿还能力。
	A-2	还本付息能力较强，安全性较高。
	A-3	还本付息能力一般，安全性易受不良环境变化的影响。
投机类	B	还本付息能力较低，有一定的违约风险。
	C	还本付息能力很低，违约风险较高。
	D	不能按期还本付息。

关键词汇

证券发行市场　公开发行　非公开发行　直接发行　间接发行　债券信用评级　尽职调查　累计投标　询价制　市盈率法　净资产倍率法　价格招标　收益率招标　交款期招标　超额配售选择权　回拨机制

思 考 题

1. 什么是证券发行市场？简述证券发行市场的特点。
2. 股票发行的目的是什么？简述股票的发行方式及其发行特点。
3. 简述我国公开发行股票的一般条件，若是首次公开发行并上市，还必须满足什么条件？
4. 什么市盈率？简述如何采用市盈率法对公司股票定价。
5. 什么是累计投标？简述如何采用累计投标法对公司股票进行定价。
6. 公开发行股票需要披露的主要法定文件有哪些，主要内容是什么？
7. 查阅证券交易所的公告，了解近期以询价方式发行的某股票的询价、定价过程和交款方式。
8. 什么是借壳上市？简述海外发行股票的方式及其特点。
9. 简述债券的发行目的。
10. 什么是债券的价格招标和收益率招标？二者的特点是什么？
11. 什么是债券的美国式招标和荷兰式招标？简述二者的联系和区别。
12. 简述我国公司债券的发行条件和发行程序。

第五章 证券发行市场

练 习 题

一、单项选择题

1. （　　）是发行人发行股票时，就发行中的有关事项向公众做出披露，并向非特定投资人提出购买或销售其股票的要约邀请性文件。
   A. 招股公告　　B. 招股说明书　　C. 招股意向书　　D. 招股发行书

2. 首次公开发行股票，发行人应当符合：最近3个会计年度经营活动产生的现金流量净额累计超过人民币（　　）万元；或者最近3个会计年度营业收入累计超过人民币（　　）亿元。
   A. 3 000, 3　　B. 5 000, 1　　C. 3 000, 1　　D. 5 000, 3

3. 首次公开发行股票，发行人应当符合：最近3个会计年度净利润均为正数且累计超过人民币（　　）万元，净利润以扣除非经常性损益前后较（　　）者为计算依据。
   A. 3 000, 低　　B. 5 000, 低　　C. 3 000, 高　　D. 5 000, 高

4. 超额配售选择权的行使限额应当不超过本次包销数额的（　　）。
   A. 5%　　B. 10%　　C. 15%　　D. 20%

5. 在发行过程中，根据不同价格下投资者的认购意愿确定发行价格的发行方式是指（　　）。
   A. 协商定价方式
   B. 累计投标定价方式
   C. 贴现现金流量定价法
   D. 向机构投资者询价定价方式

6. 公募增发是指上市公司以向（　　）方式增资发行股份的行为。
   A. 社会公开募集
   B. 向老股东发行
   C. 公众配售
   D. 老股东配售

7. 公司一次配股发行股份总数不得超过该公司前一次发行并募集股份后其股份总数的（　　）。
   A. 20%　　B. 30%　　C. 40%　　D. 35%

8. （　　）是股票发行人就其发行的股票的承销事宜与股票承销商签订的具有法律效率的文件。
   A. 合同书　　B. 保证书　　C. 责任书　　D. 承销协议

9. 在招股说明书中披露的现金流情况不包括（　　）。
   A. 经营性现金流
   B. 投资活动产生的现金流
   C. 筹资活动产生的现金流
   D. 主要产品产生的现金流

10. 上市公司向社会公开发行新股，一般是指（　　）。
    A. 向原股东配售股票　　　　　　B. 向全体社会公众发售股票
    C. A、B 均包括　　　　　　　　D. A、B 均不包括
11. 主承销商在股票承销股票前，应当进行尽职调查，调查范围不包括（　　）。
    A. 发行人　　B. 市场　　C. 投资者状况　　D. 产业政策
12. （　　）是律师对股份有限公司在发行准备阶段的审查工作依法做出的结论性意见。
    A. 法律意见书　　B. 律师工作报告　　C. 核查意见　　D. 推荐函

二、不定项选择题

1. 主承销商在上市公司新股发行中的尽职调查包括对上市公司（　　）的调查。
    A. 独立性　　　　　　　　　　　B. 募集资金使用情况
    C. 最近 3 年的股利分配与筹资情况　D. 未来可持续发展能力
2. 关于公司债券，下列说法正确的有（　　）。
    A. 公司债券可以任意转让
    B. 公司债券持有人有权利参加股东大会
    C. 同一公司同次发行的公司债券的偿还期可以不同
    D. 持有人将可转换债券转换成公司股份后，身份相应由债权人变成股东
3. 确定股票发行价格的方法有（　　）。
    A. 协商定价法　　　　　　　　　B. 市盈率法
    C. 竞价确定法　　　　　　　　　D. 净资产倍率法
4. 对于发现者来说包销具有的特点是（　　）。
    A. 股票发行风险转移　　　　　　B. 包销的费用大于代销
    C. 发行人可以迅速可靠的获得资金　D. 包销简便易行
5. 下面关于代销正确的有（　　）。
    A. 采用代销的方式，股票发行的风险由承销商承担
    B. 证券代销的期限最长不得超过 90 日
    C. 代销是指证券公司代发行人发售证券，在承销期结束时，将未售出的证券全部退还给发行人的承销方式
    D. 代销的手续费高于包销的手续费
6. 债券发行方式有（　　）。

A. 私募发行　　B. 公募发行　　C. 定向发行　　D. 公开发行
7. 证券评级机构在债券评级过程中主要根据下面哪几个因素（　　）。
　　A. 债券发行人的经营状况　　　B. 债券发行人的偿债能力
　　C. 债券发行人的资信状况　　　D. 投资人承担的风险水平
8. 债券的发行价格（　　）。
　　A. 只能等于面值　　　　　　　B. 可以等于面值
　　C. 可以低于面值　　　　　　　D. 可以高于面值

三、判断题

1. 招股说明书摘要的目的仅为向公众提供有关本次发行的简要情况，须包括招股说明书全文各部分的主要内容。（　　）
2. 股份有限公司申请其股票上市交易，应该报经中国证监会核准。（　　）
3. 拟上市公司的股东大会应就申请股票上市一事做出决议。（　　）
4. 承销商不得以提供透支、回扣等不正当手段诱使他人认购股票。（　　）
5. 在市盈率既定的情况下，每股收益越高，发行价格也可以定得越高。（　　）
6. 上市公司发行新股时，招股说明书应说明盈利预测所依据的各种假设是确定的。（　　）
7. 以募满发行额为止中标商各自价格上的中标价格作为各中标商的最终中标价，各种标价的认购价格是不同的，称为美国式招标。（　　）
8. 向特定的少数投资者发行债券称为公募。（　　）
9. 债券发行时，只能按照面值发行，不允许折价发行和溢价发行。（　　）
10. 净资产倍率法在国外常用于房地产公司和资产现值要重于商业利益的公司的股票发行。（　　）

四、计算分析题

假定某公司发行股票3 000万股，股款到位期为2011年7月1日，当年预期的税后利润总额为1 800万元（其中1~6月为600万元，7~12月为1 200万元），公司发行完新股后的股本总额为6 000万股。该公司股票发行市盈率为15倍。试用市盈率法确定该股票的发行价格。

第六章 证券交易市场

▶ 学习目标
- 掌握证券交易的概念和原则
- 理解证券发行市场和交易市场的关系
- 熟悉证券交易所的组织形式和功能,理解公司制和会员制交易所的区别
- 熟悉场外交易市场的特点、功能和构成
- 熟悉我国股票交易的交易程序和交易规则
- 理解证券竞价交易制度和做市商制度的区别
- 掌握信用交易的基本操作和基本计算
- 了解我国和世界主要证券交易所
- 了解证券上市的层次、上市标准、上市费用以及退市制度

第一节 证券交易和证券交易市场

一、证券交易的概念及原则

(一) 证券交易的概念及特征

证券是用来证明证券持有人有权取得相应权益的凭证。证券交易是指已发行的证券在证券市场上买卖的活动。证券交易与证券发行有着密切的联系,两者相互促进、相互制约。一方面,证券发行为证券交易提供了对象,决定了证券交易的规模,是证券交易的前提;另一方面,证券交易使证券的流动性特征显示出来,有利于证券发行的顺利进行。

证券交易的特征主要表现在三个方面:证券的流动性、收益性和风险性。同

时，这些特征又互相联系。证券需要有流动机制，因为只有通过流动，证券才具有较强的变现能力。而证券之所以能够流动，就是因为它可能为持有者带来一定收益。同时，经济发展过程中存在许多不确定因素，所以证券在流动中也存在因其价格的变化给持有者带来损失的风险。

（二）证券交易的原则

证券交易的原则是反映证券交易宗旨的一般法则，应该贯穿于证券交易的全过程。为了保障证券交易功能的发挥，以利于证券交易的正常运行，证券交易必须遵循"公开、公平、公正"三个原则。

1. 公开原则

公开原则又称信息公开原则，指证券交易是一种面向社会的、公开的交易活动，其核心要求是实现市场信息的公开化。根据这一原则的要求，证券交易参与各方应依法及时、真实、准确、完整地向社会发布有关信息。从国际上来看，1934年美国《证券交易法》确定公开原则后，它就一直为许多国家的证券交易活动所借鉴。在我国，强调公开原则有许多具体的内容。例如，上市的股份公司财务报表、经营状况等资料必须依法及时向社会公开，股份公司的一些重大事项也必须及时向社会公布等等。按照这个原则，投资者对于所购买的证券，能够有更充分、真实、准确、完整的了解。

2. 公平原则

公平原则是指参与交易的各方应当获得平等的机会。它要求证券交易活动中的所有参与者都有平等的法律地位，各自的合法权益都能得到公平保护。在证券交易活动中，有各种各样的交易主体，这些交易主体的资金数量、交易能力等可能各不相同，但不能因此而给予不公平的待遇或者使其受到某些方面的歧视。

3. 公正原则

公正原则是指应当公正地对待证券交易的参与各方，以及公正地处理证券交易事务。在实践中，公正原则也体现在很多方面。例如，公正地办理证券交易中的各项手续，公正地处理证券交易中的违法违规行为等。

二、证券交易市场结构

证券交易市场是与证券发行市场相对应的市场。也称证券流通市场、二级市场（secondary market）或者次级市场，是指对已经发行的证券进行买卖、转让和流通的市场。

证券发行市场与交易市场共同构成了完整的证券市场，二者相辅相成，密不可分。证券发行是证券交易的基础和前提，发行的种类、数量和方式决定了交易市场的规模和运行。后者是前者扩展的必要条件；交易市场的交易价格制约和影响着发行价格，这是发行时需要考虑的重要因素。二级市场越完善，一级市场发行的证券对购买者的吸引力就越强。与一级市场不同的是，在二级市场上销售证券的收入属于出售证券的投资者，而不属于发行该证券的公司。

证券交易市场主要由证券交易所和场外交易市场构成。此外，还有第三市场和第四市场。

（一）场内交易市场

指由证券交易所组织的集中交易市场，有固定的交易场所和交易活动时间，在多数国家它还是全国唯一的证券交易场所，因此是全国最重要、最集中的证券交易市场。证券交易所接受和办理符合有关法令规定的证券上市买卖，投资者则通过证券商在证券交易所进行证券买卖。

证券交易所不仅是买卖双方公开交易的场所，而且为投资者提供多种服务，交易所随时向投资者提供关于在交易所挂牌上市的证券交易情况，如成交价格和数量等；提供发行证券企业公布的财务情况，供投资者参考。交易所制定各种规则，对参加交易的经纪人和自营商进行严格管理，对证券交易活动进行监督，防止操纵市场、内幕交易、欺诈客户等违法犯罪行为的发生。交易所还要不断完善各种制度和设施，以保证正常交易活动持续、高效地进行。

（二）场外交易市场

场外交易市场又称柜台交易或店头交易市场，指在交易所外由证券买卖双方当面议价成交的市场，它没有固定的场所，其交易主要利用电话进行，交易的证券以不在交易所上市的证券为主，在某些情况下也对在证券交易所上市的证券进行场外交易。场外交易市场中的证券商兼具证券自营商和代理商的双重身份。作为自营商，他可以把自己持有的证券卖给顾客或者买进顾客的证券，赚取买卖价差；作为代理商，又可以客户代理人的身份向别的自营商买进卖出证券。近年来，国际上一些场外交易市场发生很大变化，它们大量采用先进的电子化交易技术，使市场覆盖面更加广阔，市场效率有很大提高。这方面，以美国的纳斯达克市场为典型代表。

三、美国证券交易市场

美国拥有全球最完备的证券市场分层体系，为各国进行相应的制度设计提供了最有价值的经验借鉴。在美国，证券市场分层在金融工具风险特征、交易组织形式、地理空间三个维度上同时展开，形成了由四个层次构成的一个"金字塔"形的多层次证券市场体系。

（一）美国证券市场的构成

第一个层次，纽约泛欧交易所和纳斯达克 OMX 市场构成"金字塔"的最上端，不仅是美国全国性证券交易市场，更是全球市值最大的两家市场。这两家证券交易市场在努力巩固自己的传统优势业务的基础上，分别向对方领域延伸。纽约证券交易所通过收购电子交易运营商 Archipelago 控股公司、泛欧交易所和美国证券交易所，把自己的交易业务向欧洲、电子化市场以及区域化市场扩展。纳斯达克市场通过收购北欧证券交易所、波士顿交易所和费城证券交易所向传统交易组织形式妥协。另外，纽约泛欧证券交易所在内部开设了创业板市场，与纳斯达克市场竞争。而纳斯达克市场也不甘示弱，开设了全球精选市场，与纽约泛欧交易所抗衡。

此外，美国还有几家区域性的交易所，包括国家股票交易所（National Stock Exchange，NSX）[①]、芝加哥股票交易所（Chicago Stock Exchange，CHX）和 CBOE 股票交易所（CBOE Stock Exchange，CBSX）等。自 2000 年以来，美国证券交易所竞争日益激烈，许多区域性股票交易所不断整合、重组和并购，以获取生存和发展。一些小型交易所为了提高交易效率，降低交易成本，逐渐关闭了传统的交易大厅（trading floor），建立电子化证券交易平台（electoric trading platform），不再局限于原有的区域交易范围，比如国家股票交易所。部分交易所被大型交易所收购，比如，2008 年 8 月波士顿交易所（Boston Stock Exchange，BSE）和费城证券交易所（Philadelphia Stock Exchange，PHLX）被纳斯达克收购，2005 年太平洋证券交易所（Pacific Stock Exchange，PSE）被纽约证券交易所收购，这些被收购的交易所作为实体已经结束，基本上失去了上市功能，已经成为纽约泛欧交易所和纳斯达克 OMX 市场的区域交易中心（通过市场间交易系统 ITS 进行），因而已算不上一个独立的层次。个别期权交易所为克服单一的期

[①] 国家股票交易所是原辛辛那提证券交易所（Cincinnati Stock Exchange，CISE）2003 年更名而成。

权交易品种也在内部设立了股票交易平台，并接受企业公开上市。如芝加哥期权交易所（CBOE）作为美国最大的期权交易所，因遭受来自纽约泛欧交易所、纳斯达克 OMX 市场以及其他区域性交易所业务的激烈竞争，2007 年设立了与美国 NMS 规则①相关的股票交易平台（CBSX）。

第二个层次，场外公开报价或交易市场。美国有两个主要的证券交易商报价系统（inter-dealer quotation/trading systems）：信息公告栏市场（Over the Counter Bulletin Board，OTCBB）和粉红单报价系统（Pink Sheet）。

第三个层次，地方性柜台交易市场。大致 10 000 余家小型公司的股票仅在各州发行，并且通过当地的经纪人进行柜台交易。这些公司都是根据《美国证券法》D 条例中的发行注册豁免条款发行的股份。

第四个层次，私募股票交易市场。美国证券商协会还运营了一个 Portal 系统。该系统为私募证券提供交易平台，参与交易的是有资格的机构投资者。机构投资者和经纪商可通过终端和 Portal 系统相连，进行私募股票的交易。该市场是根据美国证券交易委员会 R144A 规则建立的一个专门市场，主要为合格机构投资者交易私募股份而设置。

总之，美国股票上市场所是可以随时移动的。美国所有股市的挂牌条件完全透明。当某个企业愿从一个股市移到另一股市挂牌，企业可以随时向期望的股市申请。通常由企业的律师及证券公司出面策划，在符合条件下，通常在 90 天内可以移到新股市上市，非常灵活。

（二）美国证券市场的特点

1. 美国有多层次的证券市场。公司无论大小，在投资银行的支持下，均有上市融资的机会。美国没有货币管制，美元进出美国自由，且政策鼓励外国公司参与投资行为，成为世界金融之都。

2. 资金供应充沛、流通性好。数量巨大、规模各异的基金、机构和个人投资者根据各自的要求和目的在不同的交易市场寻找不同的投资目标，为美国股市提供了世界上最庞大的资金基础，从而使美国股市的交易十分活跃，融资及并购活动频繁。

3. 融资渠道非常自由。上市公司可随时发行新股融资。发行时间与频率没

---

① 美国 NMS 规则 [Regulation National Market System，Regulation NMS（or Reg NMS）] 是美国国会于 1975 年通过的《证券交易法》修正案（称为 Section 11-A 或全国市场系统修正案）。该法案实施的主要目的是解决不同交易所竞争产生股票市场分割所导致投资者在不同交易所或柜台市场购买股票价格差异问题，建立和完善全国市场系统。

有限制，通常由董事会决定，并向证券监管部门上报。通常如果监管部门在 20 天内没有回复，则上报材料自动生效。如监管部门提出问题，则回答其问题。而监管部门一般有 30 天的必须答复时间下限。当公司股票价格达到 5 美元以上时，上市公司股东通常可将其持有的股票拿到银行抵押，直接获得现金贷款。上市公司还可以向公众发行债券融资。

4. 管理层个人利益最大化。公司管理层可直接持股或拥有期权。因为美国上市公司股票是全部流通的，拥有股票就视同拥有现金。

5. 交易方式灵活。没有涨停板的做法，股票可随时买卖。股市自早 9 点至下午 4 点，连续进行，中间无休息。4 点后有些证券公司提供场外电子交易，直到晚上 7 点。

第二节 证券交易所

证券交易所又称场内交易市场，是证券管理部门批准的，为证券的集中交易提供固定场所和有关设施，并制定各项交易和管理规则的正式组织。

一、证券交易所的组织形式

从组织形式上看，证券交易所可分为会员制和公司制两种类型。

会员制证券交易所以会员协会形式成立，不以营利为目的，主要由证券商组成，实行会员自治、自律和自我管理。只有会员及享有特许权的经纪商才有资格在交易所中进行交易。最高权力机构是会员大会，执行机构是理事会，理事会聘请经理人员负责日常事务。长期以来，会员制交易所占有主体地位，但是 20 世纪 90 年代以后，各国交易所纷纷从会员所有的互助交易所转为股东所有的营利性公司，即公司制证券交易所。

公司制证券交易所依据公司法设立，以营利为目的，它是由各类出资人包括银行、证券公司、投资信托机构和各类民营或公营企业等共同投资入股建立起来的公司法人。公司制证券交易所对在本所内的证券交易负有担保责任，必须设有赔偿基金。公司制证券交易所的证券商及其股东，不得担任证券交易所的董事、监事或经理，以保证交易所经营者与交易参与者的分离。交易所以投资者认购或发行股票的形式筹集资金，投资者是交易所的股东，但不一定是交易所的会员，交易所本身可以上市。

公司制交易所和会员制交易所的差异主要表现在三方面：所有权结构、治理结构及经营目标。(1) 在所有权结构上，会员制交易所由会员所有，而公司制交易所由股东所有，股东并不一定是会员，交易所本身可以上市。(2) 在治理结构上，会员制交易所属互助性组织，发扬民主，实行一人一票，而公司制交易所则引入普通公司的治理结构，实行一股一票的资本多数决定原则。(3) 在经营目标上，会员制交易所通常是非营利性的，而公司制交易所以营利为目的，股东利益的最大化是交易所运营的重要目标。

随着全球证券交易市场竞争的白热化，世界主要证券交易所纷纷从传统的会员制组织转向公司制企业。1993年斯德哥尔摩证券交易所作为第一家证券交易所进行公司制改造以来，短短10多年的时间，世界著名的交易所，包括纽约证券交易所（NYSE，2005）、东京证券交易所（2001）、伦敦证券交易所（2001）、香港交易所（2000）和多伦多证券交易所（2001）等都已经变成公司制交易所，而且多数改制后的交易所成为自己的上市公司（self-listing）。除了发达的证券市场，新兴市场包括发展中国家的许多证券交易所也纷纷进行了公司制改造。例如，菲律宾证券交易所（2001）、匈牙利布达佩斯证券交易所（2002）、马来西亚吉隆坡证券交易所（2004）都先后变成公司制交易所。据统计，截至2009年12月，全球上市证券交易所占总的证券交易所比重达到70%，已完成股份制但尚未上市的占19%。交易所改制上市基本是大势所趋。

二、证券交易所的主要功能

证券交易所是证券交易的组织者，本身不能参与证券买卖。它作为最重要、最集中的交易市场，不仅为投资者提供公开交易的场所，也为证券交易双方提供多种服务。具体而言，证券交易所在证券交易中发挥以下功能：

（一）提供证券交易的设施和交易席位

证券交易所为证券交易各方提供先进、安全和快捷的交易设施，如通信系统、电脑设备、办理证券的结算和过户等，使证券交易各方能迅速、便捷地完成各项证券交易活动。为此，证券交易所每年都要投入大量的人力和资金用于证券交易系统的维护、改造和更新。同时，证券交易所向市场提供买卖证券的交易席位。在美国，交易席位分为四种类型：佣金经纪人（commission broker），接受公众交易指令，负责在交易所成交。场内经纪人（floor broker），在大量交易流入市场，佣金经纪人忙不过来时协助佣金经纪人工作。场内交易商（floor trader），只为自己交易，禁止接受公众交易指令。专营商（specialist），充当经纪人和自营商两种角色：一是市价不能满足交易指令要求，佣金经纪商不能立即执行限价交易，留给专营商执行，它是经纪人的经纪人；二是通过自营方式，保持市场交易的连续和有序运行。

（二）形成市场价格

证券在交易所集中交易，在特定时间内汇集了买方和卖方的各种信息，其交易机制多采用双边拍卖法（公开竞价法），电脑根据价格优先、时间优先的原则进行撮合、竞价，从而最大限度发现证券价格。市场价格反映了当时的供需状况，从而传递了一个反映各方观点的汇总信号，因此证券市场也被视为经济的晴雨表。

（三）制定证券交易所的业务规则，组织并监督证券交易

公平的交易规则才能达成公平的交易结果。证券交易规则主要包括上市退市规则、报价竞价规则、信息披露规则以及交割结算规则等。不同交易所的主要区别关键在于交易规则的差异，同一交易所也可能采用多种交易规则，从而形成细分市场，如纳斯达克按照不同的上市条件细分为全球精选市场、全球市场和资本市场。任何交易规则都不可能十分完善，并且交易规则也不一定能得到有效执行，因此，交易所的一大核心功能便是监管各种违反公平原则及交易规则的行为，使交易公平有序地进行。

（四）接受上市申请并安排证券上市

证券交易所接受和办理符合有关法令规定的证券上市买卖，投资者则通过证券商在证券交易所进行证券买卖。

（五）管理和公布市场信息

证券交易依靠的是信息，包括上市公司的信息和证券交易信息。交易所对上市公司信息的提供负有督促和适当审查的责任，对交易行情负即时公布的义务。

三、我国的证券交易所

目前，我国有两家证券交易所，上海证券交易所和深圳证券交易所，分别在上海市与深圳市。其营业时间均是每周一至周五上午 9:30~11:30，下午 1:00~

3:00,节假日除外。

上海证券交易所（Shanghai Stock Exchange）是我国目前最大的证券交易中心。创立于1990年11月26日，同年12月19日开始正式营业。随着证券交易所的国际竞争日益加剧以及上海作为国际金融中心定位的明朗化，我国政府自2000年开始着力发展上海证券交易所。2000年9月，深圳证券交易所暂停新股发行后，我国大型优质企业的新股发行便转入上海证券交易所。近几年，上海证券交易所发展迅猛，正在迅速挤入世界证券交易所的前列。根据世界证券交易所联合会（The World Federation of Exchanges，WFE）统计，截至2010年底，按市值排名的全球十大证券交易所中，上海证券交易所排名第七位，拥有894家上市公司，上市股票938只，其中A股884只，B股54只，股票市价总值17.90万亿元。

深圳证券交易所（Shenzhen Stock Exchange）是我国第二家证券交易所，成立于1990年12月1日，1991年7月3日营业。2000年9月，开始建立创业板市场的组织体系，停发新股。2004年5月，正式推出中小企业板。2006年1月，中关村科技园区非上市公司股份报价转让开始试点。2009年10月，创业板正式启动。目前深圳证券交易所构建了包括主板（main board，MB）、中小企业板（small & medium enterprise board，SME board）、创业板（chinext）以及非上市公司股份报价转让系统四个层次的资本市场体系架构，有效地满足了资本市场多样化的需求。截至2010年底，深交所共有上市公司1 169家，上市股票1 211只，其中主板A股473只，主板B股54只，中小企业板531只，创业板153只，市价总值8.64万亿元。

上海证券交易所和深圳证券交易所开业以来，不断改进市场运作，逐步实现了交易的电脑化、网络化及股票的无纸化操作。其业务范围包括：组织并管理上市证券；提供证券集中交易的场所；办理上市证券的清算与交割；提供上市证券市场信息；办理证券主管部门许可或委托的其他业务。

从证券交易所的组织形式来看，上海证券交易所和深圳证券交易所均是会员制交易所，由会员、理事会、总经理和监事会四个部分组成。1998年颁布的《证券法》对证券交易所定性为"证券交易所是提供证券集中竞价交易场所的不以营利为目的的法人"。2005年修订的《证券法》对交易所作了新的定义："证券交易所是为证券集中交易提供场所和设施，组织和监督证券交易，实行自律管理的法人。"新定义删除了原法中"不以营利为目的"的表述，意味着《证券法》并不否定以营利为目的的交易所存在，这为现有的交易所未来改为营利性的公司制交易所或者新设营利性的公司制交易所留下了空间。比如，2006

年9月，中国金融期货交易所的成立就是按照公司制证券交易所的组织形式运行。

四、世界主要证券交易所

（一）纽约证券交易所

纽约证券交易所（New York Stock Exchange，NYSE）是目前世界上规模最大、市场流动性最强、监管体系最成熟和对世界经济有着重大影响的有价证券交易市场。在美国证券发行之初，尚无集中交易的证券交易所，证券交易大都在咖啡馆和拍卖行里进行。1792年5月17日，24名经纪人在纽约华尔街和威廉街的西北角一咖啡馆门前的梧桐树下签订了"梧桐树协定"，这是纽约交易所的前身。到了1817年，华尔街上的股票交易已十分活跃，于是市场参加者成立了"纽约证券和交易管理处"，一个集中的证券交易市场基本形成。1863年，管理处易名为纽约证券交易所，此名一直沿用至今。

由于第一次世界大战的爆发，交易所在1914年7月被关闭，但同年11月又重新开放。1929年10月的"黑色星期四"导致美国股票市场崩溃，股价下跌引起的恐慌又引致了美国经济的大萧条。交易所随后推出的恢复投资者信心计划，重振了资本市场，对美国经济的复苏和发展功不可灭。1971年2月18日，纽约证券交易所成为非营利性法人团体。2005年4月，纽约交易所宣布收购电子交易运营商Archipelago控股公司。此后，纽约证券交易所从非营利性法人团体转化为营利性公司，合并后的新公司名为纽约证券交易所集团公司（NYSE Group），集团的股票在纽约证券交易所上市。2006年6月1日，纽约证券交易所宣布与泛欧证券交易所（Euronext）合并组成纽约泛欧交易所集团（NYSE Euronext）。2007年4月4日，纽约—泛欧证券交易所正式成立，总部设在纽约，由来自美国、比利时、法国、荷兰和葡萄牙5个国家的6家货币股权交易所以及一家衍生产品交易所共同组成，纽约—泛欧证券交易所股票在纽约证券交易所和泛欧证券交易所同时挂牌上市，交易代码为NYX，成为全球第一个跨大西洋股票交易市场。2008年1月17日，纽约泛欧交易所集团宣布2.6亿美元股票收购美国证券交易所（American Stock Exchange，AMEX），同年10月1日，完成收购。美国证券交易所并入欧洲创业板的小资本市场（alternext European small-cap exchange），并更名为"纽约证券交易所美国创业板"（NYSE Alternext U.S.）。

目前纽约泛欧交易所集团的证券上市交易共有五个层次：纽约证券交易所

(NYSE)、纽约证券交易所高增长板市场（NYSE Archipelago Exchange，NYSE Arca）、NYSE Euronext、纽约证券交易所创业板（NYSE Alternext）和纽约证券交易所美国创业板（NYSE Alternext U. S.）。截至2010年底，纽约证券交易所上市公司为2 238家，总市值高达13.39万亿美元，日平均交易量接近1 530亿美元。

（二）伦敦证券交易所

伦敦证券交易所（London Stock Exchange，LSE）是世界上历史最悠久的证券交易所之一，其历史可以追溯到300年前。它的前身为17世纪末伦敦交易街的露天市场，是当时买卖政府债券的"皇家交易所"。1761年，伦敦150名股票交易商自发组成一个俱乐部以买卖股票。1773年露天市场交易迁入司威丁街的室内进行，并正式更名为"伦敦证券交易所"。

证券交易所的成立为英国工业革命提供了重要的融资渠道，为促进当时英国经济的兴旺发挥了重要作用；而英国工业的强劲发展也促进了交易所自身的壮大，从而确立了英国世界金融中心的地位。第一次世界大战之前，伦敦交易所一直是世界第一大证券交易市场。在长期的发展过程中，英国的证券交易所进行了多次重组合并。1967年，英国各地交易所组成了7个区域性的证券交易所。1973年，设在英国格拉斯哥、利物浦、曼彻斯特、伯明翰和都柏林等地的11个交易所与伦敦证券交易所合并。进入20世纪80年代以来，随着英国国内和世界经济形势的变化，伦敦证券交易所的竞争力逐渐下降。在这一形势下，伦敦证券交易所于1986年10月进行了重大改革，其中包括改革固定佣金制，允许大公司直接进入交易所进行交易，放宽对会员的资格审查，允许批发商与经纪人兼营，证券交易全部实现电脑化，与纽约、东京交易所联机，实现24小时全球交易等等。这些改革措施巩固了其在国际证券市场中的地位。2000年，伦敦证券交易所经股东投票决定转变为一个公众公司，并于2001年7月在自己的主板上市交易。

伦敦是世界上最国际化的金融中心之一，不仅是欧洲债券及外汇交易领域的全球领先者，还受理超过三分之二的国际股票承销业务。伦敦证券交易所也以其国际化著称，其外国公司股票的交易量和市值都超过了本国公司的股票，这在其他交易所是罕见的。截至2010年底，在伦敦证券交易所包括主板和AIM上市的公司有2 966家，市值达3.61万亿美元；其中外国公司604家，外国公司的市值超过交易所上市公司总市值的一半以上。

（三）东京证券交易所

东京证券交易所（Tokyo Stock Exchange，TSE）的发展历史虽然不长，但作为日本最大的证券交易所，其在世界证券交易市场上具有举足轻重的地位。东京证券交易所的股票交易量占日本全国交易量的80%以上。如果按上市的股票市场价格计算，它是仅次于纽约证券交易所的世界第二大证券市场。

东京证券交易所的前身是1879年5月成立的东京证券交易株式会社。由于当时日本经济发展缓慢，证券交易并不兴旺。1943年，东京证券交易所与日本其他主要城市的10个股票交易所合并，成立了半官方的日本证券交易所。第二次世界大战前，日本的资本主义虽有一定的发展，但由于军国主义向外侵略，重工业、兵器工业均由国家垄断经营，纺织、海运等行业也由国家控制，这是一种战争经济体制并带有浓厚的军国主义色彩。那时，即使企业发行股票，往往也被同一财阀内部的企业所消化。因此，证券业务难以发展。日本战败后，交易所在美军的占领下于1946年被解散。1949年1月美国同意东京证券交易所重新开业。随着日本战后经济的恢复和发展，东京证券交易所也逐步繁荣起来。1983年至1990年是东京证券交易所史无前例的发展时期。1990年，东京证券交易所吸引了全世界60%的股票市场资本，成为当时世界最大的证券交易所。虽然随着证券泡沫的破灭，东京证券交易所已不再有往日的辉煌，但目前仍是世界上最大的证券交易所之一。2001年，东京证券交易结束了以前的会员制，将自己改造成了一家公司。不过，东京证券交易所还没有像伦敦证券交易所及纽约证券交易所一样上市。

与伦敦证券交易所与美国证券交易所不同，东京证券交易所挂牌的基本上都是日本的公司，国外上市公司相当少。截至2010年底，东京证券交易所有2 293家上市公司，其中有12家外国公司在东京证券交易所挂牌，总市值达3.83万亿美元。

（四）香港交易所

香港交易所（Hong Kong Exchange，HXEX）由香港联合交易所有限公司、香港期货交易所有限公司和香港中央结算有限公司于2000年3月合并而成，提供包括公司上市、股票交易、结算交收、信息服务以及市场监管等各项服务，香港交易所于2000年6月27日上市。

1970年前后，随着上市公司数量增加，香港成立了三家证券交易所：远东证券交易所、金银证券交易所和九龙证券交易所，加上原有的香港证券交易所，时称"四会"。"四会"的独立运作和过度竞争，导致了证券交易效率下降，监管不力，投机过度，最终由于"假股票事件"引发了1973年3月至1974年12月香港史上的第一次危机。香港政府遂采取了一系列控制证券交易所和保护股东权益的措施，于1974年成立了香港证券交易所联合会，并在1980年7月将四个交易所合并为香港联交所，实行会员制。合并后的香港联合交易所有限公司取得在香港建立、经营和维护证券的专营权。1988年联交所进行全面整顿，成为一家非营利性的私营公司。1986年9月22日，香港联交所被接纳为国际证券交易所联合会会员，与世界各主要证券交易所建立了广泛联系和合作。2000年4月，联交所和期交所以及中央结算公司合并成立香港交易所，实行公司制并上市。2000年5月，有7只美国纳斯达克股份在香港挂牌及买卖，香港交易所成为亚洲区首个提供纳斯达克股份在亚洲地区买卖的交易所。截至2010年底，香港交易所上市公司1 413家，总市值210 769亿港元，日均成交额691亿港元，其中中国内地企业发行的H股和红筹股达到592只，占全部上市公司的41.90%，中国内地企业市值占总体市值的56.6%，成交金额占总体成交的65.8%。

第三节　场外交易市场

一、场外交易市场概述

场外交易市场，是相对于证券交易所的场内交易而言的，凡在证券交易所之外的交易活动均可划入场外交易范畴。早期的有价证券买卖，因证券交易所尚未建立或完善，大多在银行或证券公司的柜台上买卖，所以又称之为柜台交易(over-the-counter market，OTC)或店头市场。在场外交易市场，证券商和投资者主要进行政府债券、符合证券交易所上市条件但没有上市的证券以及不符合上市标准的证券交易。

（一）场外交易市场的特点

与证券交易所市场相比，场外交易市场具有以下特点：

1. 场外交易市场是一个分散的无形市场。它没有固定的、集中的交易场所，而是由许多各自独立经营的证券经营机构分别进行交易的，并且主要是依靠电话、电报、传真和计算机网络联系成交的。

2. 场外交易市场的组织方式主要采取做市商制(market maker)。做市商是指具备一定实力和信誉的证券经营法人作为特许交易商，不断地向公众投资者报出某些特定证券的买卖价格（即双向报价），并在该价位上接受公众投资者的买卖要求，以其自有资金和证券与投资者进行证券交易。做市商通过这种不断买卖来维持市场的流动性，满足公众投资者的投资需求。而证券交易所的交易委托一般采取经纪制，经纪人仅接受交易委托，在一定的竞价规则下由投资者直接成交。

3. 场外交易市场是一个拥有众多证券种类和证券经营机构的市场，以未能在证券交易所批准上市的股票和债券为主。由于证券种类繁多，每家证券经营机构只固定地经营若干种证券。

4. 场外交易市场是一个以议价方式进行证券交易的市场。在场外交易市场上，证券买卖采取一对一交易方式，对同一种证券的买卖不可能同时出现众多的买方和卖方，也就不存在公开的竞价机制。场外交易市场的价格决定机制不是公开竞价，而是买卖双方协商议价。具体地说，是证券公司对自己所经营的证券同时挂出买入价和卖出价，并无条件地按买入价买入证券和按卖出价卖出证券，最终的成交价是在牌价基础上经双方协商决定的不含佣金的净价。券商可根据市场情况随时调整所挂的牌价。

5. 场外交易市场的管理比证券交易所宽松。由于场外交易市场分散，缺乏统一的组织和章程，不易管理和监督，其交易效率也不及证券交易所。但是，美国的 NASDAQ 市场借助计算机将分散于全国的场外交易市场联成网络，在管理和效率上都有很大提高。

（二）场外交易市场的功能

场外交易市场与证券交易所共同组成证券交易市场，二者密切联系，相辅相成。场外交易市场主要发挥以下功能：

1. 场外交易市场是证券发行的主要场所。新证券的发行时间集中，数量大，需要众多的销售网点和灵活的交易时间，场外交易市场是一个广泛的无形市场，能满足证券发行的要求。

2. 场外交易市场为政府债券、金融债券以及按照有关法规公开发行而又不能或一时不能到证券交易所上市交易的股票提供了流通转让的场所，为这些证券提供了流动性的必要条件，为投资者提供了兑现及投资的机会。

3. 场外交易市场是证券交易所的必要补充。场外交易市场是一个"开放"的市场，投资者可以与证券商当面直接成交，不仅交易时间灵活分散，而且交易手续简单方便，价格又可协商。这种交易方式可以满足部分投资者的需要，因而成为证券交易所的卫星市场。

（三）场外交易市场的组成

随着通信技术的发展，如今的 OTC 市场已不仅仅是传统意义上的柜台交易市场，有些国家在柜台交易市场之外又形成了其他形式的场外交易市场。

1. 柜台交易市场

柜台交易市场是通过银行、证券公司和证券经纪人的柜台进行证券交易的市场。其产生早期是有形市场，发展到后期，形成自动报价系统，适用于大量的债券买卖和不够上市条件的股票买卖。该市场目前依然存在并不断发展，主要原因有：交易所的容量有限，且有严格的上市条件，客观上需要柜台市场的存在。柜台交易比较简便、灵活，满足了投资者的需要。随着计算机和网络技术的发展，柜台交易也在不断地改进，其效率已和场内交易不相上下。

2. 第三市场

第三市场（the third market）是指已上市证券的场外交易市场。该市场的参与者主要为各类投资机构，如养老基金会、互助基金、保险公司、投资公司、私募基金等。第三市场原属于柜台交易市场的组成部分，其出现和迅速发展是因为证券交易所不允许随便降低佣金，这样当每笔股票成交金额很大时，经纪人收取的佣金就会很高，加大了股票的交易成本。而场外市场不受交易所的固定佣金制约束，因而导致大量上市证券在场外进行交易，遂形成独立的交易市场类型。第三市场的出现，成为交易所的有力竞争，最终促使美国 SEC 于 1975 年取消固定佣金制，同时也促使交易所改善交易条件，使第三市场的吸引力有所降低。

3. 第四市场

第四市场（the forth market）是投资者绕过传统经纪服务，彼此之间利用计算机网络直接进行大宗证券交易所形成的市场。第四市场的吸引力在于：（1）交易成本低。因为买卖双方直接交易，无经纪服务，其佣金比其他市场少得多。（2）可以保守秘密。因无须通过经纪人，有利于匿名进行交易，保持交易的秘密性。（3）不冲击证券市场。大宗交易如在交易所内进行，可能给证券市场的价格造成较大影响。（4）信息灵敏，成交迅速。计算机网络技术的运用，可以广泛收集和存储大量信息，通过自动报价系统，可以把分散的场外交易行情迅速集中并反映出来，有利于投资者决策。第四市场的发展一方面对证交所和其他形式的场外交易市场产生了巨大的压力，从而促使这些市场降低佣金、改进服务；另一方面也对证券市场的监管提出了挑战。

二、我国场外交易市场

（一）全国自动报价系统（STAQ）和金融市场报价信息和交易系统（NET）

我国早期的场外市场主要由金融市场报价、信息和交易系统（NET）与全国证券自动报价系统（STAQ）组成。

1. 全国自动报价系统

1990年12月5日，全国证券交易自动报价系统（securities trading automated quotations system，STAQ系统）正式开始运行。STAQ系统是一个基于计算机网络进行有价证券交易的综合性场外交易市场，系统的主要功能是即时报价、辅助交易、信息分析和统一清算等。

STAQ是由中国证券市场研究中心（SEEC）的前身"证券交易所研究设计办公室"的9家全国性的非金融机构发起和集资成立，并得到政府有关部门支持的非营利性、民间性、会员制事业单位，系统中心设在北京，连接国内证券交易比较活跃的大中城市，为会员公司提供有价证券的买卖价格信息以及结算等方面的服务，使分布在各地的证券机构能高效、安全地开展业务。1992年7月1日法人股流通转让试点在STAQ系统开始试运行，开创了法人股流通市场。

STAQ系统本身属于非营利性的会员制组织，全体会员大会是系统的最高权力机构，由全体会员大会选举理事会。STAQ系统的日常事务由执行委员会主持。在当时，STAQ系统的建立，推动了全国证券市场的发展，便于异地证券机构间的沟通。STAQ系统在交易机制上普遍采用了做市商制度，在市场组织上采取了严格自律性管理方法。

2. 金融市场报价信息和交易系统

金融市场报价信息和交易系统（national exchange and trading system，NET系统）是由中国证券交易系统有限公司开发设计，并于1993年4月28日由当时主管金融的中国人民银行批准投入试运行的。该系统中心设在北京，利用覆盖全国100多个城市的卫星数据通信网络连接起来的计算机网络系统，为证券市场提供证券的集中交易及报价、清算、交割、登记、托管、咨询等服务。NET系统由交易系统、清算交割系统和证券商业务系统这三个子系统组成。它的主要功能有：报价系统功能包括集散市场信息的功能、市场统计分析功能、交易功能、清算和交割功能。报价系统的会员之间进行直接交易和自动清算和交割。

当时，在 NET 系统进行交易的只有中兴实业、东方实业、建北集团、广州电力、湛江供销、广东广建和南海发展等 7 只股票，市场规模较小。按有关规定，凡具备法人资格且能出具有效证明的境内企业、事业单位以及民政部门批准成立的社会团体，均可用其依法可支配的资金，通过一个 NET 系统证券商的代理，参与法人股交易。由此在全国形成了上海、深圳两个证券交易所和 STAQ、NET 两个计算机网络构成的"两所两网"的证券交易市场格局。但由于多方面的原因，STAQ 和 NET 两个交易系统日益萎缩，上市公司效益也不尽如人意。

1999 年 9 月 9 日，为整合中国证券市场多头管理，防范亚洲金融危机，因国庆彩排无线电管制和设备检修，经上级部门电话通知，关闭了 STAQ 网和 NET 网，这两个系统停止运行。

2000 年 9 月 1 日中国证监会办公厅下发《关于答复 STAQ、NET 系统股民询问口径的通知》（证监会办发 [2000] 29 号文件）指出，"已经或正在采取符合上市条件的推荐上市、暂不符合上市条件但有重组基础的在进行重组后推荐上市、不具备重组基础的将其原流通法人股与已上市或拟上市公司的股份进行置换、组织有实力的企业收购等措施处理两系统原挂牌股票。"

2001 年 5 月 25 日证券业协会公布以"非上市公司代办股份转让"方式解决两网股票流通问题并接管了两网股的管理。NET 和 STAQ 按每周 1 天（或 3 天、5 天）、每天 1 次的条款进行股份转让操作，涨跌幅度限制在 5% 以内。

（二）我国场外交易市场发展现状

目前，我国的场外交易市场已形成了由代办股份转让系统（agency share transfer system）、各地产权交易市场以及天津股权交易所等多层次主体，但证监会管理层倾向于依托代办股份转让系统构建全国性场外交易市场。

据统计，目前全国有 30 多万家非上市股份公司，其中包括 1 万多家非上市公众公司，这些公司的股权流转不畅一直是造成中小企业融资难的关键所在，其股权流转的平台——柜台交易市场的设立更为业界关注。

2007 年 5 月 25 日，证监会副主席范福春在"第十届科博会金融高峰会"表示，我国尚未建立适合不同企业不同阶段需求的多层次资本市场体系，风险投资业、特别是本土投资发展不足，大批具有科技创新能力的企业，由于资金匮乏制约了企业发展。"进一步发展代办股份转让系统，构建全国性交易市场，探索市场需要的交易制度创新。"管理层正着重研究以基础构建代办股份转让系统为基础的场外交易市场，而且，中国证券业协会的"金融创新委员会"也已更名为"场外市场委员会"，具体负责场外市场监管。

代办股份转让是证券公司以其自有或租用的业务设施，为非上市股份公司提供股份转让服务。为妥善解决原 STAQ、NET 系统挂牌公司流通股的转让问题，2001 年 6 月 12 日经中国证监会批准，中国证券业协会发布《证券公司代办股份转让服务业务试点办法》，代办股份转让工作正式启动，7 月 16 日第一家股份转让公司挂牌。为解决退市公司股份转让问题，2002 年 8 月 29 日起退市公司纳入代办股份转让试点范围。

目前代办股份转让试点范围仅有原 STAQ、NET 系统挂牌公司和沪、深证券交易所的退市公司以及中关村科技园区非上市股份有限公司。原 STAQ、NET 系统挂牌公司和沪、深证券交易所的退出公司申请委托代办股份转让应具备的条件：合法存续的股份有限公司、公司组织结构健全、登记托管的股份比例达到规定的要求等，这部分的公司被称为"三板"市场。中关村科技园区非上市股份有限公司因为高科技企业故被称为"新三板"市场。

新三板的推出，不仅仅是支持高新技术产业的政策落实，或者是三板市场的另一次扩容试验，其更重要的意义在于，它为建立全国统一监管下的场外交易市场实现了积极的探索，并已经取得了一定的经验积累。

新三板的存在，使得高新技术企业的融资不再局限于银行贷款和政府补助，更多的股权投资基金将会因为有了新三板的制度保障而主动投资。

三、美国场外交易市场

美国的场外交易市场包括三个层次：纳斯达克市场、OTCBB 和粉红单系统。

（一）纳斯达克市场

纳斯达克市场，全称为全美证券交易商协会自动报价系统（National Association of Securities Dealers Automated Quotations，NASDAQ），是一个基于电子网络的无形市场，属于典型的场外交易市场。

1971 年，美国证券商协会[①]（National Association of Securities Dealers Inc.,

---

[①] 2007 年 7 月 30 日，美国全国证券商协会（NASD）和纽约证券交易所监管委员会（New York Stock Exchange's Regulation Committee）合并成立美国金融业监管局（The Financial Industry Regulatory Authority，FINRA）。FINRA 是美国最大的非政府的证券业自律监管机构。它主要负责证券交易商柜台交易市场的行为以及投资银行的运作。监管对象主要包括 5 100 家经纪公司、17.3 万家分公司和 66.5 万名注册证券代表。其核心目标是加强投资者保护和市场诚信建设。

NASD）为解决场外交易（OTC 市场）的分割问题，正式启动自动报价系统。NASD 把 500 多个做市商的交易终端和数据中心连接起来，形成一个数据交换网络，并从 OTC 市场挑选出 2 500 多家规模、业绩和成长性都名列前茅的股票，规定做市商把这些股票报价列示于该系统，供投资者参考。1975 年，NASD 提出了上市标准，彻底割断了与其他 OTC 股票的联系，成为一个完全独立的上市场所。2000 年，纳斯达克通过私募发行股票，并于 2002 年开始在 OTC 市场交易。2005 年 2 月，纳斯达克在自己的市场上挂牌交易。2007 年 5 月，纳斯达克以 37 亿美元收购北欧证券市场 OMX 公司①，联合组建一个跨大西洋的交易平台，将 NASDAQ 的品牌、电子交易平台和以客户为中心的业绩与 OMX 的全球技术服务平台和客户基础、衍生能力与跨境交易一体化统一在一起。新公司命名为纳斯达克 OMX 集团（NASDAQ OMX Group），总市值高达 71 亿美元，其中纳斯达克拥有 72% 的股权，OMX 公司股东拥有 28% 的股权。

  与其他传统的场地证券交易不同，纳斯达克没有股票交易的中心交易场所。它的市场中间人遍及全美各地，通过电话和计算机网络进行交易。由于股票交易是由经纪人和市场期票出票人直接进行，而不是在股票交易大厅内进行的，因此，纳斯达克被称为买卖双方直接交易市场。纳斯达克的另一个重要特点是拥有自己的做市商制度（market maker）。做市商是一些独立的股票交易商，为投资者承担某一只股票的买进和卖出。这一制度安排对于那些市值较低、交易次数较少的股票尤为重要。每一只在纳斯达克上市的股票，至少要有两个以上的做市商为其股票报价，一些规模较大、交易较为活跃的股票的做市商往往能达到 40～45 家。这些做市商包括美林、高盛、所罗门兄弟等世界顶尖级的投资银行。

  目前，纳斯达克市场分为纳斯达克全球精选市场（global select market）、纳斯达克全球市场（global market）和纳斯达克资本市场（capital market）三个层次，并规定了各自的上市标准。纳斯达克全球精选市场 2006 年 7 月推出，被称为纳斯达克的"贵族"，首次上市标准较高，条件严格，对公司财务和股票流通性的要求都比较高，与纽约证券交易所上市标准具有直接可比性；全球市场的对象是世界范围的大型企业和经过小型资本市场发展起来的企业；资本市场的对象是高成长的中小企业，其中高科技企业占有相当的比重，上市标准低于全球市场。纳斯达克市场自 1970 年年初诞生以来，因其更为宽松的上市条件和快捷的电子报价系统，受到新兴中小企业尤其是高科技企业的欢迎，聚集了一批全球最

---

① OMX 集团拥有并运营北欧地区最大的联合证券交易市场，在北欧和波罗的海区域拥有包括赫尔辛基（Helsinki）、哥本哈根（Copenhagen）、斯德哥尔摩（Stockholm）、冰岛（Iceland）、塔林（Tallinn）、里加（Riga）以及维尔纽斯（Vilnius）等众多证券交易所。

出色的高科技公司，如微软、英特尔、谷歌、思科、雅虎及戴尔等，在美国新经济的崛起中发挥了巨大的作用。截至2010年底，纳斯达克市场共有2 914家上市公司，其中全球精选市场、全球市场和资本市场分别拥有约1 375、1 045和494家，多数上市公司来自信息技术行业、金融服务业和消费类行业，这三类行业占到70%左右。目前，中国在纳斯达克上市的股票有130只，其中，全球精选上市44只，全球市场上市58只，资本市场上市28只。

自纳斯达克市场成立以来，培育了大批高科技企业，这些企业反过来又促进了NASDAQ市场的繁荣和发展。纳斯达克市场快捷且安全的自动报价系统以及独特的交易方式被许多国家资本市场效仿。目前，日本、欧洲、新加坡、韩国等国家纷纷建立了自己的纳斯达克系统，比如日本的JASDAQ，欧洲的EASDAQ，新加坡的SASDAQ和韩国的KOSDAQ等。

（二）OTCBB和粉红单系统

OTCBB是美国证券商协会管理的一个电子报价系统，建立于1990年，主要为中小型企业发行的3 000多只股票提供实时报价、最后一笔成交价和成交量等信息。一般而言，任何未在NASDAQ或其他全国性市场上市或登记的证券，包括在全国、地方、国外发行的股票、认股权证、证券组合、美国存托凭证（American depositary receipts）、直接参与计划（direct participation programs）等，都可以在OTCBB市场上报价。OTCBB市场是现货交易市场，不能融资，且股价跳动的最小单位为1/32。所有在OTCBB挂牌交易的公司都必须按季度向公众披露其当前财务状况，年报必须经由SEC核准的会计师事务所审计。需要注意的是，OTCBB仅仅是一个电子化的公开报价系统，没有市场分层，不能提供电子化交易，经纪人或者交易商必须通过粉红单报价系统的Pink Link来完成OTCBB市场上的股票交易。所以许多OTCBB公司也选择在粉红单市场报价，双重报价的股票占OTCBB挂牌股票的99%。

粉红单交易系统不隶属于美国证券商协会，它由私营公司美国全国报价局（National Quotation Bureau，NQB）管理并运营，为上万只证券提供报价和交易信息服务。NQB成立于1913年，除粉红单市场外，它还提供黄色单市场和股权单市场报价。黄色单市场是NQB专门为公司债提供柜台报价服务的系统，股权单市场是NQB主要为直接参股计划提供报价和交易信息的系统。NQB于2000年6月更名为粉红单有限公司（Pink Sheets LLC），新的报价系统涵盖原粉红单、黄色单和股权单市场。2008年4月，粉红单有限公司再次更名为粉红单OTC公司（Pink OTC Markets Inc.）。粉红单市场并不全是公众公司，也有私募公司的报价，但私募公司股份（在《美国证券交易法》中定义为限制股份）转让必须遵守美国证券交易委员会的 R144 规则规定。在粉红单报价系统报价的证券可以是任何满足美国 SEC 15c2-11 规则的场外市场证券。通常在场外交易市场交易的股票不在交易所上市也没有被交易。

目前，粉红单报价系统按照股票信息披露程度将场外交易市场分为四个层次：OTCQX、OTCQB、粉红单市场（pink sheets）和灰色市场（grey market）。

OTCQX 市场是柜台交易市场的最高层次，有较高的财务标准，有一定的信息披露要求，是上市公司质量控制市场（quality-controlled market）。OTCQX 为满足小型上市企业和已在美国本土外的证券交易所上市的企业专门设计，可以不执行萨班斯·奥克斯利法案所要求的内控标准。OTCQB 上市的股票没有严格的财务标准，但需要向美国 SEC 或者美国银行业管理机构报告和注册，是注册发行市场（registered market）。粉红单市场是第三层，是一个投机市场（speculative market），既没有上市必需的财务标准，也不需要向 SEC 报告。OTC 市场最底层的一级报价系统是灰色市场，在 OTCBB 或者 Pink OTC 市场上没有报价，其挂牌证券缺乏流动性。目前，在 OTC 市场上市证券共有 9 834 只，其中 OTCQX 上市 137 只，OTCQB 上市 3 844 只，粉红单市场上市 5 853 只。

OTCBB 带有典型的第三层次市场的特征。OTCBB 与众多的创业板相比具有真正的创业板特征：零散、小规模、简单的上市程序以及较低的费用。与 OTCBB 相比，粉红单市场又是更次一级市场，真正体现了 OTC 市场分散性的特点。

第四节 证券上市与退市

一、证券上市的含义

证券上市（security listing）是指证券交易所根据一定的条件和标准，批准公开发行的证券在证券交易所作为买卖对象，自由的公开买卖。凡经批准在证券交易所内登记买卖的证券，称为上市证券；发行该证券的公司为上市公司。

证券上市是连接证券发行市场与证券场内交易的中间环节，对于投资者和上市公司而言，都具有十分重要的意义。对投资者来说，证券上市方便投资者进行证券投资，更好地进行投资决策，而且有利于减少投资风险，降低投资成本。对于上市公司而言，证券上市有利于提高上市公司的信誉和知名度，促进上市公司改善经营管理，增强上市公司的筹资能力。另外，证券上市也有利于证券管理者对上市公司的监管，以保障广大投资者合法权益，促进证券市场的健康发展。

二、证券上市层次与上市标准

证券上市层次是指针对质量、规模、风险程度不同的企业，为满足多样化市场主体的资本要求而建立起来的市场分层。完整的证券市场应该是多层次市场，既有场内市场，也有场外市场；既有全国性证券交易市场，也有地方性证券交易市场。一般来讲，证券上市层次与上市标准息息相关，证券上市层次越高，则上市标准越严格。从地方性证券交易市场到全国性证券交易所市场，从场外市场到场内市场，是证券上市标准逐渐严格的系统筛选过程。按照上市证券的规模和融资额大小，证券交易市场可分为主板市场和二板市场。

（一）主板市场

主板市场（main-board market）是指传统意义上的证券市场（通常指股票市场），是一个国家或地区证券发行、上市及交易的主要场所，通常为证券交易所市场。主板市场是资本市场中最重要的组成部分，很大程度上能够反映经济发展状况，有"国民经济晴雨表"之称。主板市场对发行人的营业期限、股本大小、盈利水平、最低市值等方面的要求标准较高，上市企业多为国内大型成熟企业或者全球有影响的大公司，具有较大的资本规模以及稳定的盈利能力。我国的主板市场包括上海证券交易所和深圳证券交易所，二者在组织体系、上市标准、交易方式和监管结构方面几乎都完全一致，主要为成熟的国有大中型企业提供上市服务。

（二）创业板市场

创业板市场（growth enterprises market，GEM board），又称为二板市场，地位次于主板市场，以 NASDAQ 市场为代表，专门为处于幼稚阶段中后期和产业化阶段初期的中小企业及高科技企业提供资金融通和证券交易，此市场还可解决这些企业的资产价值（包括知识产权）评价、风险分散和创业投资的股权交易问题。二板市场是在主板市场发展到一定历史阶段、市场提出了层次性要求的背景下产生的。在上市门槛方面，创业板市场与主板市场相比有较大区别：不设立最低盈利的规定，以免高成长的公司因盈利低而不能挂牌；提高对公众最低持股量的要求，以保证公司有充裕的资金周转；设定主要股东的最低持股量及出售股份的限制,如两年内不得出售名下的股份等,以使公司管理层在发展业务方面保持对股东的承诺。二板市场上市的企业业绩变动范围往往较大,在为投资者提供较大的业绩成长想象空间的同时,也潜藏着较之于主板市场更大的风险。因此,在二板市场投资的机构及个人,需要承受更高的风险。从全球创业板市场的运行模式来看,主要有两种形式:一种是完全独立于主板市场,世界上最成功的二板市场——美国纳斯达克市场即属此类。一种是附属于主板市场,旨在为主板培养上市公司,二板的上市公司发展成熟后可升级到主板市场。比如新加坡创业板市场和2009年10月开始运行的我国深圳证券交易所下设的创业板都属于此类型。

延伸阅读

我国主板市场、二板市场和三板市场的主要区别

中国内地的主板市场包括上交所和深交所两个市场。主板市场上市企业多为大型成熟企业,具有较大的资本规模以及稳定的盈利能力。中小企业板于2004年5月27日在深圳证券交易所正式启动,是深交所主板市场的一个组成部分。中小企业板定位于为主业突出、具有成长性和科技含量的中小企业提供融资渠道和发展平台,促进中小企业快速成长和发展,是解决中小企业发展瓶颈的重要探索。

二板市场,主要指深圳创业板市场。创业板于2009年10月在深圳证券交易所正式推出。在我国,创业板是指专为暂时无法在主板上市的中小企业和新兴公司提供融资途径和成长空间的证券交易市场,是对主板市场的重要补充。

三板市场主要指"代办股份转让系统"和地方产权交易市场、"条块结合"的场外交易市场体系等。是根据中国证监会解决历史上遗留问题的既定政策,对原STAQ、NET系统挂牌公司,在未上市前的股份转让做出的安排。

三者的主要区别见表6.1。

表6.1　　　　　我国证券主板、二板和三板市场的区别

项目	主板(含深圳中小企业板)	二板(深圳创业板)	三板
主体资格	依法设立且合法存续的股份有限公司	依法设立且合法存续的股份有限公司	非上市股份公司
股本要求	发行前股本总额不少于人民币3 000万元;发行后股本总额不少于人民币5 000万元	发行后股本总额不少于3 000万元	无限制
经营年限	持续经营时间在3年以上	持续经营时间在3年以上	存续满2年

续表

项目	主板（含深圳中小企业板）	二板（深圳创业板）	三板
盈利要求	最近3个会计年度净利润均为正且累计超过人民币3 000万元；最近3个会计年度经营活动产生的现金流量净额累计超过人民币5 000万元；或者最近3个会计年度营业收入累计超过人民币3亿元	最近两年连续盈利，最近2年净利润累计不少于1 000万元且持续增长；或最近一年盈利，且净利润不少于500万元，最近一年营业收入不少于5 000万元，最近2年营业收入增长率均不低于30%	具有持续经营能力
资产要求	最近一期末无形资产（扣除土地使用权、水面养殖权和采矿权等后）占净资产的比例不高于20%	最近一期末净资产不少于2 000万元，且不存在未弥补亏损	无限制
主营业务	最近3年内没有发生重大变化	最近2年内没有发生重大变化	主营业务突出，具有持续经营能力
实际控制人	最近3年内未发生变更	最近2年内未发生变更	无限制
董事及管理层	最近3年内未发生重大变化		无限制
成长性及创新能力	无限制	"两高五新"企业：高科技，高增长，新经济，新服务，新能源，新材料，新农业	中关村高新技术企业：软件、生物制药、新材料、文化传媒等新兴行业
投资人	无限制	有2年投资经验的投资者	具备相应风险识别和承担能力的特定投资者：（1）机构投资者，包括法人、信托、合伙企业等；（2）公司挂牌前的自然人股东；（3）通过定向增资或股权激励持有公司股份的自然人股东；（4）因继承或司法裁决等原因持有公司股份的自然人股东；（5）协会认定的其他投资者
信息披露之定期报告	年报、半年报和季报	年报、半年报和季报	年报和半年报
备案或审核	设主板发行审核委员会，25人；审核制：证监会发审委审核	设创业板发行审核委员会，加大行业专家委员的比例；审核制：证监会发审委审核	备案制：中国证券业协会对推荐挂牌备案文件无异议的，自受理之日起50个工作日内向推荐主办券商出具备案确认函
股份转让	通过交易平台办理	通过交易平台办理	投资者买卖挂牌公司股份，须委托主办券商办理

续表

项目	主板（含深圳中小企业板）	二板（深圳创业板）	三板
交易限制	每一笔100股且为其整数倍，涨跌幅10%限制	每一笔500股，且为其整数倍，涨跌幅10%限制	每笔委托股份数量应为3万股以上；股份余额不足3万股的，只能一次性委托卖出；股份的报价为"每股价格"；报价最小变动单位为0.01元

三、证券上市费用

企业上市费用的种类和金额因上市地、上市证券类型、发行人情况不同而存在较大差别。一般而言，企业上市的费用主要包括支付给交易所的上市费和支付给各类中介机构的中介机构费。

（一）上市费

上市费是股票上市公司在其股票上市后按一定时间和标准交纳给证券交易所的费用。上市费包括入市费、上市年（月）费和附加上市费。

入市费，又称为上市初费，是公司证券初次上市时一次性交付给交易所的费用。各交易所一般依据上市证券股本总额制定入市费收取标准，入市规模大则费用较高，不少交易所都制定最高限额。在计算方法上，有的交易所根据发行公司上市股数大小分档设定费用标准，如香港交易所。有的则是区分基本费用和浮动费用，即设定一基本费用，再根据上市股数分档收取浮动费用，如NASDAQ。除此之外，有的交易所还收取一定额度的上市申请费（或上市材料审阅费），如果公司上市申请成功、将在基本费用中冲减。若申请未获批准，这笔费用将不再退还。例如，我国上海证券交易所规定A股上市初费按公司股本总额的0.3‰支付，但最多不超过30 000元，深圳证券交易所要求A股上市初费统一规定为30 000元。

上市年（月）费，是发行公司在上市以后每年交付给交易所的固定费用。各交易所在上市年费的计算依据，类别及是否设定限额等问题的处理上基本与入市费相同。例如，我国上海证券交易所规定A股上市每月费用按500元计，全年6 000元；深圳证券交易所要求A股上市月费为股本在5 000万元以下的每月为500元，此后股本每增加1 000万元增收100元的月费，但最高限额不超过2 500元。

附加上市费，是指如果发行公司采取诸如收购，合并或重组，私募发行，交换发行，股东优先认购或预约发行，公开发行等行为时，发行公司需要支付给交易所的附加费用。此项费用一般按次收取或按发行股数收取，多数设有上限。

（二）中介机构费

支付给中介机构的费用包括承销费用、注册会计师费用（审计、验资、盈利预测审核等费用）、资产评估费用、律师费用等。承销费用一般根据发行人证券发行规模确定，发行的规模越大，承销费用总额越高。证券发行过程中文件制作、印刷、散发和刊登发行公告等的费用，一般由证券承销机构在承销费用中列支。如果在境外发行证券，境外的承销商往往会在承销费用以外收取一笔文件制作费。根据中国证监会的规定，目前承销费用的收费标准是：以包销方式承销股票收取的佣金为包销股票总金额的 1.5%～3%，以代销方式承销时佣金为 0.5%～1.5%。

四、证券退市

公司证券的上市资格并不是永久的，当不能满足证券交易所关于证券上市的条件时，它的上市资格将被取消，交易所将停止该公司证券的交易，称为退市或摘牌（delisting）。有关证券退市的标准和程序、退市证券的暂停与终止等一系列规则构成了证券退市制度。

（一）证券上市暂停与终止

证券上市暂停，是指证券发行人出现了法定原因时，其上市证券暂时停止在证券交易所挂牌交易的情形。暂停上市的证券因暂停的原因消除后，可恢复上市。

证券上市终止，是指证券发行人出现了法定原因后，其上市证券被取消上市资格，不能在证券交易所继续挂牌交易的情形。上市证券被终止后，证券交易所往往不提供特别转让服务，但可以在终止上市原因消除后，重新申请证券上市，也可以在依法设立的非集中竞价的交易场所继续交易。

证券上市的暂停与终止是两个既有联系又有区别的概念，前者一旦暂停上市的情形消除，证券即可恢复上市。因此，证券上市暂停时，该证券仍为上市证券。后者被终止上市后，其证券不能恢复上市，只能在被终止的情形消除后，重新申请上市，通常称为退市证券。

证券上市的暂停与终止,是证券上市制度的重要组成部分,它构成了证券上市的退出机制。证券退市对证券市场的稳定、高效运营有重大意义。一方面证券退市对上市公司的规范运作起到很好的警示和引导作用,从长期看有助于提高上市公司提高运作质量,增强上市公司在证券市场的持续经营能力和生命力。另一方面,也有助于提高投资者的证券投资风险意识,促进投资者的理性投资,从而更好地保护投资者利益。

(二) 我国上市证券的暂停、终止与特别处理

1. 上市股票的暂停与终止

《证券法》规定,上市公司有下列情形之一的,由证券交易所决定暂停其股票上市交易:

(1) 公司股本总额、股权分布等发生变化不再具备上市条件;

(2) 公司不按照规定公开其财务状况,或者对财务会计报告作虚假记载,可能误导投资者;

(3) 公司有重大违法行为;

(4) 公司最近3年连续亏损;

(5) 证券交易所上市规则规定的其他情形。

上市公司有下列情形之一的,由证券交易所决定终止其股票上市交易:

(1) 公司股本总额、股权分布等发生变化不再具备上市条件,在证券交易所规定的期限内仍不能达到上市条件;

(2) 公司不按照规定公开其财务状况,或者对财务会计报告作虚假记载,且拒绝纠正;

(3) 公司最近3年连续亏损,在其后一个年度内未能恢复盈利;

(4) 公司解散或者被宣告破产;

(5) 证券交易所上市规则规定的其他情形。

2. 上市股票的特别处理

我国上市股票的特别处理(special treatment,ST),是指上市公司出现财务状况或其他状况异常,导致其股票存在终止上市风险,或者投资者难以判断公司前景,其投资权益可能受到损害的,由证券交易所对该公司股票交易实行特别处理。特别处理分为警示存在终止上市风险的特别处理(以下简称"退市风险警示")和其他特别处理。

当出现下列情形之一时,我国上海证券交易所和深圳证券交易所认定为存在股票终止上市风险的公司:

（1）最近2年连续亏损；

（2）因财务会计报告存在重大会计差错或者虚假记载，公司主动改正或者被中国证监会责令改正后，对以前年度财务会计报告进行追溯调整，导致最近2年连续亏损；

（3）因财务会计报告存在重大会计差错或者虚假记载，被中国证监会责令改正但未在规定期限内改正，且公司股票已停牌2个月；

（4）未在法定期限内披露年度报告或者中期报告，且公司股票已停牌2个月；

（5）公司可能被解散；

（6）法院受理关于公司破产的案件，公司可能被依法宣告破产。

对出现退市风险的上市股票，退市风险警示的处理措施包括：在公司股票简称前冠以"*ST"字样，以区别于其他股票；股票报价的日涨跌幅限制为5%，恢复上市首日股票报价的日涨跌幅不受前项有关5%的限制。其他特别处理的处理措施包括：在公司股票简称前冠以"ST"字样，以区别于其他股票；股票报价的日涨跌幅限制为5%。

3. 上市债券的暂停与终止的条件

公司债券上市交易后，公司出现下列情形之一的，由证券交易所决定暂停其公司债券上市交易：

（1）公司有重大违法行为；

（2）公司情况发生重大变化不符合公司债券上市条件；

（3）发行公司债券所募集的资金不按照核准的用途使用；

（4）未按照公司债券募集办法履行义务；

（5）公司最近2年连续亏损。

当公司有前条第（1）项、第（4）项所列情形之一经查实后果严重的，或者有前条第（2）项、第（3）项、第（5）项所列情形之一，在限期内未能消除的，或者公司解散或者被宣告破产的，由证券交易所决定终止其公司债券上市交易。

第五节 证券交易委托和交易制度

一、证券交易委托经纪制度

证券交易委托经纪制度是指投资者进行证券买卖时，必须与某一证券经营机构签订协议，委托该机构按照要求为其买卖证券的制度。证券经纪商以代理人的身份从事证券交易，与客户是委托代理关系。证券经纪商必须遵照客户发出的委托指令进行证券买卖，并尽可能以最有利的价格使委托指令得以执行；但证券经纪商并不承担交易中的价格风险。证券经纪商向客户提供服务以收取佣金作为报酬。现代的证券经纪业务不仅包括接收客户委托，帮助客户买卖证券，还包括为客户提供证券信息咨询服务、专业证券分析、投资组合设计等业务。

证券交易委托经纪制度不仅在发达国家证券市场的发展过程中起到了关键作用，同时也是国外成熟证券市场发展的重要标志之一。从欧美证券交易市场的发展历史来看，经纪人在设立和推进证券交易市场形成的过程中，既制定了股市交易规则，也造就了多层次的股票交易市场体系。

（一）证券经纪商的作用

1. 代理买卖证券，大大降低了证券交易成本

证券经纪人是通过代为客户买卖证券而获取佣金收入的中介人，按照证券买卖双方的委托意愿实现交易是证券经纪人最基本的职能。为履行"撮合"义务，经纪人需要具备一系列业务条件：具有尽可能多的买卖双方信息和市场信息；有着相对固定的经营场所和必要的设施；在证券信用交易制度下，提供必要的资金支持；具有专业水准。在证券交易中，经纪人处于"中心"位置，客户围绕经纪人展开迅速而安全的证券买卖活动，而不同的经纪人之间的激烈竞争又大大降低了证券交易成本。

2. 风险防范功能

这有两方面的含义：一是在经营过程中，从主观愿望出发，经纪人有着防范自身运作风险和有条件地帮助客户防范风险的意愿；二是经纪人通过自身的风险防范，客观上起到了证券市场风险防范的作用。

3. 维护市场活力

证券经纪人依赖于证券市场的存在而存在、证券市场的发展而发展，因此，维护证券市场的运行活力和健康发展，是经纪人的根本利益所在。经纪人的作用突出地表现在：第一，维护市场竞争机制。在 200 多年的历史中，欧美国家的证券市场始终坚持充分发挥以竞争为核心的市场机制，这与经纪人的努力直接相关。其内在机理是，只有竞争，经纪人才能不断挖掘和发现新的业务机会，才能不断发展；一旦市场被某个或某些机构所垄断，经纪人的生存发展空间就将被大大挤压缩小。建立多层次证券市场体系，既是市场竞争的结果，也是维护市场竞争所需要的基本条件。因此，只要发生垄断，经纪人就将自主推进一个能够容纳竞争机制的新市场形成。第二，维护市场各类参与者的充分选择权。证券市场是由多种主体参与交易活动的市场，不仅不同主体之间在投资意向、风险偏好、运作目的和操作技能等方面差别甚大，就是同一主体在不同时空点的要求也会发生种种变化，因此，在证券市场投资中拥有充分选择权就成为经纪人、投资者及股市的其他参与者所关心的一个基本问题，也成为证券市场运行是否充满活力的一个基础性要件。一般来说，选择权越大，经纪人的业务发展空间就越大。经纪人在努力推进各种交易方式创新、交易对象创新、交易技术创新和交易市场创新过程中，激励和提高了证券市场运行的活跃程度。

（二）证券交易席位

证券经纪商接受投资者证券买卖委托，进行证券交易一般是通过场内交易市场的交易席位来完成。交易席位（seat）原指交易所交易大厅中的座位，座位上有电话等通信设备，经纪人可以通过它传递交易与成交信息。证券商参与证券交易，必须首先购买席位，席位购买后只能转让，不能撤销。拥有交易席位，就拥有了在交易大厅内进行证券交易的资格。这种交易形式称为有形席位交易。随着科学技术的不断发展，通信手段日益现代化，交易方式由手工竞价模式发展为电脑自动撮合，交易席位的形式也发生了很大变化，已逐渐演变为与交易所撮合主机联网的电脑报盘终端。

现代的电脑终端报盘属于场外报盘，无须证券经营机构派驻场内交易员，而是由投资者在场外通过证券经营机构的电脑终端直接向交易所电脑主机输入买卖证券的指令。对于无形化交易市场来说，每个从证券营业网点通过电话委托、自助委托或柜台委托的投资者，都相当于场内的出市代表，投资者输入的委托直接进入交易所电脑主机进行撮合。证券商一般可以用少量的几个无形席位来代替有形市场的几十个有形席位，且无须在场内派驻出市代表，大大节约了经营成本，更重要的是省去了人工报盘的中间环节，从而减少了差错，提高了效率。无形席位具有有形席位无法比拟的优势，我国在这方面处于世界领先地位，深圳证券交易所已全部采用无形席位，上海证券交易所也已开始向无形席位转变。

（三）证券交易委托

1. 委托方式

从委托方式来看，在电子化交易方式下，可分为柜台递单委托、电话自动委托、电脑自动委托和远程终端委托。

柜台递单委托是指投资者持身份证和账户卡，由投资者在证券商柜台填写买进或卖出委托书，交由柜台工作人员审核执行。

电话自动委托是指投资者用电话拨号的方式通过证券商柜台的电话自动委托系统，用电话机上的数字和符号键输入委托指令。

电脑自动委托是指投资者用证券商在营业厅或专户室设置的柜台电脑自动委托终端亲自下达买进或卖出的指令。

远程终端委托指投资者通过与证券商柜台电脑系统联网的远程终端或且联网下达买进或卖出指令。

2. 委托程序

在证券市场发展的早期，证券委托程序主要是经纪人接受投资者委托指令后，报单员申报核对，输入券商电脑终端机，通过交易所电脑主机撮合系统进行处理。出现无形席位后，证券经纪人可以通过无形席位直接输送委托指令到交易所电脑主机。

每个投资人买卖证券均须委托具有会员资格的证券公司进行，即投资人（委托人）的交易指令先报送于证券公司（或交易系统），证券公司通过其场内交易员或交易系统将委托人的交易指令输入计算机终端，各证券公司计算机终端发出的交易指令将统一输入证交所的计算机主机，由其撮合成交，成交后由各证券公司代理委托人办理清算、交割、过户手续。

3. 委托内容

投资者买卖证券必须通过证券交易所的会员进行。投资者委托证券经纪人买卖某种证券时，要签订委托契约书，填写年龄、职业、身份证号码、通信地址、电话号码等基本情况。委托书还要明确，买卖何种股票、何种价格、买卖数量、时间等。最后签名盖章方生效。

根据投资者委托的不同内容，证券委托可有不同的分类。

（1）委托买卖的数量

从买卖证券的数量来看，有整数委托和零数委托之分。

整数委托（round lot order）是指投资者委托经纪人买进或卖出的证券数量是以一个交易单位为起点或是一个交易单位的整数倍。一个交易单位称为"一手"。"手"的概念来源于证券交易初期的一手交钱一手交货，现已发展为标准手。如上海、深圳交易所规定：A股、B股、基金的标准手就是每100股或1 000基金单位为一手；债券以100元面值为一张，10张即1 000元为一标准手。

零股委托（odd lot order）是指委托买卖的证券数量不足一个交易单位。若以一手等于100股为一个交易单位，则1～99股便为零股。一般规定，只有交易额达到一个交易单位或交易单位的整数倍，才允许进交易所内交易，零股则必须由经纪人凑齐为整数股后，才能进行交易。投资者必须整手买卖。在特殊情况下，当委托数量不能全部成交或分红送股或者配股时可能出现零股，这时零股只能委托卖出，不能委托买入。例如，我国证券交易规定，股票或基金的申报数量应当为100股（份）或其整数倍。债券以人民币1 000元面额为1手。债券质押式回购以1 000元标准券1手。国债买断式回购交易最少1 000手。

(2) 委托指令的类型

从委托的价格看，有市价委托和限价委托之分。

市价委托（market orders）。是指投资者向经纪人发出委托指令时，只规定某种证券的名称、数量，对价格由经纪人随行就市，不作限定。经纪人的义务是获得交易指令后，尽最大努力获得最佳交易价格，务必使交易成交。

限价委托（limited orders）。即由投资者发出委托指令时，提出买入或卖出某种证券的价格范围，经纪人在执行时必须按限定的最低价格或高于最低价格卖出，或按限定的最高价格或低于最高价格买进。例如，某投资者手中持有每股10元的股票，目前市价为40元，该投资者估计行情可能上涨，下达限价为41元的卖出限价指令（最低卖价大于目前市价）；设该投资者卖出了每股10元的股票，现在估计市场行情下跌，想低价买入（看跌市场），下达限价为6元的买入限价指令（最高买价）。

平单指令（stop order）。又称为止损指令，投资者委托经纪商在证券价格上升至其指定价格或此限度之上时为其买入证券，或当证券价格下降至指定价格或此限度之下时为其卖出证券。该指令的主要缺陷是：①市价出现瞬时性波动，一旦触及特定价即执行，导致过早买卖。②一旦市价触及特定价，平单指令变成市价指令，可能买卖并不是按特定价成交。例如，投资者持有每股10元的股票，目前市价为40元，该投资者估计行情可能上涨。投资者为了防止利润损失，即锁定利润（低买高卖）。下达限价为38元的卖出平单指令，一旦市价跌到38元，即可卖出。设该投资者原来卖出了每股10元的股票，现在估计市场行情下跌，且该投资者还想继续持有，即在低价位上买入（看跌市场）。目前市价为7元，该投资者估计行情可能下跌，且下跌越多，投资者获利越多。投资者为了防止利润损失，即锁定利润（高卖低买）。下达限价为8元的买入平单指令（注意大于目前市价，才可能再行买入）。

平单限价指令（stop limit order）。平单指令与限价指令的混合。指投资者委托经纪商在证券价格变动至其指定价格或该限度之外时，对买入或卖出证券再指定一个限价，经纪商只能在此限价内而不是按市价为其买卖证券。目的是既锁定利润，又确保在限制的价位或更好的价位上成交。例：投资者持有每股10元的股票,目前市价为40元,该投资者估计行情可能上涨。投资者既锁定利润,又确保在限制的价位或更好的价位上成交。下达止损价为38元,限价为37元的平单限价指令。止损价为38元,说明一旦市价下跌触及到38元,止损指令就变成了市价指令,可能在38元成交,也可能在36元成交。限价为37元,说明投资者的最低卖价为37元,若市价低于37元,则不能执行,从而把实际卖出执行价格限制在37~38元之间。

延伸阅读

深圳证券交易所五种市价委托方式

2007年1月,深交所在新《交易规则》中引入了五种市价委托方式,供投资者自主选择。正式推出深市新《交易规则》中规定的五种市价委托方式。以应对很多投资者在证券交易中都会遇到过因下单太慢,无法及时成交的问题,提高市场效率。目前深市共有五种市价申报方式,分别是"对手方最优价格申报"、"本方最优价格申报"、"最优五档即时成交剩余撤销申报"、"即时成交剩余撤销申报"和"全额成交或撤销申报"。

1. 对手方最优价格申报

对手方最优价格申报是指以申报进入交易主机时集中申报簿中对手方队列的最优价格为其申报价格的市价申报方式。简单来说,对手方最优价格申报相当于在不考虑行情信息差异的情况下,买入时以"卖一"为限价,卖出时以"买一"为限价的申报方式。

2. 本方最优价格申报

本方最优价格申报是指以申报进入交易主机时集中申报簿中本方队列的最优价格为其申报价格的市价申报方式。简单来说,本方最优价格申报相当于在不考虑行情信息差异的情况下,买入时以"买一"为限价,卖出时以"卖一"为限价的申报方式,当本方最优价格申报进入交易主机时,在原有的"买一"或"卖一"队列中排队。

3. 最优五档即时成交剩余撤销申报

最优五档即时成交剩余撤销申报是指以对手方价格为成交价格,与申报进入交易主机时集中申报簿中对手方最优五个价位的申报队列依次成交,未成交部分自动撤销的市价申报方式。简单来说,最优五档即时成交剩余撤销申报也就是在不考虑行情信息差异的情况下,依次以"买一"到"买五"价格作为卖出价格或依次以"卖一"到"卖五"价格作为买入价格,如申报无法全部成交,剩余未匹配量自动撤销的申报方式。

4. 即时成交剩余撤销申报

即时成交剩余撤销申报是指以对手方价格为成交价格,与申报进入交易主机时集中申报簿中对手方的所有申报队列依次成交,未成交部分自动撤销。简单来说,即时成交剩余撤销申报相当于在不考虑行情信息差异的情况下,从"买一"价格开始依次作为卖出价格或以

"卖一"价格开始依次作为买入价格，如申报无法全部成交，剩余未匹配量自动撤销的申报方式。

5. 全额成交或撤销申报

全额成交或撤销申报是指以对手方价格为成交价格，如与申报进入交易主机时集中申报簿中对手方的所有申报队列依次成交能够使其完全成交的，则依次成交，否则申报全部自动撤销的市价申报方式。

简单来说，全额成交或撤销申报相当于在不考虑行情信息差异的情况下，如申报能与对手方队列完全成交的，则从"买一"或"卖一"开始依次配对，直至完全成交，如不能完全成交，则申报被全部撤销的申报方式。

为了控制价格不确定性风险，《交易规则》规定，投资者只能在有价格涨跌幅限制证券的连续竞价期间采用市价委托方式。

(3) 委托指令中的买卖时间限制

投资者必须注明交易指令的时限，即经纪人应在什么时间范围内执行交易指令。从委托的有效期看，有不定期委托与定期委托之分。

不定期委托也称有效委托，即投资者发出委托指令时不规定指令的有效期限，只要不宣布撤销委托，则指令一直有效。

定期委托也称限时委托，是指投资者发出委托买卖指令时，对交易的时间有一定的限制，超过时限，则委托指令自动失效，而不论买卖是否成交。若投资者仍有买卖意向，则需重新提出委托。例如，当日交易指令（day orders）是当日填写，当日执行，营业终了还未成交的话，交易指令自动作废。另外，还有开市指令（open order）或者收市指令（close order）是指投资者要求经纪商在开市或收市，或尽可能接近开市或收市时，按照市价或限价方式买卖证券的委托。

4. 证券报价限制

投资者委托证券经纪商买卖证券时，一般需要符合证券交易规则中关于报价单位、价格最小变化档位、申报上限和涨跌幅程度等的规定。下面简单介绍上海和深圳证券交易所的证券交易报价限制。

在报价单位方面，股票为"每股价格"，基金为"每份基金价格"，债券为"每百元面值的价格"，债券质押式回购为"每百元资金到期年收益"。

在申报价格最小变动单位方面，A 股、债券交易和债券买断式回购交易的申报价格最小变动单位为 0.01 元人民币。基金和权证交易为 0.001 美元，B 股上海证券交易所为 0.001 美元、深圳证券交易所为 0.01 港元；债券质押式回购上海证券交易所为 0.005 元、深圳证券交易所为 0.01 元。

在证券申报上限方面，股票（基金）单笔申报最大数量应当低于 100 万股

（份）；债券和债券质押式回购竞价交易单笔申报最大数量应当不超过1万手；国债买断式回购交易竞价撮合系统最小1 000手、最大50 000手。

在证券涨跌幅限制方面，股票、基金交易实行价格涨跌幅限制，涨跌幅比例为10%，其中ST（special treatment）股票价格涨跌幅比例为5%。股票、基金上市首日不受涨跌幅限制。PT的股票涨幅不得超过5%，跌幅不受限制。申报限制：超过涨跌幅限制的申报为无效申报。

二、证券交易制度

证券交易制度是对证券市场上证券的买卖流程的一种描述，一般包括买卖双方在交易过程的作用、交易中介的组成和作用、交易价格的形成、交易的交割和结算、交易系统的组成和作用等内容。从世界各国的证券交易制度来看，不同交易所所共同实施的交易制度有这样四种：一是竞价交易制度，二是做市商交易制度，三是大宗交易制度，四是金融期货交易规则。这四种制度分别适用于不同的证券交易者，它们共同起到为不同类型的交易提供法律工具的作用。

（一）证券竞价交易制度

场内证券交易，主要采用竞价制度，又称为指令驱动机制（order driven）。这种交易制度是委托人的交易指令通过证券商的代理按时间顺序输入证券交易所计算机主机后，将通过场内竞价撮合由买卖双方直接成交。场内竞价按照表现形式主要有三种。第一种，口头竞价，经纪人收到委托买卖指令跑到专门买卖某种证券的柜台边口头唱报要价和买价直至成交的方法，常用掌心向内或向外辅以手势，这种在美国较常见。第二种，牌板竞价，用木板或塑料板表示买卖价格，澳大利亚、我国香港、东南亚国家在早期应用这种方式报价。第三种，电脑终端竞价，随着通信技术和网络技术的快速发展，现在大多数国家都采用这种方式。另外，按照竞价是否连续，竞价交易分为集合竞价和连续竞价。

1. 集合竞价

集合竞价是指对一段时间内接受的买卖申报一次性集中撮合的竞价方式，主要适用于证券上市开盘价和每日开盘价。依此竞价方式，证券交易所在每一营业日正式开市前的规定时间内，只接受有效委托而不进行撮合处理；在正式开市时，主机撮合系统将对所有输入的买卖盘价格和数量进行处理，即所有的买入有效申报按照委托限价由高到低的顺序排列，所有的卖出申报按照委托限价由低到高排列，以产生开盘价格。在临开盘的一瞬间产生一个开盘参考价，继而以此开盘参考价为成交价，对所有委托中能成交的委托进行撮合成交，不能成交的委托排队等待成交。其撮合成交原则为：(1) 使高于开盘价的买单和低于开盘价的卖单能够全部成交；(2) 使开盘价下的买卖单成交量最大化；(3) 如不能产生上述开盘参考价时，则以前一交易日的收盘价为当日开盘价。我国上海和深圳证券交易所开市前9:15～9:25是开盘集合竞价时间，9:25公布竞价结果，9:30开始正式开始交易。若集合竞价未成功，则可在9:25继续委托；集合竞价期间不准撤单，否则资金将冻结一天。

【例6.1】假如某只股票在开盘前有6笔买入委托和5笔卖出委托，根据价格优先和时间的原则，这6笔买入委托价格按由高到低排列，原卖出委托按由低到高排列如表6.2所示。

表6.2 某只股票开盘前的委托指令一览

买入申报序号	委买价	委托数量	委卖价	委托数量	卖出申报序号
①	19.81	300	19.56	600	①
②	19.78	700	19.61	200	②
③	19.68	500	19.64	300	③
④	19.60	800	19.68	700	④
⑤	19.55	700	19.74	700	⑤
⑥	19.50	400			

从表6.2可以看出，所有卖出价中最低为19.56元，所有的买入价中最高价为19.81元，所以开盘集合竞价产生的开盘价必须从19.56～19.81元中选取。开盘价的确定步骤如下：

(1) 第一笔买入申报（19.81元的委买价）和第一笔卖出申报（19.56元的委卖价）可以成交，成交300股，但第一笔卖出申报还剩300股未成交。

(2) 第二笔买入申报（19.78元的委买价）和第一笔卖出申报中（19.56元的委卖价）的剩余未成交量300股可以成交，第二笔买入申报还剩下400股未成交，可以再和第二笔卖出申报（19.61的委卖价）成交。这样，第二笔卖出申报全部成交，第二笔买入申报共成交500股，剩下200股未成交。

(3) 第二笔买入申报（19.78元的委买价）剩下的200股与第三笔卖出申报（19.64元的委卖价）成交。至此，第二笔买入申报全部成交，第三笔卖出申报还剩100股，再与第三笔买入申报（19.68元的委买价）成交100股，这样，第三笔卖出申报全部成交，第三笔买入申报500股中还剩下400股。

(4) 第三笔买入申报（19.68元的委买价）剩下的400股与第四笔卖出申报

（以19.68元的委卖价）成交，第四笔卖出申报还剩下300股未成交。

（5）剩下的低于19.68元的买入申报和剩下的高于19.68元的卖出申报无法成交。只能放在连续竞价中等待成交。

所以，在19.68元这个价位，所有高于19.68元的买入申报和所有低于19.68元的卖出申报均成交，且此时总成交量达到最大，在集合竞价制度下，所有的卖和买都以这个价位成交，并揭示为开盘价。

2. 连续竞价

集合竞价结束后，交易所将开始当日的正式交易，交易系统将进入连续竞价，直至当日收市。所谓连续竞价，即是指对证券买卖申报逐笔连续撮合的竞价方式。连续竞价是买卖双方按价格优先、时间优先的竞价原则连续报买报卖的过程。依此原则，每一时点的委买价如高于或等于委卖价时，即按价格顺序撮合成交；在每一同等成交价格点上，如买卖报单有时间差异的，即按时间顺序使先报者成交；凡不能成交者将等待机会成交，部分成交者将使剩余部分等待成交。我国上海和深圳证券交易所在证券交易时间即每周一至周五上午9:30~11:30，下午1:00~3:00时采用连续竞价方式，接受申报进行撮合。连续竞价的结果有三种情况：全部成交、部分成交和不成交。

（1）连续竞价的优点

价格形成具有连续性。投资者在交易时间内随时有买卖证券的机会，并根据市场的瞬息变化进行决策调整。

（2）连续竞价成交价格的确定原则

最高买入申报与最低卖出申报价格相同，以该价格为成交价；买入申报价格高于即时揭示的最低卖出申报价格时，以即时揭示的最低卖出申报价格为成交价；卖出申报价格低于即时揭示的最高买入申报价格时，以即时揭示的最高买入申报价格为成交价。

（3）连续竞价举例

以我国证券交易连续竞价为例，表6.3是某股票的五档盘口信息。

表6.3　　　　　　　　　某股票的五档盘口信息

卖出五档盘口	卖出价	委卖量（手）
卖五（元/手）	7.18	237
卖四（元/手）	7.17	188
卖三（元/手）	7.16	218
卖二（元/手）	7.15	585
卖一（元/手）	7.14	102

续表

卖出五档盘口	卖出价	委卖量（手）
当前价（元）	7.14	
买一（元/手）	7.13	108
买二（元/手）	7.12	1 328
买三（元/手）	7.11	1 787
买四（元/手）	7.10	1 737
买五（元/手）	7.09	1 093
买入五档盘口	买入价	委买量（手）

注：从2003年12月8日，我国沪深两市调整了买卖盘揭示范围，从"三档行情"显示变成"五档行情"显示。

【分析】若当前申买1手，申买价为7.15元，因为即时揭示卖价为7.14元，则该笔交易按即时揭示卖价成交，成交价为7.14元。

若当前申卖1手，申卖价为7.12元，因为即时揭示买价为7.13元，则该笔交易按即时揭示买价成交，成交价为7.13元。

若当前申卖1手，申卖价为7.15元，则等待成交。

（二）做市商交易制度

做市商制度（market maker）又称为报价驱动（quote driven）交易制度，是不同于竞价交易方式的一种证券交易制度，做市商制度一般为柜台交易市场所采用。它是指由具备一定实力和信誉的法人充当做市商，不断地向投资者提供买卖价格，并按其提供的价格接受投资者的买卖要求，以其自有资金和证券与投资者进行交易，从而为市场提供即时性和流动性，并通过买卖报价的适当差额来补偿所提供服务的成本费用，并实现一定的利润。简单说就是，做市商报出价格，并能按这个价格买入或卖出。

做市商制度起源于20世纪60年代美国证券柜台交易市场。随着70年代初电子化即时报价系统的引入，传统的柜台交易制度演变为现代意义上的场外交易市场（OTC），并形成了规范的做市商制度。目前在全球前十大交易所中，已经有NYSE、NASDAD、东京证券交易所、伦敦证券交易所、Euronext、德国交易所、香港证券交易所、澳大利亚交易所等八家交易所，均在不同程度上采用了做市商交易制度。特别是在全球主要的场外交易市场中，大都实行做市商制度，或者是以做市商制度与竞价机制相结合的混合交易机制。

在做市商交易制度下，证券成交价格的形成由做市商直接决定，且投资者无论是买进或卖出证券，都只同做市商进行交易，与其他投资者无关。做市商的业务本身决定了做市商是市场交易的承担者和交易的创造者,这就要求做市商必须由资本规模相对较大、资金回报周期要求较长的机构投资者承担;其人才实力、管理能力和研究能力等在是否能保证做市商履行做市义务的同时承担库存股票和市场价格变化带来的风险,也是做市商制度能否顺利运作的关键所在。因此只有选择资质较好、实力雄厚、行为规范的市场主体担任做市商,才能为市场的有效运行奠定良好的基础。为此各国都分别制定了整套的事前审核机制来遴选合格做市商。换言之,并非所有的市场主体或证券商都可以自动成为做市商,而是必须满足一定的资格要求、通过相应的审查程序。

下面以做市商制度比较著名和较为完善的美国纳斯达克市场为例,介绍其交易运行机制。

美国纳斯达克市场的做市商分为普通做市商和主做市商(primary NASDAD market maker)。普通做市商是自由进入的,只要是美国证券交易商协会(NASD)的会员,在达到一定的净资本要求后,只需通过网络进行注册,就可以对某只股票进行做市。而要成为纳斯达克的主做市商,除了应满足上述对普通做市商的资格要求外,还必须满足《NASDAQ市场主做市商准则》(Primary NASDAQ Market Maker Standards)的要求,即满足下面三条中的两条:(1)交易者能够显示最优买入与卖出报价(the best bid or best offer),并能够将此报价维持一定时间;(2)使个别交易差价(individual spreads)与平均交易差价(average spreads)相关;(3)在某证券报价更新前后三分钟内没有相关操作的情况下,能够保持一定的报价更新频率。

在美国纳斯达克市场上市的每只证券至少要有两家做市商(目前平均每只证券有10家做市商,一些交易活跃的股票有40家或更多的做市商)。在开市期间,做市商必须就其负责做市的证券一直保持双向买卖报价,即向投资者报告其愿意买进和卖出的证券数量和买卖价位,纳斯达克市场的电子报价系统自动对每只证券全部做市商的报价进行收集、记录和排序,并随时将每只证券的最优买卖报价通过其显示系统报告给投资者。如果投资者愿意以做市商报出的价格买卖证券,做市商必须按其报价以自有资金和证券与投资者进行交易。

(三)大宗交易制度

大宗交易(block trading)是指证券单笔交易规模远大于市场平均单笔交易规模的交易。针对大宗交易建立的不同于正常规模交易的交易制度称为大宗交易制度。大宗交易制度以前一般是针对机构投资者占据主要位置的投资者结构做出的适应性安排，也是海外交易所针对机构投资者常用的交易制度。与传统交易方式相比，大宗交易制度具有定价灵活、对场内交易价格影响小、效率高，交易成本低等特点，其适用单独颁布的实施细则，在程序、信息披露等方面也与普通交易有区别，有利于改善交易服务质量，更能提高大宗交易效率，减轻二级市场的压力，有利于稳定投资者对存量股份减持的心理预期，可以为已获得流通权的股份提供高效的转让平台。

大宗交易制度的产生与20世纪以来机构投资者的比重上升和实力增强息息相关。由于大宗交易中所交易的证券数量和金额较大，如果采用与正常规模交易相同的交易制度就可能导致交易制度基本目标无法实现，造成市场流动性低、市场价格稳定性差、大宗交易成本提高等问题，为了解决这些问题，一些交易市场以正常规模交易的交易制度为基础，对大宗交易的撮合方式、价格确定和信息披露等方面采取特殊的处理方式，这些针对大宗交易的特别规定称为大宗交易制度。世界上大多数证券交易市场都建立了专门的大宗交易制度。

1. 大宗交易的界定

一般来说，大宗交易都是根据单笔交易的交易规模判别的。只有个别证券交易所以交易使用的信息披露系统或交易系统作为判别交易是否为大宗交易的依据。如伦敦证券交易所规定，使用大宗交易系统进行的交易为大宗交易。无论其采用哪种大宗交易的判别标准，都对大宗交易的单笔交易的最小交易数量或交易金额进行了限制。从世界各证券交易市场看，对大宗交易的单笔交易最小交易股数或交易金额的规定方式有三种：统一规定，即对大宗交易的单笔交易最小交易股数或交易金额采用统一规定的方式。目前采用这种规定方式的证券交易市场，主要有美国的纽约证券交易所和纳斯达克市场，以及我国台湾证券交易所和我国台湾证券柜台买卖中心。分类规定，即对大宗交易的单笔交易最小交易股数或交易金额采用分类规定的方式。目前采用这种规定方式的证券交易市场，主要有伦敦证券交易所、巴黎证券交易所和东京证券交易所。特别规定，即对不同股票的大宗交易的单笔交易最小交易股数或交易金额，以交易量和买卖价差以内的正常委托量为基础进行不同规定，并对该规定进行经常性更新。法国的巴黎证券交易所对在中央交易系统外进行的普通大宗交易就是采用的这种规定方式。

2. 大宗交易的交易方式

目前世界各主要证券交易市场对大宗交易采用的交易方式主要有四种：

（1）场外协商场内撮合。采用这种交易方式时，进行大宗交易的投资者首先在交易系统外通过电话或其他电子通信网络进行协商，在达成交易协定后，再通过正常规模交易的交易系统进行撮合成交。目前，对大宗交易采用这种交易方式的主要是美国纽约证券交易所。

（2）场外交易，即通过其他交易系统撮合。采用这种交易方式时，进行大宗交易的投资者首先在交易系统外通过电话或其他电子通信网络进行协商，在达成交易协定后，通过不同于正常规模交易的交易系统进行撮合成交。目前，对大宗交易采用这种交易方式的主要是纳斯达克市场和巴黎证券交易所。

（3）盘后交易，即交易时间外交易。采用这种交易方式时，进行大宗交易的投资者的交易是在正常规模交易的交易时间外进行的。在盘后交易中，有的交易市场是通过正常规模交易的交易系统进行的，也有的交易市场是通过与正常规模交易的交易系统独立的特制交易系统进行的。目前对大宗交易采用这种交易方式的主要有东京证券交易所、我国台湾证券交易所和我国台湾证券柜台买卖中心。

（4）场内交易，即与正常规模交易相同的场内交易。采用这种交易方式时，大宗交易与正常规模交易在同一时间段、通过同一交易报价系统、在交易所场内进行。目前对大宗交易采用这种交易方式的主要有纽约证券交易所、巴黎证券交易所和伦敦证券交易所。

由于大宗交易也是市场证券交易的一种，而且大宗交易制度只是在正常规模交易的交易制度的补充，一般只是在正常规模交易制度的基础上进行少量的修改，因此，一般的证券交易市场不针对大宗交易的市场监管专门设立独立于正常规模交易的市场监管的监管部门，主要是在制度上对大宗交易进行规范和限制。

3. 我国证券市场的大宗交易制度

从2002年深圳证券交易所和上海证券交易所相继推出大宗交易制度开始，我国大宗交易品种不断扩大，不仅包括A股、B股、基金和债券等单一证券，还包括多只A股、多只基金和多只债券等证券组合大宗交易。不仅如此，大宗交易系统和交易规则也日益完善。尤其是2006年7月，《上海证券交易所交易规则》和《深圳证券交易所交易规则》的同时实施，使得我国对证券大宗交易的界定标准和运行时间完全统一起来，加大了证券大宗交易的流动性要求，活跃了市场氛围。

在大宗交易的界定标准上，两个证券交易所都是从单笔申报数量和交易金额两个指标来度量，只要满足其中之一要求即可在大宗交易系统申报成交。比如，申报数量达到或超过50万股或交易金额在300万元及以上的A股交易，或者，多只A股合计单向买入或卖出的交易金额不低于500万元人民币且其中单只A股的交易数量不低于20万股的，均可以向大宗交易柜台申请。

在大宗交易系统运行时间上，买卖双方进行大宗交易的申报时间统一为每个交易日9：15～11：30、13：00～15：30；交易主机在每个交易日的15：00～15：30

对成交价格和成交数量进行确认。具体交易过程是：大宗交易系统在接到申报后将贮存其交易报单而不立即撮合，在交易所当日直接竞价交易结束后的半小时内，由交易所交易主机确认成交申报。由此可以看出，我国目前对于大宗交易实际采取的是竞价制度和盘后交易。略有不同的是，上海证券交易所的债券大宗交易实行一级交易商制度，进行债券双边报价业务。

第六节 证券交易方式

证券交易方式可以按照不同的角度来认识。根据证券交易合约的签订与实际交割之间的关系，证券交易的方式有现货交易、远期交易和期货交易等。在短期资金市场，结合现货交易和远期交易的特点，存在着债券的回购交易。如果投资者买卖证券时允许向经纪人融资融券，则发生信用交易。

一、现货交易

所谓现货交易，是指证券买卖双方在成交后即办理交收手续，买入者付出资金并得到证券，卖出者交付证券并得到资金。所以，现货交易的特征是"一手交钱，一手交货"，即以现款买现货方式进行交易。现货交易一般是在证券成交后两个营业日以内完成交割。

现货交易通过现金账户进行，目的为了长期投资，希望在未来的时间内获得较稳定的分红或利息收入。

二、信用交易

信用交易（credit transtraction），又称"保证金交易"（margin trading），是指证券投资者在买卖证券时，只向经纪人交付一定的保证金，或者只向经纪人交付一定的证券，而由经纪人提供融资或者融券进行交易。因此，在证券信用交易中存在双重信用关系。一是投资者向经纪人取得证券抵押贷款，一旦投资者失败，经纪人无须承担风险。二是经纪人向商业银行或其他金融机构取得的证券再抵押贷款。

（一）信用交易的形式

保证金买空交易，又称为融资交易，是指投资者预计证券市场行情上涨，准备在现期现价较低时买进一定数量证券，但因资金不足，可以向经纪人交付一定比率的保证金而取得经纪人贷款，并委托经纪人代理买入此种证券。

保证金卖空交易，又称为融券交易，是指投资者预计证券市场行情下跌，准备做某一证券的卖出投机，但因没有该种证券，可以向经纪人交付一定比率的保证金，从经纪人处借入一定数量的证券，若日后果真下跌，再按市价买入相同种类相同数量的证券归还经纪人并支付借入证券的利息和手续费。其特点是投资者可以在股市下跌的时候也一样赚取利润，有利于遏制股市过度上涨，但同时这样做也伴随着很大的风险：卖空交易可能获取的利润是有限的（股价最多只能下跌到零）但损失的可能却是无限大（理论上来说股价的上涨没有极限），因而在许多国家的股票市场限制较多。

（二）信用交易的保障——保证金制度

对于信用交易而言，由于利用保证金进行杠杆交易，其风险和收益都被数倍放大。所以采用保证金制度是证券信用交易的基础性制度，同时也是证券公司抵御信用违约风险的重要屏障。

投资者在开立证券信用交易账户时，须存入初始保证金。初始保证金，又称为原始保证金或者法定保证金，指证券监管机构或者中央银行规定的投资者自有资金在用保证金购买的资产价值中所占的比例。融资的初始保证金比例，在不同国家和地区有不同规定。美国规定的初始保证金比例为50%，融资的维持保证金比例为25%，融券的维持保证金比例则根据融券的股价而有所不同。我国规定投资者融资买入证券或者融券卖出时，保证金比例不得低于50%。

由于证券价格经常变动，当证券市值低于保证金时，就会产生信用风险。这时，需要设定维持保证金的比例，控制交易风险。证券经纪人在融资融券日常交易的过程中实施"逐日盯市"制度，即每天按收盘价计算投资者保证金账户中的保证金的实际占有比例。当投资者的维持保证金比例下降到特定数值时，经纪人将及时发出追加保证通知，要求客户在规定的期限内追加保证到账，使维持保证金比例高于特定数值。追加通知的维持保证金比例又称保证金追缴点（又称"平仓线"）。

（三）证券信用交易的盈亏计算

1. 融资交易

融资保证金比例是指投资者融资买入时交付的保证金与融资交易金额的比例，计算公式为：

$$融资交易实际保证金率 = \frac{证券市值 - 借款额（含利息费用）}{证券市值} \times 100\%$$

投资者融资交易的收益率计算公式为：

$$融资交易的收益率 = \frac{抵押证券市值 - 借款额 - 本金}{本金} \times 100\%$$

【例6.2】某投资者打算买进A股票，A目前的股价是20元，他想买2 000股，但投资者手中只有2万元现金。

第一种情况：不存在保证金交易制度时，投资者只能买入1 000股。在A股票价格上涨到30元时，不考虑交易费用和投资者向经纪人贷款利率的情况下，投资者的账面收益率为：

$$\frac{30 \times 1\,000 - 20\,000}{20\,000} \times 100\% = 50\%$$

在A股票价格下跌到8元时，不考虑交易费用和投资者向经纪人贷款利率的情况下，投资者的账面收益率为：

$$\frac{8 \times 1\,000 - 20\,000}{20\,000} \times 100\% = -60\%$$

第二种情况：存在保证金交易制度时，假定初始保证金比例为50%。投资者可以向经纪人提出以保证金交易方式买入2 000股股票A，经纪人便"借"给他2万元，加上他原本的现金共4万元买入A股票2 000股。这样，在A股票价格上涨到30元时，即价格上涨50%，投资者的账面收益率为：

$$\frac{30 \times 2\,000 - 20\,000 - 20\,000}{20\,000} \times 100\% = 100\%$$

这时的实际保证金率为：$\frac{30 \times 2\,000 - 20\,000}{30 \times 1\,000} \times 100\% = 133.33\%$

假如买入后A股票后，价格没有上涨反而跌至12元，即价格下跌40%，投资者的账面收益率为：

$$\frac{8 \times 2\,000 - 20\,000 - 20\,000}{20\,000} \times 100\% = -120\%$$

这时的实际保证金率为：$\frac{12 \times 2\,000 - 20\,000}{12 \times 2\,000} \times 100\% = 16.67\%$

如果维持保证金率为25%，则证券经纪人将通知该投资者追缴保证金，否则，将强制平仓，以防止亏损进一步扩大。总之，保证金交易是一种将收益与风险同时放大的交易方法。

2. 融券交易

融券保证金比例是指投资者融券卖出时交付的保证金与融券交易金额的比

例,其计算公式为:

$$融券交易实际保证金率 = \frac{保证金}{融券卖出证券数量 \times 卖出价格} \times 100\%$$

融券交易的收益率计算公式为:

$$融券交易的收益率 = \frac{融券卖出金额 - 融券卖出证券市值}{本金} \times 100\%$$

【例6.3】 某投资者拥有1 000股A股票,A股票目前的股价是20元。该投资者预期A股票将下跌,打算借入A股票卖出。假定融券交易规定的初始保证金率为50%,则该投资者当前可从经纪人处借入每股20元共1 000股A股票。这样,投资者共拥有市值4万元的A股票可以卖出,其中他将付给经纪人2 000股×20元/股×50%=2万元作为保证金。然后由经纪人卖出2 000股A股票得到4万元。注意,此时由于尚未平仓,因此该人不能动用这4万元。

投资者卖出A股票后,价格如预期那样下跌。当股票价格跌到每股10元时,投资者决定获利了结,向经纪人提出平仓要求。于是,经纪人再买进2 000股股票A,耗去2万元,剩余2万元就成为该人利润所得。投资者以每股10元的价格买入的2 000股A股票,其中1 000股归还经纪人,1 000股为投资者拥有。不考虑交易费用和投资者向经纪人贷款利率的情况下,该交易过程投资者的收益率为100%。

反之,假如投资者卖空后股价反而上涨,那么他就将遭遇亏损:假设股票A在此后上涨到30元,则此时他就将面临2万元的亏损,这笔钱将由其保证金账户中扣除,并将由证券公司通知他追缴保证金以保证维持交易,如果他拿不出钱来维持保证金账户的话,就将被强行平仓。

3. 融资和融券交易

投资者既有融资,又有融券交易时,维持保证金率的计算公式为:

维持保证金率 = (现金 + 信用证券账户内证券市值)/(融资买入金额 + 融券卖出证券数量 × 市价 + 利息及费用)

(四) 我国的融资融券交易

为了防范金融风险,我国证券市场成立初期,证券监管机构不允许证券交易结算机构和商业银行向证券经营机构透支,也禁止证券公司等证券业务经营机构向客户融资、融券,以抑制和防止证券交易中过度投机。1999年实施的《证券法》专门规定,证券公司不得从事向客户融资或者融券的证券交易活动。

随着我国证券市场监管制度日益完善和投资者素质的提高,2005年10月,十届全国人大常委会第十八次会议审议通过了《证券法》修订案,取消了证券公司不得为客户交易融资融券的规定。2006 年 6 月，中国证券会发布了《证券公司融资融券业务试点管理办法》，同年 8 月，上海证券交易所和深圳证券交易所分别公布了融资融券交易试点的实施细则。这三项规定基本上构建了我国证券信用交易保证金制度。《实施细则》规定了以下主要内容：①交易保证金水平，融资融券的保证金比例不低于 50%。②保证金交纳方式，投资者可以以现金和证券两种方式缴纳保证金。③可充抵保证金证券的折算率，如深证 100 指数成份股股票的折算率最高不超过 70%。④维持担保比例水平，《实施细则》规定"当客户维持担保比例低于 130% 时，会员应当通知客户在约定的期限内追加担保物"。⑤强制平仓的条件，在融资融券交易开始之后，证券公司"逐日盯市"并进行"逐日结算"，在保证金追缴点发出担保物追加通知，如客户在两个交易日内未能按期补足担保物（客户追加担保物后的"维持担保比例"不得低于 150%）或者到期未能偿还债务时，证券公司可依据合同约定实行强制平仓。

三、远期交易和期货交易

远期交易（forward）是双方约定在未来某时刻（或时间段内）按照现在确定的价格进行交易。期货交易是在交易所进行的标准化的远期交易，即交易双方在集中性的市场以公开竞价方式所进行的、约定在未来某日期按成交时约定的价格交割一定数量的某种商品的标准化协议。不管是远期交易还是期货合约，主要目的是冲销证券或者商品价格波动风险。

期货交易（futures）与远期交易有类似的地方，都是现在定约成交，将来交割。但远期交易是非标准化的，在场外市场进行；期货交易则是标准化的，有规定格式的合约，多数在场内市场进行。另外，现货交易和远期交易以通过交易获取标的物为目的；而期货交易在多数情况下不进行实物交收，而是在合约到期前进行反向交易、平仓了结。

四、期权交易

期权（options）是一种选择权，期权的买方向卖方支付一定数额的权利金后，就获得这种权利，即拥有在一定时间内以一定的价格（执行价格）出售或购买一定数量的标的物（实物商品、证券或期货合约）的权利。期权的买方行使权利时，卖方必须按期权合约规定的内容履行义务。相反，买方可以放弃行使权利，此时买方只是损失权利金，同时，卖方则赚取权利金。总之，期权的买方拥有执行期权的权利，无执行的义务，而期权的卖方只是履行期权的义务。

五、回购交易

回购交易（repurchase transaction）更多地具有短期融资的属性，从运作方式看，它结合了现货交易和远期交易的特点，通常在债券交易中运用。债券回购交易就是指债券买卖双方在成交的同时，约定于未来某一时间以某一价格双方再进行反向交易的行为。在债券回购交易中，当债券持有者有短期的资金需求时，就可以将持有的债券作抵押或卖出而融进资金；反过来，资金供应者则因在相应的期间内让渡资金使用权得到一定的利息回报。由于债券回购的期限一般不超过1年。所以从性质上看，它可以归属于货币市场。

关键词汇

证券交易 场外交易市场 证券交易所 创业板市场 证券上市 证券退市
市价委托 限价委托 竞价制度 集合竞价 做市商制度 大宗交易 现货交易
信用交易 回购交易

思 考 题

1. 试述证券交易的基本原则。
2. 阐述证券发行市场和证券交易市场的关系。
3. 证券交易所有哪些功能？
4. 场外交易市场有什么特点？
5. 阐述做市商制度和竞价制度的区别及联系。

练 习 题

一、单项选择题

1. 会员制的证券交易所是（   ）。
   A. 以股份有限公司形式组织并不以营利为目的的法人团体
   B. 一个由会员自愿组成的、以营利为目的的社会法人团体
   C. 一个由会员自愿组成的、不以营利为目的的社会法人团体

D. 以股份有限公司形式组织并以营利为目的的法人团体

2. 有关场外交易市场特征的描述不正确的是（　　）。
   A. 场外交易市场与证券交易所的区别在于交易价格的定价方式
   B. 场外交易市场的组织方式大多采取做市商制
   C. 场外交易市场是一个拥有众多证券种类和证券经营机构的市场，以未能或无须在证券交易所批准上市的股票和债券为主
   D. 场外交易市场分散，缺乏统一的组织和章程，因此不易管理和监督

3. 公开原则的核心要求是（　　）。
   A. 参与交易的各方应当获得平等的机会
   B. 交易各方要及时公布有关信息
   C. 实现市场信息的公开化
   D. 上市公司对重大事项及时向社会公布

4. 信用交易是投资者通过交付（　　）取得经纪商信用而进行的交易。
   A. 押金　　　B. 资金　　　C. 金融工具　　　D. 保证金

5. 委托指令根据（　　），有市价委托和限价委托。
   A. 买卖证券的方向　　　　　B. 委托时效限制
   C. 委托价格限制　　　　　　D. 委托订单的数量

6. 在订单匹配原则方面，我国采用（　　）。
   A. 价格优先原则、时间优先原则
   B. 经纪商优先原则
   C. 按比例分配原则、数量优先原则
   D. 客户优先原则、做市商优先原则

7. 以下（　　）是上海证券交易所和深圳证券交易所都可以接受的市价申报。
   A. 最优5档即时成交剩余转限价申报
   B. 本方最优价格申报
   C. 最优5档即时成交剩余撤销申报
   D. 对手方最优价格申报

8. 有甲、乙、丙、丁四人，均申报买入X股票，申报价格和时间如下：甲的买入价10.75元，时间为13：40；乙的买入价10.40元，时间为13：25；丙的买入价10.70元，时间为13：25；丁的买入价10.75元，时间为13：38。那么他们交易的优先顺序应为（　　）。
   A. 丁、甲、丙、乙　　　　　B. 丁、丙、乙、甲

C. 丙、丁、乙、甲　　　　　D. 丙、乙、丁、甲

9. 在上海证券交易所采用竞价交易方式的开盘集合竞价时间为每个交易日的（　　）。

　　A. 9:20~9:30　　B. 9:15~9:25　　C. 9:25~9:35　　D. 9:10~9:20

10. 涨跌幅价格的计算公式为（　　）。

　　A. 涨跌幅价格 = 前收盘价 × (1 ± 涨跌幅比例)

　　B. 涨跌幅价格 = 前最高价 × (1 ± 涨跌幅比例)

　　C. 涨跌幅价格 = 今开盘价 × (1 ± 涨跌幅比例)

　　D. 涨跌幅价格 = 前平均价 × (1 ± 涨跌幅比例)

11. 下列关于连续竞价的说法错误的是（　　）。

　　A. 在无撤单的情况下，委托当日有效

　　B. 能成交者予以成交，不能成交者等待机会成交

　　C. 开盘集合竞价期间未成交的买卖申报，自动进入连续竞价

　　D. 连续竞价期间未成交的买卖申报，自动撤销

12. 根据现行制度规定，无论买入或卖出，ST 股票价格涨跌幅度不得超过（　　）。

　　A. 2%　　　　B. 5%　　　　C. 6%　　　　D. 7%

13. 根据（　　），证券交易的方式有现货交易、远期交易和期货交易。

　　A. 交易的时间不同

　　B. 交易的期限不同

　　C. 交易合约的内容不同

　　D. 交易合约的签订与实际交割之间的关系

14. 证券交易机制从（　　）划分，可以分为指令驱动和报价驱动。

　　A. 交易价格的决定特点　　　　B. 交易时间的连续特点

　　C. 交易对象的执行特点　　　　D. 交易结果的登记情况

15. 二板市场指的是（　　）。

　　A. 代办股份转让系统　　　　　B. 主板市场

　　C. 中小企业板块市场　　　　　D. 创业板市场

16. 为保护投资者利益，防止股价暴涨暴跌和投机盛行，沪、深证券交易所对股票、基金交易实行价格涨跌幅限制，涨跌幅比例为（　　）。

　　A. 10%　　　B. 8%　　　　C. 7%　　　　D. 5%

17. 我国《证券法》规定，上市公司出现以下（　　）情形，由证券交易所决定终止其股票上市交易。

A. 公司情况发生重大变化，不符合公司债券上市条件
B. 发行公司债券所募集的资金不按照核准的用途使用
C. 公司最近3年连续亏损，在其后1个年度内未能恢复盈利
D. 公司有重大违法行为

二、不定项选择题

1. 以下关于证券交易主要特征的表述中，正确的有（　　）。
   A. 证券只有通过流动才具有较强的变现能力
   B. 证券的流动性、收益性和安全性三者之间互相联系
   C. 因为证券可能为其持有者带来一定收益，所以具有流动性
   D. 证券在流动中也存在因其价格变化给持有者带来损失的风险

2. 证券交易所的职能包括（　　）。
   A. 组织监督证券交易　　　　B. 制定证券交易所的业务规则
   C. 设立证券登记结算机构　　D. 管理和公布市场信息

3. 委托指令根据委托订单的数量，可以分为（　　）。
   A. 整数委托　　B. 零数委托　　C. 卖出委托　　D. 买进委托

4. 以委托单为例，委托指令的基本要素包括（　　）。
   A. 数量、价格　　　　　　　B. 时间、有效期
   C. 品种、买卖方向　　　　　D. 证券账号、日期

5. 证券经纪商在收到客户委托后，应对（　　）进行审查。经审查符合要求后，才能接受委托。
   A. 委托内容　　　　　　　　B. 委托人身份
   C. 委托卖出的实际证券数量　D. 委托买入的实际资金余额

6. 下列关于指令驱动和报价驱动的说法不正确的有（　　）。
   A. 报价驱动下，证券买价和卖价都由做市商给出
   B. 报价驱动下，投资者买卖证券的对手是其他投资者
   C. 指令驱动下，证券交易价格由买方和卖方力量直接决定
   D. 指令驱动下，投资者买卖证券都以做市商为对手，与其他投资者不发生直接关系

7. 证券交易所会员代表应当履行的职责有（　　）。
   A. 组织会员相关业务人员参加证券交易所举办的培训
   B. 报送统计月报、年报及证券交易所要求的其他文件
   C. 组织与证券交易所证券业务相关的会员内部培训

D. 办理证券交易所会员资格、席位、参与者交易业务单元（交易单元）、交易权限管理等相关业务

8. 公司债券上市交易后，公司有下列（　　）情形之一的，由证券交易所决定暂停其公司债券上市交易。

   A. 公司有重大违法行为
   B. 公司情况发生重大变化，不符合公司债券上市条件
   C. 发行公司债券所募集的资金不按照核准的用途使用
   D. 公司最近3年连续亏损

9. 我国证券交易所市场的层次结构包括（　　）。

   A. 主板市场　　　　　　　　　B. 中小企业板块市场
   C. 三板市场　　　　　　　　　D. 创业板市场

10. 证券交易所的职能包括（　　）。

    A. 提供证券交易的场所和设施　　B. 制定证券交易所的业务规则
    C. 接受上市申请、安排证券上市　　D. 组织、监督证券交易

11. 证券交易所的特征有（　　）。

    A. 有固定的交易场所和交易时间
    B. 参加交易者为具备会员资格的证券经营机构，交易采取经纪制
    C. 交易的对象限于合乎一定标准的上市证券
    D. 通过公开竞价的方式决定交易价格

12. 当上市公司出现以下（　　）情形的，上海证券交易所和深圳证券交易所对在主板上市的股票交易实行退市风险警示。

    A. 最近2年连续亏损
    B. 因财务会计报告存在重大会计差错或者虚假记载，被中国证监会责令改正但未在规定期限内改正，且公司股票已停牌1个月
    C. 未在法定期限内披露年度报告或者中期报告，且公司股票已停牌2个月
    D. 法院依法受理公司重整、和解或者破产清算申请

三、判断题

1. 场外交易市场与证券交易所共同组成证券交易市场，而场外交易市场是证券发行的主要场所。　　　　　　　　　　　　　　　　　　　　　　　（　　）

2. 大宗交易的成交价格不作为该证券当日的收盘价，也不纳入指数计算，不计入当日行情，因此成交量也不计入该证券的成交总量。　　　　　（　　）

3. 我国上海证券交易所的收盘价决定采取集合竞价方式。　　　（　　）

4. 投资者向经纪商下达买进或卖出证券的指令，称为"委托"。（　）
5. 目前，我国通过证券交易所进行的证券交易均采用书面报价方式。（　）
6. 证券经纪商申报竞价成交后，买卖即告成立，成交部分不得撤销。（　）
7. 在证券交易所的交易中，除了按规定允许的证券公司自营买卖外，投资者都要通过委托经纪商代理才能买卖证券。（　）
8. 店头市场即场外交易市场，二者可以等同。（　）
9. 我国内地有两家证券交易所——上海证券交易所和深圳证券交易所，两家证券交易所均按公司制方式组成，是非营利性的事业法人。（　）
10. 证券交易所是一个高度组织化、集中进行证券交易的市场，是整个证券市场的核心。证券交易所本身并不买卖证券，但起着决定证券价格的作用。（　）
11. 连续竞价的所有交易以同一价格成交。（　）
12. 证券的开盘价为当日该证券的第一笔成交价格，证券的开盘价通过集合竞价方式产生，不能产生开盘价的，以连续竞价方式产生。（　）

四、计算分析题

1. 投资者从证券公司借得 30 000 美元买 A 公司的股票，每股现价为 100 元，投资者的账户初始保证金比率要求是 50%，维持保证金比率为 35%，一个月后，股价降至 80 美元。

（1）投资者会收到追缴保证金的通知吗？
（2）股价降至多少，投资者会收到追缴保证金的通知？
（3）比较现货交易和保证金交易两种交易方式下投资者获取的投资收益。

2. 假设股票"泰达股份"2010 年 9 月 12 日在开盘前 9∶25 到 9∶30 期间分别有 5 笔买入委托和 6 笔卖出委托，根据价格优先的原则，按买入价格由高至低和卖出价格由低至高的顺序将所有委托单据进行排队，如下表所示。

委托单据排序表

序号	委托买入价/元	数量/手	序号	委托买出价/元	数量/手
买1	16.90	2	卖1	16.85	5
买2	16.88	6	卖2	16.86	1
买3	16.87	4	卖3	16.87	2
买4	16.84	7	卖4	16.89	6
买5	16.83	6	卖5	16.90	6
买6	16.81	3	卖6		

(1) 说明集合竞价的程序。
(2) 在这次集合竞价中，交易所发布的股票"泰达股份"的开盘价和成交量是多少？
（要求写清计算过程）

第七章 证券市场监管

▶ 学习目标
- 掌握对证券发行上市、交易市场、证券交易所以及证券经营机构的监管内容
- 理解证券市场监管的目的、原则和监管对象
- 熟悉我国证券市场监管体制
- 了解世界主要的证券市场监管模式,理解集中型监管模式
- 了解我国证券监管法律法规体系以及证券违规行为的分类和处理

第一节 证券市场监管概述

一、证券市场监管的目的

因证券市场的负外部性、证券投资工具的公共产品特性、信息不对称以及证券市场发展程度等原因,各国政府和金融监管当局均对证券市场运行进行松紧程度不同的监管,以保护投资者和保证营造公开、公平和公正的市场作为首要责任。证券市场监管是指以保护投资者合法权益为宗旨,以矫正和改善证券市场的内在问题为目的,政府及其监管部门通过法律、经济、行政等手段对参与证券市场各类活动的各类主体的行为所进行的引导、干预和管制。

国际证券监督管理委员会组织(International Organization of Securities Commissions,IOSCO,简称国际证监会组织)是证券监管领域最重要的国际组织,成立于1983年,从其成立之初,就一直致力于各国政府金融监管合作以及国际监管准则设立的规范化和统一化。1992年国际证监会组织在《证券监管和目标》报告中就把"保护投资者"和"保证市场的公平、效率和透明"作为各会员国证

券市场监管的两大目标。1994年墨西哥金融危机和1997年东南亚金融危机的爆发，促使国际证监会组织在1998年增加了一个监管目标"降低系统风险"，防止证券市场系统风险的爆发、蔓延以致发生金融危机，严重危害经济。目前，这三大证券监管目标已得到世界各国证券监管当局的普遍认可。

（一）保护投资者

保护投资者是各国政府进行证券市场监管最基本的目标。证券市场不同于由厂商和消费者所组成的一般产品市场，而是一个公开的金融市场，由多方不同的利益主体如上市公司、投资者、金融中介机构、自律管理机构（如证券交易所等）和政府监管部门等共同构成。这其中，维系市场正常运转和健康发展的基础则是投资者对未来市场的信心。因此，政府会采取各种措施保护投资者使其免受误导、操纵、欺诈、内幕交易、不公平交易和资产被滥用等行为的损害。保护手段主要是建立完善的证券信息披露制度，对证券的发行、交易以及各种参与主体的行为进行规范和约束。

要保护投资者，最重要的是需要上市公司完全披露影响投资者投资抉择的重要信息。这样，投资者才能更好地保护自己的利益。作为披露要求的重要组成部分，应具备会计和审计的标准，且应是高水平、得到国际认可的标准。监管机构设定的规则应当具备法律效力和权威，投资者有权因中介机构的不当行为而导致的损害要求其补救和赔偿。

（二）保证市场的公平、效率和透明

保证市场的公平、效率和透明指监管者通过恰当地设立交易制度来保障交易的公平，使投资者都能够平等地进入市场、使用市场资源和获得市场信息。监管制度应当保证交易价格形成的公平性。监管制度应当发现、防止和惩罚操纵市场者和其他导致市场交易不公平的行为。监管者应当推进市场的有效性。监管者应当保证市场信息的即时公布、广泛传播和有效反映于市场价格中。

（三）降低系统风险

降低系统风险是指监管者应当通过设定对市场中介机构的资本充足率和内部控制要求等措施降低投资者的风险。一旦金融机构出现财务危机，监管者应当尽量减轻危机对整个市场造成的冲击。监管者应当要求中介机构满足资本充足率和一定的运营条件以及其他谨慎要求，但是，承受风险是投资的必然要求，也是市场活跃的基础，监管者不能也没有必要试图消除风险。监管者应当做的是要求投资者将风险承担限制在能力范围之内，并且监控过度的风险行为。

这三项目标是紧密相连的，而且在某些方面还是相互重叠的。许多确保公平、有效和透明的市场的要求也会促进对投资者的保护并帮助减少系统风险。同样，许多减少系统风险的方法也会为投资者提供保护。

二、证券市场监管的原则

证券市场监管的基本原则是证券立法精神的体现，也是证券发行、证券交易和证券管理活动必须遵循的最基本的准则。尽管各国证券市场管理的方式、方法存在着差异，但在实施管理过程中，一般都要遵循以下基本原则：

1. 依法管理原则。是指证券市场监管部门必须加强法制建设，明确划分有各方面的权利与义务，保护市场参与者的合法权益，即证券市场管理必须有充分的法律依据和法律保障。

2. 保护投资者利益原则。从资金来源看，证券市场发展的关键在于投资者对市场的信心。要确保投资者信心，必须切实保护投资者的利益。由于普通投资者一般处于信息和资金劣势，为消除市场竞争中的不对称性，要求监管者尽力消除证券市场上的欺诈、操纵等问题，使投资者得到公平的对待，维护其合法权益。

3. 公开原则。公开原则的核心要求是实现市场信息的公开化。凡是与证券和证券市场有关的一切活动与信息都应当公开。既包括与证券发行、交易行为有关的各种信息公开，也包括与证券发行、交易有关的规则公开；既包括证券发行人及其有关的信息公开，也包括市场其他参与者的信息要公开，如大股东持股信息，中介机构的承销信息，监管机构的监管行为与信息等。

4. 公平原则。即证券发行、交易活动中的所有参与者都有平等的法律地位，各自的合法权益能够得到公平的保护，要求证券监管机关为所有参与者营造一个机会均等和平等竞争的环境。证券市场上，统一的市场规则，均等的市场机会，平等的主体地位与待遇，以价值规律为基础的证券交易形式，就是公平。公平原则的首要要求是信息的完全性和对称性，即所有投资者拥有同质的及时信息。公平原则的内容也涉及地位公平、税负公平、权利公平、利益公平；公平的对象主要是社会公众，也包括其他市场参与主体。机会均等和平等竞争是证券市场正常运行的前提。

5. 公正原则。即要求证券监管机关在证券发行和交易中，应制定和遵守公正的规则；在出现证券违法事件时，应公正地适用法律法规，对当事人应公正平等地对待,不偏袒任何一方。公正原则是实现公开、公平原则的保障,与公平原则所不同的是,公正原则主要是针对证券市场的立法者、司法者和管理者而言的,强调对其行为进行约束。

6. 政府监督和自律管理相结合原则。这是证券市场管理的基本指导思想,也是其总体管理原则。一方面,国家政府及其管理机构必须制定证券管理法规,规范和监管证券市场,这是管好证券市场的基本前提;另一方面,要加强证券从业者的自我约束、自我教育、自我管理,这是管好证券市场的基础保证。国家对证券市场的监管是管好证券市场的保证,而证券从业者的自我管理是管好证券市场的基础。政府监督与自我管理相结合的原则是世界各国共同奉行的原则。

三、证券市场监管对象

一般情况下,按照监管要素,将证券市场的监管对象分为以下三类:

1. 对证券市场主体的监管。证券市场主体一般分为证券发行人和证券投资者。

2. 对证券市场客体的监管。指对股票、债券等有价证券的发行与流通进行审查、管理和监督,新金融产品的实行等。

3. 对证券中介机构的监管。包括从事证券行业的会计师事务所、律师事务所、证券公司、期货公司等。

另外一种较为权威的国际通行划分方式是法博齐(Fabozzi)和莫迪利亚尼(Modigliani)所指出的,从证券监管活动覆盖面出发,认为政府应采取四种形式对证券市场进行监管:

1. 信息披露监管,即要求证券发行人对现实或潜在购买者提供有关交易证券的公开财务信息。

2. 证券活动监管,包括对证券交易者和证券市场交易的有关规定(典型如对内幕交易的监管)。

3. 对金融机构监管,包括证券公司、商业银行、保险公司等银行和非银行金融机构发行证券和参与证券交易的监管。

4. 对外国参与者监管,其内容主要是限制外国公司在国内市场上的作用以及其对金融机构所有权的控制。

总体上看,在长期的证券监管实践中,不管是哪种划分方式,凡是与证券发行交易有关一切参与者、证券活动以及信息披露都将纳入各国政府的监管范围内。

四、证券市场监管模式

由于各国证券市场发育程度不同，政府宏观调控手段不同，其证券市场的监管模式也不尽相同。概括起来，主要有三种类型。

（一）集中型监管模式

集中型监管模式是指政府通过制定专门的证券法规，并设立全国性的证券监管机构来统一管理全国证券市场。在这种模式下，政府积极参与证券市场管理，并在市场监管中占主导地位，而各种自律性组织，如行业协会则起协助政府监管的作用。美国、日本、韩国、新加坡等国家是实施证券集中型监管模式的代表性国家。

以美国为例，其早期的证券市场是自发形成的，主要依靠各州政府进行监管。1929 年的股灾引起了美国对证券市场监管问题的关注。美国政府决定改变各州证券制度恶性竞争和当地监管者宽容违法行为的状况，在联邦层面建立统一的证券法体系及执行机制。1934 年美国国会通过《证券交易法》，设立了证券交易委员会（Securities and Exchange Commission，SEC），它直接隶属于国会，独立于政府，对全国的证券发行、证券交易、券商、投资公司等依法实施全面监管。美国联邦证券交易委员会是一个独立的、具有准司法权、集立法执法和监察为一体的证券管理机构，法律赋予其强大的调查权和控诉权，可以独立对证券市场实行强有力的管理，而无须依赖其他行政或司法机构。而美国的自律监管机构包括证券交易所和全国证券商协会（NASD）等，则在联邦证券交易委员会的监管下，依法制定各自的规则、标准，对其会员进行管理。联邦证券交易委员会的建立标志着国家集中统一监管模式的确立，政府成为证券市场的主导监管力量，自律监管退居其次。

进入 21 世纪，美国开始酝酿、整合自律组织，以提高美国证券市场效率，减少监管重叠，节省监管成本。2006 年 11 月，纽约证券交易所（NYSE）和美国全国证券交易商协会（NASD）宣布将双方的会员监管业务进行合并。2007 年 7 月 30 日，美国金融业监管局（The Financial Industry Regulatory Authority，FINRA）宣布成立，开始履行在美国证券交易委员会监督下的单一证券行业自律组织监管职能。自此，美国自律监管组织从分散化走向集中化，会员监管标准从差异化走向统一化，进一步巩固和完善了美国国家集中统一的证券监管体制。

美国金融业监管局注册为公司，属于非政府机构。联邦法律要求所有公开营业的证券公司必须加入美国金融业监管局。目前美国金融行业监管局管理 5 000 多家证券公司、170 000 营业网点、660 000 多证券从业人员，拥有 3 000 多员工和 15 个地区分支机构。下设小公司委员会、技术委员会、债券业务委员会、公司金融委员会、电子商务委员会和统一业务标准委员会等 13 个专业工作委员会，已经成为美国和全球金融市场最大的证券行业自律管理组织。美国金融业监管局的管理目标使命是投资者保护和市场诚信，履行五大职能：制定和组织实施自律规则；负责会员的合规检查；承担投资者教育，并管理投资者教育基金；编制行业报告；负责投资者和会员争议仲裁。

集中型证券监管模式的主要优点是：首先，它制定了一套全国统一的全面综合性的法律制度，市场所有参与者都要受到这些法律的监管，市场的所有活动都被纳入严格的法律规范，这样，证券行为有法可依，能有效地防止违法行为的发生，从而能高效、严格地发挥监管的作用，确保证券市场的稳定发展；其次，政府作为监管机构能超脱于市场参与者之外，因而提高了监管的权威性，能更严格、公正、有效地发挥监管的作用，更能注重保护投资者利益。缺点是由于证券市场的复杂性、法律的滞后性，再加上监管机构又超脱于证券市场之外，不能及时明察证券市场的发展变化，可能导致监管脱离实际，监管成本高且缺乏效率。

（二）自律型监管模式

自律型监管模式是指政府除了一些必要的国家立法之外，很少干预证券市场，对证券市场的监管主要由证券交易所、证券商协会等资本市场自律性组织进行，强调自我约束、自我管理的作用。采取该种模式的有英国、荷兰、挪威、瑞典、新加坡等国，我国香港地区也曾实行过自律管理。

该模式下通常没有单一的证券市场法规，而是依靠一些相关的法规来管理证券市场行为，如英国在 1986 年以前没有关于证券监管的专门立法，主要由交易所的自我管理规定、《公司法》、《反欺诈投资法》、《公平交易法》等法规中有关规定构成完整的证券法制监管体系。在该体制下一般也不设立全国性的证券监管机构，而是以市场参与者的自我管理、自我约束为主，如英国在 1986 年以前一直是由证券交易所和三个非政府管理机构——证券交易所协会、证券业理事会、企业收购和合并专门研究小组对证券市场进行管理。

自律型监管模式的主要优点是：首先，证券交易商参与制定和执行证券监管法规，使市场监管更加切合实际，有利于促进证券商自觉遵守和维护这些法规。其次，他们对可能发生的违法行为有充分准备，并且能够对此做出迅速而有效的反应，总之，这种监管更贴近市场，监管成本低且效率高。缺点是监管者非超脱的地位使证券市场的公正原则难以得到充分体现，自律管理者往往把管理的重点放在市场的有效运转和保护自律组织会员利益上，因而缺乏对投资者利益的有效保障；缺乏强有力的立法做后盾，监管手段软弱；没有全国统一的监管机构，难以实现全国证券市场的协调发展，容易造成混乱。

在 20 世纪 80 年代金融混业经营浪潮的席卷下，自律监管模式的弊端日益显露，不少原来实行自律管理的国家，开始向集中监管模式转变。如英国 1986 年开始加强政府监管力量：第一次制定了对证券业进行直接管理的专门法律——《金融服务法》，将自律管理体系纳入法律框架之中；成立了执行该法案的专门机构——证券投资委员会（Securities and Investment Board，SIB），负责对全国证券市场的监督。1997 年证券投资委员会和主要的自律管理机构——证券期货管理局合并后更名为"金融服务局"（Financial Services Authority，FSA），以便进一步加强政府监管力度，提高监管效率。金融服务局被赋予前所未有的权利和责任，成为金融服务业唯一的立法者，其理事长、理事由英国财政部直接任命，通过法律的授权对金融机构进行监管。香港地区也在 1987 年股灾后，一改沿袭英国自由放任的做法，成立香港证券及期货事务监察委员会（SFC）。并在《证监会条例》的授权下被赋予广泛的权利，从而确立了以政府集中管理为核心、交易所自律管理为辅的监管体制。

（三）中间型监管模式

中间型监管模式是指既强调集中立法管理，又强调自律管理，是二者相互渗透、相互结合的产物，代表性国家是德国。

在德国，商业银行拥有进行证券业务的权利，银行业与证券业呈现混业经营、混业管理的局面。因此，其证券业便通过中央银行对参与证券业务的商业银行的管理来实现监督，并没有对证券市场进行管理的专门机构。同样的原因，德国也没有一个规定证券市场监管体制、解释市场运行规则的法律实体，关于上市公司及股票发行和交易的规定见于《公司法》、《银行法》、《投资公司法》、《证券交易条例》和《证券交易所法》等相关法律法规中。

从 20 世纪 90 年代开始，德国逐步向集中型证券监管体制演变。1993 年年底德国制定了《内幕交易法》和《持股信息新规则》。1995 年 5 月，德国完成了证券交易法中有关主管单位架构与监督权限的相关法条及相关法令的修正，并成立了德国证监会，隶属于联邦财政部。2002 年 4 月，德国通过一项金融机构合并法，将原本分别负责监督银行的银行监管局、监管保险业务的保险监管局以及监管证券期货业务的证券监管局三个主管机关合并为一个新的金融监理机构——联邦金融监督管理局。该架构改变了原有管辖关系,联邦金融监督管理局直接隶属于总统,由副总统分管,于 2002 年 5 月开始正式运作。联邦金融监管局成立后,整个金融体系包括银行、保险、证券都在其监督之下,除了保护消费者权益及监督企业偿债能力的功能外,也希望维持德国经济稳定,并提升竞争力。

以上三种证券监管模式的不同主要在于对政府监管和自律管理定位的不同,但在任何一种证券监管体制下,政府监管和自律管理都是缺一不可的,并会伴随一国证券市场的发展乃至政治、经济、文化和法律的变化而呈现出动态变化过程。在当前全球经济一体化和金融创新不断涌现的背景下,国际游资频繁冲击各国金融市场,为防范潜在的金融风险,不同监管模式开始呈现日益融合的趋向。各国纷纷采用对付危机更加有效的集中统一的政府监管体制,强化政府管理的主导地位。完善立法、加大执法力度,以便有效地控制风险,维护市场安全运作。

第二节 证券市场监管的内容

证券市场监管主要是对证券的募集、发行、交易等行为以及证券交易所和证券投资中介机构的行为进行监督与管理。

一、对证券发行市场的监管

对证券发行市场的监管,主要涉及证券发行资格、发行条件、信息披露以及证券公司承销职责等方面的内容。证券发行市场各项监管制度的有效实施,可以确保证券发行信息公开的合法性和适当性,规范证券发行秩序,从而健全证券一级市场,保护投资者权益。

(一) 证券发行审核制度

证券发行审核制度是一国证券监管机构对于证券发行活动进行监管的法律法规及相关制度的总称。由于证券发行上市是证券市场的入口,证券发行审核制度成为证券监管制度的基础和核心。建立一个公开、公正、富有效率的发行审核制度,对于保障投资者利益提高上市公司的质量,促进证券市场健康发展具有十分重要的意义。

因各国经济、法律、文化等方面存在较大的差异,加之证券发行及上市所在的证券市场乃至金融市场的特殊性,各国在证券发行审核制度方面存在较大的差别。目前，世界范围内证券发行的审核制度主要有三种：注册制、核准制和审批制。采用哪一种制度与一国的证券市场发育水平和监管体制有关，在发达国家占主导地位的是注册制。

1. 注册制

证券发行注册制也称申报制或登记制，是指发行人在公开发行前，按法律的规定向证券发行主管机关提交与发行有关的文件，在一定的期限内，主管机关未提出异议的，其证券发行注册即发生效力的一种证券发行审核制度。其主要特点是：发行人申请发行股票时，必须依法将公开的各种资料完全准确地向证券监管机构申报；证券监管机构的职责是对申报文件的全面性、准确性、真实性和及时性作形式审查，不对发行人的资质进行实质性审核和价值判断，而是将发行人股票的良莠留给市场判断。注册制的基础是强制性信息公开披露原则，遵循"买者自行小心"理念。

证券注册登记制度的优点是：（1）可以简化审核程序，减轻主管机关的负担；（2）有利于具有发展潜力和风险性的企业通过证券市场募得资金，获取发展机会；（3）提高投资人的投资判断力，减少对政府的依赖性。

当然，这种发行审核制度，对处于初级阶段的证券市场、存在较多不成熟的投资者以及监管手段和方式较为落后的管理当局来说，自然具有较大的投资风险。所以并不是所有国家、所有证券发行都可以采用注册制，它是一国或地区证券市场发展到较高阶段的产物。一国证券发行实施注册制需要满足一定的条件：该国要有较高和较完善的市场化程度；要有较完善的法律法规作保障；发行人和承销商及其他的中介机构要有较强的行业自律能力；投资者要有一个良好的投资理念；管理层的市场化监管手段较完善。

实行证券注册制最具代表性的国家是美国。美国《1933年证券法》规定，证券发行注册分三个阶段：第一，注册申请提交之前阶段（pre-filing period），即证券发行人依照法律规定提交申报文件。申报文件分为两部分：一部分是为投资者准备的招股说明书，注册生效即向广大投资者公布；另一部分是存放于SEC以供投资者查询的文件。前者为公布文件，后者为备置文件。第二，注册生效等待阶段（waiting period），注册文件交由SEC审核，如果SEC未提异议的，审核自提交申请20日后，或由SEC决定的更早的日子自动生效；SEC认为注册文件有不充分不确切之处，可以向申报人提出补充、修订的要求，申报人应进行补充、修订；如果SEC认为提交的文件有重要事项，有虚假记载等情形时，可以发出生效终止令。当然，申报人如能进行按照要求进行了修订，SEC可以解除终止令。第三，注册生效之后阶段（post-effective period），又称为正式发行阶段，注册生效后，发行人需将印刷好的招股说明书散发给广大投资者，证券销售正式开始。日本的证券发行制度与美国如出一辙，不再赘述。

2. 核准制

证券发行核准制吸取了注册制强制性信息披露原则，同时要求申请发行股票的公司必须符合有关法律和证券监管机构规定的必备条件。证券监管机构除进行注册制所要求的形式审查外，还关注发行人的法人治理结构、营业性质、资本结构、发展前景、管理人员素质、公司竞争力等，并据此做出发行人是否符合发行条件的判断。核准制遵循的是强制性信息公开披露和合规性管理相结合的原则，其理念是"买者自行小心"和"卖者自行小心"并行。实行发行核准制的国家主要是一些欧陆国家，如法国、瑞士等，还有东南亚与菲律宾等新兴证券市场所在国。

核准制的优点是：对拟发行的证券进行了形式上和实质上的双重审查，获准发行的证券投资价值有一定的保障；有利于防止不良证券进入市场，损害投资者利益。但缺点也很明显，一是主管机关审核负荷过重；二是容易造成投资人的依赖心理，不利于培育成熟的投资人群；三是不利于发展高科技企业，具有潜力和风险性的企业可能因一时不具备较高的发行条件而被排斥在外。

3. 审批制

证券发行审批制，是指法律同样要规定证券发行的实质条件，证券发行人准备发行证券时，须将证明其具备实质条件的文件向审批机关申报，由审批机关根据法律的规定以及内部所掌握的政策根据或计划根据，决定是否同意发行人发行证券。

从审批制的上述概念不难看出，它是一种带有较强行政色彩的证券发行管理制度。证券质量主要由证券监管机构把关，在证券发行种类和数量增多的情况下，弄虚作假现象较为严重。相比于核准制，证券中介机构在证券发行审批中的职责范围较窄，仅充当发行技术顾问，不存在证券上市后的持续督导职责。另外，这种制度明显地违背证券发行交易的公开、公平和公正原则：（1）根据证券发行审批制，即使符合法律规定的实质条件的主体，也不能必然获得批准发行证券，致使经营主体实际上处于不平等地位，也不利于开展公平竞争。（2）审批机关据以批准的最终标准，并不表现为公开的法律规范形式，而是审批机关内部掌握的政策（如产业政策）或计划（如额度控制或规模控制），因而审批制不符合以法规范经济活动的法治精神。（3）由于审批机制具有隐蔽性，经营主体对其发行计划、发行申请等能否获得批准，难以进行有效预期，即使能够成功申请，发行周期也较长，从而加大了证券发行的风险与成本，不利于经营主体根据市场和经营需要开展筹资活动。所以,审批制主要适用于证券市场发展的初期阶段。一旦证券市场发展成熟,或者监管制度逐渐完善,必然会采取较为宽松的核准制,甚至是注册制度。

我国在1999年7月1日生效的《证券法》之前,采用的就是最严格的证券发行审批制。这主要表现在:为了维护上市公司的稳定和平衡复杂的社会关系,证券监管机构采用行政计划的方法分配上市指标,同时对各地区、部门上报企业的家数也做出限制;掌握指标分配权的政府部门对希望发行股票的企业进行层层筛选和审批,然后做出行政推荐;监管机构对企业发行股票的规模、价格、发行方式、时间进行审查。经过1999年7月至2005年之间的股票发行核准和其他证券审批的双重制度过渡后,2006年1月1日实施的修订后的《证券法》,全面确立了证券发行核准制,标志着我国证券发行制度进入新的阶段。

(二)证券发行信息披露制度

证券发行信息披露制度,是指发行人在公开发行证券时,根据法律、法规的规定,公开与证券发行有关的重大事实的材料的一种法律制度。证券发行信息披露制度的建立,有利于投资者对证券的价值判断和对发行者的监督管理,有利于提高证券发行市场资本配置效率。

一般情况下,证券发行者的信息披露应满足信息的全面性、资料的真实性、时间的时效性、空间的易得性、内容的易解性与形式的合法性等要求。在发行信息公开的内容方面,主要有:基本情况、组织结构、业务和生产设施状况;主要固定资产,证券及其市场信息;财务状况;管理阶层对公司财务状况和经营业绩的讨论和分析;高级管理人员的经验、报酬及利益冲突等。

美国是最早建立发行信息披露法律制度的国家,也是信息披露制度最完善的国家。《1933年证券法》规定:发行人发行证券(除依法豁免的政府债券和抵押债券外)应当注册。注册时应向SEC提交登记表和招股说明书。招股说明书主要内容包括发行目的、发行条件、公司近五年的资产、负债总额及其变化、产品销售额及其变化趋势、盈利和分红水平、公司股份总额和结构、公司股东的权益、公司产品介绍、公司债务清偿等情况。这些信息的披露,除了用于注册外,还必须分发给每个认购证券的公司和个人。《1933年证券法》还规定:如果SEC认为注册报告书在有关实质性事实上有不真实的陈述,或漏报了规定应报的或报告书不致被误解所必要性的任何重要事实,SEC可以发布命令中断该注册报告书的有效性,待修改符合要求后,才能解除终止令。注册报告书经注册生效才能正式出售。尽管SEC对申请发行的公司有很大的权利,但这只是对发行证券形式上的审查。SEC给予注册并不意味着SEC担保该证券的投资价值,也不意味着SEC担保注册说明书和招股所载内容的准确性。证券的优劣和有无投资价值全凭投资者根据发行人提供的公开信息进行判断。为防止质量低劣的公司向公众发行证券,美国证券法又对投资者进行了适当的保护。《1933年证券法》第11节规定:当注册报告书的任何部分在生效时含有对重大事实的不真实陈述或漏报了规定应报的或漏报了使该报告书不致被误解所必要的重大事实时,任何获得这种证券的人(除非被证明在获取证券时,他已知道这种不真实或漏报情况)都可以根据法律或侵权法在任何有合法管辖权的法院起诉。请求发行证券的公司、公司中负有责任的董事和有关人员、承销商和其他有关人员承担赔偿责任。如果发行人在注册报告书中有意制造对任何重大事实的不真实陈述,或漏报其中应报的,或为使该报告书中的陈述不一致被误解所必要的重大事实的任何人,一经确认便被罚不超过10 000美元的罚金或不超过5年的监禁或二者兼有。美国的发行信息披露制度充分尊重了投资者的选择权,又没忘记给予投资者以适当的保护。

我国证券发行奉行"公开、公平、公正"原则,三公原则的重要体现,就是在发行中实行信息披露制度。我国《证券法》更是以证券基本法的形式,确立了我国的证券发行信息披露制度。而信息披露实施细则详细规定了信息披露的具体内容、格式和披露时间,如招股说明书、上市公告书和公司章程等;披露的方式,主要有公告和备置两种方式,公告是指必须在证监会指定的报刊上刊登,备置,是指将招股说明书或公司债券募集办法存放在指定场所供公众查阅。

(三) 证券发行保荐制度

证券发行保荐制度(sponsor system)是指由保荐人负责发行人的上市推荐和辅导,并为证券上市后一段时间的信息披露行为向投资者承担担保责任的制度。保荐人一般由具有一定资质的证券公司或者投资银行担任。在证券发行中,引入保荐人制度的目的是为了有效保护投资者。保荐人制度加大了保荐人的责任认定,在公司上市以后的一段时期内,投资者仍可获得经过审查的披露信息,客观上得到了充分真实的信息,减小了信息披露带来的风险。同时,保荐人有责任协助公司健全法人治理结构,尽快过渡成为一个规范运作的上市公司,这在一定程度上起到稳定市场、降低投资者投资风险的作用。

在国际成熟的资本市场上,保荐人制度大多运用在创业板市场上。英国、美国、德国和香港等国家或者地区的创业板市场实践表明,这一制度在提高上市公司质量、保护投资者合法权益等方面效果相当明显。总体上来看,证券发行保荐制度主要包括保荐人主体资格的确定、职责范围、责任区间和责任形式等几方面内容,而保荐人的职责范围和责任期间是保荐制度的核心内容,它确定了保荐人具体的权利义务关系。

保荐人的责任期间一般分为两个阶段:尽职推荐阶段和持续督导期间。其职责范围主要包括三个方面:一是辅导职责。指协助发行人申请上市,确保其符合《公司法》、《证券法》要求的条件;协助发行人制定资产重组方案和改制方案;协助发行人建立规范完善的公司法人治理结构;辅导和督促发行人的高层人员了解和遵守相关法律法规等。二是推荐职责。保荐人要尽职对发行人业务运作和财务状况进行独立调查,在此基础上对发行人提供的材料进行全面核查后,向证监会提供《证券发行推荐书》。并由此对发行人的申请文件的真实性、准确性和完整性负有重大责任。三是持续督导职责。保荐人的职责并不限于发行上市时,还有持续督导的职责。发行人公开发行并成为上市公司后,推荐者的角色就延伸到"持续督导者"的角色,负有持续训示、关注、督导、指导,是一种全程化保荐服务。

我国证券发行保荐制度开始于2004年,并且在主板和创业板市场同时采用,主要效仿的是香港交易所主板市场和创业板市场保荐人制度。其产生背景是证券发行审查制度从审批制向核准制过渡,弱化了证券监管部门的实质审查职责,强化保荐机构和保荐代表对上市证券的质量把关,有利于推动证券发行制度向注册制转变。2005年10月修订的《证券法》要求,"发行人申请公开发行股票、可转换为股票的公司债券,依法采取承销方式的,或者公开发行法律、行政法规规定实行保荐制度的其他证券的,应当聘请具有保荐资格的机构担任保荐人。"另外,2009年4月,证监会再次修订了《证券发行上市保荐业务管理办法》,对首次公开发行股票并上市、上市公司发行新股和可转换公司债券的保荐制度进行了修订。该办法规定:(1)首次公开发行股票并在主板上市的,持续督导的期间为证券上市当年剩余时间及其后2个完整会计年度;主板上市公司发行新股、可转换公司债券的,持续督导的期间为证券上市当年剩余时间及其后1个完整会计年度。(2)首次公开发行股票并在创业板上市的,持续督导的期间为证券上市当年剩余时间及其后3个完整会计年度;创业板上市公司发行新股、可转换公司债券的,持续督导的期间为证券上市当年剩余时间及其后2个完整会计年度。

二、对证券交易市场的监管

(一) 上市公司信息持续性披露制度

上市证券信息持续性披露制度是公开原则在证券交易市场中的集中表现。

1. 上市公司持续信息披露的主要内容

(1) 定期报告

定期报告是上市公司在法定期限内按照一定格式和编制规则制作完毕并公告的公司文件，分为年度报告、中期报告以及季度报告等，其中以年度报告最为重要。编制和公告定期报告应具连续性。即前次定期报告应与本次定期报告之间存在合理连接，具有可比性。如上一年度报告的期末数应与本次年度报告的期初数一致，并应就当年年初数与年末数间的差异做出全面解释和说明。

(2) 临时报告

临时报告也称"重大事件临时报告"，是指上市公司就发生可能对上市公司证券及其衍生品种交易价格产生较大影响，而投资者尚未得知的重大事件时，为说明事件的起因、目前的状态和可能产生的影响等内容而出具的临时性报告。

重大事件的认定标准具有一定弹性。为便于确定上市公司是否履行了信息披露义务，各国法律一般将重大事件的常见形态列举下来。例如，公司的经营方针和经营范围的重大变化；公司的重大投资行为和重大的购置财产的决定；公司发生重大债务和未能清偿到期债务的违约情况；公司发生重大亏损或者净资产遭受重大损失；公司高级管理人员的变动；公司减资、合并、分立、解散及申请破产的决定。除上述列举者外，其他可能对公司股票价格产生重大影响的事件，也应视为重大事件。

当重大事件发生时，上市公司应当在公平基础上向所有投资者真实、准确、完整、及时地披露信息，不得有虚假记载、误导性陈述或者重大遗漏。

2. 持续性信息披露制度的特点

(1) 持续性信息披露义务是上市公司的法定义务

公司究竟是自愿还是被迫履行持续性信息披露义务，这在学术界曾有多种意见。现代证券法理论普遍认为，持续信息披露是上市公司的法定义务，上市公司不履行持续性信息披露义务的，公司及其管理者应承担侵权民事责任。

(2) 应披露的信息范围越来越广

人们初步接受持续性信息披露制度后，公司应披露的信息范围相对较窄。但随着人类的进步和投资者地位的逐渐提高，特别是随着证券市场管理的科学化，持续信息披露在内容上不断拓宽，深度不断加强，已成为含义丰富、包容性极强的制度体系。

(3) 持续性信息披露逐渐成为独立的系统性制度

公司、公司董事等高级管理者、公司控股股东等，都负担着持续性信息披露义务，有义务真实、准确、完整和无误导地披露一切与上市证券有关的信息，有责任抑制和避免一切影响投资者重大利益的欺诈或误导行为、内幕交易行为、损害小股东利益行为、同业竞争行为、关联交易行为及其他利益冲突行为。任何违反持续性信息披露义务的人，将受到严格处罚。

(4) 持续性信息披露制度逐渐精细化

证券法推崇公开、公正、公平与诚实信用原则，建立精细化的信息披露法规体系，目的在于实现证券法宗旨。各国证券法对信息披露的范围、类型、方式、格式、时机、程度乃至用语的规范性，都做出要求。这对于展现证券法原则的完整内涵，保证证券市场的健康发展，无疑具有积极意义。

3. 我国上市公司持续性信息披露制度

《上市公司信息披露管理办法》(2007年) 要求上市公司年度报告应当在每个会计年度结束之日起4个月内，中期报告应当在每个会计年度的上半年结束之日起2个月内，季度报告应当在每个会计年度第3个月、第9个月结束后的1个月内编制完成并披露。

中国证监会规定：凡在中国证监会登记注册、公开发行股票的公司，以及持有一个公司5%以上发行在外普通股的投资者和收购上市公司的投资者，均须按照要求披露有关信息。除了发行公告书和上市公告书之外，公司还需披露定期报告和临时报告；前者包括年度报告和中期报告，后者包括重大事件公告和收购与合并公告。

就重大事项公告来说，这些事项是指可能对上市公司股票交易价格产生较大影响，而投资者尚未得知的事项，具体包括：公司经营方针和经营范围的重大变化；公司重大的投资行为和重大资产购置的决定；订立可能对公司资产、负债、权益和经营成果产生重要影响的合同；发生的重大债务和未能清偿到期债务的违约情况；发生重大亏损或者遭受超过净资产10%以上的重大损失；公司生产经营的外部条件发生的重大变化；公司的董事长，三分之一以上的董事或者经理发生变动；持有公司5%以上股份的股东，其持有情况发生较大变化；涉及公司的重大诉讼，法院依法撤销股东大会、董事会的决议；公司减资、合并、分立、解散及申请破产的决定等。

就收购与合并公告来说，根据《证券法》有关规定，任何投资者直接或者间接持有一个上市公司发行在外的普通股达到5%以上时，应按照中国证监会制定的准则规定的内容和格式，将有关情况刊登在至少一种由中国证监会指定的全国性报刊上；当上述持股比例达到30%时，除按照规定报告外，还应当自所列事实发生之日起45日内向公司所有股东发出收购要约，并同时刊登在相关报纸上。

（二）证券交易信息披露制度

证券交易信息披露制度在一定程度上降低了证券市场的信息不对称，促进了证券市场有效性的提高。一般来讲，交易信息披露的原则是公开、透明和高效。但一国或地区证券交易信息披露的程度受价格形成机制、交易规模、交易者偏好、信息成本等多方面综合因素的影响，在公开、透明和高效三方面的要求不同，从而形成不同的交易信息披露制度。

1. 一般交易信息披露制度

在竞价交易方式下，单笔证券成交的数量和金额一般较小，很难对证券市场的流动性、波动性和有效性产生显著影响。交易者在交易时主要考虑佣金、手续费和交易税等直接成本，买卖价差和交易对手的搜索时间和搜索费用等间接成本基本上忽略不计，更侧重于交易信息披露的公开性和透明性。证券市场的组织者所要做的是保证市场的透明度，即信息的公开披露和交易程序的透明。因此，在竞价方式中，买卖指令、成交量与成交价几乎是同步传递给整个证券市场，投资者几乎可以同步了解到交易信息，很难发生交易信息垄断。

从证券交易信息披露的内容来看，有交易前信息、交易后信息和其他交易信息之分。交易前信息，主要包括委托的价格、数量、种类、到达时间、委托单的来源、目前买卖价、可能的开盘价等。交易后信息主要包括成交的股票名称、成交价量、累计成交量、开盘价、最高最低价、巨额交易、行情揭示、交易双方证券商名称等。其他信息主要包括整体市场的股价指数、市场交易量、股市历史走势、市盈率、交易各方身份的匿名性等信息。

从证券交易信息披露的方式来看，交易信息公告的报送已向直接化、电子化、标准化、数据化方向发展，信息披露范围扩大化，发布时间实时化，并以追求透明度为信息披露的总目标。

2. 大宗交易信息披露制度

对于机构投资者而言，大宗交易制度在信息披露方面要有特殊的安排，这是由于机构投资者对透明度、即时性、流动性有特别的要求。一般来说，所有投资者都要求市场具有透明度，使其交易成本合理。但对于机构投资者来说，交易的即时性、市场的高流动性却更为重要。这是因为每笔交易的数量很大，搜寻成本和延迟成本很高，所以机构投资者对价格反映极其敏感，需要更高的流动性。而在执行的过程中，由于每一笔买卖的数量很大，市场一时间无法找到相应的交易对手，如果市场对该信息予以即时披露，大额交易所引起的市场影响力和交易者的搜索成本、延迟成本之大是不难想象的。故机构投资者往往对大宗交易的信息披露制度有特别的要求。

对大宗交易的交易前信息的披露一般包括两种情况：一种是对大宗交易的交易前信息只公开披露其中的部分，即交易协议过程部分隐形化。新加坡证券交易所就采用了这种制度。另外一种是对大宗交易的交易前信息不作特殊规定，采用与正常规模交易相同的信息披露制度，即交易协议过程不隐形化。采用这种制度的证券交易市场有伦敦证券交易所和纽约证券交易所。

对大宗交易的交易后信息，世界上有些证券交易市场也建立了特殊的信息披露制度：延迟交易报告制度，即允许大宗交易在成交后不必像其他正常规模交易一样马上公告，只需在成交后规定的时间内对外公告即可。该制度实施的主要目的是降低大宗交易对市场的影响力，规避搜索交易对手而导致的交易时间的延迟所面临的风险。延迟交易报告制度以英国伦敦证券交易所为代表，伦敦市场一直以大宗交易流动性强、成本低著称，做市商通过垫付资本来使得大宗委托尽快成交，其延迟公告制度也独具特色。巴黎证券交易所和新加坡证券交易所对大宗交易采用了相对规定较严格的延迟交易报告制度。NASDAQ市场的做市商一般不垫付资本以撮合大宗委托，所以NASDAQ市场没有特别的大宗交易延迟公告制度，所有交易须在成交90秒内提交成交报告并公告。但在不断发展的国际证券市场变革中，总的方向是提高标准，缩短时间。

3. 我国证券交易信息披露制度

目前，我国对于证券交易信息披露制度分为两种情况：一般交易信息披露和大宗交易信息披露。在交易前信息方面，两大交易所开盘前并不公布任何委托信息及可能的开盘价，只对外揭示实时最高五个价位买入申报价及数量和实时最低五个价位卖出申报价及数量。在交易后信息方面，即时行情对证券代码、证券简称、前收盘价、最新成交价、当日最低价、当日累计成交数量、当日累计成交金额等信息进行公布，交易信息公开制度对A股和基金涨跌幅比例超过7%（含7%）的前五只证券的交易信息进行披露。

大宗交易采用交易后信息披露制度。大宗交易收盘后由交易所在指定媒体上单独披露，包括每笔大宗交易的成交量、成交价以及买卖双方所在会员营业部的名称。如果大宗交易成交后涉及法定信息披露要求的，则要求买卖双方应依照有关法律法规履行信息披露义务。

三、对证券交易所的监管

一般情况下，证券交易所在履行资本市场一线监管角色的同时，也必须接受政府法定监管部门的监督。而且，随着越来越多的交易所变成营利性的公司，证券交易所面临商业利益和公共利益的冲突，使得政府对其进行监管的正当性理由更为充分。政府对证券交易所的监管通常包括以下内容：

（一）规定交易所设立的条件和审批程序

许多国家和地区的法律都规定了交易所的设立条件和审批机关。例如，1934年《证券交易法》规定了交易所申请注册成为全国性证券交易所的条件，而且证券交易委员会（SEC）有权对申请注册成为全国性证券交易所的要求做出决定。日本《证券交易法》规定，有价证券市场如果没有得到内阁总理大臣的批准，不能设立。我国证券法规定，证券交易所的设立和解散，由国务院决定；其章程的制定和修改以及总经理的任免，必须经国务院证券监督管理机构批准。总之，政府对交易所的设立享有监管权，交易所的设立条件也是政府对其进行监管的基础和标准。

（二）政府监管者对交易所规则的干预

在美国，SEC 有权批准交易所的规则，亦可以主动增加、废除、修改交易所的规则。在新加坡，交易所规则的修改必须提交证券监管当局——新加坡货币局（Monetary Authority of Singapore，MAS），有权批准交易所的规则，也有权不批准、修改或者补充交易所的规则。MAS 亦有权主动修改或者补充交易所的营业规则和上市规则。我国证券法规定，证券交易所制定上市规则、交易规则、会员管理规则和其他有关规则，应报国务院证券监督管理机构批准；交易中出现的重大异常情况应向国务院证券监督管理机构报告和备案。

（三）对交易所惩戒行为的审查

在美国，SEC 有权对交易所采取的惩戒行为进行审查。我国台湾也赋予证券主管机关撤销证券交易所决议和处分的权力。新加坡货币局对交易所的惩戒行为也有审查的权力，有权主动或者应受害人的请求对交易所的惩戒行为进行审查，有权同意、修改或者撤销交易所的决定；而且在交易所没有对会员采取惩戒措施时，MAS 可以对交易所的会员主动采取制裁措施。对交易所惩戒行为的干预有助于交易所公平执行法律和规则，避免对竞争对手的不公正对待，或者为了自身的商业利益放松监管。

（四）政府主管机关对交易所的调查和处罚

当政府监管机关认为交易所未能尽到法定义务时，有权对其进行调查或者处罚，构成对交易所运营具有一定威慑力的事后监督手段。在美国，SEC可以直接对交易所采取惩戒措施，包括暂停或者撤销交易所的注册。日本《证券交易法》规定，内阁总理大臣为了保护公共利益或者投资者，认为必要并适当的时候，可以对证券交易所命令，提出关于该证券交易所业务或者财产有参考价值的报告或者资料，或者可以让内阁官员检查该证券交易所的业务或者财产的情况或者账簿文件、其他物品。

上述政府监管机关对交易所的监管措施中，设立条件和审批程序是一种事前的监督，政府对交易所规则和惩戒行为的审查主要属于事中的监督，对交易所的调查和处罚主要是一种事后的监督；这三种监督方式直接针对交易所的行为和运营。因此，政府对交易所的监管是全方位的。

四、对证券中介机构的监管

各国政府对证券中介机构的监管，主要包括对证券经营机构监管和对证券服务机构监管两类。

（一）对证券经营机构的监管

1. 对证券商资格的监管

一般由政府机构直接进行资格审查，核发许可证。如我国规定，凡专营证券业务的证券公司和兼营证券业务的信托投资公司都必须经证监会批准，发给经营许可证，再到工商部门办理营业执照。同时取得证券公司资格的条件有诸多限制，如达到注册资本的最低标准等。

2. 对证券商资金的监管

为保证券商履行职责，各国对证券公司的资金都有规定。

（1）规定最低资本额。我国2005年修订的《证券法》实施后，对证券公司实行按业务分类的最低资本要求。比如，证券公司经营证券经纪业务、证券投资咨询业务、与证券交易和证券投资活动有关的财务顾问业务这三项业务时，注册资本最低限额为人民币5 000万元。证券公司经营证券承销与保荐、证券自营、证券资产管理和其他证券业务这四项业务之一的，注册资本最低限额为人民币1亿元；经营这四项业务其中两项以上的，则要求注册资本最低限额为人民币5亿元。

（2）提存保证金。它的用途主要为弥补证券交易及其他业务因事故而发生的损失，赔偿因券商失误而给客户造成的损失。如我国规定应提取一定比例的营业保证金和交易风险基金。

（3）自营交易额的规定。我国规定证券公司账户上持有的证券市值不得超过公司资本金的80%，同一证券的持有量不得超过公司资本金的30%，持有同一股票数额不得超过该企业股份总额的5%和本公司资本金的10%，证券营业部用于购买证券的资金不得超过营运资金的50%等。

3. 对券商行为的监管

对证券商的经营活动、从业人员、管理人员的行为进行监管。如通过对证券交易所规章制度的建立以防止欺诈行为的发生，设置券商约束条款，对违规券商进行处罚等。

4. 对券商风险管理能力的监管

对证券公司风险管理能力进行监管的目的是降低证券系统风险，监管当局的主要任务是从资本充足、公司治理与合规管理、动态风险监控、信息系统安全、客户权益保护和信息披露等几方面建立动态、预警和差别化的分类监管体系。目前，我国对证券公司实行按业务分类监管，证券公司分为A、B、C、D、E共5类11个级别，每年评价一次。

（二）对证券服务机构的监管

对证券服务机构的监管主要采用市场准入制度。在我国，证券服务机构的设立除了按照工商管理法规的要求办理外，还必须得到国务院证券监督管理机构和有关主管部门批准。证券服务机构在经营中，证券监督管理机构对证券服务机构有监管权和现场检查权。如果证券服务机构未勤勉尽责，所制作、出具的文件有虚假记载、误导性陈述或重大遗漏的，可暂停或者撤销其证券服务业务的许可。

第三节　我国证券市场的监管体系

一、我国证券监管体制的演变

与我国证券业发展时期相对应，我国证券监管体制呈现阶段性的演进特征，并以政府监管主体的演化为主线，分为三个阶段。

第一阶段为1992年以前，为多头分散监管时期。主要表现在以中国人民银行为主导，国家计委、财政部、体制改革委员会和地方政府等多方参与的格局。

由于政出多门且部门协调不够，实际操作十分混乱。

第二阶段为 1992~1997 年，设立专门的证券监管组织但主管机构和执行机构分离时期。1992 年国务院设立国务院证券委员会（下文简称"证券委"）和中国证券监督管理委员会（下文简称"证监会"）。其中证券委为证券市场主管机构，证监会为具体执行机构。1993 年后，国务院进一步明确授权证监会对市场的全面监管。

第三阶段是 1998 年至今，建立和不断完善单一机构的国家集中统一监管体制时期。1998 年 4 月，国务院实施机构改革方案，决定将证券委与证监会合并为国务院直属事业单位，同时将央行的证券监管职能移交证监会统一行使，地方证券监管机构改组为证监会派出机构，由证监会垂直领导。至此，我国集中统一的证券监管体制大体形成。1998 年 12 月，《证券法》的颁布从法律意义上正式确立了我国证券期货市场的国家集中统一监管体制。2005 年，《证券法》的修订进一步明晰了各监管机构的职责，强化和完善了该体制。

二、我国证券监管机构

目前，我国实施的是中国证监会对证券发行、交易活动实行集中统一监督管理前提下的证券交易所和证券业协会的自律性管理体制。在该体制下，我国证券监管机构包括行政监管机构和自律性管理组织。

（一）中国证监会及其派出机构

中国证监会是国务院直属机构，是全国证券期货市场的主管部门，按照国务院授权履行行政管理职能，依法对全国证券、期货市场进行集中统一监管，维护证券市场秩序，保障其合法运行。在具体监管中，中国证监会采取三级监管架构：中国证监会，中国证监会在省、自治区、直辖市和计划单列市设立的证券监管局，以及上海、深圳证券监管专员办事处。中国证监会对各地证券监管局实施垂直领导。

地方证券监管局的主要职责是，协助证监会对辖区内的上市公司、证券期货经营机构、证券投资咨询机构及具有证券期货相关业务许可证的律师事务所、会计师事务所、资产评估机构等中介机构的证券期货业务活动进行监管管理；依法查处辖区内监管范围的违法、违规案件，调解证券期货业务纠纷和争议等。

我国《证券法》规定，中国证监会的基本职能是：

1. 制定有关证券市场监督管理的规章、规则，并依法行使审批或者核准权；

2. 对证券的发行、上市、交易、登记、存管、结算,进行监督管理;
3. 对证券发行人、上市公司、证券公司、证券投资基金管理公司、证券服务机构、证券交易所、证券登记结算机构的证券业务活动,进行监督管理;
4. 制定从事证券业务人员的资格标准和行为准则,并监督实施;
5. 监督检查证券发行、上市和交易的信息公开情况;
6. 对证券业协会的活动进行指导和监督;
7. 对违反证券市场监督管理法律、行政法规的行为进行查处。

(二) 证券交易所

证券交易所是为证券集中交易提供场所和设施,组织和监督证券交易,实行自律管理的法人。

我国《证券法》规定,证券交易所的主要监管职责是:
1. 对证券交易实行实时监控,并对异常的交易情况提出报告;
2. 制定上市规则、交易规则、会员管理规则和其他有关规则;
3. 对上市公司及相关信息披露义务人披露信息进行监督,督促其依法及时、准确地披露信息;
4. 对于违规进行证券交易的人员给予处分或者市场禁入。

(三) 证券业协会

中国证券业协会成立于1991年8月,是证券业的自律性组织,是社会团体法人,其权力机构为全体会员组成的会员大会。它的设立是为了加强证券业之间的联系、协调、合作和自我控制,以利于证券市场的健康发展。

《证券法》规定,证券公司应当加入证券业协会。证券业协会的职责是:
1. 收集整理证券信息,为会员提供服务;
2. 协助证券监督管理机构教育和组织会员执行证券法律、行政法规;
3. 依法维护会员的合法权益,向证券监督管理机构反映会员的建议和要求;
4. 制定会员应遵守的规则,组织会员单位的从业人员的业务培训,开展会员间的业务交流;
5. 对会员之间、会员与客户之间发生的纠纷进行调解;
6. 组织会员就证券业的发展、运作及有关内容进行研究;
7. 监督、检查会员行为,对违反法律、行政法规或者协会章程的,按照规定给予纪律处分。

三、我国证券市场监管的法律法规体系

1998年以前我国证券市场和监管是通过一系列的行政规定,包括全国性的行政法规和地方性法规进行的。《公司法》(1993年)和《证券法》(1998年)的实施,标志着我国证券市场依法治市进入一个崭新的阶段。2005年10月,修订后的《证券法》和《公司法》作为我国证券市场监管的法律基础,和其他证券管理法规以及规范性文件共同构成我国证券市场监管法规体系,为依法治市、依法监管的开展提供了根本保障。

目前,我国涉及证券市场的法律法规分为四个层次。

第一个层次是由全国人民代表大会或者全国人民代表大会常务委员会制定的法律。主要包括2004年出台的《证券投资基金法》、2005年修订的《证券法》和《公司法》、《刑法》修正案中对证券犯罪的规定和《企业破产法》等,这些法律构成我国证券市场监管的法律基础。

第二个层次是由国务院制定的行政法规。国务院颁布的证券市场监管法规,主要涉及具有重要影响的金融机构的监督和风险管理,或者证券市场上重大事项的管理。

2008年4月23日,国务院颁布了《证券公司监督管理条例》和《证券公司风险处置条例》。前者对证券公司的设立与变更、组织结构、业务规则与风险控制,包括经纪业务、自营业务、证券资产管理业务和融资融券业务等进行了规定。后者对证券公司发生诸如停业整顿、托管、接管、行政重组、撤销、破产清算和重整等事项的处置问题进行了原则性的规定。这两个条例的公布实施,进一步完善了我国证券公司监管的法律法规体系,使证券公司的运行与监管更加规范。另外,涉及股份有限公司境外募集股份及上市等重大事项的原则性规定也由国务院做出。

第三个层次是由证券监管部门和相关部门制定的规章及自律规则。主要包括:中国证监会针对证券发行上市制定的各种管理办法或者实施细则,银监会、保监会、中国人民银行、财政部、国家发展和改革委员会等部委针对特定机构(如国际开发机构)、特殊行业公司发行证券颁发的法规性文件,证券交易所制定的交易规则及其实施细则以及会员管理规则,中国证券登记结算公司制定的证券登记与结算规则,证券业行业协会制定的从业人员管理和会员管理办法等。

第四个层次是中国证监会和相关部门的内部文件,例如发行监管部的股票发行审核标准备忘录、会计部、法律部的专项意见等。

四、我国证券市场违法违规行为的分类和处理

(一) 我国证券市场违法违规行为的分类

1. 证券欺诈行为

(1) 内幕交易。内幕人员和以不正当手段获取内幕消息的其他人员,以获取利益或者减少损失为目的,根据内幕信息买卖证券或者向他人提供信息的行为,都是内幕交易。其中,内幕信息指为内幕人员所知悉、尚未公开的和可能影响证券市场价格的重要消息。

(2) 操纵市场。指以获取利益或者减少损失为目的,利用资金、信息等优势或者滥用职权,影响证券市场价格,制造证券市场假象,诱导投资者在不了解事实真相的情况下做出证券投资决定,扰乱证券市场秩序的行为。

延伸阅读

"琼民源"事件

"琼民源"全称海南民源现代农业发展股份有限公司,曾经是中国股市 1996 年最耀眼的"黑马"之一,股价全年涨幅高达 1 059%。因被指控制造虚假财务会计报告而受到查处,公司股票也从 1997 年 3 月 1 日起停牌。调查发现"琼民源"1996 年年报中所称 5.71 亿元利润中,有 5.66 亿元是虚构的,并虚增 6.57 亿元资本公积金。"琼民源"的控股股东民源海南公司利用虚假消息操纵股价。1998 年 11 月,北京市中级人民法院对"琼民源"董事长判处有期徒刑 3 年。1999 年 7 月,中关村科技发展控股有限公司收购"琼民源"。

(3) 欺诈客户。指证券经营机构、证券登记、清算机构及证券发行人或者发行代理人等,在证券发行、交易及相关活动中,诱骗投资者买卖证券以及其他违背客户真实意愿、损害客户利益的行为。

延伸阅读

汪建中"操纵证券市场第一案"

汪建中是北京首放投资顾问有限公司的控股股东,执行董事、经理。汪建中利用本人及

汪公灿、汪小丽、段月云、汪伟、何玉文、吴代祥、汪建祥、汪谦益等9人的身份证开立资金账户17个、银行账户10个，并下挂以上述个人名义开立的股票账户进行股票、权证交易。上述账户由汪建中管理、使用和处置，汪建中为上述账户的实际控制人。

2007年1月1日至2008年5月29日期间，北京首放向社会公众发布咨询报告，方式包括在首放证券网上发布名为"掘金报告"的咨询报告，并提供给东方财富网、新浪网、搜狐网、全景网、《上海证券报》、《证券时报》发布或刊载，北京首放的咨询报告对投资者有比较广泛、重要的影响。

和众多的证券投资咨询报告相比，掘金报告显得颇为神奇，因为很多股民发现，这份报告所推荐的股票，往往都会成为第二个星期的沪深股市涨幅榜前十名的牛股。2007年3月9日，这份报告向股民推荐了股票交大博通，在接下来的一个星期里，周一、周二、周三，该股连续三个交易日涨停，如果买入该股，就有可能在不到一周的时间里获利达到40%。正是因为有过如此辉煌的战果，汪建中的"掘金报告"吸引了数量可观的中小散户。2007年5月，北京的一位股民老王，就根据掘金报告的推荐以重仓购入万科A、中信银行和中国石化，可是买入之后没两天，万科A的股价就开始下跌，从20多块钱一直跌到6块多钱，另两只股票随后的走势，都与万科A如出一辙。为什么看起来总是"点股成金"的掘金报告，却让自己血本无归？这一点老王一直没有想明白。

直到证监会对汪建中案经过调查和审定，下发了《中国证监会行政处罚决定书》，和老王一样追随汪建中的股民，才终于明白了汪建中的把戏。原来，汪建中早在他的"掘金报告"发布前，就利用他控制的几个账户，买入了他在咨询报告中推荐的股票。也就是汪建中自己先储存股票，然后通过自己的社会影响力去拉开这只股票，等到大家都跟风上去的时候，他又悄悄地把股票卖掉。从中赚了一个非常大的差价。在一年多时间里，汪建中采取类似方式交易达55次，买卖38只股票或权证，交易金额达100多亿元，从中累计净获利1.25亿余元，最多的时候他一天就赚取2 000万元。2008年10月23日，证监会对汪建中发出了行政处罚决定书，汪建中因操纵证券市场的违法行为，证监会决定没收汪建中违法所得1.25亿元，并处罚款1.25亿元，总金额高达2.5亿元，这成为证监会开出的第一张个人亿元罚单。

(4) 虚假陈述。指行为人对证券发行、交易及其相关活动的事实、性质、前景、法律等事项做出不实、严重误导或者有重大遗漏的陈述或者报道，致使投资者在不了解事实真相的情况下，做出证券投资决定的行为。

2. 其他违规行为

(1) 擅自发行证券。指未经国家有关主管部门批准，擅自发行股票或者公司、企业债券的行为。"未经批准"既包括根本未向主管部门提出申请，也包括虽提出申请，但由于不符合条件或者其他原因未经批准，还包括批准后发现不符合条件又予以撤销的以及未按照批准的方式、范围、额度等发行股票或公司、企业债券的行为。

(2) 为股票交易违规提供融资融券及透支交易。透支交易又称信用交易，是指证券经营机关以鼓励或默许的方式，允许投资者透支购买股票或者延长交割时间，以便收取高额利息的行为。

(3) 上市公司违规买卖本公司股票。指上市公司未经有关部门批准，擅自回购、买卖本公司股票的行为。

(4) 上市公司擅自改变募股资金用途。指上市公司根据招股说明书募集到资金后，未经法定程序，将所募集的资金改变用途，挪作他用的行为。

(5) 银行资金违规入市。指银行为了追求高额利润，为他人的股票申购、交易提供融资的行为。

（二）我国证券市场违法违规行为的处理

1. 市场禁入

市场禁入是指因进行证券欺诈活动或者有其他严重违反证券法律、法规、规章以及中国证券监督管理委员会发布的有关规定的行为，被中国证监会认定为市场禁入者，在一定时期内或者永久性不得担任上市公司高级管理人员或者不得从事证券业务的制度。

2. 行政处罚

在证券发行、交易、监督、管理及其他相关活动中，违反证券法律法规规范的规定，但未构成犯罪的，一般应当追究行政责任，给予行政处罚。

构成证券行政违法行为，承担行政责任的主要有：

(1) 警告，即证券监管机构对违法违规的单位和个人给予的警示和告诫。警告不涉及被处罚人的实体权利，只是对被处罚人精神上的一种惩戒。警告可以独立行使，也可以和其他罚则合并运用。

(2) 罚款，即证券监管机构强制违法违规的单位和个人缴纳一定数量货币。罚款是对被处罚人的一种经济制裁。罚款的数额必须严格按照法律和行政法规的规定来确定。

(3) 责令退还非法所筹股款、基金资金，即证券监管机构对于未经批准擅自或变相发行股票、基金等证券的，要求有一定责任单位或个人退还非法所筹集的股款和基金资金及其利息。

(4) 没收非法所得，即证券监管机构将违法违规行为单位和个人的非法所得，包括非法获取的股票、基金等证券，收归国有。

(5) 停止股票发行资格，即证券监管机构依法取消违法违规的有关公司发行股票的资格，该公司不能向社会发行股票。

（6）暂停证券业经营、从业许可，即证券监管机构对违法违规的证券经营机构及其他证券从业机构，依法停止其规定期限内证券业务经营、从业的许可，证券经营机构及其他证券从业机构在规定期限内不能进行证券业务经营、从业活动。

（7）撤销证券业务经营、从业许可，即证券监管机构对违法违规的证券经营机构及其他证券从业机构，依法撤销其证券业务经营、从业资格。

3. 刑事责任

在证券发行、交易及其相关活动中，违反证券法律规定的行为，给社会秩序、证券市场造成严重危害，给社会公众造成严重损害，构成犯罪的，应当依法追究刑事责任。

《证券法》所规定的应依法追究刑事责任的典型情况主要有：

（1）证券发行中的刑事违法犯罪行为。证券发行人、证券承销商未经核准擅自发行证券的，应予取缔，没收非法所得，构成犯罪的，应依法追究其刑事责任。

（2）证券发行和交易中弄虚造假，进行欺诈的刑事犯罪行为。在证券发行申请书、招股说明书、上市公告书、财务报告书等法律文书中，弄虚造假，进行欺诈，违反信息披露真实、准确、完整的法律规定的行为，严重破坏证券市场信誉、危害市场秩序、损害社会公众利益，构成犯罪的，应依法追究其刑事责任。

（3）操纵证券市场行情，从中牟取不正常利益或转嫁风险的违法犯罪行为。行为者不管是单独，还是与他人联手共谋，凡是制造虚假价格、证券交易量，虚构供求关系，设置投资陷阱，诱骗一般投资者盲目跟风等，都是操纵市场的违法行为，会造成市场的剧烈震荡和混乱，严重危害证券市场秩序，构成犯罪的，应依法追究其刑事责任。

（4）证券内幕交易，违反"三公"原则的行为。内幕交易是行为者利用职务、职权从事法律明示禁止的证券交易行为，既破坏了证券市场的公开、公平、公正的基本原则，又是一种腐败、欺诈违法行为，会给社会造成严重危害，损害公众利益，构成犯罪的，应依法追究其刑事责任。证券监管机构工作人员进行内幕交易的，应从重处罚。证券监管机构工作人员，不依法履行职责，而徇私舞弊、玩忽职守、故意刁难当事人的，轻者依法给予行政处分，构成犯罪的，应依法追究其刑事责任。

4. 民事赔偿责任

在证券发行、交易及其相关证券活动中，行为主体的违法行为，直接给他人造成损失的,应负民事责任。主要包括下列两种情况。

(1) 在证券发行、交易中,证券发行人、承销的证券公司弄虚作假进行欺骗,给投资者造成损失的违法行为,应承担民事赔偿责任。此外发行人、承销的证券公司的董事、监事、经理应当承担连带赔偿责任。

(2) 证券公司违背客户意愿买卖证券,造成损失的,应承担民事赔偿责任。证券公司违背客户的委托买卖证券、办理交易事项,以及其他违背客户真实意愿办理交易以外的其他事项,给客户造成损失的,应依法承担赔偿责任。

延伸阅读

新疆天山水泥股份有限公司内幕交易案

2004 年 6 月 24 日,天山股份第一大股东新疆屯河投资股份有限公司与中国非金属材料总公司签署股权转让协议,将其持有的天山股份 5 100 万股国有法人股转让给中国非金属材料总公司。由此,中国非金属材料总公司将持有天山股份 5 100 万股,占天山股份总股本的 29.42%,成为天山股份第一大股东。

在资本市场中,实际控制人的变更往往意味着重大资产重组的发生。这对上市公司而言,将构成重大利好的预期。表现在二级市场上,其股价经常一飞冲天,涨势惊人。

2004 年 6 月 21~29 日,时任天山股份副总经理的陈建良,在股权转让协议签署前后,信息披露之前,大肆买卖天山股份自身的股票,以牟取暴利。据了解,2004 年 6 月 21 日至 2004 年 6 月 29 日之间(股份转让的信息披露日为 2004 年 6 月 29 日),陈建良合计买入天山股份股票 164.6757 万股,卖出 19.5193 万股。根据 2004 年 6 月下旬天山股份二级市场的市场价格,陈建良当初买入 164.6757 万股、卖掉 19.5193 万股之后所剩下的约 145 万股股票,其持仓成本约在 7 元左右。此后,天山股份的股价一度下挫,在低位徘徊两年多时间。

陈建良的内幕交易行为发生在 2004 年,根据当时的《证券法》的规定,包括上市公司高级管理人员等在内的知悉证券交易内幕信息的知情人员不得在涉及证券发行、交易或者其他对证券价格有重大影响的信息尚未公开前,买入或卖出该证券,或者泄露该信息或者建议他人买卖该证券。

陈建良作为上市公司高管人员,却利用公司内幕信息买卖自身股票,无疑违反了以上证券法规的相关规定。2007 年 4 月 28 日,中国证监会公布了行政处罚决定:陈建良的行为违反了原《证券法》规定,构成了内幕交易行为。根据当事人违法行为的事实、性质、情节与社会危害程度,中国证监会决定对陈建良罚款 20 万元,同时决定对其进行 5 年的市场禁入。

关键词汇

证券发行保荐制　集中型监管模式　自律型监管模式　中间型监管模式　注册制　核准制　审批制　证券欺诈　内幕交易　操纵市场　虚假陈述　市场禁入

思 考 题

1. 简述证券市场监管的原因及目的。
2. 世界证券主要监管模式是什么？简述其优缺点。
3. 证券市场监管原则是什么？
4. 简述我国证券市场监管体制。
5. 简述证券发行和交易市场的信息披露内容。
6. 证券市场有哪些违规行为？如何处理这些违规行为？

第三编　证券投资分析

第三編　正義及び公けの流

第八章　证券投资基本分析

▶ 学习目标
- 掌握宏观分析的基本方法
- 熟悉评价宏观经济形势的基本变量
- 理解财政政策和货币政策对证券市场的影响
- 熟悉行业分析的内容和方法，理解行业生命周期不同阶段的特征
- 掌握公司基本分析、公司财务分析、公司重大事项分析方法

第一节　宏观经济分析

一、宏观经济分析的基本方法

（一）总量分析法

总量分析法是指对影响宏观经济运行总量指标的因素及其变动规律进行分析，如对国民生产总值、消费额、投资额、银行贷款总额及物价水平的变动规律的分析等，进而说明整个经济的状态和全貌的方法。总量分析主要是一种动态分析，因为它主要研究总量指标的变动规律。同时，它也包括静态分析，因为总量分析包括考察同一时间内各总量指标的相互关系。

总量是反映整个社会经济活动状态的经济变量，它包括两个方面：一个是量的总和，比如国民收入、总投资、总消费等变量；二是平均量和比例量，比如人均 GDP 和物价指数等。

（二）结构分析法

结构分析法是指对经济系统中各组成部分及其对比关系变动规律的分析方法

（如国民生产总值中三次产业的结构分析、消费和投资的结构分析、经济增长中各因素作用的结构分析等）。如果对不同时期内经济结构变动进行分析，则属于动态分析。

现有的大部分宏观经济报告都是同时利用总量分析和结构分析，这两种方法是相互联系的。总量分析侧重于总量指标速度的考察，侧重分析经济运行的动态过程；结构分析侧重于对一定时期经济整体中各组成部分相互关系的研究，侧重分析经济现象的相对静止状态。总量分析非常重要，但它需要结构分析来深化和补充，而结构分析要服从于总量分析的目标。二者结合在一起，可以使得分析人员对宏观经济有全面综合的把握理解。

二、评价宏观经济形势的基本变量

（一）国民经济总体指标

1. 国内生产总值（GDP）

国内生产总值是指一个国家（或地区）所有常住居民在一定时期内（一般按年统计）生产活动的最终成果。

历史上包括我国在内的很多国家都曾经使用过国民生产总值 GNP，与 GDP 相比，GNP 是以国民原则为核算标准，GDP 是以国土原则为核算标准。

国内生产总值有三种表现形态，即价值形态、收入形态和产品形态。于此相对应的，在实际核算中，GDP 有三种计算方法，即生产法、收入法和支出法，其中支出法经常被研究员用来分析和预测 GDP 的总量和结构。

支出法的公式为：

$$GDP = C + I + G + (X - M)$$

式中，C 为消费；I 为投资；G 为政府支出；X 为出口；M 为进口；$(X-M)$ 为净出口。

GDP 的增长速度一般用来衡量经济增长率，是反映一定时期经济发展水平变化程度的动态指标，也是反映一国经济是否具有活力的基本指标。国内生产总值的持续稳定健康增长也是政府追求的重要目标之一。

2. 工业增加值

工业增加值是指工业行业在报告期内以货币表现的工业生产活动的最终成果，反映一定时间内工业生产的总规模和总水平，是衡量国民经济的重要统计指标之一。

工业增加值有两种计算方法：一是生产法，即工业总产出减去工业中间投入；二是收入法，即从收入的角度出发来计算，也被称为"要素分配法"。

3. 失业率

失业率是指劳动人口中失业人数所占的百分比。劳动人口是指年龄在 16 岁以上具有劳动能力的人的全体。目前，我国统计部门公布的失业率为城镇登记失业率。

失业率的上升与下降是以 GDP 相对于潜在 GDP 的变动为背景的，并且失业本身就是现代社会的一个重要问题。当失业率很高的时候，资源被浪费，人们收入减少，此外，失业还会影响人们的情绪和家庭生活，进而引发一系列的社会问题。

4. 通货膨胀

通货膨胀是指一般物价水平持续、普遍、明显的上涨。

衡量通货膨胀的指标有：零售物价指数（CPI）、生产者物价指数（PPI）和国民生产总值物价平减指数。

通货膨胀一般以两种方式影响到经济：通过收入和财产的再分配以及通过改变产品产量与类型影响经济。通货膨胀有预期到的和未预期的之分，从程度上有温和的、严重的和恶性的三种。各个国家往往不会长期容忍高的通货膨胀率，但为了抑制通胀而采取的货币财政政策通常会导致高失业和 GDP 的低增长，因此而损失的产量和就业数量可以看做是抑制通胀的代价。传统的理论解释通胀的原因主要有三种：需求拉上型、成本推进型和结构性通货膨胀。

5. 国际收支

国际收支是一国居民在一定时期内与非本国居民在政治、经济、军事、文化及其他往来中所产生的全部交易的系统记录。国际收支包括经常项目和资本项目。经常项目主要反映一国的贸易和劳务往来状况。资本项目则反映一国通过国外资金往来的情况，反映一国利用外资和偿还本金的执行情况。资本项目一般分为长期资本和短期资本。进口和出口是国际收支中最主要的部分。进出口总量及其增长是衡量一国经济开放程度的重要指标，且进出口数量与结构直接对国内总供需产生重大的影响。实现国际收支平衡需要避免国际收支的过度逆差或顺差，可以维持适当的国际储备水平和相对稳定的汇率水平。

（二）投资指标

投资规模是否适度是影响经济稳定与增长的一个决定因素。投资规模过小，不利于为经济的进一步发展奠定物质技术基础；投资规模安排过大，超出了一定时期人力、物力和财力的可能，又会造成国民经济比例的失调，导致经济大起大落。

全社会固定资产投资是衡量投资规模的主要变量，是所有宏观经济报告中必须分析和预测的数据之一。

（三）消费指标

1. 社会消费品零售总额

社会消费品零售总额是指国民经济各行业通过多种商品流通渠道向城乡居民和社会集团供应的消费品总额。按照销售对象可以划分为对居民的消费品零售额和对社会集团的消费品零售额两大部分。

2. 城乡居民储蓄存款余额

城乡居民储蓄存款余额是指某一时点城乡居民存入银行及农村信用社的储蓄金额。居民储蓄量的大小首先决定于可支配收入的多少，还受消费支出比例的限制。储蓄扩大的直接效果就是投资需求扩大和消费需求减小。

3. 居民可支配收入

居民可支配收入是居民家庭在一定时期内获得并且可以用来自由支配的收入，是通过居民家庭日常获得的总收入扣除各种所得税和社会保障支出后计算得来的。

分析一国的消费能力时，应注意该国居民可支配收入占国民收入的比例以及比例的变化。

（四）金融指标

在金融指标方面，宏观经济分析着重分析金融总量指标、利率和汇率以及各自的变动趋势。

1. 金融总量指标

（1）货币供应量：货币供应量是单位和居民个人在银行的各项存款和手持现金之和，其变化反映着中央银行货币政策的变化，对企业生产经营、金融市场各方参与者的行为都有着重大影响。

中央银行会根据流动性的大小将货币供应量划分为不同层次。我国现行货币统计制度将货币供应量划分为三个层次：

①流通现金（M0），指单位库存现金和居民手持现金之和。②狭义货币供应量（M1），指 M0 加上单位在银行的可开支票进行支付的活期存款。③广义货币供应量（M2），指 M1 加上单位在银行的定期存款和城乡居民个人在银行的各项

储蓄存款以及证券公司的客户保证金。

（2）金融机构各项存贷款余额：金融机构各项存贷款余额是指某一时点金融机构存款金额与金融机构贷款金额。

（3）金融资产总量：金融资产总量是指手持现金、银行存款、有价证券、保险等其他资产的总和。

2. 利率（利息率）

利率是指在借贷期内所形成的利息额与本金的比率。

从宏观经济分析的角度看，利率水平可以反映出市场资金供求的变动状况。经济发展的不同阶段，市场利率有不同的变现。一般而言，经济持续繁荣时，资金供不应求，利率上升；经济萧条市场疲软时，利率一般会随着对资金的需求减少而下降。

在市场中，利率既是市场资金供求各方博弈的一个结果，也是影响所有市场中的个人、企业和政府的重要经济变量，影响着人们的储蓄、消费和投资行为，影响着人们证券的持有量和持有结构。

利率的种类很多，可以大体分为存贷款利率、国债利率、回购利率、同业拆借利率等等。其中，再贴现率和同业拆借利率是基准利率。

3. 汇率

汇率是一国货币与他国货币相互交换的比率。一般来说，国际金融市场上的外汇汇率是由一国货币所代表的实际社会购买力平价和自由市场对外汇的供求关系决定的。汇率变动是国际市场商品和货币供求关系的综合反映。一般而言，一国汇率贬值会扩大国内总需求，而汇率升值会缩减国内总需求。

一国的汇率会因为该国的国际收支状况、通货膨胀率、利率、经济增长率等的变化而波动，而且汇率波动又会影响一国的进出口额和资本流动，并影响一国的经济发展。

和汇率非常相关的一个概念是外汇储备。外汇储备是一国对外债权的总和，用于偿还外债和支付进口，是国际储备的一种。

（五）财政指标

1. 财政收入：财政收入是指国家财政参与社会产品分配所取得的收入和，是实现国家职能的财力保证。

2. 财政支出：在财政收支平衡条件下，财政支出的总量并不能扩大和缩小总需求。但财政支出的结构会改变消费需求和投资需求的结构。在总量不变的条件下，两者是此多彼少的关系。扩大了投资，消费就必须减少；扩大了消费，投资就必须减少。

3. 赤字或结余:财政收入与财政支出的差额即为赤字(差值为负时)或结余(差值为正时)。财政赤字有两种弥补方式:一是通过举债即发行国债来弥补;二是通过向银行借款来弥补。

三、宏观经济运行对证券市场的影响

证券市场有经济晴雨表之称。这表明证券市场是宏观经济的先行指标,也表明宏观经济的走向会决定证券市场长期趋势。可以说,宏观经济因素是影响证券市场长期走势的唯一因素。但影响的幅度以及时间对应会随着各种因素而变动,并且随着一国金融体系的不断深化,参与主体不断成熟,宏观经济的运行与证券市场的关系也呈现出不稳定性变动。投资者切忌简单地把利用历史数据总结分析后得到的经验数据直接机械地用在当下的投资分析中。

从传导机制上看,宏观经济运行将会通过四个途径影响证券市场:企业经营效益、居民收入水平、投资者对股价的预期、资金成本。

四、宏观经济政策分析

为了达到一定的经济目标,政府可以利用的宏观经济政策有:财政政策、货币政策和收入政策。

(一) 财政政策

财政政策是政府依据客观经济规律制定的指导财政工作和处理财政关系的一系列方针、准则和措施的总称。财政政策是当代市场经济条件下国家干预经济、与货币政策并重的一项手段。

1. 财政政策的手段

财政政策手段主要包括国家预算、税收、国债、财政补贴、财政管理体制、转移支付制度等。这些手段可以单独使用,也可以配合协调使用。

2. 财政政策的种类及其对证券市场的影响

财政政策分为扩张性财政政策、紧缩性财政政策和中性财政政策三种。实施紧缩性财政政策时,政府财政在保证各种行政与国防开支外,并不从事大规模的投资。而实施扩张性财政政策时,政府积极投资于能源、交通、住宅等建设,从而刺激相关产业的发展。总的来说,紧缩性财政政策将使得过热的经济受到控制,证券市场也将走弱,因为这预示着未来经济将减速增长或走向衰退;而扩张性财政政策将刺激经济发展,证券市场则将走强,因为这预示着未来经济将加速增长或进入繁荣阶段。

具体而言,实施积极财政政策对证券市场的影响有:

(1) 减少税收,降低税率,扩大减免税范围。其政策的经济效应是:增加微观经济主体的收入,以刺激经济主体的投资需求,从而扩大社会供给,进而增加人们的收入,并同时增加了他们的投资需求和消费支出。减少税收对证券市场的影响为:增加收入直接引起证券市场价格上涨,增加投资需求和消费支出又会拉动社会总需求;而总需求增加又反过来刺激投资需求,从而使企业扩大生产规模,增加企业利润;利润增加,又将刺激企业扩大生产规模的积极性,进一步增加利润总额,从而促进股票价格上涨。因市场需求活跃,企业经营环境改善,盈利能力增强,进而降低了还本付息风险,债券价格也将上扬。

(2) 扩大财政支出增加财政赤字。其政策效应是:扩大社会总需求,从而刺激投资,扩大就业,提高经济增长率,企业利润增加,经营风险降低,将使得股票价格和债券价格上升。同时,居民在经济复苏中增加了收入,持有的货币增加,投资者信心提升,买气增强,证券市场趋于活跃,价格上扬。但过度使用此项政策,财政收支出现巨额赤字时,虽然进一步扩大了需求,但却增加了经济的不稳定因素,可能会使投资者对经济的预期不乐观,反而造成股价下跌。

(3) 减少国债发行(或回购部分短期国债)。国债是证券市场上重要的交易券种,国债发行规模的缩减使市场供给量减少,从而对证券市场原有的供给平衡发生影响,导致更多的资金转向股票,推动股价上升。

(4) 增加财政补贴。其政策效应是扩大社会总需求和刺激供给增加,从而推高股价。

3. 分析财政政策对证券市场影响应注意的问题

正确地运用财政政策为证券投资决策服务,应该把握以下几个方面:

(1) 关注有关的统计资料信息,认清经济形势。

(2) 从各种媒介中了解经济界人士对当前经济形势的看法,关心政府有关部门主要负责人的日常讲话,分析其经济观点主张、从而预见政府可能采取的经济措施和采取措施的时机。

(3) 分析过去类似形势下的政府行为及其经济影响,据此预期政策倾向和相应的经济影响。

(4) 关注年度财政预算,从而把握财政收支问题的变化趋势,更重要的是对财政收支结构及其重点做出分析,以便了解政府的财政投资重点和倾斜政策。

(5) 在预见和分析财政政策的基础上，进一步分析相应政策对经济形势的综合影响（比如通货膨胀、利率等），结合行业分析和公司分析做出投资选择。

（二）货币政策

货币政策是指一国货币当局（中央银行）为实现一定的宏观经济目标所制定的关于货币供应和货币流通组织管理的基本方针和基本准则。

1. 货币政策的作用

货币政策的调控作用突出表现在以下几点：(1) 通过调控货币供应总量保持社会总供给与总需求的平衡。(2) 通过调控利率和货币总量控制通货膨胀，保持物价总水平的稳定。(3) 调节国民收入中消费与储蓄的比例。(4) 引导储蓄向投资的转化并实现资源的合理配置。

2. 货币政策工具

货币政策工具是指中央银行为实现货币政策目标所采用的政策手段。货币政策工具可分为两大类：一般性政策工具（包括法定存款准备金率、再贴现政策、公开市场业务）和选择性政策工具（直接信用控制和间接信用指导）。

(1) 一般性政策工具。一般性政策工具是指中央银行经常采用的三大政策工具：法定存款准备金率、再贴现政策、公开市场业务。

①法定存款准备金率。法定存款准备金率是指中央银行规定的金融机构为满足客户提取存款和资金清算需要而准备的在中央银行的存款占其存款总额的比例。当中央银行提高法定存款准备率时，商业银行可运用的资金减少，贷款能力下降，货币乘数变小，市场货币流通量便会相应减少。所以，理论上，在通货膨胀时，中央银行可提高法定准备率；反之，则降低法定准备率。在主流西方经济学理论中，人们通常认为这一政策过于猛烈，它的调整会在很大程度上影响整个经济和社会心理预期，因此，一般对法定存款准备金率的调整都持谨慎态度。不过，从2006年开始，面对银行体系不断增长的流动性，中国人民银行出乎意料地频繁上调存款准备金率，使得应用这一工具进行调控已渐成常态。

②再贴现政策。再贴现率政策是指中央银行对商业银行用持有的未到期票据向中央银行融资所做出的政策规定。再贴现政策一般包括再贴现率的确定和再贴现的条件。提高再贴现率或者提高再贴现条件，都会收紧货币供应量。

③公开市场业务。公开市场业务操作是中央银行吞吐基础货币、调节市场流动性的主要货币政策工具，通过中央银行与指定交易商进行有价证券和外汇交易，实现货币政策调控目标。我国公开市场业务包括人民币操作和外汇操作两部分。从交易品种看，我国公开市场业务债券交易主要包括回购交易、现券交易和

发行央行票据。

（2）选择性政策工具。主要包含两种：直接信用控制和间接信用指导。

直接信用控制是指以行政命令或其他方式，直接对金融机构进行控制，具体手段有：规定利率限额与信用配额、信用条件限制等。间接信用指导是指中央银行通过道义劝告、窗口指导等办法来间接影响商业银行等金融机构行为的做法。

3. 货币政策的运作

货币政策的运作主要是指中央银行根据客观经济形势采取适当的政策措施调控货币量和信用规模，使之达到预定的货币政策目标，并以此影响整体经济的运行。通常，货币政策的运作分为紧的货币政策和松的货币政策。

从手段上讲，紧的货币政策主要是减少货币供应量，提高利率，加强信贷控制；松的货币政策主要是增加货币供应量，降低利率，放松信贷控制。

4. 货币政策对证券市场的影响

中央银行的货币政策对证券市场的影响可以从四个方面进行分析：

（1）利率。中央银行调整基准利率的高低，对证券价格产生影响。一般来说，利率下降时，股票价格就上升；而利率上升时，股票价格就下降。利率对股票价格的影响一般比较明显，反映也比较迅速，所以要想把握股票价格走势，必须要对利率的变化趋势进行全面的掌握。但不能把利率与股价运动呈反向变化的规律绝对化，股价和利率并不是呈现绝对的负相关关系。

（2）中央银行的公开市场业务对证券价格的影响。一般而言，政府倾向于实施宽松的货币政策时，中央银行就会大量购进有价证券，从而使得市场上货币供给量增加，这会推动利率下调，资金成本降低，这又会推动股票价格上涨，反之则反是。

（3）调节货币供应量对证券市场的影响。中央银行可以通过法定存款准备金率和再贴现政策调节货币供应量，从而影响货币市场和资本市场的资金供求，进而影响证券市场。一般而言，调高法定存款准备金率会降低商业银行体系创造派生存款的能力，通过货币乘数的作用使货币供应量大幅度减少，证券市场价格趋于下降。同样，如果中央银行提高再贴现率或者对再贴现资格加以严格审查，商业银行资本成本增加，市场贴现率上升，社会信贷信用收缩，货币供应量减少，使证券市场行情走势趋软，反之则反是。

（4）选择性货币政策工具对证券市场的影响。为实现国家的产业政策和区域经济政策，我国对不同行业和区域采取区别对待的方针。一般说来，该项政策不仅会对证券市场整体走势产生影响，而且还会因为板块效应对不同行业和区域的证券产生结构性的影响。总的来说,直接信用控制或间接信用指导下贷款的流量和流向反映当时的产业政策和区域政策,并引发证券市场价格的比价关系做出结构性的调整。

(三) 收入政策

收入政策是国家为实现宏观调控总目标和总任务,针对居民收水平高低、收入差距大小在分配方面制定的原则和方针。收入政策具有更高层次的调节功能,制约着财政政策和货币政策的作用方向和作用力度,最终也要通过财政政策和货币政策来实现。

收入政策目标包括两个:收入总量目标和收入结构目标。收入总量目标着眼于近期的宏观经济总量平衡,着重处理积累和消费、人们近期生活水平改善和国家长远经济发展的关系以及失业和通货膨胀的问题。收入结构目标则着眼于处理各种收入比例,以解决公共消费和私人消费、收入差距等问题。

收入总量调控政策主要通过财政、货币机制来实施,还可以通过行政干预和法律调整等机制来实施,通过这些机制对证券市场产生影响。

第二节 行业分析

一、行业的含义和行业分析的意义

(一) 行业的含义

所谓行业是指从事国民经济中同性质的生产或其他经济社会活动的经营单位和个体等构成的组织结构体系。从严格意义上讲,行业和产业有差别,主要是适用范围上有所不同。

产业是经济学专业术语,构成产业的三个特点:(1) 规模性;(2) 职业化;(3) 社会功能性。行业虽然也拥有职业人员,也具有特定的社会功能,但一般没有规模上的约定。

(二) 行业分析的意义

行业分析的主要任务包括:解释行业本身所处的发展阶段及其在国民经济中

的地位，分析影响行业发展的各种因素以及判断对行业影响的力度，预测并引导行业的未来发展趋势，判断行业投资价值，揭示行业投资风险，从而为政府部门、投资者及其他机构提供决策依据或投资依据。

行业分析是介于宏观经济活动和微观经济活动中的经济层面，是中观经济分析的主要对象之一。行业分析是对上市公司进行分析的前提，也是连接宏观经济分析和上市公司分析的桥梁，是基本分析的重要环节。同时，行业分析和公司分析也是相辅相成的。

（三）行业划分的方法

1. 道琼斯分类法

道琼斯分类法是在19世纪末为选取在纽约证券交易所上市的有代表性的股票而对各公司进行的分类，是证券指数统计中最常用的分类法之一。道琼斯分类法将股票分为三类：工业、运输业和公用事业。

在道琼斯指数中，工业类股票以自工业部门的30家公司，包括了采掘业、制造业和商业；运输业类股票取自20家交通运输业公司，包括了航空、铁路、汽车运输与航运业；公用事业类取自6家公用事业公司，主要包括电话公司、煤气公司和电力公司等。作为计算道琼斯指数的股票类别，公用事业行业直到1929年才被添加进来。

2. 标准行业分类法

为了便于汇总各国的统计材料并进行互相对比，联合国经济和社会事业统计局曾制定了一个《全部经济活动国际标准行业分类》（简称《国际标准行业分类》），建议各国采用。它把国民经济划分为10个门类，并对每个门类再划分为大类、中类、小类。

这10个门类是：

（1）农业、畜牧狩猎业、林业和渔业；
（2）采矿业及土、石采掘业；
（3）制造业；
（4）电、煤气和水；
（5）建筑业；
（6）批发和零售业、饮食和旅馆业；
（7）运输、仓储和邮电通信业；
（8）金融、保险、房地产和工商服务业；
（9）政府、社会和个人服务业；

(10) 其他。

3. 我国国民经济行业的分类

1985年,我国国家统计局明确划分三大产业:把农业(包括林业、牧业等)定义为第一产业;把工业(包括采掘业、制造业等等)和建筑业定义为第二产业;把第一产业和第二产业以外的行业定义为第三产业,主要是指向全社会提供各种各样劳务的服务性行业。

2002年,我国推出《国民经济行业分类》国家标准(GB/T 4754-2002),共有行业门类20个,行业大类95个,行业中类396个,行业小类913个。

4. 我国上市公司的行业分类

最初上海证交所将上市公司分为5类:工业、商业、地产业、公用事业和综合;深圳证交所分为6类:工业、商业、地产业、公用事业、金融业和综合。

中国证监会2001年4月4日公布了《上市公司行业分类指引》(以下简称《指引》)。《指引》是以中国国家统计局《国民经济行业分类与代码》(国家标准GB/T 4754-94)为主要依据,在借鉴联合国国际标准产业分类、北美行业分类体系有关内容的基础上制定而成的。《指引》是一个非强制执行的标准,它以上市公司营业收入为分类标准,所采用财务数据为经会计师事务所审计的合并报表数据。当公司的某类业务的营业收入比重大于等于50%时,则将其划入该业务相对应的类别;当公司没有一类业务收入的比重大于或等于50%时,如果某类业务的营业收入比重比其他业务收入比重均高出30%,则将该公司划入该业务的类别;否则,将其划为综合类。

《指引》把上市公司的经济活动分为门类和大类两级,中类作为支持性分类参考。未经交易所同意,上市公司不得擅自改变公司类别。上市公司因兼并、置换等原因而营业领域发生重大变动,可向交易所提出书面申请,并同时上报调查表,由交易所按照《指引》对上市公司的行业类属进行变更。《指引》将上市公司分成13个门类,90个大类,288个中类。

5. 上海证券交易所上市公司行业分类调整

上海证券交易所与中证指数有限公司于2007年5月31日公布了调整后的沪市上市公司行业分类。本次调整是上海证券交易所和指数公司对沪市上市公司行业分类进行的例行调整,其依据是沪市上市公司2006年年报显示的部分公司经营范围的改变。本次行业分类调整将作为上证180指数下一次调整样本股时的参照。

该行业分类是参照摩根士丹利和标准普尔共同发布的全球行业分类标准(GICS),结合我国上市公司的实际情况而确定的。

二、行业的市场结构分析

现实中各行业的市场结构是不同的，根据该行业中企业数量多少、进入限制程度和产品差别，行业基本上可以分为四种市场结构：完全竞争、垄断竞争、寡头垄断和完全垄断。

（一）完全竞争

完全竞争型市场是指竞争不受任何阻碍和干扰的市场结构。在现实经济中，完全竞争是四种市场类型中最少见的，初级产品的市场类型较接近于完全竞争。其特点是：

1. 生产者众多，各种生产资料可完全流动；
2. 产品不论有形或无形，都是同质的、无差别的；
3. 没有一个企业能影响产品的价格，企业永远是价格的接受者而不是价格的制定者；
4. 企业的盈利基本上是由市场对产品的需求来决定；
5. 生产者可自由进入或退出这个市场；
6. 市场信息对买卖双方都是畅通的，生产者和消费者对市场情况非常了解。

（二）垄断竞争

垄断竞争是指既有垄断又有竞争的市场结构。其特点是：

1. 生产者众多，各种生产资料可以流动。
2. 生产的产品同种类但不同质，即产品之间存在有差异。产品的差异性是指各种产品之间存在着实际或想象上的差异。这是垄断竞争与完全竞争的主要区别。
3. 由于产品的差异性的存在，生产者可以树立自己的产品的信誉，从而对产品的价格有一定的控制能力。

垄断竞争型市场中有大量企业，但没有一个企业能有效影响其他企业的行为。该市场结构中，造成垄断现象的原因是产品差别，造成竞争现象的是产品的可替代性。在国民经济各行业中，制成品（纺织、服装等轻工业产品）的市场类型一般都属于垄断竞争。

（三）寡头垄断

寡头垄断型市场是指相对少量的生产者在某种产品的生产中占据很大市场份

额，从而控制了这个行业的供给的市场结构。

该市场结构得以形成的原因有：

1. 该类行业初始投入资本较大，阻止了大量中小企业的进入。

2. 这类产品只有在大规模生产时才能获得好的效益，这就会在竞争中自然淘汰大量的中小企业。

由于在寡头垄断的市场上生产者数量少，每个生产者的产量很大，寡头之间的价格政策和经营方式及其变化都会对其他生产者产生重要的影响。

因此，在这个市场上，通常存在着一个起领导作用的企业，其他企业跟随该企业定价与经营方式的变化而相应地进行某些调整。资本密集型、技术密集型产品，如钢铁、汽车等重工业以及少数储量集中的矿产品如石油等的市场多属这种类型。

（四）完全垄断

完全垄断是指独家企业生产某种特质产品的情形，即整个行业的市场完全处于一家企业所控制的市场结构。在当前的现实生活中没有真正的垄断型市场，有一些公共事业单位接近于垄断。

1. 完全垄断的类型

完全垄断可分为两种类型：政府完全垄断和私人完全垄断。

（1）政府完全垄断：国营铁路、邮电等部门。

（2）私人完全垄断：根据政府授予的特许专营或根据专利生产的独家经营，以及由于资本雄厚、技术先进而建立的排他性的私人垄断经营。

2. 完全垄断的市场结构特点

（1）市场被独家企业所控制，其他企业不可以或不可能进入该行业；

（2）产品没有或者缺少相近的替代品；

（3）垄断者能够根据市场的供需情况制定理想的价格和产量，在高价少销和低价多销之间进行选择，以获取最大的利润；

（4）垄断者在制定产品的价格与生产数量方面的自由性是有限度的，要受到反垄断法和政府管治的约束。

公用事业（如发电厂、煤气公司、自来水公司和邮电通信等）和某些资本、技术高度密集型和稀有金属矿藏的开采等行业属于接近完全垄断的市场类型。

三、行业的竞争结构分析

美国哈佛商学院教授迈克尔·波特认为，一个行业激烈竞争的局面源于其内在的竞争结构。一个行业内存在的五种基本竞争力量：潜在进入者、替代品、供应商、购买者和行业竞争者，被称为是五力模型（见图8.1）。

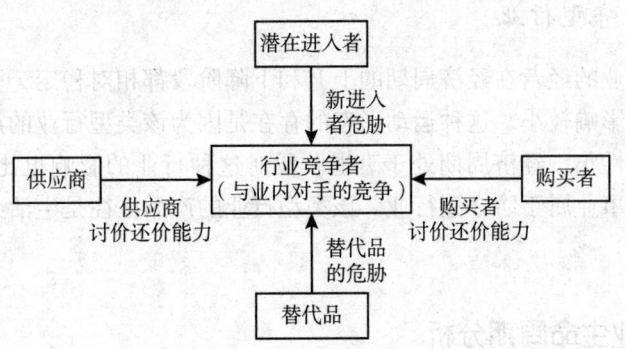

图 8.1 波特五力模型

这五种基本竞争力量的状况及其综合强度决定着行业内的竞争激烈程度，进而决定着行业内的企业获得资本投资回报率的水平。

四、经济周期与行业分析

虽说众多行业组成整体宏观经济，但整体宏观经济周期性波动时，各个行业的波动与宏观经济周期的波动的关系并非一致，根据行业与经济周期的关系，我们可将行业分为三类：增长型行业、周期型行业和防守型行业。

（一）增长型行业

增长型行业的运动状态与经济活动总水平的周期及其振幅并不紧密。这些行业收入增长的速率并不会总是随着经济周期的变动而出现同步变动，因为它们主要依靠技术的进步、新产品推出及更优质的服务，从而使其经常呈现出增长形态。

这些行业对经济周期的波动来说，提供了一种财富"套期保值"手段。例如IT行业、计算机、新能源开发等。

（二）周期型行业

周期型行业的运动状态与经济周期紧密相关，跟随经济的上升和衰退而相应地扩张和衰落，并且该类型的行业收益的变动幅度往往会在一定程度上超过经济的波动幅度。例如消费品行业、耐用品制造业及其他需求的收入弹性较高的行业。

(三) 防守型行业

防守型行业的经营在经济周期的上升和下降阶段都相对稳定，受经济周期处于衰退状态的影响较小。这种运动形态的存在是因为该类型行业的产品需求相对稳定，需求弹性小，经济周期处于衰退阶段对这种行业的影响也比较小。例如，食品业和公用事业属于防守型行业。该类型行业的产品往往是生活必需品或是必要的公共服务。

五、行业生命周期分析

和任何事物一样，每个行业都要经历一个从成长到衰退的发展演变的过程。行业的生命周期可以分为四个阶段：幼稚期、成长期、成熟期和衰退期。

(一) 幼稚期

任何行业的萌生，最基础的条件是人们的物质文化需求。资本的支持与所需资源的稳定供给是行业形成的基本保证。一般而言，行业形成的方式有三种：分化、衍生、新生长。分化是指新行业从原行业中分离出来，分解为一个独立的新行业。衍生是指出现与原有行业相关、相配套的行业。新生长方式是指新行业以相对独立的方式进行，并不依附于原有行业。这种行业往往是科学技术产生突破性进步的结果。

这一时期，投资于这一行业的公司为数不多，创业公司的研发费用较高，大众对其产品缺乏了解，市场狭小，销售收入较低，因此创业公司财务上可能不但没有盈利，反而普遍亏损。这类企业更适合投机者和创业投资者。

在幼稚期后期，随着行业生产技术的成熟、生产成本的降低和市场需求的扩大，新行业便逐步由高风险、低收益的幼稚期迈入高风险、高收益的成长期。

(二) 成长期

行业的成长实际上就是行业的扩大再生产。各个行业的成长能力是有很大差异的，判断行业的成长能力可以从以下六个方面考察：
1. 需求弹性。一般需求弹性较高的行业成长能力也较强。
2. 生产技术。技术进步快的行业，创新能力强，生产率上升快，其成长能力也较强。

3. 产业关联度。产业关联度强的行业，成长能力也强。

4. 市场容量与潜力。市场容量和潜力大的行业，成长空间也大。

5. 行业在空间的活跃程度。行业在空间上活动不再活跃，一般可以表明行业成长即将达到市场需求边界，成长期也就进入尾声。

6. 产业组织变化活动。行业成长一般都伴随着企业组织不断地集团化和大型化。

这时期的行业增长非常迅猛，部分优势企业脱颖而出，投资于处于成长期企业的投资者往往获得较高的投资回报，所以成长期阶段有时被称为投资机会时期。对处于成长期的行业进行投资的特点是收益高、风险高。

（三）成熟期

行业成熟期的标志有四个：技术上的成熟、产品上的成熟、生产工艺的成熟和产业组织的成熟。行业的成熟期是一个相对较长的时期。一般而言，技术含量高的行业成熟期历时相对较短，而公用事业行业成熟期持续的时间较长。

行业处于成熟期的特点主要有：（1）企业规模空前，企业地位显赫，产品普及程度高；（2）行业生产能力接近饱和，市场需求也趋于饱和，买方市场出现。（3）构成支柱产业地位，其生产要素份额、产值、利税份额在国民经济中占有一席之地。

成熟期的行业市场中，厂商之间的竞争手段逐渐从价格手段转为各种非价格手段，如提高质量、改善性能和加强保后服务等。行业的利润也会由于一定程度的垄断而达到相对高的水平，而风险却相对较低。

（四）衰退期

行业衰退是必然的，一般出现在较长的稳定期之后。一般而言，行业的衰退期往往比行业生命周期的其他三个阶段的总和还要长。大量的行业都是衰而不亡，甚至会与人类社会长期共存。例如，钢铁业、纺织业在衰退，但是人们却看不到它们的消亡。

投资者应当仔细研究公司所处的行业生命周期阶段，分析行业的投资价值和投资风险。针对自己的偏好，选择风险和收益相应的行业。比如，对于收益型的投资者，可以建议优先选择处于成熟期的行业，因为这些行业基础稳定，盈利丰厚，市场风险相对较小。

投资者判断某行业的阶段时，应考察的七个方面：行业规模、产出增长率、利润率水平、技术进步和技术成熟程度、开工率、从业人员的职业化水平和工资福利收入水平、资本进退。

六、影响行业兴衰的主要因素

影响行业兴衰的主要因素包括技术进步、产业政策、产业组织创新、社会习惯改变、经济全球化五个方面影响。

(一) 技术进步

从技术进步的角度看,以信息通信技术为核心的高新技术成为21世纪国家产业竞争力的决定性因素之一。信息技术的扩散与应用引起相关行业的技术革命,并加速改造着传统产业。研发活动的投入强度成为划分高技术群类和衡量产业竞争力的标尺。目前,多数国家和组织以研发投入占产业或行业销售收入的比重来划分或定义技术产业群。技术进步速度加快,周期明显缩短,产品更新换代频繁。信息产业中两个流行的定律:"摩尔定律"和"吉尔德定律"。所谓"摩尔定律",即微处理器的速度会每18个月翻一番,同等价位的微处理器的计算速度会越来越快,同等速度的微处理器会越来越便宜。所谓"吉尔德定律",是指在未来25年,主干网的带宽将每6个月增加1倍。

(二) 产业政策

政府可以通过产业政策来实现对行业的管理和调控,是国家干预或参与经济的一种形式。一般而言,产业政策可以包括四种政策:产业结构政策、产业组织政策、产业技术政策、产业布局政策。其中,产业结构政策与产业组织政策是产业政策的核心。

1. 产业结构政策

产业结构政策是选择行业发展重点的优先顺序的政策措施,其目标是促使行业之间的关系更协调、社会资源配置更合理,使产业结构高级化。一般包括三个内容:产业结构长期构想、对战略产业的保护和扶植、对衰退产业的调整和援助。

2. 产业组织政策

产业组织政策是调整市场结构和规范市场行为的政策。以"反对垄断、促进竞争、规范大型企业集团、扶持中小企业发展"为主要核心,其目的在于实现同一产业内企业组织形态和企业间关系的合理化。主要包括三个内容:

（1）市场秩序政策。其目的在于鼓励竞争、限制垄断。

（2）产业合理化政策。其目的在于确保规模经济的充分利用，防止过度竞争。

（3）产业保护政策。其目的在于减小国外企业对本国幼稚产业的冲击。

3. 产业技术政策

产业技术政策是促进产业技术进步的政策。主要包括两个内容：产业技术结构的选择和技术发展政策，促进资源向技术开发领域投入的政策。

4. 产业布局政策

产业布局是产业存在和发展的空间形式，产业布局政策的目标是实现产业布局的合理化。一般遵循四个原则：

（1）经济性原则，保证那些投资效率高、经济效益好、发展速度快的地区优先发展。

（2）合理性原则，鼓励各地区根据自身资源、经济、技术条件，发展具有相对优势的产业。

（3）协调性原则，促进地区间的经济、技术交流、形成合理的分工协作体系。

（4）平衡性原则，在加快先进地区发展的同时，逐步缩小先进地区与落后地区的差距。

（三）产业组织创新

产业组织是指同一产业企业内的组织形态和企业间的关系，包括市场结构、市场行为、市场绩效三个方面内容。

产业政策的调整和产业组织的创新，都有优化产业组织的功能，但产业政策在产业合理化过程中的作用是一种经济过程中的"被组织"力量，而产业组织创新则往往是产业及产业内企业的"自组织"过程。

产业组织创新的直接效应包括实现规模经济、专业化分工与协作、提高产业集中度、促进技术进步和有效竞争等多项功效。

产业组织创新的间接效应包括创造产业的增长机会、促进产业增长实现、构筑产业赶超效应和适应产业经济增长等多项功效。

技术创新是组织创新的某方面表现，组织创新是技术创新的有效载体。二者是相互促进的互动关系。

（四）社会习惯改变

随着人们生活水平和受教育程度的提高，消费心理、消费习惯、文明程度和社会责任感会逐渐改变,从而引起对某些商品的需求变化并进一步影响行业的兴衰。

(五) 经济全球化

所谓经济全球化,是通过国际分工,在世界市场范围内提高资源配置效率。经济全球化会使各国经济相互依赖程度日益加深。导致经济全球化的直接原因是国际直接投资与贸易环境出现了新的变化。

1. 经济全球化的表现

(1) 生产活动全球化。国际分工的形成机制在转变,传统的国际分工正在演变成为世界性的分工,世界性的国际分工使各国成为世界生产的一部分,成为了商品价值链条上的一个环节。这有利于世界各国充分发挥优势,提高全球经济配置效率,节约社会劳动,增加经济效益,促进世界经济的发展。

(2) 1995年1月1日诞生的世界贸易组织(WTO)标志着世界贸易进一步规范化,世界贸易体制开始形成。它标志着一个以贸易自由化为中心,包括当今世界贸易诸多领域的多边贸易体制框架已经搭建起来。

(3) 各国金融日益融合在一起。随着金融国际化进程加快,金融市场迅猛扩大。

(4) 投资活动遍及全球,全球性投资规模框架开始形成。一些发达国家和发展中国家与地区成为外国直接投资的主要对象,国际借贷资金流动量增长加快,证券股权投资迅猛发展,投资自由化成为各国国际直接投资政策的目标。

(5) 跨国公司作用进一步加强。跨国公司的数目增长迅速,以发达国家和发展中国家为基地的跨国公司正在日益全球化,跨国公司国际生产的规模和重要性日益增加。

2. 经济全球化对各国产业发展的重大影响

(1) 经济全球化导致产业的全球性转移。简而言之,发达国家将低端制造技术加速向发展中国家进行产业化转移。

(2) 国际分工出现重要变化。这种变化主要表现在两个方面:国际分工的基础出现了重要变化以及国际分工的模式出现了重要变化。

七、行业分析的方法

总体上看,对行业进行分析的方法有五种:历史资料研究法、调查研究法、归纳与演绎法、比较研究法和数理统计法。

（一）历史资料研究法

历史资料研究法是通过对已存在的资料的深入研究，寻找事实和一般规律，然后根据这些信息去描述、分析和解释过去的过程，同时揭示当前的状况，并依照这种一般规律对未来进行预测。这种方法的优点是省时、省力并可以节省费用。缺点是只能被动的根据现有资料进行分析，不能主动的提出问题并解决问题。

各个行业都是在一定背景下，不断地发展而来的，如果从一个行业的发展历程来认识和评估它，则更加有助于全面深刻地认识和理解这个行业发展脉络。

历史资料的来源大体包括：（1）政府部门；（2）专业研究机构；（3）行业协会及其他自律组织；（4）高等院校；（5）相关企业和公司；（6）专业媒介；（7）其他机构。

（二）调查研究法

调查研究法通过问卷调查、访查、访谈获得信息，并依此进行研究的方法，是描述一个难以直接观察的群体的最佳方法。调查研究法的优点是可以获得最新的资料和信息，并且研究者可以主动提出问题并获得解释。它的缺点是这种方法的成功与否取决于研究者和访问者的技巧和经验。

调查研究法的具体调查方式有三类：（1）问卷调查或电话访问；（2）实地调研；（3）深度访谈。

（三）归纳与演绎法

归纳法是从个别出发以达到一般性，从一系列特定的观察中，发现一种模式，这种模式在一定程度上代表所有给定事件的秩序。

演绎法是从一般到个别，从逻辑或者理论上的预期的模式到观察检验预期的模式是否确实存在。演绎法是先推论后观察，归纳法则是从观察开始。

（四）比较研究法

比较研究法又可以分为横向比较和纵向比较两种方法。横向比较一般是取某一时点的状态或者某一固定时段的指标，在这个横截面上对研究对象及其比较对象进行比较研究。纵向比较主要是利用行业的历史数据，分析过去的增长情况，并据此预测行业的未来发展趋势。

1. 行业增长横向比较

分析某行业是否属于增长型行业，可利用该行业的历年统计资料与国民经济综合指标进行对比。通过比较，可以做出如下判断：

（1）确定该行业是否属于周期性行业。

（2）比较该行业的年增长率与国民生产总值、国内生产总值的年增长率。

（3）计算各观察年份该行业销售额在国民生产总值中所占比重。

2. 行业未来增长率预测

利用行业历年销售额与 GDP 的周期资料进行对比，只是说明了过去的情况，研究者还需要了解和分析行业未来的变化，因此要对行业的未来发展趋势做出预测。预测的方法有很多种，使用比较多的方法有两种：一种方法是将行业历年销售额与 GDP 标在坐标图上，用最小二乘法找出二者的关系曲线，并绘制在坐标图上。这一关系曲线就是行业增长趋势线。根据 GDP 的预期值就可以预测行业的未来销售额。另一种方法是利用历年的增长率计算历史的平均增长率和标准差，预计未来的增长率。这个方法需要至少要取得行业过去十年的历史数据，才能使得预测结果具有说服力。

（五）数理统计法

近些年，数理统计方法和计量经济学的理论和方法被越来越多地应用到行业分析中来，这里仅仅简单介绍最常用的相关分析、一元线性回归和时间数列。

相关分析法是测定经济现象之间相关关系的规律性，并据以进行预测和控制的分析方法。社会经济形象之间存在着大量的相互联系、相互依赖、相互制约的数量关系。这种关系可分为两种类型：一类是函数关系，它反映着现象之间严格的依存关系，也称确定性的依存关系。在这种关系中，对于变量的每一个数值，都有一个或几个确定的值与之对应。另一类为相关关系，在这种关系中，变量之间存在着不确定、不严格的依存关系，对于变量的某个数值，可以有另一变量的若干数值与之相对应，这若干个数值围绕着它们的平均数呈现出有规律的波动。例如，批量生产的某产品产量与相对应的单位产品成本，某些商品价格的升降与消费者需求的变化，就存在着这样的相关关系。

一元线性回归是利用数理统计中的回归分析，来确定两种变量间相互依赖的定量关系的一种统计分析方法，并可以在相关分析的基础上进行一定的指标预测，运用十分广泛。分析按照自变量和因变量之间的关系类型，可分为线性回归分析和非线性回归分析。

时间数列是一种统计数列，它是将某一现象或统计指标在各个不同时间上的数值按时间先后顺序排列所形成的数列。由于时间数列表现了现象在时间上的动态变化，故又称动态数列。时间数列应用比较常见。

第三节 公司分析

从经济学角度来看，公司是指依法设立的从事经济活动并以营利为目的的企业法人。而根据《公司法》有关条款所揭示的公司本质特征来看，公司应指全部资本由股东出资构成，股东以其出资额或所持股份为限对公司承担责任，公司以其全部资产对公司债务承担责任的依《公司法》成立的企业法人。

按照不同的分类标准，公司可以分为不同的类型。其中，按公司股票是否上市流通为标准，可以将公司分为上市公司和非上市公司。上市公司是指其股票在证券交易所上市交易的股份有限公司，也是证券投资分析中公司分析的对象。

对具体的公司进行分析是具有特别重要的意义的。因为对于任何具体投资对象的选择最终都将落实在微观层面的上市公司分析上（市场指数投资除外）。而且对于投资者个人而言，宏观面分析与中观面分析难度较大，不具备分析基础，而相对简单、直接且行之有效的就是深入进行公司分析。

公司分析中最重要的是公司财务状况分析。财务报表通常被认为是最能够获取有关公司信息的工具。

一、公司基本分析

（一）公司行业地位分析

公司行业地位分析的目的是找出公司在所处行业中的竞争地位。在大部分行业中，不管行业平均盈利水平多高多低，总有一些企业比其他企业具有更强的获利能力。企业的行业地位决定了其盈利能力是高于或低于行业平均水平，决定了其在行业内的竞争地位。

衡量公司行业竞争地位的主要指标是行业综合排序和产品的市场占有率。除此之外，还可以从很多方面对行业内的企业进行排名。投资者可以简单地从大多数交易软件中在线找到自己感兴趣的公司的行业地位，可以在公司股票的界面通过按F10进入到基本面资料里的"行业分析"中找到公司在各个方面的行业排名。

（二）公司经济区位分析

区位是指在地理范畴上的经济增长点及其辐射范围。上市公司的投资价值与区位经济的发展密切相关。一般而言，处在经济区位内的上市公司，投资价值都比较高。

我们可以通过以下几个方面进行上市公司的区位分析：

1. 区位内的自然条件与基础条件

自然和基础条件包括矿产资源、水资源、能源、交通、通信设施等，它们在区位经济发展中起着重要作用，也对区位内上市公司的发展起着重要的限制或促进作用。

2. 区位内政府的产业政策

为了促进区位经济的发展，当地政府一般都会制定相应的经济发展战略规划，提出相应的产业政策，确定区位优先发展和扶植的产业，并给予相应的财政、信贷及税收等方面的优惠措施。

3. 区位内的经济特色

所谓经济特色是指区位内经济与区位外经济的联系和互补性、龙头作用及其发展活力与潜力的比较优势。它包括区位的经济发展环境、条件与水平、经济发展现状等与其他区位不同的特色。某种意义上，特色就意味着优势，利用自身的优势来"扬长避短"，无疑在发展中可以事半功倍。

（三）公司产品分析

产品分析包括三个内容：产品的竞争能力分析、产品的市场占有情况分析和产品的品牌战略分析。

1. 产品的竞争能力

（1）成本优势。成本优势是指公司的产品依靠低成本来获取高于同行业其他企业的盈利能力，同时，公司可以依靠成本优势进行市场份额扩张和进攻性收购兼并。在很多行业中，成本优势是决定竞争优势的关键因素。如果公司能够创造和维持成本领先地位，并创造出和竞争对手价值相等或近似的产品，那么该公司只要将价格控制在行业平均或接近平均的水平，就能获取远高于行业平均水平的盈利水平。成本优势的来源取决于不同的行业结构。一般而言，产品的成本优势可以通过规模经济、专有技术、原材料优势、低廉的劳动力、高效的管理和营销等来实现。

（2）技术优势。技术优势是指公司拥有的比同行业其他竞争对手更强的技术实力及其研究和开发新产品的能力。这种能力主要体现在生产的技术水平和产品的技术含量上。公司新产品的研究和开发能力是决定公司竞争成败的关键因素，所以，公司一般都确定了占销售额一定比例的研发费用。这一比例的高低，往往能决定公司的新产品开发能力。特别提醒投资者，并非一个公司的研发费用越高越好。实际情况是，大量的优秀公司在成长过程中有很长时期可能都是大型国际企业新产品的追随和模仿者。

（3）质量优势。质量优势是指公司的产品以高于其他公司同类产品的质量赢得市场，从而取得竞争优势。消费者在进行购买选择时，产品的质量始终是影响他们购买倾向的一个重要因素。具有竞争优势的公司在与竞争对手成本相等或者近似的情况下，具有质量优势的公司往往在该行业中占据领先地位。

2. 产品的市场占有情况

产品的市场占有情况在衡量公司产品竞争力方面占有重要地位。通常可以从两个方面进行考察：一是公司产品销售市场的地域分布情况。从这个角度可以将公司销售市场分为地区型、全国型和世界范围型。二是公司产品在同类产品市场上的占有率。市场占有率是指一个公司的产品销售量占该类产品整个市场销售总量的比例。市场占有率越高，表示公司的经营能力和竞争力越强，公司的销售和利润水平越好、越稳定。

3. 产品的品牌战略

品牌是一个商品名称和商标的总称，可以用来辨别一个卖者或者卖者集团的货物或劳务，以便同竞争者的产品相区别。品牌具有产品所不具有的开拓市场的多种功能：创造市场的功能、联合市场的功能以及巩固市场的功能。

（四）公司经营能力分析

1. 公司法人治理结构

公司法人治理结构有狭义和广义两种定义：狭义指有关公司董事会的功能、结构和股东的权利等方面的制度安排；广义指有关企业控制权和剩余索取权分配的一整套法律、文化和制度安排，包括人力资源管理、收益分配和激励机制、财务制度、内部制度和管理等。一般而言，健全的公司法人治理结构体现在七个方面：

（1）规范的股权结构。规范的股权结构包括三层含义：一是降低股权集中度，改变"一股独大"局面；二是流通股股权适度集中，发展机构投资者、战略投资者，发挥他们在公司治理中的积极作用；三是股权的流通性。

（2）有效的股东大会制度。股东大会制度是确保股东充分行使权利的最基础的制度安排，能否建立有效的股东大会制度是上市公司建立健全公司法人治理机制的关键。

（3）董事会权力的合理界定与约束。董事会作为公司的决策机构，对于公司法人治理机制的完善具有重要作用。股东大会应该赋予董事会合理充分的权力，但也要建立对董事会权力的约束机制。

（4）完善的独立董事制度。在董事会中引入独立董事制度，可以加强公司董事会的独立性，有利于董事会对公司的经营决策做出相对独立的判断。2001年8月，中国证监会发布了《关于在上市公司建立独立董事制度的指导意见》，要求上市公司在2002年6月30日之前建立独立董事制度，这对于我国上市公司独立董事制度的建立无疑具有重大的指导意义。

（5）监事会的独立性和监督责任。要在加强监事会的地位和作用的同时，加大监事会的监督责任。

（6）优秀的职业经理层。优秀的职业经理层是保证公司治理结构规范化、高效化的人才基础。

（7）相关利益者的共同治理。相关利益者包括员工、债权人、供应商和客户等。相关利益者共同参与的治理机制可以有效建立公司外部治理机制，弥补公司内部治理机制的不足。

2. 公司经理层素质

企业中经理人员的素质是决定企业能否取得成功的一个重要因素。在一定意义上，是否有优秀的企业经理人员和经理层，直接决定着企业的经营成果。一般而言，企业经理人员应该具备的素质包括：一是从事管理工作的愿望；二是专业技术能力；三是良好的道德品质修养；四是人际关系协调能力。

3. 公司从业人员素质和创新能力

作为公司的员工，公司业务人员应该具有如下的素质：专业技术能力、对企业的忠诚度、责任感、团队合作精神和创新能力等。

（五）公司盈利能力和公司成长性分析

1. 公司盈利预测

对公司盈利进行预测是判断公司估值水平及投资价值的重要基础。盈利预测是建立在对公司的横向和纵向情况都有深入了解和判断之上的，通过对公司基本面进行分析，实地调研，进而对公司的预测做出假设。所作假设应该和公司、所在行业和宏观经济环境相符合，并且与公司历史上的经济指标比率的变化相符合。

2. 公司经营战略分析

公司的经营战略是企业面对激烈的变化与严峻挑战的环境，为求得长期生存和不断发展而进行的总体性谋划。它是企业战略思想和经营哲学的集中体现，是企业制订具体规划计划的基础。企业经营战略具有全局性、长远性和纲领性的特征，它从宏观上规定了公司的成长方向、成长速度以及实现方式。由于经营决策直接关系到企业的未来发展，其决策对象非常复杂，所面对的环境常常是突发性的和难以预料的，所以，对公司的经营战略进行评价相对比较困难，难以标准化。

3. 公司规模变动特征及扩张潜力分析

公司规模变动特征和扩张潜力一般与它所处的行业发展阶段、市场结构、经营战略、自身发展阶段密切相关，是从微观角度考察公司的成长性。一般分析公司成长性可以从五个方面分析：（1）公司规模的扩张的推动因素；（2）纵向比较；（3）与行业之间比较；（4）预测未来前景；（5）分析财务状况。

二、公司财务分析

（一）公司主要的财务报表

按照公开原则，所有上市公司都必须按时按规范公开自己的财务状况，定期公开自己的财务状况，并且要便于投资者查询。在上市公司公布的财务资料中，主要是一些财务报表。在这些财务报表中，最为重要的有资产负债表、利润表和现金流量表。

1. 资产负债表

资产负债表是反映企业在某一特定日期财务状况的会计报表，它表明企业在某一特定日期所拥有或控制的经济资源、所承担的现有义务和所有者对净资产的要求权。

$$总资产 = 负债 + 净资产（资本、股东权益）$$

资产负债表分为左方和右方，左方列示资产各项目，右方列示负债和所有者权益各项目。同时，资产负债表还提供年初数和期末数的比较资料（见表8.1）。

表 8.1　　　　　　　　　　　　　资产负债表

会企 01 表

编制单位：　　　　　　　　　　　　　　　　年　　月　　　　　　　　　　　　　　　　单位：元

资产	行次	年初数	期末数	负债和所有者权益（或股东权益）	行次	年初数	期末数
流动资产：				流动负债：			
货币资金	1			短期借款	68		
短期投资	2			应付票据	69		
应收票据	3			应付账款	70		
应收股利	4			预收账款	71		
应收利息	5			应付工资	72		
应收账款	6			应付福利费	73		
其他应收款	7			应付股利	74		
预付账款	8			应交税金	75		
应收补贴款	9			其他应付款	80		
存货	10			其他应付款	81		
待摊费用	11			预提费用	82		
一年内到期的长期债权投资	21			预计负债	83		
其他流动资产	24			一年内到期的长期负债	86		
流动资产合计	31			其他流动负债	90		
长期投资：							
长期股权投资	32			流动负债合计	100		
长期债权投资	34			长期负债：			
长期投资合计	38			长期借款	101		
固定资产：				应付债券	102		
固定资产原价	39			长期应付款	103		
减：累计折旧	40			专项应付款	106		
固定资产净值	41			其他长期负债	108		
减：固定资产减值准备	42			长期负债合计	110		
固定资产净额	43			递延税项：			
工程物资	44			递延税款贷项	111		
在建工程	45			负债合计	114		
固定资产清理	46						
固定资产合计	50			所有者权益（或股东权益）：			
无形资产及其他资产：				实收资本（或股本）	115		

第八章 证券投资基本分析

续表

资产	行次	年初数	期末数	负债和所有者权益（或股东权益）	行次	年初数	期末数
无形资产	51			减：已归还投资	116		
长期待摊费用	52			实收资本（或股本）净额	117		
其他长期资产	53			资本公积	118		
无形资产及其他资产合计	60			盈余公积	119		
				其中：法定公益金	120		
递延税项：				未分配利润	121		
递延税款借项	61			所有者权益（或股东权益）合计	122		
资产总计	67			负债和所有者权益（或股东权益）总计	135		

企业负责人：　　　　主管会计：　　　制表：　　　报出日期：　年　月　日

2. 利润表

利润表是反映企业一定时期内经营成果的会计报表，表明企业运用所拥有的资产进行获利的能力。我国采用多步式利润表格式。利润表反映七项内容：构成营业收入的各项要素，构成营业利润的各项要素，构成利润总额（或亏损总额）的各项要素，构成净利润（或净亏损）的各项要素，每股收益，其他综合收益和综合收益总额（见表8.2）。

表8.2　　　　　　　　　利润及利润分配表

会企02表

编制单位：　　　　　　　　　____年____月　　　　　　　　　　单位：元

项　目	行次	上年同期累计	本月数	本年累计数
一、主营业务收入	1			
减：主营业务成本	4			
主营业务税金及附加	5			
二、主营业务利润（亏损以"-"号填列）	10			
加：其他业务利润（亏损以"-"号填列）	11			
减：营业费用	14			
管理费用	15			
财务费用	16			

续表

项　目	行次	上年同期累计	本月数	本年累计数
三、营业利润（亏损以"-"号填列）	18			
加：投资收益（亏损以"-"号填列）	19			
补贴收入	22			
营业外收入	23			
减：营业外支出	25			
四、利润总额（亏损总额以"-"号填列）	27			
减：所得税	28			
五、净利润	1			
加：年初未分配利润	2			
其他转入	4			
六、可供分配的利润	8			
减：提取法定盈余公积	9			
提取法定公益金	10			
提取职工奖励及福利基金	11			
提取储备基金	12			
提取企业发展基金	13			
利润归还投资	14			
七、可供投资者分配的利润	16			
减：应付优先股股利	17			
提取任意盈余公积	18			
应付普通股股利	19			
转作资本（或股本）的普通股股利	20			
八、未分配利润	25			

企业负责人：　　　主管会计：　　　制表：　　　报出日期：　年　月　日

3. 现金流量表

现金流量表反映企业一定期间现金的流入和流出，表明企业获得现金和现金等价物的能力。现金流量表分为经营活动、投资活动和筹资活动产生的现金流量三个部分（见表8.3）。

第八章 证券投资基本分析

表 8.3　　　　　　　　　　　　**现金流量表**

会企 03 表（续）

编制单位：　　　　　　　　　　　　　　　年度　　　　　　　　　　　　　　　单位：元

补 充 资 料	行次	金额
1. 将净利润调节为经营活动现金流量：		
净利润	57	
加：计提的资产减值准备	58	
固定资产折旧	59	
无形资产摊销	60	
长期待摊费用摊销	61	
待摊费用减少（减：增加）	64	
预提费用增加（减：减少）	65	
处置固定资产、无形资产和其他长期资产的损失（减：收益）	66	
固定资产报废损失	67	
财务费用	68	
投资损失（减：收益）	69	
递延税款贷项（减：借项）	70	
存货的减少（减：增加）	71	
经营性应收项目的减少（减：增加）	72	
经营性应付项目的增加（减：减少）	73	
其他	74	
经营活动产生的现金流量净额	75	
2. 不涉及现金收支的投资和筹资活动：		
债务转为资本	76	
一年内到期的可转换公司债券	77	
融资租入固定资产	78	
3. 现金及现金等价物净增加情况：		
现金的期末余额	79	
减：现金的期初余额	80	
加：现金等价物的期末余额	81	
减：现金等价物的期初余额	82	
现金及现金等价物净增加额	83	

企业负责人：　　　　主管会计：　　　　制表：　　　　报出日期：　　年　　月　　日

经营活动产生的现金流量通常可以采用间接法和直接法两种方法反映。在我国，现金流量表也可以按直接法编制，但在现金流量表的补充资料中还要单独按照间接法反映经营活动现金流量的情况。现金流量表的投资活动比通常所指的短期投资和长期投资范围要广。

（二）公司财务报表分析的目的与方法

1. 主要目的

一般而言，财务报表分析的目的是为向有关各方提供可以用来做出决策的信息。但根据使用的主体不同，分析目的也不同。对公司的经理人员而言，通过分析财务报表判断公司的现状及可能存在的问题，以便进一步改善经营管理；对公司的现有投资者及潜在投资者而言，主要关心公司的财务状况、盈利能力；对公司的债权人而言，主要关心自己的债权能否收回。此外，公司财务报表的使用主体还包括供应商、政府部门、员工和工会、中介机构等。

总而言之，财务报表的一般目的可以概括为评价过去的经营业绩、衡量现在的财务状况和预测未来的发展趋势。

2. 分析方法与原则

财务报表分析的方法有比较分析法和因素分析法两大类。

财务报表的比较分析是指对两个或几个有关的可比数据进行对比，揭示财务指标的差异和变动关系，是财务报表分析中最基本的方法。最常用的比较分析方法有单个年度的财务比率分析、不同时期的财务报表比较分析和与同行业其他公司之间的财务指标比较分析三种。

财务报表的因素分析是依据分析指标和影响因素的关系，从数量上确定各因素对财务指标的影响程度。

对财务报表进行分析要在坚持全面原则的同时，坚持考虑个性原则。

（三）公司财务比率分析

财务比率是指同一财务报表的不同项目之间、不同类别之间、在同一年度不同财务报表的有关项目之间，各个会计要素的相互关系。分析财务报表所使用的比率以及对同一比率的解释和评价，会因为使用者的视角、目标和用途不同而有所差异。一般地，投资者的目的在于分析评价公司的获利能力和经营趋势，为了更高的投资回报；原材料供应商和银行比较关注公司的流行性水平，而不大关注公司的资本回报率指标；公司管理层是需要了解财务分析的所有方面，权衡利弊，平衡公司的流动性要求以及资产回报率要求。

比率分析可以从当年实际比率与各种标准进行比较才能得到客观的结论，这些标准有：公司过去的最佳水平、公司当年的计划预算水平、同行业的先进水平或平均水平、非同行业的最优秀公司的水平等等。

比率分析涉及公司管理的方方面面，比率指标也非常多，大体可以归为以下六大类：变现能力分析、营运能力分析、长期偿债能力分析、盈利能力分析、投资收益分析、现金流量分析。

1. 变现能力分析

变现能力是公司产生现金的能力，它取决于可以在近期转变为现金的流动资产的多少，是考察公司短期偿债能力的关键。反映变现能力的财务比率主要包括流动比率和速动比率。

（1）流动比率

流动比率是流动资产除以流动负债的比值。流动比率的公式为：

$$流动比率 = 流动资产/流动负债$$

流动比率可以反映短期偿债能力。公司能否偿还短期债务，要看有多少债务以及由多少可以变现偿债的资产。一般而言，流动资产越多，短期债务越少，则公司的偿债能力越强。一般认为，生产型公司比较合理的最低流动比率是2，但这个标准并未能从理论上进行证明，所以还不能成为一个统一的标准。

为了衡量这个比率是高还是低，计算出来的流动比率，还要和同行业平均流动比率、本公司历史的流动比率进行比较。一般情况下，营业周期、流动资产中的应收账款数额和存货的周转速度是影响流动比率的主要因素。

（2）速动比率

速动比率是比流动比率更进一步的有关变现能力的比率指标，是从流动资产中扣除存货部分再除以流动负债的比值。速动比率的公式为：

$$速动比率 = (流动资产 - 存货)/流动负债$$

在计算速动比率时，要把存货从流动资产中剔除的主要原因是：第一，在流动资产中，存货的变现能力最差；第二，由于某种原因，部分存货可能已损失报废，还没作处理；第三，部分存货已抵押给某债权人；第四，存货估价还存在着成本与当前市价相差悬殊的问题。

一般而言，人们认为正常的速动比率为1，低于1的速动比率被认为是短期偿债能力偏低。但这也仅仅是一般的看法，速动比率会因为行业不同、地域不同等特殊性而有很大差别，没有统一标准的速动比率。

2. 营运能力分析

营运能力是指公司经营管理中利用资金运营的能力，一般通过公司资产管理比率来衡量，主要表现为资产管理及资产利用的效率，主要包括存货周转率、应收账款周转率、流动资产周转率和总资产周转率。

（1）存货周转率和存货周转天数

在流动资产中，存货所占的比重较大，存货的流动性将直接影响公司的流动比率，因此，必须特别重视对存货的分析。存货的流动性一般用存货的周转速度指标来反映，也就是存货周转率和存货周转天数。公式分别为：

$$存货周转率 = 销售成本/平均存货（次）$$

$$存货周转天数 = 360 天/存货周转率（天）$$

一般，存货周转速度越快，存货的占用水平越低，流动性越强，存货转化为现金或应收账款的速度越快。提高存货周转率可以提高公司的变现能力，存货周转速度越慢则变现能力越差。存货周转天数（存货周转率）指标的好坏反映存货管理水平，它不仅仅影响公司的短期偿债能力，也是整个公司管理的重要内容。

（2）应收账款周转率和应收账款周转天数

应收账款周转率是营业收入与平均应收账款的比值。它反映年度内应收账款转为现金的平均次数，说明应收账款流动的速度。应收账款周转天数是应收账款周转率的倒数乘以 360 天，表示公司从取得应收账款的权利到收回款项转换为现金所需要的时间，是用时间表示的应收账款周转速度。

一般来说，应收账款周转率越高，平均收账期越短，说明应收账款的收回越快，反之则反是。

（3）流动资产周转率

流动资产周转率是营业收入与全部流动资产的平均余额的比值，它反映流动资产的周转速度，周转速度快就会相对节约流动资产，减少融资需求，等于相对扩大资产投入，提高公司的盈利能力。

（4）总资产周转率

总资产周转率是营业收入与平均资产总额的比值，反映资产总额的周转速度，周转越快，反映销售能力越强。

以上各项资产的周转指标用于衡量公司运用资产赚取收入的能力，经常和反映盈利能力的指标结合使用，全面评价公司的盈利能力。

3. 长期偿债能力分析

长期偿债能力是指公司偿付到期长期债务的能力，通常用反映债务与资产、净资产关系的负债比率来衡量。主要的负债比率包括资产负债率、产权比率、有形资产净值债务率、已获利息倍数、长期债务与营运资金比率等。

（1）资产负债率

资产负债率是负债总额与资产总额的比例关系，它反映在总资产中有多大比例是通过借债来筹资的，也可以衡量公司在清算时保护债权人利益的程度。公式为：

$$资产负债率 = 负债总额 / 资产总额$$

公式中的负债总额不仅仅包括长期负债，还包括短期负债。这是因为，从总体上看，公司总是长期性占用着短期负债，可以看做是长期性资本来源的一个部分。

（2）产权比率

产权比率是负债总额与股东权益总额之间的比率，也被称为债务股权比率，公式如下：

$$产权比率 = 负债总额 / 股东权益$$

此项指标反映由债权人提供的资本与股东提供的资本的相对关系，反映公司基本财务结构是否稳定。一般而言，股东资本大于借入资本较好，但也不能一概而论。产权比率高，是高风险、高报酬的财务结构，反之则反是。

资产负债率和产权比率具有相同的经济意义，两个指标可以相互补充。

（3）有形资产净值债务率

有形资产净值债务率是公司负债总额与有形资产净值的百分比。公式为：

$$有形资产净值债务率 = 负债总额 / (股东权益 - 无形资产净值)$$

有形资产净值债务率指标实质是产权比率指标的一个延伸，它更加谨慎保守地反映了公司清算时债权人投入的资本受到股东权益保障的程度。

（4）已获利息倍数

已获利息倍数指标是指公司经营业务收益与利息费用的比率，用来衡量公司偿还借款利息的能力，也叫利息保障倍数。公式为：

$$已获利息倍数 = 息税前利润 / 利息费用$$

从债权人的立场出发，他们除了通过计算公司资产负债率这一方式来审查公司借入资本占全部资本的比例来判断向公司投资的风险外，还可以通过计算已获利息倍数来测试债权人投入资本的风险。

除了上述方法来评价和分析公司的长期偿债能力外，还有一些因素影响公司的长期偿债能力，必须引起投资者的足够重视。比如长期租赁、担保责任和或有项目等。

4. 盈利能力分析

盈利能力就是公司赚取利润的能力。一般来说，公司的盈利能力只涉及正常的营业状况，非正常的营业状况不能说明公司的盈利能力。在投资者分析公司盈利能力过程中，应当排除非正常因素，比如，证券买卖等非正常项目、已经或将要停止的营业项目、重大事故或法律更改等特别项目、会计准则和财务制度变更带来的累计影响等。

反映公司盈利能力的指标很多,通常使用的主要有销售净利率、销售毛利率、资产净利率、净资产收益率等。

(1) 营业净利率

营业净利率是指净利润与营业收入的百分比,该指标反映每一元营业收入带来的净利润是多少,表示营业收入的收益水平。

(2) 营业毛利率

营业毛利率是毛利占营业收入的百分比,其中毛利是营业收入与营业成本的差。该指标反映每一元营业收入扣除营业成本后,有多少钱可以用于各项期间费用和形成盈利。营业毛利率是公司营业净利率的基础,没有足够大的毛利率便不能盈利。

(3) 资产净利率

资产净利率是公司净利润与平均资产总额的百分比,该指标可以表明公司资产利用的综合效果。指标越高,表明资产的利用效率越高,说明公司在增加收入和节约资金使用等方面取得了良好的效果。

(4) 净资产收益率

净资产收益率是净利润与净资产的百分比,也称净值报酬率或权益报酬率,该指标用来反映报告期中各种权益要素的综合收益水平。

净资产收益率反映公司所有者权益的投资报酬率,具有很强的综合性。美国杜邦公司最先采用的杜邦财务分析法就是以净资产收益率为主线,将公司在某一时期的销售成果以及资产营运状况全面联系在一起,层层分解,逐步深入,构成一个完整的分析体系(见图 8.2)。

5. 投资收益分析

(1) 每股收益

每股收益是净利润与公司发行在外普通股总数的比值。计算公式为:

$$每股收益 = 净利润 / 期末发行在外的年末普通股总数$$

每股收益是衡量上市公司盈利能力最重要的财务指标,它反映普通股的获利水平。在分析时,可以进行公司间的比较来评价该公司相对的盈利能力;可以进行不同时期的比较,了解该公司盈利能力的变化趋势;可以进行经营实际发生和财务预测的比较,掌握该公司的管理能力。在使用每股收益指标分析投资收益时要注意:首先,每股收益并没有反映股票所含有的风险;其次,不同股票的每一股在经济上不等量,它们所含有的净资产和市价不同,即换取每股收益的投入量不同，限制了公司间每股收益的比较；最后，每股收益多，不一定意味着多分红，还要看公司的股利分配政策。

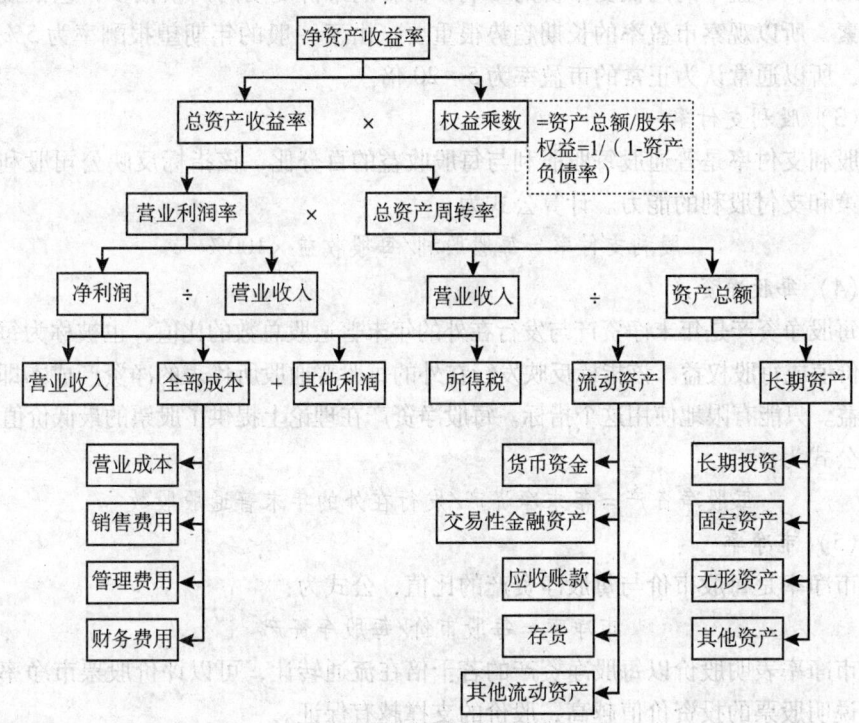

图8.2 杜邦财务分析

(2) 市盈率

市盈率是（普通股）每股市价与每股收益的比率，亦称本益比。计算公式为：

$$市盈率 = 每股市价/每股收益$$

该指标是衡量上市公司盈利能力的重要指标，反映投资者对每一元净利润所愿支付的价格，可以用来估计公司股票的投资报酬和风险。一般说来，市盈率越高，表明市场对公司的未来越看好。在市价确定的情况下，每股收益越高，市盈率越低，投资风险越小；反之则反是。在每股收益确定的情况下，市价越高，市盈率越高，风险越大；反之亦然。

使用市盈率指标时应注意以下问题：首先，该指标不能用于不同行业公司的比较，成长性好的新兴行业的市盈率普遍较高，而传统行业的市盈率普遍较低，这并不说明后者的股票没有投资价值。其次，在每股收益很小或亏损时，由于市价不至于降为零，公司的市盈率会很高，如此情形下的高市盈率不能说明任何问题。最后，市盈率的高低受市价的影响，而影响市价变动的因素很多，包括投机等因素，所以观察市盈率的长期趋势很重要。由于一般的年期望报酬率为5%～20%，所以通常认为正常的市盈率为5～20倍。

（3）股利支付率

股利支付率是普通股每股股利与每股收益的百分比，该指标反映公司股利分配政策和支付股利的能力。计算公式为：

$$股利支付率 = 每股股利 / 每股收益 \times 100\%$$

（4）每股净资产

每股净资产是年末净资产与发行在外的年末普通股总数的比值，也被称为每股账面价值或每股权益。该指标反映发行在外的每股普通股所代表的净资产成本即账面权益。只能有限地使用这个指标。每股净资产在理论上提供了股票的最低价值。公式为：

$$每股净资产 = 年末净资产 / 发行在外的年末普通股股数$$

（5）市净率

市净率是每股市价与每股净资产的比值，公式为：

$$市净率 = 每股市价 / 每股净资产$$

市净率表明股价以每股净资产的若干倍在流通转让，可以评价股票市净率越小，说明股票的投资价值越高，股价的支撑越有保证。

（6）现金流量分析

现金流量分析是在现金流量表出现以后发展起来的，其方法体系并不完善。现金流量分析不仅要依靠现金流量表，还要结合资产负债表和利润表。

①流动性分析。所谓流动性是指将资产迅速转变为现金的能力。一般而言，真正能用于偿还债务的是现金流量，所以现金流量和债务的比较可以更好地反映公司偿还债务的能力。流动性分析的具体指标有现金到期债务比（经营现金流量与本期到期债务之比）、现金流动负债比（经营现金流量与流动负债之比）和现金债务总额比（经营现金流量与债务总额之比）。

②获取现金能力分析。获取现金能力是指经营现金净流入和投入资源的比值。投入资源可以是营业收入、总资产、营运资金、净资产或普通股股数。分析获取现金能力的具体指标有营业现金比率、每股营业现金净流量和全部资产现金回收率。

③财务弹性分析。财务弹性分析是指公司适应经济环境变化和利用投资机会

的能力。这种能力源于现金流量和支付现金需要的比较。现金流量超过需要，有剩余的现金，适应性就强。财务弹性是用经营现金流量与支付要求进行比较。分析财务弹性的具体指标有：现金满足投资比率、现金股利保障倍数。

④收益质量分析。收益质量是指报告收益与公司业绩之间的关系。如果收益能如实反映公司业绩，则认为收益的质量好。收益质量分析主要是分析会计收益与现金净流量的比率关系，其主要的财务比率是营运指数（经营现金净流量与经营所得现金之比）。

（四）会计报表附注分析

1. 会计报表附注项目

会计报表附注是为了便于会计报表使用者理解会计报表的内容而对会计报表的编制基础、编制依据、编制原则和方法及主要项目等所作的解释。一般披露的内容包括不符合会计核算前提的说明、重要会计政策和会计估计的说明、重要会计政策和会计估计变更的说明以及重大会计差错更正的说明、或有事项的说明、资产负债表日后事项的说明等。

2. 对会计报表附注项目的分析

会计报表附注是会计报表的补充，主要对会计报表不能包括的内容或披露不详尽的内容作进一步的解释说明。投资者应该详尽阅读和分析会计报表附注，从这些附注中找出企业目前存在的问题和发展潜力，从而做出投资决策。投资者在进行公司财务分析时，一般应特别关注以下财务报表附注的内容：重要会计政策和会计估计及其变更的说明，或有事项，资产负债表日后事项和关联方关系及其交易的说明。

3. 会计报表附注对基本财务比率的影响分析

由于会计报表格式中所规定的项目内容较为固定，会计报表本身所能反映的财务信息受到一定的限制。投资者通过分析会计报表附注对基本财务比率的影响，可以为其决策提供更充分的信息。简单地说投资者可以从会计报表附注对以下四个方面的影响进行分析：对变现能力比率的影响，对运营能力比率的影响，对负债比率的影响和对盈利能力比率的影响。

（五）公司财务状况的综合分析

1. 沃尔评分法

财务状况综合评价的先驱者之一是亚历山大·沃尔。他在 20 世纪初提出了信用能力指数的概念，把若干个财务比率用线性关系结合起来，以此评价公司的信用水平。它选择了7种财务比率，分别给定了其在总评价中所占的比重，总和为100分。然后确定标准比率，并与实际比率相比较，评出每项指标的得分，然后求出总比分。

2. 综合评价法

公司财务评价的内容主要是盈利能力，其次是偿债能力，此外还有成长能力。它们之间大致可按5:3:2来分配比重，可以用100分为总评分。综合评价法的关键技术是"标准评分值"的确定和"标准比率"的建立。

（六）EVA——业绩评价的新指标

EVA（economic value added）或经济增加值最初由美国学者斯图尔特（Stewart）提出，并由美国著名咨询公司思腾思特（Stern Stewart & Co.）在美国注册。它衡量了减除资本占用费用后企业经营产生的利润，是企业经营效率和资本使用效率的综合指标（也称"经济利润"）。

EVA与传统会计方法存在一定的区别。传统会计方法没有全面考虑资本的成本，而忽略了股权资本的成本。运用EVA指标衡量企业业绩和投资者价值是否增加的基本思路是：公司的投资者可以自由地将他们投资于公司的资本变现，并将其投资于其他资产，因此，投资者从公司至少应获得其投资的机会成本。这意味着，从经营利润中扣除按权益的经济价值。

EVA的计算公式为：

$$EVA = 税后净营业利润 - 资本 \times 资本成本率$$

EVA在企业管理和价值评估有两方面的用途：（1）对于企业经营管理者来说，EVA可以作为企业财务决策的工具、业绩考核和奖励依据。（2）对于证券分析人员和投资者来说，EVA是对企业基本面进行定量分析，评估业绩水平和企业价值的最佳理论依据和分析工具之一。

三、公司重大事项分析

（一）公司的资产重组

1. 资产重组方式

中国证监会颁布的《上市公司重大资产重组管理办法》将重大资产重组定义为：上市公司及其控股或者控制的公司在日常经营活动之外购买、出售资产或者通过其他方式进行资产交易达到规定的比例，导致上市公司的主营业务、资产、收入发生重大变化的资产交易行为。

对资产重组可以按照不同的角度进行分类,本书不一一详述,有兴趣的同学可以寻找相关的兼并收购书籍进行深入学习,此处仅列出以下主要的重组手段和方法:购买资产、收购公司、收购股份、合资或联营组建子公司、公司合并、股权置换、股权资产置换、资产置换、资产出售或剥离、公司分立、资产负债剥离、股权的无偿划拨、股权的协议转让、公司股权托管和公司托管、表决权信托与委托书、股份回购以及交叉控股等。

2. 资产重组对公司的影响

从理论上讲,资产重组可以促进资源的优化配置,有利于产业结构的合理调整,增强公司的市场竞争力,可以使公司快速成长。但在实践中,大部分的资产重组后的公司,在经营和业绩方面并没有得到持续显著的改善。最重要的原因就是重组后的企业整合不成功。

资产重组后需要对资源整合,整合是重组的重要步骤,包括企业资产的整合、人力资源配置和企业文化融合和企业组织的重构。不同类型的重组对公司业绩和经营的影响也是不一样的。

由于多方面的原因,我国证券市场存在着上市公司资产质量差、股权结构和公司治理结构不合理等客观状况。所以,我国证券市场最常见的资产重组类型是着眼于改善上市公司经营业绩、调整股权结构和治理结构的调整型公司重组和控制权变更型重组。

在分析资产重组对公司业绩和经营的影响时,投资者首先需鉴别报表性重组和实质性重组。区分报表性重组和实质性重组的关键是看有没有进行大规模的资产置换或合并。实质性重组一般要将被并购企业50%以上的资产与并购企业的资产进行置换,或双方资产合并,而报表性重组一般都不进行大规模的资产置换或合并。

在资产重组中常用的对被兼并方企业资产的评估作价主要采用三种方法:市场价值法、重置成本法和收益现值法。

(二) 公司的关联交易

1. 关联交易方式

关联方交易,是指关联方之间发生转移资源、劳务或义务的行为,而不论是否收取价款。对关联方的界定是一方控制、共同控制另一方或对另一方施加重大影响,以及两方或多方同受一方控制、共同控制或重大影响的,构成关联方。

我国上市公司的关联交易具有形式繁多、关系错综复杂、市场透明度较低的特点。常见的关联交易主要有以下几种：关联购销、资产租赁、担保、托管经营和承包经营等管理方面的合同、关联方共同投资。

2. 关联交易对公司的影响

从理论上讲，关联交易属于中性交易，它既不属于单纯的市场行为，也不属于内幕交易的范畴。其主要作用是降低交易成本，促进生产经营渠道的畅通，提供扩张所需的优质资产，有利于利润的最大化等。但在实际操作过程中，关联交易有其非经济特性。与市场竞争、公开竞价的方式不同，关联交易价格可由关联双方协商决定，特别是在我国评估和审计等中介机构尚不健全的情况下，关联交易就容易成为企业调节利润、避税和一些部门及个人获利的途径，往往使中小投资者的利益受损。

资产重组中的关联交易，其对公司经营和业绩的影响需要结合重组目的、重组所处的阶段、重组方的实力、重组后的整合进行具体分析。在分析关联交易时，要注意关联交易可能给上市公司带来的隐患，如资金占用、信用担保、关联购销等。

（三）会计和税收政策的变化

会计政策是指企业在会计确认、计量和报告中所采用的原则、基础和会计处理方法。如果采用追溯调整法进行会计处理，则会计政策的变更将影响公司年初及以前年度的利润、净资产、未分配利润等数据。

税收政策的变化对公司也会产生一定的影响。比如取消先征后返对上市公司的收益形成了较大的冲击。又如增值税的出口退税。增值税作为价外税，其出口退税是指销售时免征增值税，同时将购进时支付的增值税进项税额退给企业，这就意味着产品是以不含税的价格进入国际市场的，因此从价格上提高了企业在国际市场上的竞争能力。国家有关部门对增值税政策的频繁调整也会影响到有关行业乃至上市公司的效益。

关 键 词 汇

总量分析法　结构分析法　国内生产总值　财政政策　货币政策　收入政策　行业的市场结构　五力模型　行业生命周期　杜邦财务分析法

思 考 题

1. 简述财政政策的手段。

2. 简述财政政策的种类及其对证券市场的影响。
3. 说明中央银行的货币政策工具的种类和运行机制。
4. 简述行业的市场结构。
5. 分析影响行业兴衰的主要因素。
6. 简述公司产品分析。
7. 针对自己感兴趣的一家上市公司,利用公司杜邦财务分析法进行财务指标分析。

练 习 题

一、单项选择题

1. 国内生产总值是指一个国家(或地区)（ ）在一定时期内(一般按年计)生产活动的最终结果。
   A. 所有常住居民　　　　　　　B. 本国公民
   C. 常住居民但不包括外国人　　D. 国内居民
2. 目前我国统计部门公布的失业率为（ ）。
   A. 城市下岗工人总数　　　　　B. 城市和农村失业总数
   C. 城镇登记失业率　　　　　　D. 失业总人数
3. 国际收支一般是一国居民在一定时期内与（ ）在政治、经济、军事、文化及其他往来中所产生的全部交易的系统记录。
   A. 外国人　　B. 外国居民　　C. 非居民　　D. 非本国居民
4. 财政政策是当代市场经济条件下国家干预经济、与（ ）并重的一项手段。
   A. 货币政策　　B. 收入政策　　C. 税收政策　　D. 汇率政策
5. 货币政策工具可分为（ ）。
   A. 一般性政策工具和选择性政策工具
   B. 法定存款准备金率、再贴现政策、直接信用控制、间接信用指导
   C. 法定存款准备金率和选择性政策工具
   D. 法定存款准备金率、再贴现政策、公开市场业务
6. 当中央银行（ ）时,商业银行可运用的资金减少,贷款能力下降,货币乘数变小,市场货币流通量便会相应减少。
   A. 提高法定存款准备金率　　　B. 提高再贴现率
   C. 提高存款准备金率　　　　　D. 提高法定存款准备金
7. 所谓"吉尔德定律",是指在未来25年,主干网的带宽将（ ）增加

1倍。

  A. 每6个月　　　B. 每12个月　　　C. 每18个月　　　D. 每24个月

 8. 所谓"摩尔定律",即微处理器的速度会(　　)翻一番,同等价位的微处理器的计算速度会越来越快,同等速度的微处理器会越来越便宜。

  A. 每6个月　　　B. 每12个月　　　C. 每18个月　　　D. 每24个月

 9. 市场占有率是指(　　)。

  A. 一个公司的产品销售量占该类产品整个市场销售总量的比例

  B. 一个公司的产品销售收入占该类产品整个市场销售收入总额的比例

  C. 一个公司的产品销售利润占该类产品整个市场销售利润总额的比例

  D. 一个公司生产的产品量占该类产品生产总量的比例

 10. 速动比率的计算公式为(　　)。

  A. 流动资产－流动负债

  B. (流动资产－存货)/流动负债

  C. 长期负债/(流动资产－流动负债)

  D. 长期资产－长期负债

二、不定项选择题

1. 国内生产总值的增长速度反映的是(　　)。

  A. 一定时期经济发展水平变化程度的动态指标

  B. 一定时期经济发展水平变化程度的静态指标

  C. 一个国家经济是否具有活力的唯一指标

  D. 一个国家经济是否具有活力的基本指标

2. 通货膨胀从程度上,可以划分为(　　)。

  A. 温和的　　　B. 严重的　　　C. 恶性的　　　D. 疯狂的

3. 影响一国汇率变动的因素有(　　)。

  A. 国际收支状况　　　　　　　B. 通货膨胀率

  C. 利率　　　　　　　　　　　D. 经济增长率

4. 一个行业内存在的基本竞争力量包括(　　)。

  A. 潜在进入者　　　　　　　　B. 替代品

  C. 需求方　　　　　　　　　　D. 行为内现有竞争者

5. 衡量公司行业竞争地位的主要指标是(　　)。

  A. 行为综合排序　　　　　　　B. 公司利润水平

  C. 产品的市场占有率　　　　　D. 产品在消费者当中的认知度

6. 对公司所在的区位进行分析，包括（   ）。
   A. 区位内的自然条件   B. 区位内的基础条件
   C. 区位内的政府产业政策   D. 区位内的经济特色
7. 经营战略具有（   ）的特征。
   A. 全局性   B. 长远性   C. 短期目标性   D. 纲领性

三、判断题

1. 在证券投资中，宏观经济分析是一个重要环节，只有把握住宏观经济发展的大方向，才能把握证券市场的总体变动趋势，做出正确的投资决策。（   ）
2. 总量分析法是指对宏观经济运行总量指标的影响因素及其变动规律进行分析，如对国民生产总值、消费额、投资额、银行贷款总额及物价水平的变动规律的分析等，进而说明整个经济的状态和全貌。（   ）
3. 国内生产总值的增长速度一般用来衡量经济增长率（也称经济增长速度），它是反映一定时期经济发展水平变化程度的动态指标，也是反映一个国家经济是否具有活力的基本指标。（   ）
4. 失业率是指劳动力人口中失业人数所占的百分比，劳动力人口是指年龄在18岁以上具有劳动能力的人的全体。（   ）
5. 目前我国统计部门公布的失业率为城镇登记失业率，即城镇登记失业人数占城镇从业人数与城镇登记失业人数之和的百分比。（   ）
6. 国际收支一般是一国居民在一定时期内与非本国居民在政治、经济、军事、文化及其他往来中所产生的全部交易的系统记录。这里的"居民"是指本国居民。（   ）
7. 利率（或称利息率）是指在借贷期内所形成的利息额与本金的比率。利率直接反映的是信用关系中债务人使用资金的代价，也是债权人出让资金使用权的报酬。（   ）
8. 再贴现率是商业银行由于资金周转的需要，以未到期的合格票据再向商业银行贴现时所适用的利率。（   ）
9. 在幼稚期后期，随着行业生产技术的成熟、生产成本的降低和市场需求的扩大，新行业便逐步由高风险、低收益的幼稚期迈入低风险、高收益的成长期。（   ）
10. 一个行业的兴衰会受到技术进步、产业政策、产业组织创新、社会习惯改变和经济全球化等因素的影响而发生变化。（   ）
11. 历史资料研究法的缺陷是只能被动地囿于现有资料，不能主动地去提出

问题并解决问题。( )

12. 衡量一个公司行业竞争地位的主要指标是行业的综合排序和产品的市场占有率。( )

13. 资产净利率越低，表明资产的利用效率越高，说明公司在增加收入和节约资金使用等方面取得了良好的效果。( )

14. 市净率越高，说明股票的投资价值越高，股价的支撑越有保证。( )

15. 营运资金越多，并不能说明不能偿还的风险越小。( )

16. 一般认为，生产型公司合理的最低流动比率是1。( )

第九章 证券投资技术分析

> 在投机方面的培训，无论多么精妙多么全面，对个人来说都是埋下了不幸的根源。许多人都是被由此引入市场，初期小有收获，最终几乎人人惨败。
>
> ——本杰明·格雷厄姆

▶ 学习目标
- 掌握技术分析的要素、基本假设与理论基础
- 熟悉K线图的主要形状及K线组合的应用
- 理解支撑线和压力线、趋势线和轨道线的含义、作用
- 掌握反转突破形态、持续形态、缺口形态的形成过程及应用方法
- 理解波浪理论和量价关系理论的基本思想
- 掌握主要技术分析指标的含义、计算和应用

第一节 证券投资技术分析概述

技术分析是证券投资分析中常用的一种分析方法，各种理论和技术指标都经过几十年甚至上百年的实践检验，在今天看来仍然具有参考意义。但技术分析以三大假设为理论依据、以历史数据为信息基础、以经验总结而非严谨的逻辑分析为思路等特点都导致了技术分析的局限性，并在实际运用中存在技术分析对长期趋势判断无效以及"骗线"现象等情况。

这里特别指出，有些学者和投资家反对使用基本分析和技术分析来划分对金融市场的分析方法，指出这不是一种科学的划分方法。

限于本书篇幅所限，本章仅仅简单介绍比较常用和重要的技术分析方法和思想，读者想进一步地深入学习技术分析可以继续阅读相关专题著作。

一、技术分析的基本假设与要素

(一) 技术分析的含义

技术分析是以证券市场过去和现在的市场行为为分析对象,应用数学和逻辑的方法,探索出一些典型变化规律,并据此预测证券市场未来变化趋势的技术方法。技术分析法不但用于证券市场,还广泛应用于外汇、期货和其他金融市场。

(二) 技术分析的三大假设

作为一种投资分析工具,同其他任何经济理论一样,技术分析是以一定的假设条件为前提的。这些假设分别是:市场行为涵盖一切信息、价格沿着趋势移动、历史会重复。

1. 市场行为涵盖一切信息。这条假设是进行技术分析的基础。它的主要思想是:任何一个影响证券市场的因素,最终都必然体现在股票价格变动上。所有的因素,包括外在的、内在的、基础的、政策的和心理的要素,以及其他影响股票价格的所有因素,都已经在市场行为中得到了反映。

2. 证券价格沿趋势移动。这一假设是进行技术分析最根本、最核心的条件。其主要思想是:证券价格的变动是有一定规律的,即保持原来运动方向的惯性,而证券价格的运动方向是由供求关系决定的。技术分析法认为证券价格的运动反映了一定时期内供求关系决定的变化。供求关系一旦确定,证券价格的变化趋势就会一直持续下去。此假设也有一定的合理性。

趋势的概念对技术分析来说绝对必要。这里提醒读者,除非一个人接受市场确有趋势这个前提,否则读下去就毫无意义。将一个市场的价格行为绘制成走势图的全部目的就是要在趋势发展的初期确定它们,从而达到顺势交易的目的。事实上,技术分析中使用的大部分技法本质上就是趋势跟随型的,这意味着它们的意图是确定并跟随现存的趋势(见图9.1)。

3. 历史会重演。这条假设是从人的心理因素方面考虑的。人类的心理虽有差异,但在统计学意义上看,人类的心理往往不变。另一个解释是,打开未来之门的钥匙藏在历史中,或者说太阳底下没有新鲜事。这一假设也有一定的合理性,因为投资者的心理因素会影响投资行为,进而影响证券价格。

技术分析的三个假设有合理的一面,也有不尽合理的一面。所以,投资者往往还应该适当进行一些基本分析和别的方面的分析,以弥补不足。

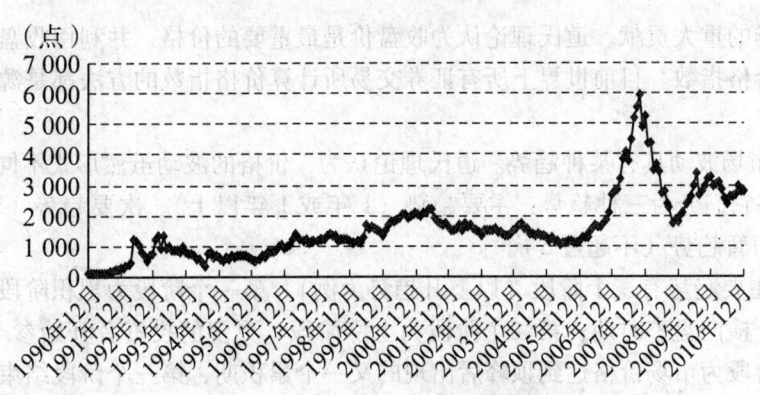

图 9.1　上证指数 1990~2010 年的收盘价

（三）技术分析的要素

证券市场中，价格、成交量、时间和空间是进行技术分析的要素，简称为"价量时空"。这几个因素的具体情况和相互关系是进行正确分析的基础。

市场行为最基本的表现就是成交价和成交量。过去和现在的成交价和成交量涵盖了过去和现在的市场行为。所以，价、量是技术分析的最基本要素。

在进行分析时，时间有着非常重要的作用。循环周期理论着重关心的就是时间因素。空间其实也可以认为是价格的一个方面，指的是价格波动能达到的极限。某种意义上，时间和空间是可以互相转变的，一如物质和能量可以相互转化。

二、技术分析的理论基础——道氏理论

（一）形成过程

道氏理论是技术分析的理论基础，大部分技术分析方法的基本思想都是来自于道氏理论。该理论的创始人是美国人查尔斯·亨利·道。为了反映市场总体趋势，他与爱德华·琼斯创立了著名的道琼斯平均指数。今天我们看到的道氏理论其实是后人把他们在《华尔街日报》上发表的有关证券市场的文章整理而后形成的。

（二）主要原理

1. 市场价格平均指数可以解释和反映市场的大部分行为。这是道氏理论对

证券市场的重大贡献。道氏理论认为收盘价是最重要的价格,并利用收盘价格计算平均价格指数。目前世界上所有证券交易所计算价格指数的方法都是源于道氏理论。

2. 市场波动具有某种趋势。道氏理论认为,价格的波动虽然形式不同,但最终可以将它们分为三种趋势:主要趋势(1年或1年以上)、次要趋势(3周~3月)和短暂趋势(不超过3周)。

3. 主要趋势有三个阶段(以上升趋势为例)。第一个阶段为累积阶段,此时股价处于横向盘整时期;第二个阶段为上涨阶段,更多的投资者开始参与股市;第三个阶段为市场价格达到顶峰后出现的又一个累积期,第三个阶段结束的标志是下降趋势并又回到积累期。

4. 两种平均价格指数必须相互加强。工业平均指数和运输业指数必须在同一方向上运行才可以确认某一市场趋势的形成。

5. 趋势必须得到交易量的确认。

6. 一个趋势形成后将持续,直到趋势出现明显的反转信号。这是趋势分析的基础,但确定趋势的反转却很不容易。

(三) 道氏理论的应用及应注意的问题

道氏理论从来就不是用来指出应该买卖哪只股票,而是在相关收盘价的基础上确定出股市的主要趋势,对于次要趋势和短暂趋势的判断作用都不大。

道氏理论的另一个不足是它的可操作性较差。尽管道氏理论存在某些缺陷,有的内容似乎已经过时,但它仍是许多技术分析的理论基础。

三、技术分析方法的分类

在价格和成交量的历史资料基础上进行统计和数学计算,以及绘制图表等方法是技术分析方法的主要手段。一般而言,可以将技术分析方法分为五类。

(一) 指标类

指标类的技术分析方法是根据价量的历史资料,通过建立一个数学模型,给出数学上的计算公式,得到一个体现证券市场的某个方面内在实质的指标值。常见的指标有相对强弱指标(RSI)、随机指标(KDJ)、趋向指标(DMI)、平滑异同移动平均线(MACD)、乖离率(BIAS)等。

（二）切线类

切线类是按一定方法和原则，在根据股价数据所绘制的图表中画出一些直线，然后根据这些直线的情况推测股票价格的未来趋势。常见的切线有趋势线、轨道线、黄金分割线等。

（三）形态类

形态类是根据价格图表中过去一段时间走过的轨迹形态来预测股票价格未来趋势的方法。主要的形态有 M 头、W 底、头肩型等十几种。

（四）K 线类

K 线类是根据若干不同时期的 K 线组合情况，推测多空力量的对比，进而判断行情的方法。

（五）波浪类

波浪理论是把股价的上下变动和不同时期的持续上涨、下跌看做是波浪的上下起伏，认为股票的价格运动遵循波浪起伏的规律，数清楚了各个浪就能准确地预见到熊市尾声和牛市的来临。波浪理论与别的技术分析流派最大的区别就是能提前很长时间预计到行情的底和顶。但同时，波浪理论又是最容易入门和最难掌握的方法。

以上五类技术分析流派从不同的方面理解和考虑证券市场，有的有相当坚实的基础，有的没有明确的理论基础。在操作上，有的注重长期分析，有的侧重短线分析；有的注重价格的相对位置，有的侧重绝对位置；有的注重时间，有的侧重价格。

第二节 证券投资技术分析的主要理论

一、K 线理论

（一）K 线的画法和主要形状

1. K 线的画法

K 线又称为日本线，起源于 200 多年前的日本，主要是用于米市交易。经过长期的演变，目前在实际中广泛应用于证券市场、外汇市场以及期货市场等各类市场。

K线是一条柱状的线条，由影线和实体组成。影线在实体上方的部分叫上影线，下方的部分叫下影线。实体表示一天的开盘价和收盘价。上影线的上端顶点表示一天的最高价，下影线的下端顶点表示一天的最低价。根据开盘价和收盘价的关系，K线分为阳线和阴线两种，收盘价高于开盘价时为阳线，收盘价低于开盘价时为阴线（见图9.2）。

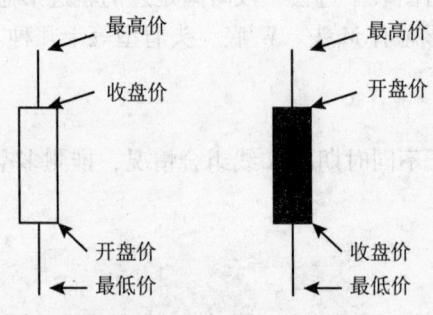

图9.2　K线的两种常见形状

K线中涉及的四个价格分别是：开盘价、最高价、最低价和收盘价，其中收盘价最为重要。一条K线记录的是某一种股票一天的价格变动情况。将每天的K线按时间顺序排列在一起，就可反映该股票自上市以来的每天的价格变动情况，这就是日K线图。

除了日K线外，我们还可以画出短到1分钟线，长到周K线、月K线和年K线。其画法与日K线几乎完全一样，区别仅在时间参数的选择上。长期的K线的优点是反映趋势和周期比较清晰。

2. K线的主要形状

实际的K线图由于四个价格的不同取值，还会产生其他形状的K线（见图9.3），下图分别为光头阳线、光头阴线、光脚阳线、光脚阴线、光头光脚阳线、光头光脚阴线、十字星、T字形、倒T形和一字形。

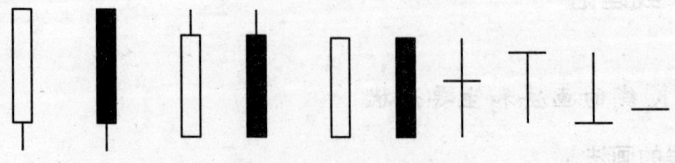

图9.3　K线的几种形状

（二）K线的组合应用

K线图反映的是一段时间以来买卖双方战斗的结果。从中可以看到买卖双方争斗中力量的增减以及风向的转变等。熟悉这些K线组合对市场走势的分析很重要。

1. 单根K线的应用

应用单根K线研判行情，主要是从实体的长短、阴阳、上下影线的长短以及实体长短与上下影线长短之间的关系等几个方面进行。

在K线实体部分的分析方面，我们以大阳线实体为例。大阳线实体说明多方已经取得了决定性的胜利，这是一种涨势的信号，如果这条阳线出现在一段震荡盘整的末端，它所包含的内容将更有说服力。

在有上下影线的阳线和阴线的分析方面，这两种是最为普遍的K线形状，这种K线说明双方争斗很激烈，股票价格上下震动。对多空优势的衡量，主要依靠上下影线和实体的长度来确定。一般而言，上影线越长，下影线越短，阳线实体越短或阴线实体越长，越有利于空方占优，反之则反是。

十字星也是股市中经常出现的。十字星表明多空双方力量暂时平衡，但却是一个非常值得警惕的价格可能会反转的信号，它可以分为大十字星和小十字星。一般而言，十字星在顶部出现后价格下跌的概率会高于十字星在底部出现后价格上涨的概率。

2. 由多根K线的组合推测行情

K线组合的情况非常多，要综合考虑各根K线的阴阳、高低、上下影线的长短等。有些固定的K线组合模式有一定的预测作用，比如早晨之星、乌云盖顶、上升（下跌）三部曲等等组合。一般而言，K线多的组合要比K线少的组合得出的结论更可靠。

（三）应用K线理论应注意的问题

无论一根、两根还是多根K线，都是多空双方争斗的一个客观描述，由它们的组合得到的结论都是相对的，不是绝对的。

在实战中，有时候会应用一种组合得到明天会上涨的结论，但是实际股价没有上涨，反而下跌。避免这种情况发生的一个重要原则是投资者要尽量使用根数多的K线组合。一般说来，多根K线组合得到的结果不大容易与事实相反。

二、切线理论

"顺势而为"这一指导方法，在很多领域里大都有着类似的表达。在证券市场，投资者更是要了解趋势、判断趋势以及利用趋势。

（一）趋势分析

尽管随机漫步理论说股价的未来变动是随机的，但绝大多数投资者还是很直观地在各种股票价格走势图和股指走势图上明显看出股价变动确实存在一定的趋势。投资者应把握长期趋势，不被暂时的回调或反弹所迷惑，并对大势的反转保持一定的警觉。切线理论就是帮助投资者识别大势变动方向的较为实用的方法。

1. 趋势的含义。趋势是指股票价格的波动方向。假如确定了一段上升或下降的趋势，则股价的波动必然朝着这个方向运动。但一般讲，市场变动不会朝一个方向不回头地直线运动，中间必然会有曲折，从图形上看就是一条曲折蜿蜒的折线，每个折点处就形成一个峰或谷。我们可以把投资者的任务简单地描述为找到趋势并追随。

2. 趋势的方向。趋势的方向有三类：上升方向、下降方向和水平方向（无趋势方向）。

3. 趋势的类型。按道氏理论的分类，趋势分为三个类型：主要趋势、次要趋势和短暂趋势。

（二）支撑线和压力线

支撑线又称为抵抗线，是指当股价下跌到某个价位附近时，会出现买方增加、卖方减少的情况，从而使股价停止下跌，甚至有可能回升。支撑线起阻止股价继续下跌的作用。压力线又称阻力线，是指当股价上涨到某价位附近时，会出现卖方增加、买方减少的情况，股价会停止上涨，甚至回落。压力线起到阻止股价继续上升的作用。

在某一个价位附近之所以会形成对股价运动的支撑和压力，主要由投资者的筹码分布、持有成本以及投资者的心理因素所决定。

支撑线和压力线的作用使阻止或暂时阻止股价朝一个方向继续运动。股价的变动是有趋势的，要维持这种趋势，必然需要冲破阻止其继续向前的障碍（见图 9.4）。

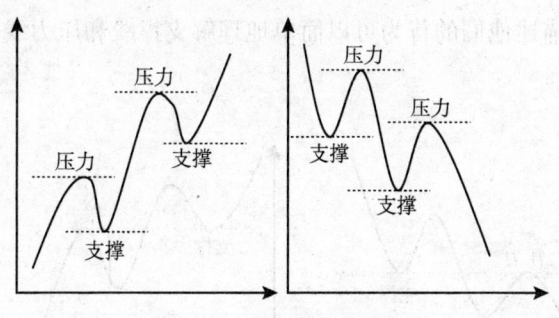

图 9.4　支撑线和压力线

同时，支撑线和压力线又有彻底阻止股价按原方向变动的可能。当一个趋势走到尽头的时候，它就不可能创出新的高价或低价，这时的支撑线和压力线就显得非常重要。

在上升趋势中，如果第二波上冲并未创出新高，没有突破压力线，这个上升趋势就已经处在很关键的位置了，如果股价又向下突破了这个上升趋势的支撑线，这就产生了一个可信度很高的趋势反转的信号。这通常意味着这一轮上升趋势已经结束，下一步的走势就是下跌。

同样，在下降趋势中，如果下一次下跌没有创出新低，没有突破支撑线，这个下降趋势也处于很重要的位置。如果下一步股价向上突破了本轮的压力线，那就发出了一个可信度较高的下跌趋势反转信号，下一步的走势就应该上涨（见图 9.5）。

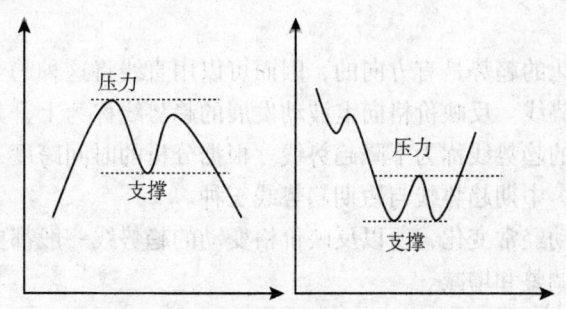

图 9.5　反转中的支撑线和压力线

支撑线和压力线并非一成不变，而是可以互相转化的，很大程度上是心理因素方面的影响，这也是支撑线和压力线理论上的依据。

证券市场中主要有三种投资者：多头、空头和旁观者。旁观者又可以分为持股者和持币者。描述他们的行为可以简单地理解支撑线和压力线的作用以及互相转化（见图9.6）。

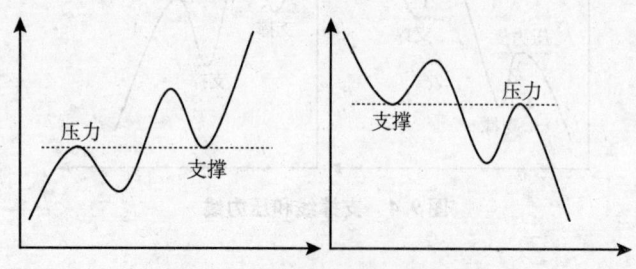

图 9.6 支撑线和压力线的转化

支撑线和压力线还有一个确认问题。每一条支撑线和压力线的确认都是人为进行的，主要是根据股价变动所画出的图表。一般而言，一条支撑线或压力线对当前影响的重要性有三个方面的考虑：股价在此区域停留的时间长短，伴随的成交量的大小以及此区域距离当前的远近。显然地，股价停留时间越长，成交量越大，离现在越近，这个支撑线或压力线对当前影响越大，反之则越小。

在实际分析过程中，投资者画支撑线和压力线还有个不断进行调整和修正的问题，正是在调整和修正中对现有支撑线和压力线的重要性进行确认。

（三）趋势线和轨道线

1. 趋势线

由于股价变化的趋势是有方向的，因而可以用直线将这种趋势表示出来，这样的直线称为趋势线。反映价格向上波动发展的趋势线称为上升趋势线，反映价格向下波动发展的趋势线称为下降趋势线。根据分析的时间跨度，可以把趋势线分为长期趋势线、中期趋势线与短期趋势线三种。

由于股价波动经常变化，所以反映价格变动的趋势线一般都要随着价格波动的实际情况进行调整和增减。

连接一段时间内价格波动的高点或低点可画出一条趋势线。在上升趋势中，将两个低点连成一条直线，就得到上升趋势线；在下降趋势中，将两个高点连成一条直线，就得到下降趋势线（见图9.7）。

上升趋势线起到支撑作用，是倾斜的支撑线；下降趋势线起到压力作用，是倾斜的压力线。

第九章 证券投资技术分析

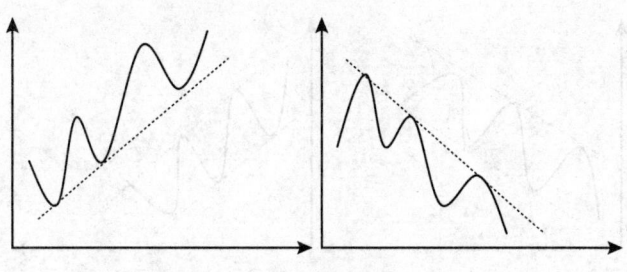

图 9.7 趋势线

要得到一条真正起作用的趋势线,要经过多方面的验证才能最终确认,不符合条件的一般都要删除。首先,必须要确定有趋势存在,其次,找到两个点画出趋势线后必须得到第三个点的验证才能确认这条趋势线的有效性。一般而言,所画出的趋势线被触及的次数越多,相邻的点的时间间隔越长,其作为趋势线的有效性就越能得到确认。

从作用上讲,趋势线可以约束价格未来的变动,也可以在被突破后成为"反压线"(见图9.8)。越重要、越有效的趋势线的支撑和压力作用越强,被突破后其反转信号也越强烈。

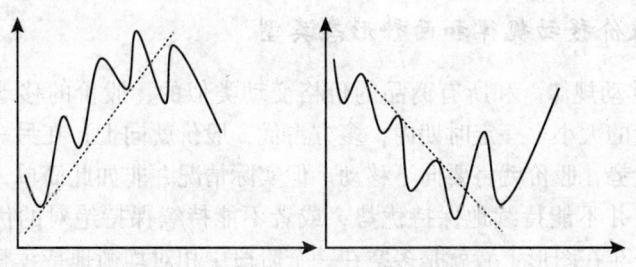

图 9.8 趋势线突破后起到相反作用

2. 轨道线

轨道线又被称为通道线或管道线,是基于趋势线的一种方法。在已经得到趋势线后,通过第一个峰或谷(有时候选取较为重要的峰或谷)可以画出这条趋势线的平行线,这条平行线就是轨道线,比如图9.9中的虚线。

两条平行线组成了一个轨道,就是常说的上升和下降轨道。轨道的作用是限制股价的变动范围。对于轨道上轨或下轨的突破将意味着行情会有一个大的变化。对趋势线的突破是趋势即将改变,而对轨道线的突破却是趋势的加速。

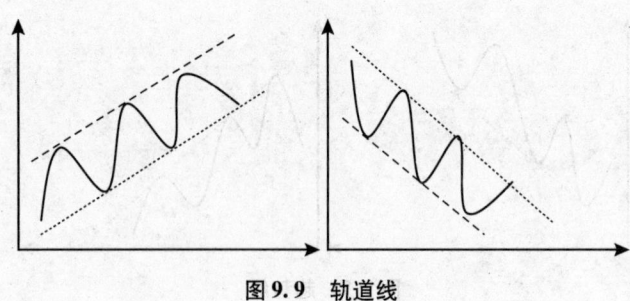

图 9.9 轨道线

三、形态理论

K 线理论虽然显示了对未来股价走势预测的能力,但是,K 线理论更注重短线的操作。为了弥补这种不足,我们将 K 线根数增加,从 K 线组成的曲线形态上去分析和挖掘多空双方力量的对比,并进一步预测股价的后市,指导我们的行动。

趋势的方向发生变化一般不是突然来到的,变化都是有一个逐步发展的过程。形态理论就是通过研究股价曲线的各种形态,发现股价正在进行的行动可能导致的方向。

(一) 股价移动规律和两种形态类型

1. 股价移动规律。和所有商品的价格变动类似的,股价的移动也是取决于多空双方力量的大小。一定时期内,多方占优,股价就向上;在另一个时期,如果空方处于优势,股价就将要向下移动。但实际情况并非如此简单,很多时候多空中的某一方并不能持续地保持优势,或者不能持续保持绝对的优势。一般而言,多空的争斗在图形上看就是多空在一个阶段中相对均衡地持续整理和保持平衡,在整理结束后某种原因会使得多空一方具有绝对的优势导致平衡被打破,在市场机制下在另一个价格区间形成新的多空相对平衡,而这种平衡也会在将来被打破。股价的移动就是按照这一规律循环往复、周而复始地运行的。

2. 价格移动的两种形态类型。根据股价移动的规律,我们可以把股价曲线的形态分为两大类型:持续整理形态和反转突破形态。前者会在平衡结束之后的突破时延续平衡前的趋势,后者在打破平衡之后的突破时是与平衡前的趋势相反的。

(二) 反转突破形态

反转突破形态描述了趋势方向的反转,是投资分析中应该重点关注的变化形态。反转变化形态主要有头肩形态、多重顶（底）形态、圆弧顶（底）形态、喇叭形以及 V 形反转形态等多种形态。

1. 头肩形态

头肩形态是实际股价形态中出现最多的一种形态，也是最著名和最可靠的反转突破形态。它一般可分为头肩顶、头肩底以及复合头肩形态三种类型。

（1）头肩顶形态。头肩顶形态是一个非常可靠的卖出时机，一般通过连续的 3 次起落构成该形态的 3 个部分，也就是要出现 3 个局部的高点。中间的高点比另两个都高，称为头；左右两个相对较低的高点称为肩。连接左肩低点和右肩低点得到颈线（见图 9.10）。

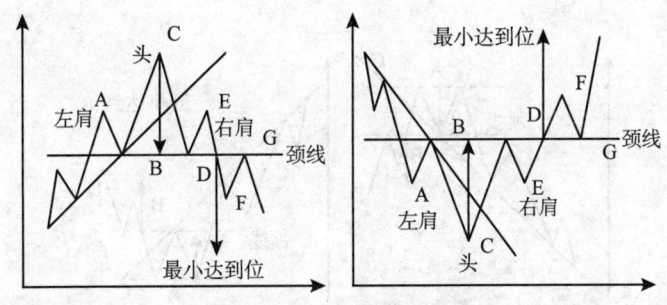

图 9.10 头肩顶和头肩底

这一形态具有如下特征：①一般来说，左肩与右肩高点大致相等，有时右肩较左肩低，即颈线向下倾斜；②就成交量而言，左肩最大，头部次之，而右肩成交量最小，即呈梯状递减；③突破颈线不一定需要大成交量配合，但日后继续下跌时，成交量会放大。

当头肩型的颈线被突破，反转确认以后，大势将下跌。下跌的深度，可以借助头肩顶形态的测算功能进行。形态的目标价格测量方面，从突破点算起，股价将至少要跌到与形态高度相等的距离。

（2）头肩底形态。头肩底是头肩顶的倒转形态，是一个比较可靠的买进时机。这一形态的构成和分析方法，除了在成交量方面与头肩顶有所区别以外，其余与头肩顶相同，只是方向正好相反，如图 9.10 的右图。

值得注意的是，头肩顶形态和头肩底形态在成交量配合方面的最大区别是：头肩顶形态完成后，向下突破颈线时，成交量不一定放大，而且如果出现过大的成交量时反而可能会是骗线；头肩底形态向上突破颈线，若没有较大成交量出现，可靠性会降低。这种情况的一种解释是在金融交易中存在万有引力。

(3) 复合头肩形态。股价变化经过复杂而长期的波动所形成的形态可能不只是标准的头肩型形态，会形成复合头肩形态。这种形态与头肩形态基本相似，只是左右肩部或者头部会出现一次以上。其形成过程与头肩形态类似，分析意义也和普通头肩形态一样，往往出现在长期趋势的底部或顶部。复合头肩形态一旦完成并突破成功，即构成一个可靠性较大的买进或卖出时机。

2. 双重顶和双重底形态

双重顶和双重底一般简称为 M 头和 W 底，是一种非常重要的反转形态，这种形态在实际中出现得也非常频繁。图形上和头肩形态相比，就是没有头部，只是由两个基本等高的峰或谷组成（见图 9.11）。图 9.11 中以 B 点画平行于 A、C 连线的平行线就得到了一条非常重要的直线——颈线。

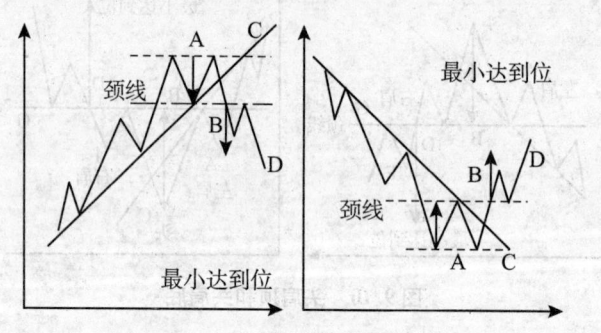

图 9.11 双重顶和双重底

从图 9.11 中可以看出，双重顶（底）一共会出现两个顶（底），理论上说这两个顶（底）的价格不必一定绝对相等，只要差距在 3% 以内都可以看做是双重顶（底），也有一种观点说差距在 10% 以内也可以认定。

一个真正的双重顶（底）反转突破形态的出现，除了必要的两个相似价格的高点（低点）以外，还应该突破 B 点的支撑（压力）。

突破颈线就是突破轨道线、突破支撑线，所以也有突破被认可的问题。双重顶反转突破形态一旦得到确认，同样具有测算功能，即：从突破点算起，股价将至少要跌到与形态高度相等的距离。

需要投资者注意的是，双重底的颈线突破时，必须有大成交量的配合，否则即可能为无效突破。

3. 三重顶（底）形态

三重顶（底）形态是双重顶（底）形态的扩张形式，也是头肩顶（底）形态的变形（头部的价位与肩部基本相等）。由三个一样高或一样低的顶和底组成，这就使得它具有矩形的特征。应用和识别三重顶（底）的方法主要是用头肩形态的方法。比起头肩形态来说，三重顶（底）形态更容易演变成持续形态，而不是反转形态（见图9.12）。

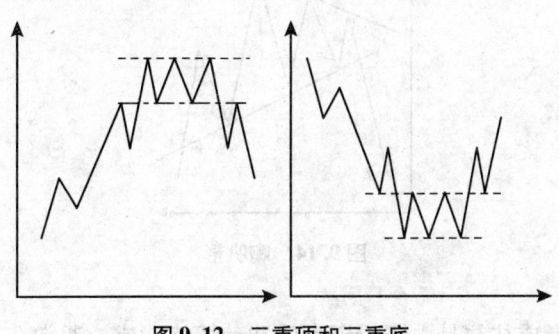

图 9.12　三重顶和三重底

4. 圆弧形态

将股价在一段时间的顶部高点（底部低点）用折线连起来，每个局部的高点都考虑到，投资者可能得到一条类似于圆弧的弧线，盖在股价之上（托在股价之下）（见图9.13）。

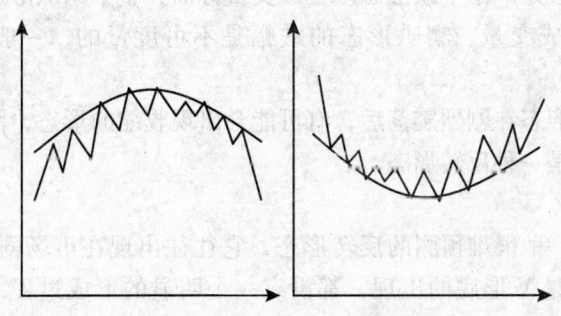

图 9.13　圆弧顶和圆弧底

应该注意的是，图中的曲线不是数学意义上的圆，也不是抛物线，仅仅是一条曲线。成交量方面，一般是两头多中间少。圆弧形态在实际中出现的机会较少，但是一旦出现则是绝好的机会，它的反转深度和高度是不可测的，这一点和其他反转形态不甚相同。

5. 喇叭形态

喇叭形的正确名称应该是扩大形，也是一种重要的反转形态。它大多出现在顶部,是一种比较可靠的看跌形态(见图9.14)。

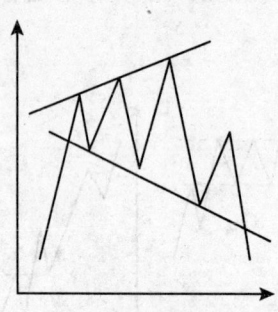

图9.14 喇叭形

喇叭形态的形成往往是由于投资者的冲动情绪造成,通常在长期上升的最后阶段出现,是一个缺乏理性的市场,投资者受到市场炽热的投机气氛或传闻的感染,很容易追涨杀跌。所以股价或指数非常容易大起大落,巨幅震荡,继而在震荡中完成形态的反转。在这个混乱的时候进入证券市场是非常危险的,进行交易也十分困难。在经过了剧烈的动荡之后,人们的情绪会渐渐平静,不断地离开市场,股价将逐步向下运行。

喇叭形态一般是一个下跌形态。在成交量方面,整个喇叭形态形成期间都会保持不规则的大成交量。喇叭形态的跌幅是不可度量的,一般说来跌幅都会很大。

有时候喇叭形态在剧烈震荡后,有可能会出现收缩的形态,图形上就发展成为菱形。菱形也是一种反转形态。

6. V形反转

V形走势是一种很难预测的反转形态,它往往出现在市场剧烈的波动之中。无论是V形顶还是V形底的出现,都没有一个明显的形成过程,这一点同其他反转形态有较大的区别。一般的反转形态都有一个较为明确的过程,从原来趋势的受阻,到多空均衡,再演变为反向的趋势形成。但V形反转没有中间的均衡横盘过程,其关键转向过程时间很短,甚至有时在一个交易日内完成整个转向过程(见图9.15)。

V形走势的一个重要特征是在转折点必须有大成交量的配合,且成交量在图形上形成倒V形。成交量不能放大,则V形走势不宜信赖。一般而言,V形走势是一种失控的形态,在应用时要特别小心。

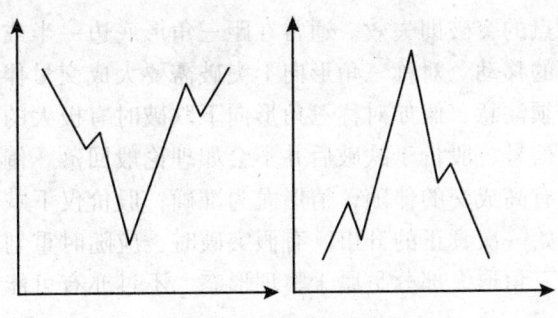

图 9.15　V 形和倒 V 形

（三）持续整理形态

与反转突破形态不同，持续整理形态是在股价向一个方向经过一段时间的快速运行后，不再继续原有趋势，而是在一个区域内进行相对窄幅波动，等待时机成熟后再继续前进。这种运行留下的轨迹就称为整理形态。持续整理形态包括：三角形、矩形、楔形和旗形。

1. 三角形整理形态

三角形整理形态主要分为三种：对称三角形、上升三角形和下降三角形。

（1）对称三角形。对称三角形由一系列的价格变动所组成，其变动幅度逐渐缩小，也就是说每次变动的最高价，低于前次的水准，而最低价比前次水准为高，呈一压缩图形，如从横的方向看股价变动领域，其上限为向下斜线，下限为向上倾线，把短期高点和低点，分别以直线连接起来，就可以形成一个相当对称的三角形。对称三角形成交量，因愈来愈小幅度的股价变动而递减，然后当股价突然跳出三角形时，成交量随之变大。

一般情形之下，对称三角形是属于整理形态，即股价会继续原来的趋势移动。只有在股价朝其中一方明显突破后，才可以采取相应的买卖行动。如果股价往上冲破阻力（必须得到大成交量的配合），就是一个短期买入信号；反之若是往下跌破（在低成交量之下跌破），便是一个短期卖出信号。对称三角形的最少升幅量度方法是当股价往上突破时，从形态的第一个上升高点开始画一条和底部平等的直线，我们可以预期股价至少会上升到这条线才会遇上阻力。至于股价上升的速度，将会以形态开始之前同样的角度上升。因此我们从这量度方法估计到该股最少升幅的价格水平和所需要的完成时间（见图 9.16）。

一个对称三角形的形成，必须要有明显的一个短期高点和短期低点出现。一般而言，对称三角形的股价变动愈接近其顶点而未能突破界线时，其力量愈小，若太接近顶点的突破即失效。通常在距三角形底边一半或四分之三处突破时会产生最准确的移动。对称三角形向上突破需要大成交量伴随，向下突破则不必。有一点必须注意，假如对称三角形向下跌破时有极大的成交量，可能是一个错误的跌破信号，股价于跌破后并不会如理论般回落。倘若股价在三角形的尖端跌破，且有高成交的伴随，情形尤为准确；股价仅下跌一两个交易日后便迅速回升，开始一次真正的升市。有假突破时，应随时重划界限形成新的三角形。虽然对称三角形大部分是属于整理形态，不过亦有可能在升市的顶部或跌市的底部中出现。

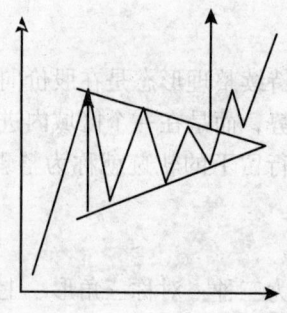

图9.16 对称三角形

根据统计，对称三角形中大约四分之三属整理形态，而余下的四分之一则属转势形态。对称三角形突破后，可能会出现短暂的反方向移动（反抽），上升的后抽止于高点相连而成的形态线，下跌的后抽则受阻于低点相连的形态线之下，倘若股价的后抽大于上述所说的位置，形态的突破可能有误。

（2）上升（下降）三角形。股价在某水平呈现相当强大的卖压，价格从低点回升到水平便告回落，但市场的购买力十分强，股价未回至上次低点即告弹升，这情形持续使股价随着一条阻力水平线波动日渐收窄。我们若把每一个短期波动高点连接起来，可画出一条水平阻力线，而每一个短期波动低点则可相连出另一条向上倾斜的线，这就是上升三角形。成交量在形态形成的过程中不断减少。下降三角形的形状与上升三角形恰好相反，股价在某特定的水平出现稳定的购买力，因此价格每回落至该水平便告回升，形成一条水平的需求线。可是市场的沽售力量却不断加强，股价每一次波动的高点都较前次为低，于是形成一条向下倾斜的供给线。成交量在完成整个形态的过程中，不断地缩减（见图9.17）。

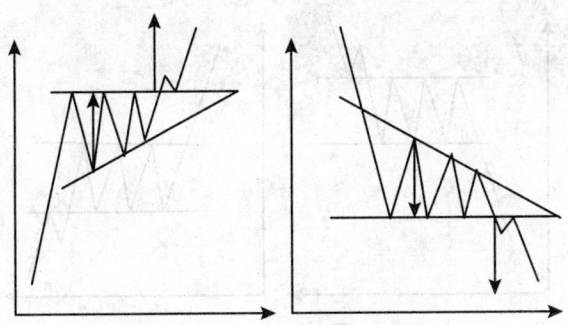

图 9.17 上升三角形和下降三角形

上升三角形和下降三角形都属于整理形态。上升三角形在上升过程中出现，暗示有突破的可能，下降三角形正相反。上升三角形在突破顶部水平的阻力线时，有一个短期买入信号，下降三角形在突破下部水平阻力线时有一个短期卖出信号。但上升三角形在突破时须伴有大成交量，而下降三角形突破时不必有大成交量来证实。值得一提的是，此两种形态虽属于整理形态，有一般向上向下规律性，但亦有可能朝相反方向发展。即上升三角形可能下跌，因此投资者在向下跌破3%（收市价计）时，应当暂时卖出，以待形势明朗。同时在向上突破时，没有大成交量配合，也不应贸然投入。相反下降三角形也有可能向上突破，这里若有大成交量则可证实，另外在向下跌破时，若出现回升，则观察其是否受阻于底线水平之下，在底线之下是假性回升，若突破底线3%，则图形失败。

2. 矩形

矩形又称箱形，也是一种典型的整理形态，是股价由一连串在一条水平的上下界线之间变动而成的形态。股价在其范围之内出现上落。价格上升至某水平时遇上阻力，掉头回落，但很快地便获得支持而升，可是回升到上次同一高点时再一次受阻，而跌落到上次低点时则再得到支持。这些短期高点和低点分别以直线连接起来，便可以绘出一条通道，这通道既非上倾，亦非下降，而是平行发展，这就是矩形形态（见图9.18）。

当矩形突破后，其涨跌幅度通常等于矩形本身宽度，这是矩阵形态的测算功能。矩形形成的过程中，除非有突发性的消息扰乱，其成交量应该是不断减少的。如果在形态形成期间，有不规则的高成交出现，形态可能失败。当股价突破矩形上限的水平时，必须有成交量激增的配合，但若跌破下限水平时，就不须高成交量的增加。

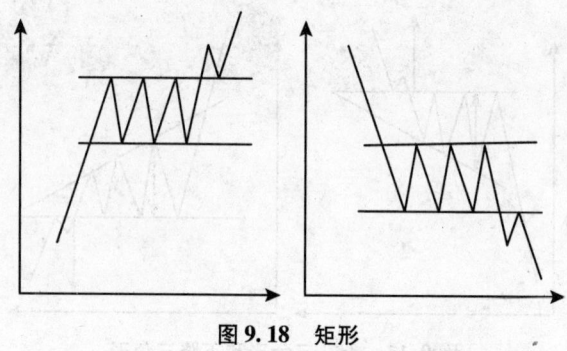

图 9.18 矩形

矩形呈现突破后,股价经常出现反抽,这种情形通常会在突破后的三天至三星期内出现。反抽将止于顶线水平之上,往下跌破后的假性回升,将受阻于底线水平之下。一个波幅较大的矩形,较一个狭窄而长的矩形形态更具威力。

3. 旗形和楔形

旗形和楔形是两个著名的持续整理形态。在股价的曲线图上,这两种形态出现的频率很高。它们都是一个趋势的中途休整过程。休整后还要保持原来的趋势。它们的形态的方向与原有的趋势方向相反。

(1)旗形。旗形走势的形态就像一面挂在旗杆顶上的旗帜,这形态通常在急速而又大幅的市场波动中出现,股价经过一连串紧密的短期波动后,形成一个稍微与原来趋势呈相反方向倾斜的长方形,这就是旗形走势。旗形走势又可分作上升旗形和下降旗形。上升旗形的形成过程是:股价经过陡峭的飙升后,接着形成一个紧密、狭窄和稍微向下倾斜的价格密集区域,把这密集区域的高点和低点分别连接起来,就可以画出一条平行而又下倾的直线,这就是上升旗形。下降旗形则刚刚相反,当股价出现急速或垂直的下跌后,接着形成一个波动狭窄而又紧密,稍微上倾的价格密集区域,像是一条上升通道,这就是下降旗形。成交量在旗形形成过程中,是显著地渐次递减的。

旗形形态可量度出最少升或跌幅。其量度的方法是突破旗形(上升旗形和下降旗形相同)后最少升或跌幅度,等于整支旗杆的长度。至于旗杆的长度是形成旗杆的突破点开始,直到旗形的顶点为止(见图 9.19)。

这种形态必须在急速上升或下跌之后出现,成交量则必须在形成形态期间不断地显著减少。当上升旗形往上突破时,必须要有成交量激增的配合;当下降旗形向下跌破时,少成交也是大量增加的。在形态形成中,若股价趋势形成旗形而其成交量为不规则或很多又非渐次减少的情况时,下一步将是很快的反转,而不是整理。即上升旗形往下突破而下降旗形则是向上升破。换言之,高成交量的旗形形态市况可能出现逆转，而不是个整理形态。因此，成交量的变化在旗形走势中是十分重要的，它是观察和判断形态真伪的唯一方法。从时间上看，股价应在四周内向预定的方向突破，超出 2 周时，就应该特别小心，注意其变化。

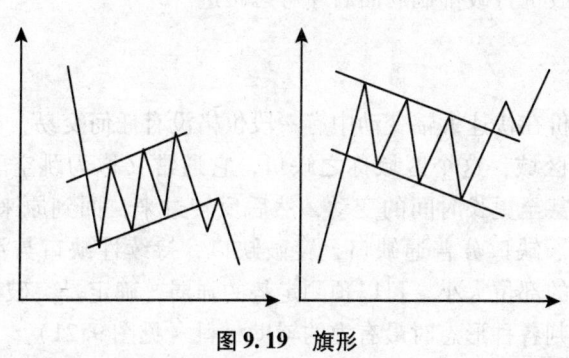

图 9.19　旗形

（2）楔形。楔形是股价在一条收敛的直线中变动。与三角形不同处在一条界线同时上倾或下斜。成交量变化和三角形一样向顶端递减。楔形又分为上升楔形和下降楔形。上升楔形指股价经过一次下跌后有强烈技术性反弹，价格升至一定水平又掉头下落，但回落点转前次为高，又上升至新高点比上次反弹点高，又回落形成一浪高一浪之势，把短期高点相连，短期低点相连形成一条向上倾斜直线，下面一条则较为陡峭。下降楔形则相反，高点一个比一个低，低点亦一个比一个低，形成一条同时下倾的斜线。两种楔形成交量都是越接近端部，成交越少（见图 9.20）。

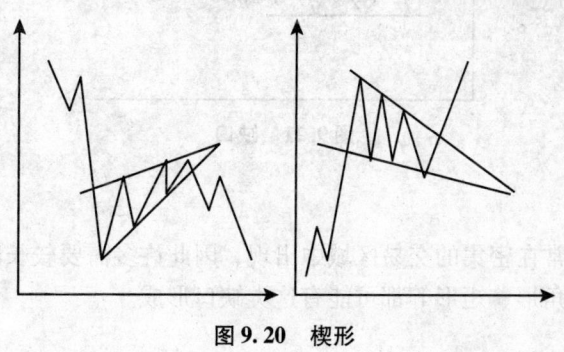

图 9.20　楔形

楔形（无论上升楔形抑是下降楔形）上下一条线必须明显地收敛于一点，如果形态太过宽松，形成的可能性就该怀疑。一般来说楔形需要一个星期以上时间完成。下降楔形和上升楔形有一点明显不同之处，上升楔形在跌破下限支持后经常会出现急跌；但下降楔形往上突破阻力后，可能会横向发展，形成徘徊状态或圆状，成交仍然十分低沉，然后才慢慢开始上升，成交亦随之而增加。这情形的出现，我们可待股价打破徘徊局面后才考虑跟进。

(四) 缺口

缺口是指股价在快速大幅变动中有一段价格没有任何交易，显示在股价趋势图上是一个真空区域，这个区域称之缺口，它通常又称为跳空。当股价出现缺口，经过几天，甚至更长时间的变动，然后反转过来，回到原来缺口的价位时，称为缺口的封闭。缺口分普通缺口，突破缺口，持续性缺口与消耗性缺口等四种。从缺口发生的部位大小，可以预测走势的强弱，确定是突破，还是已到趋势之尽头，它是研判各种形态时最有力的辅助材料（见图9.21）。

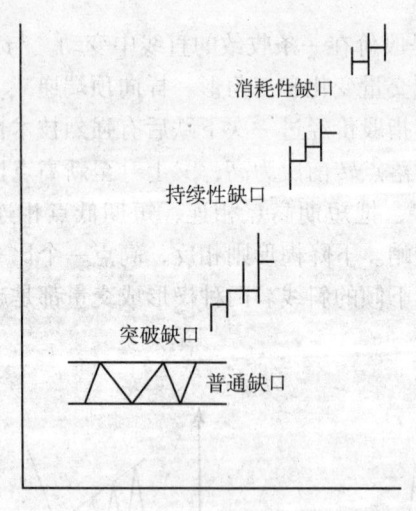

图 9.21　缺口

1. 普通缺口

这类缺口通常在密集的交易区域中出现，因此许多需要较长时间形成的整理或转向形态如三角形、矩形等都可能有这类缺口形成。

2. 突破缺口

突破缺口是当一个密集的反转或整理形态完成后突破盘局时产生的缺口。当股价以一个很大的缺口跳空远离形态时，这表示真的突破已经形成了。因为错误的移动很少会产生缺口，同时缺口能显示突破的强劲性，突破缺口愈大，表示未来的变动强烈。

3. 持续性缺口

在上升或下跌途中出现缺口，可能是持续性缺口。这种缺口不会和突破缺口混淆，任何离开形态或密集交易区域后的急速上升或下跌，所出现的缺口大多是持续性缺口。这种缺口可帮助我们估计未来股市波动的幅度，因此亦称为量度性缺口。

4. 消耗性缺口

和持续性缺口一样，消耗性缺口是伴随快的、大幅的股价波幅而出现。在急速的上升或下跌中，股价的波动并非是渐渐出现阻力，而是愈来愈急。这时价格的跳跃上升（或跳跃下跌）可能发生，此缺口就是消耗性缺口。通常消耗性缺口大多在恐慌性抛售或消耗性上升的后期出现。

四、波浪理论

（一）波浪理论的形成历史

波浪理论是技术分析大师艾略特所发明的一种价格趋势分析工具，它是一套完全靠观察得来的规律，可用以分析股市指数、价格的走势，它也是世界股市分析上运用最多，而又最难于了解和精通的分析工具。

艾略特认为，不管是股票还是商品价格的波动，都与大自然的潮汐、波浪一样，一浪跟着一浪，周而复始，具有相当程度的规律性，展现出周期循环的特点，任何波动均有迹可循。因此，投资者可以根据这些规律性的波动预测价格未来的走势，在买卖策略上实施适用。

每个周期都是由上升（或下降）的 5 个过程和下降（或上升）的 3 个过程组成。艾略特不仅找到了股价移动的规律，而且还找到了股价移动发生的时间和位置，这是波浪理论较之于道氏理论更为优越的地方。

（二）波浪理论的基本原理

1. 波浪理论的四个基本特点

（1）股价指数的上升和下跌将会交替进行。

（2）推动浪和调整浪是价格波动两个最基本形态，而推动浪（即与大市走向一致的波浪）可以再分割成 5 个小浪，一般用第一浪、第二浪、第三浪、第四浪、第五浪来表示，调整浪也可以划分成两个小浪，通常用 A 浪、B 浪、C 浪表示。

（3）在上述 8 个波浪（5 上 2 落）完毕之后，一个循环即告完成，走势将进入下一个 8 波浪循环。

（4）时间的长短不会改变波浪的形态，因为市场仍会依照其基本形态发展。波浪可以拉长，也可以缩细，但其基本形态永恒不变。

总之，波浪理论可以用一句话来概括：即"8 浪循环"（如图 9.22）。

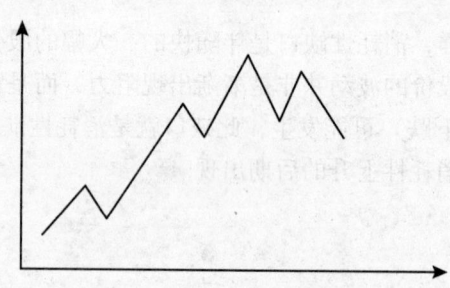

图 9.22　8 浪结构的基本形态

2. 波浪的形态

一般说来，8 个浪各有不同的表现和特性：

第一浪：几乎半数以上的第一浪，是属于营造底部形态的第一部分，第一浪是循环的开始，由于这段行情的上升出现在空头市场跌势后的反弹和反转，买方力量并不强大，加上空头继续存在卖压，因此，在此类第一浪上升之后出现第二浪调整回落时，其回档的幅度往往很深。另外半数的第一浪，出现在长期盘整完成之后，在这类第一浪中，其行情上升幅度较大，经验看来，第一浪的涨幅通常是五浪中最短的行情。

第二浪：这一浪是下跌浪，由于市场人士误以为熊市尚未结束，其调整下跌的幅度相当大，几乎吃掉第一浪的升幅，当行情在此浪中跌至接近底部（第一浪起点）时，市场出现惜售心理，抛售压力逐渐衰竭，成交量也逐渐缩小，此时，第二浪调整才会结束，在此浪中经常出现图表中的转向形态，如头底、双底等。

第三浪：第三浪的涨势往往是最大、最有爆发力的上升浪，这段行情持续的时间与幅度经常是最长的，市场投资者信心恢复，成交量大幅上升，常出现传统图表中的突破信号，这段行情走势非常激烈，一些图形上的阻力位轻易地被穿破，尤其在突破第一浪的高点时，是最强烈的买进信号。由于第三浪涨势激烈，经常出现"延长波浪"的现象。

第四浪：第四浪是行情大幅劲升后的调整浪，通常以较复杂的形态出现，经常出现"倾斜三角形"的走势,但第四浪的底点不会低于第一浪的顶点。

第五浪:在股市中第五浪的涨势通常小于第三浪,但经常出现失败的情况,在第五浪中,二、三类股票通常是市场内的主导力量,其涨幅常常大于一类股(绩优蓝筹股、大型股),即投资人士常说的"鸡犬升天",此期市场情绪表现相当乐观。

第A浪:在A浪中,市场投资人士大多数认为上升行情尚未逆转,此时仅为一个暂时的回档现象,实际上,A浪的下跌,通常在第五浪中已有警告信号,如成交量与价格走势背离或技术指标上的背离等,但由于此时市场仍较为乐观,A浪有时出现平势调整或者"之"字形运行。

第B浪:B浪表现经常是成交量不大,一般而言是多头的逃命线,然而由于是一段上升行情,很容易让投资者误以为是另一波段的涨势,形成"多头陷阱",很多投资人在此期惨遭套牢。

第C浪:是一段破坏力较强的下跌浪,跌势较为强劲,跌幅大,持续的时间较长久,而且出现全面性下跌。

从以上看来,波浪理论似乎颇为简单和容易运用,但实际上,由于其每一个上升和下跌的完整过程中均包含有一个8浪循环,大循环中有小循环,小循环中有更小的循环,即大浪中有小浪,小浪中有细浪,使数浪变得相当繁杂和难于把握,再加上其推动浪和调整浪经常出现延伸浪等变化形态和复杂形态,使得难以对浪进行准确划分,这两点成为运用波浪理论的最大难点。

3. 波浪之间的比例

(1)第二浪通常会调整到第一浪的 0.5~0.809 之间。

(2)第三浪的涨幅一般相当于第一浪的 1.618 倍或 2.618 倍。

(3)第四浪的跌幅一般相当于第三浪涨幅的 0.382 倍,有时可达 0.5 倍,但一般不会超过 0.618 倍。

(4)第五浪的涨幅通常可达到第一浪到第三浪总涨幅的 0.382~0.618 倍。

(5)第A浪的跌幅通常不会超过第一浪至第五浪总涨幅的 0.5 倍。第B浪的回吐过程一般是第A浪的 0.382 倍,第C浪的最终目标值可能根据第A浪的幅度来预估,在实际走势中,会经常是第A浪的 1.618 倍,但第C浪的下跌幅度一般不会超过第一浪至第五浪总涨幅的 0.667 倍。

(6)一般来说,各个波浪持续的时间与其他波浪持续的时间也具有 0.382 或 0.618 的黄金比率关系。

4. 对波浪理论的质疑

波浪理论家对现象的看法并不统一。每一个波浪理论家,包括艾略特本人,常会受一个问题的困扰,这就是一个浪是否已经完成而开始了另外一个浪。有时甲看是第一浪,乙看是第二浪。差之毫厘,失之千里。看错的后果可能会十分严重。一套不成熟的理论用在高风险的股票市场,稍一失误就可能造成巨额损失。

甚至怎样才算是一个完整的浪,波浪理论也无明确定义,股票市场的升跌次数绝大多数不按五升二跌这个机械模式出现。但波浪理论家对此的解释是,有些升跌不应该计算。数浪完全是随意主观的。

波浪理论有所谓延伸浪,有时5个浪可以延伸成9个浪。但什么时候或者在什么准则之下波浪可以延伸,艾略特却没有明言。

波浪理论的浪中有浪,可以无限伸延,亦即升市时可以无限上升,都是在上升浪之中,一个巨型浪,一百几十年都可以。下跌浪也可以跌到无影无踪都仍然是在下跌浪。只要是升势未完就仍然是上升浪,跌势未完就仍然在下跌浪。这样,这种理论可以推测浪顶浪底的运行时间就难以令人置信。

艾略特的波浪理论是一套主观分析工具,毫无客观准则。市场运行却是受情绪影响而并非机械运行。波浪理论不能运用于个股的选择上。

五、量价关系理论

在技术分析中,量与价的关系占据了极重要的地位。成交量是推动股价上涨的原动力,量是价的先行指标。

(一)成交量与股价趋势

1. 价格随着成交量的递增而上涨,为市场行情的正常特征。
2. 在一个波段的涨势中,股价随着递增的成交量而上涨,突破前一波的高峰,创下新高价,继续上扬。
3. 股价随着成交量的递增而回升,股价上涨,成交量却逐渐萎缩。
4. 有时股价随着缓慢递增的成交量而逐渐上升,渐渐地,走势突然成为垂直上升的喷发行情,成交量急剧增加,股价跃升暴涨;紧随着此波走势,继之而来的是成交量大幅萎缩,同时股价急速下跌。
5. 股价走势因成交量的递增而上升,是正常现象。
6. 当第二谷底的成交量低于第一谷底时,是股价将要上升的信号。
7. 随着恐慌大量卖出之后,往往是空头市场的结束。
8. 股价下跌,向下突破股价形态、趋势或移动平均线,同时出现了大量成交量,是股价下跌的信号。

9. 当市场行情持续上涨数月后，出现急剧增加的成交量，而股价却上涨无力，此为股价下跌的先兆。

（二）涨跌停板制度下量价关系分析

在实行涨跌停板制度下，大涨（涨停）和大跌（跌停）的趋势继续下去，是以成交量大幅萎缩为条件的。

在涨跌停板制度下，若跌停，买方寄希望于明天以更低价买入，因而缩手，结果在缺少买盘的情况下成交量小，跌势反而不止；反之，如果收盘仍为跌停，但中途曾被打开，成交量放大，说明有主动性买盘介入，跌势有望止住，盘升有望。

涨跌停板制度下，量价关系有变化，基本判断为：
1. 涨停量小，将继续上扬；跌停量小，将继续下跌。
2. 涨停或跌停中途被打开的次数越多、时间越久，成交量越大，越有利于反转。
3. 涨停或跌停关门的时间越早，次日继续原来方向的可能性越大。
4. 封住涨停或跌停的成交量越大，继续原来方向的概率越大。

第三节　证券投资技术分析指标

一、技术指标方法简述

（一）技术指标法的含义与本质

所谓技术指标法，就是应用一定的数学公式，对原始数据进行处理，得出指标值，将指标值绘成图表，从定量的角度对股市进行预测的方法。这里的原始数据指开盘价、最高价、最低价、收盘价、成交量和成交金额等。

技术指标法的本质就是通过数学公式产生技术指标。这个指标反映了股价的某一个方面的深层次内涵，这些内涵仅仅通过原始数据是很难直观看出的。技术指标是一种定量分析方法，它克服了定性分析方法的不足，极大提高了具体操作的精确度。尽管这种分析不是完全准确，但至少能在我们采取行动前从数量方面给以帮助。

(二) 技术指标的分类

技术指标从不同的角度有不同的分类。本书以技术指标的功能为划分依据,将常用的技术指标分为趋势型指标、超买超卖型指标、人气型指标和大势型指标四类。

(三) 技术指标法与其他技术分析方法的关系

其他技术分析方法都有一个共同的特点,就是过分重视价格,而对成交量重视不够。然而没有成交量的分析,无疑是丢掉重要的一类信息,分析结果的可信度将降低。

技术指标种类繁多,考虑的方面也多,人们能够想到的,都能在技术指标中得到体现。这一点是别的技术分析方法无法比拟的。

在进行技术指标的分析与判断时,也经常用到别的技术分析方法的基本结论。

(四) 应用时注意的问题

1. 任何技术指标都有自己的适应范围和应用条件,得出的结论也都有成立的前提和可能发生的意外。因此,不管这些结论成立的条件,盲目绝对地相信技术指标,是要出错的。但从另外一个角度看,也不能认为技术指标有可能出错而完全否定技术指标的作用。

2. 应用一种指标容易出现错误,但当使用多个具有互补性的指标时,可以极大提高预测精度。

二、主要技术指标

(一) 趋势型指标

1. MA (移动平均线)

MA 是指用统计分析的方法,将一定时期内的证券价格(指数)加以平均,并把不同时间的平均值连接起来,形成一根 MA,用以观察证券价格变动趋势的一种技术指标。

(1) MA 的计算公式

移动平均线可分为算术移动平均线(SMA)、加权移动平均线(WMA)和指数平滑移动平均线（EMA）三种。

根据计算期的长短，MA 又可分为短期、中期和长期移动平均线。通常以 5 日、10 日线观察证券市场的短期走势，称为"短期移动平均线"；以 30 日、60 日线观察中期走势，称为"中期移动平均线"；以 13 周、26 周研判长期趋势，称为"长期移动平均线"。西方投资机构重视 200 天移动平均线，并以此作为长期投资的依据：若行情在 200 天均线以下，属空头市场；反之，为多头市场。

(2) MA 的特点

MA 的基本思想是消除股价随机波动的影响，寻求股价波动的趋势。它有以下几个特点：

①追踪趋势。MA 能够表示股价的趋势方向，并追踪这个趋势。如果能从股价的图表中找出上升或下降趋势，那么，MA 将与趋势方向保持一致。原始数据的股价图表不具备这个追踪趋势的特性。

②滞后性。在股价原有趋势发生反转时，由于 MA 追踪趋势的特征，使其行动往往过于迟缓，调头速度落后于大趋势。这是 MA 一个极大的弱点。

③稳定性。根据移动平均线的计算方法，要想较大地改变移动平均的数值，当天的股价必须有很大的变化，因为 MA 是股价几天变动的平均值。

④助涨助跌性。当股价突破移动平均线时，无论是向上还是向下突破，股价都有继续向突破方向发展的愿望。

⑤支撑线和压力线的特性。由于 MA 的前四个特性，使得它在股价走势中起支撑线和压力线的作用。MA 被突破，实际上是支撑线和压力线被突破，从这个意义上就很容易理解后面将介绍的葛兰威尔法则。

MA 的参数作用实际上就是调整 MA 上述几个方面的特性。参数选择越大，上述几个特性就越大。

(3) MA 的应用法则——葛兰威尔法则（简称"葛氏法则"）

在 MA 的应用上，最常见的是葛兰威尔的"移动平均线八大买卖法则"。综合各种研判理论总结如下：

①平均线由下降逐渐走平而股价自平均线的下方向上突破是买进信号。当股价在移动平均之下时，表示买方需求太低，以至于股价大大低于移动平均线，这种短期的下降给往后的反弹提供了机会。这种情况下，一旦股价回升，便是买进信号。

②当股价在移动平均线之上产生下跌情形，但是刚跌到移动平均线之下并不开始反弹，这时，如果股价绝对水平不是很高，那么，这表明买压很大，是一种买进信号。不过，这种图表在股价水平已经相当高时，并不一定是买进信号。只

能作参考之用。

③移动平均线处于上升之中，但实际股价发生下跌，未跌到移动平均线之下，接着又立即反弹，这也是一种买进信号。在股价的上升期，会出现价格的暂时回落，但每次回落的绝对水平都在提高。所以，按这种方式来决策时，一定要看股价是否处于上升期，是处于上升初期，还是处于晚期。一般来说，在上升期的初期，这种规则适用性较大。

④股价趋势线在平均线下方变动加速下跌，远离平均线，为买进时机，因为这是超卖现象，股价不久将重回平均线附近。

⑤平均线走势从上升趋势逐渐转变为盘局，当股价从平均线上方向下突破平均线时，为卖出信号。股价在移动平均线之上，显示价格已经相当高，且移动平均线和股价之间的距离很大，那么，意味着价格可能太高，有回跌的可能。在这种情况下，股价一旦出现下降，即为抛售信号。不过，如果股价还在继续上涨，那么，可采用成本分摊式的买进即随着价格上涨程度的提高，逐渐减少购买量，以减小风险。

⑥移动平均线缓慢下降，股价虽然一度上升，但刚突破移动平均线就开始逆转向下，这可能是股价下降趋势中的暂时反弹，价格可能继续下降，因此是一种卖出信号。不过，如果股价的下跌程度已相当深，那么，这种规则就不一定适用，它可能是回升趋势中的暂时回落。因此，投资者应当做仔细的分析。

⑦移动平均线处于下降趋势，股价在下跌过程中一度上涨到移动平均线附近，但很快又处于下降状态，这是一种卖出信号。一般来说，在股市的下降过程中，常会出现几次这种卖出信号，这是下降趋势中的价格反弹，是一种短期现象。

⑧股价在平均线上方突然暴涨，向上远离平均线为卖出时机，因此这是超卖现象，股价不久将止涨下跌回到平均线附近。

此外，从MA组合看，应注意以下两点：

①长期移动平均线呈缓慢上升状态，而中期移动平均线呈下跌状态，并与长期平均移动平均线相交。这时，如果股价处于下跌状态，则可能意味着狂跌阶段的到来，这是卖出信号。需要注意的是，在这种状态下，股价在下跌的过程中有暂时的回档，否则不会形成长期移动平均线和中期移动平均线的交叉。

②长期的移动平均线（一般是26周线）是下降趋势，中期的移动平均线（一般是13周线）在爬升且速度较快的超越长期移动平均线，那么，这可能意味着价格的急剧反弹，是一种买进信号。这种情况一般是，股价仍在下跌的过程中，只不过中期的下跌幅度要低于长期的下跌幅度。

2. MACD（指数平滑异同移动平均线）

MACD 是根据移动平均线较易掌握趋势变动的方向之优点所发展出来的，它利用两条不同速度（一条变动的速率快——短期的移动平均线，另一条较慢——长期的移动平均线）的指数平滑移动平均线来计算二者之间的差离状况（DIF）作为研判行情的基础，然后再求取其 DIF 的 9 日平滑移动平均线，即 MACD 线。MACD 实际就是运用快速与慢速移动平均线聚合与分离的征兆，来研判买进与卖出的时机和信号。

（1）MACD 的计算公式

MACD 是由正负差（DIF）和异同平均数（DEA）两部分组成，DIF 是核心，DEA 是辅助。DIF 是快速平滑移动平均线与慢速平滑移动平均线的差，DEA 是 DIF 线的指数平滑移动平均线。分析软件上还有一个指标叫柱状线（BAR），它是 DIF 线与 DEA 线的差乘以 2。

（2）MACD 的应用法则

第一，以 DIF 和 DEA 的取值和这两者之间的相对取值对行情进行预测。其应用法则是：DIF 和 DEA 均为正值时，属多头市场，DIF 向上突破 DEA 是买入信号。DIF 和 DEA 均为负值时，属空头市场，DIF 向下突破 DEA 是卖出信号。

第二，指标背离原则。MACD 的优点是剔除了 MA 频繁的买入卖出信号，缺点在股市没有明显趋势而进入盘整时，失误的时候较多。

（二）超买、超卖型指标

1. WMS（威廉指标）

WMS 最早起源于期货市场，由拉里·威廉（Larry Williams）于 1973 年首创。该指标通过分析一段时间内股价高低价位和收盘价之间的关系来度量股市的超买超卖的状态，以此作为短期投资信号的一种技术指标。

（1）WMS 的计算公式

$$\text{WMS}(N) = \frac{N \text{日内最高价的最高值} - \text{收盘价}}{N \text{日内最高价的最高值} - N \text{日内最低价的最低值}} \times 100$$

WMS 指标的含义是当天的收盘价在过去的一段时间内在全部价格范围内所处的相对位置。

（2）应用法则

WMS 的操作法则要从两方面考虑：

一是 WMS 的数值大小。如果 WMS 的值比较小，则当天的价格处在相对较高的位置，要提防回落；如果 WMS 的值较大，则说明当天的价格处在相对较低的位置,要注意反弹。WMS 的取值范围为 0~100。当 WMS 高于 80 时,处于超卖状态,行情即将见底,应当考虑买进。当 WMS 低于 20 时,处于超买状态,行情即将见顶,应当考虑卖出。

二是 WMS 曲线的形状。这里介绍背离原则以及撞顶和撞底次数的原则。

①在 WMS 进入低数值区域后(此时为超买),一般要回头。如果这时股价还继续上升,就会产生背离,是准备或者马上卖出的信号。

②在 WMS 进入高数值区域后(此时为超卖),一般要反弹。如果这时股价还继续下降,就会产生背离,是准备或者马上买入的信号。

③WMS 连续几次撞顶(底),局部形成双重或多重顶(底),则是卖出(买入)的信号。

这里特别需要说明的是,WMS 的顶部数值为 0,底部数值为 100。

2. KDJ

随机指数,是期货和股票市场常用的技术分析工具。它在图表上是由 K 和 D 两条线所形成,因此也简称 KD 线。随机指数在设计中综合了动量观念,强弱指数和移动平均线的一些优点,在计算过程中主要研究高低价位与收市价的关系,即通过计算当日或最近数日的最高价、最低价及收市价等价格波动的真实波幅,反映价格走势的强弱势和超买超卖现象。因为市势上升而未转向之前,每日多数都会偏于高价位收市,而下跌时收市价就常会偏于低位。随机指数还在设计中充分考虑了价格波动的随机振幅和中、短期波动的测算,使其短期测市功能比移动平均线更准确有效,在市场短期超买超卖的预测方面,又比强弱指数敏感。因此,随机指数作为股市的中、短期技术测市工具,颇为实用有效。

(1) KDJ 的计算公式

最先产生的是 RSV(raw stochastic value),中文意思是未成熟随机值。RSV 指标主要用来分析市场是处于"超买"还是"超卖"状态。

$$N\ 日\ RSV = \frac{N\ 日收盘价 - N\ 日内最低价}{N\ 日内最高价 - N\ 日内最低价} \times 100$$

当日 K 值 = 2/3 × 前 1 日 K 值 + 1/3 × 当日 RSV

当日 D 值 = 2/3 × 前 1 日 D 值 + 1/3 × 当日 K 值

当日 J 值 = 3 × 当日 K 值 - 2 当日 D 值

若无前一日 K 值与 D 值,则可分别用 50 来代替。

(2) KDJ 的应用法则

①从 KD 的取值方面考虑。KD 的取值范围都是 0~100,将其划分为几个区

域：80 以上为超买区，20 以下为超卖区，其余为徘徊区。

当 KD 超过 80 时，是卖出信号；低于 20 时，是买入信号。应该说明的是，上述划分只是 KD 指标应用的初步过程，仅仅是信号，完全按这种方法进行操作很容易招致损失。

②从 KD 指标曲线的形态方面考虑。当 KD 指标在较高或较低的位置形成头肩形和多重顶（底）时，是采取行动的信号。这些形态一定要在较高位置或较低位置出现，位置越高或越低，结论越可靠。

③从 KD 指标的交叉方面考虑。一般 K 线上穿 D 线为买入信号，K 线下穿 D 线为卖出信号。

④从 KD 指标的背离方面考虑。从 KD 指标的背离方面考虑。当 KD 处在高位或低位，如果出现与股价走向的背离，则是采取行动的信号。当 KD 处在高位，并形成两个依次向下的峰，而此时股价还在一个劲地上涨，这叫顶背离，是卖出的信号；与之相反，KD 处在低位，并形成一底比一底高，而股价还继续下跌，称为底背离，是买入信号。

3. RSI（相对强弱指标）

相对强弱指标是通过比较一段时期内的平均收盘涨数和平均收盘跌数来分析市场买卖的意向和实力，从而做出未来市场的走势预测。RSI 通常采用某一时期内收盘价格的结果作为计算对象，来反映这一时期内多空力量的强弱对比。RSI 将 n 日内每日收盘价涨数（即当日收盘价高于前日收盘价的数字）的总和作为买方总力量 A，而 n 日内每日收盘价跌数（即当日收盘价低于前日收盘价的数字）的总和作为卖方总力量 B，则 RSI 的计算公式如下：

$$RSI(n) = [A/(A+B)] \times 100$$

RSI 的参数是天数 n，一般取 5 日、9 日、14 日等。RSI 的取值范围介于 0~100 之间。

RSI 的应用法则如下：

①根据 RSI 取值的大小判断行情。将 100 分成四个区域，根据 RSI 的取值落入的区域进行操作（见表 9.1）。

表 9.1　　　　　　　根据 RSI 的取值落入的区域进行操作

RSI 值	市场特征	投资操作
80~100	极强	卖出
50~80	强	买入
20~50	弱	观望
0~20	极弱	买入

"极强"与"强"的分界线和"极弱"与"弱"的分界线是不明确的,它们实际上是一个区域。比如,也可以取 30、70 或者 15、85。应该说明的是,分界线位置的确定与 RSI 的参数和选择的股票有关。一般而言,参数越大,分界线离 50 越近;股票越活跃,RSI 所能达到的高度越高,分界线离 50 应该越远。

②两条或多条 RSI 曲线的联合使用。我们称参数小的 RSI 为短期 RSI,参数大的 RSI 为长期 RSI。两条或多条 RSI 曲线的联合使用法则与两条均线的使用法则相同。即:短期 RSI > 长期 RSI,应属多头市场;短期 RSI < 长期 RSI,则属空头市场。

③从 RSI 的曲线形状判断行情。当 RSI 在较高或较低的位置形成头肩形和多重顶(底),是采取行动的信号。这些形态一定要出现在较高位置和较低位置,离 50 越远,结论越可靠。

④从 RSI 与股价的背离方面判断行情。RSI 处于高位,并形成一峰比一峰低的两个峰,而此时,股价却对应的是一峰比一峰高,为顶背离,是比较强烈的卖出信号。与此相反的是底背离:RSI 在低位形成两个底部抬高的谷底,而股价还在下降,是可以买入的信号。

4. BIAS(乖离率指标)

BIAS 是测算股价与移动平均线偏离程度的指标。其基本原理是:如果股价偏离移动平均线太远,不管是在移动平均线上方或下方,都有向平均线回归的要求。

(1) BIAS 的计算公式

$$n \text{ 日乖离率} = \frac{\text{当日收盘价} - n \text{ 日移动平均数}}{n \text{ 日移动平均数}} \times 100\%$$

(2) BIAS 的应用法则

①从 BIAS 的取值大小和正负考虑。一般来说,正的乖离率愈大,表示短期多头的获利愈大,获利回吐的可能性愈高;负的乖离率愈大,则空头回补的可能性也愈高。

综合指数:BIAS (10) > 30% 为抛出时机,BIAS (10) < -10% 为买入时机。
个股:BIAS (10) > 35% 为抛出时机,BIAS (10) < -15% 为买入时机。

②从 BIAS 的曲线形状方面考虑。形态学和切线理论在 BIAS 也可以适用,主要是顶背离和底背离的原理。

③从两条 BIAS 线结合方面考虑。当短期 BIAS 在高位下穿长期 BIAS 时,是卖出信号;在低位,短期 BIAS 上穿长期 BIAS 时是买入信号。

（三）人气型指标

1. PSY（心理线指标）

PSY 是将一定时期内投资者看多或看空的心理事实转化为数值，来研判股价未来走势的技术指标。

（1）PSY 的计算公式

$$PSY(N) = A/N \times 100$$

式中，N 为天数，是 PSY 的参数；A 为 N 天之中股价上涨的天数。

PSY 的取值范围是 0~100，以 50 为中心，50 以上是多方市场，50 以下是空方市场。

（2）PSY 的应用法则

由心理线公式计算出来的百分比值，超过 75 时为超买，低于 25 时为超卖，百分比值在 25~75 区域内为常态分布。但在涨升行情时，应将卖点提高到 75 之上；在跌落行情时，应将买点降低至 45 以下。具体数值要凭经验和配合其他指标。

一段上升行情展开前，通常超卖的低点会出现两次。同样，一段下跌行情展开前，超买的最高点也会出现两次。在出现第一次超卖的低点或超买的高点时，一般是买进或卖出的时机。当百分比值降低至 10 或 10 以下时，是真正的超买，此时是一个短期抢反弹的机会，应立即买进。

心理线主要反映市场心理的超买或超卖，因此，当百分比值在常态区域上下移动时，一般应持观望态度。高点密集出现两次为卖出信号，低点密集出现两次为买进信号。

2. OBV（能量潮指标）

OBV 是将成交量值予以数量化，制成趋势线，配合股价趋势线，从价格的变动及成交量的增减关系，推测市场气氛。该指标的理论基础是市场价格的有效变动必须有成交量配合，量是价的先行指标，价格的升降而成交量不相应升降，则市场价格的变动难以继续。

OBV 的计算方法是逐日累计每日上市股票总成交量，当天收市价高于前一日时，总成交量为正值，反之，为负值，若平盘，则为零。

当日 OBV = 前一日的 OBV ± 今日成交量

然后将累计所得的成交量逐日定点连接成线，与股价曲线并列于一图表中，观其变化。

OBV 的运用原则如下：OBV 线的基本理论基于股价变动与成交量值间的相

关系数极高，且成交量值为股价变动的先行指标，短期股价的波动与公司业绩兴衰并不完全吻合，而是受人气的影响，因此从成交量的变化可以预测有股价的波动方向。

当股价上涨而 OBV 线下降时，表示能量不足，股价可能将回跌。当股价下跌而 OBV 线上升时，表示买气旺盛，股价可能即将止跌回升。当股价上涨而 OBV 线同步缓慢上升时，表示股市继续看好。

提示：OBV 不能单独使用，必须与价格曲线结合使用才能发挥作用。

（四）大势型指标

大多数技术指标都是既可以应用于个股，也可以应用于大盘指数。而大势型指标就只能判断市场的整体形势，而不能应用于个股。以下简单介绍 ADL、ADR 两个大势型指标。

1. ADL（腾落指数）

ADL 是计算每天股票上涨家数和下降家数的累积结果，与综合指数相互对比，对大势的未来进行预测。

（1）ADL 的计算公式

$$今日 ADL = 昨日 ADL + N_A - N_D$$

式中，N_A 为当天所有股票中上涨的家数；N_D 为当天下跌的股票家数。

涨跌的判断标准是以今日收盘价与上一日收盘价相比较（无涨跌者不计）。ADL 的初始值可取为 0。

（2）ADL 的应用法则

ADL 的应用重在相对走势，并不看重取值的大小。ADL 不能单独使用，要同股价曲线联合使用。

腾落指数与股价指数比较类似，两者均为反映大势的动向与趋势，不对个股的涨跌提供信号，但由于股价指数在一定情况下受制于权重大的股只，当这些股只发生暴涨与暴跌时，股价指数有可能反应过度，从而给投资者提供不实的信息，腾落指数则可以弥补这一类缺点。

一般情况下，股价指数上升，腾落指数亦上升，或两者皆跌，则可以对升势或跌势进行确认。如若股价指数大动而腾落指数横行，或两者反方面波动，不可互相印证，说明大势不稳，不可贸然入市。

具体来说有以下几种情况：股价指数持续上涨，腾落指数亦上升，股价可能仍将继续上升；股价指数持续下跌，腾落指数亦下降，股价可能仍将继续下跌；股价指数上涨，而腾落指数下降，股价可能回跌；股价指数下跌，而腾落指数上升,股价可能回升;股市处于多头市场时,腾落指数呈上升趋势,其间如果突然出现急速下跌现象,接着又立即扭头向上,创下新高点,则表示行情可能再创新局;股市处于空头市场时,ADL 呈现下降趋势,其间如果突然出现上升现象,接着又回头,下跌突破原先所创低点,则表示另一段新的下跌趋势产生。

2. ADR(涨跌比率指标)

涨跌比率又称回归式的腾落指数,是将一定期间内,股价上涨的股票家数与下跌的股票家数做一统计求出其比率,推断证券市场多空双方力量的对比,进而判断出证券市场的实际情况。其理论基础是"钟摆原理",由于股市的供需有若钟摆的两个极端位置,当供给量大时,会产生物极必反的效果,则往需求方向摆动的拉力越强,反之亦然。

ADR 指标的运用原则如下:

(1)当涨跌比率 ADR 大于 1.5 时,表示股价长期上涨,有超买过度的现象,股价可能要回跌。

(2)当涨跌比率 ADR 小于 0.5 时,表示股价长期下跌,有超卖过度的现象,股价可能出现反弹或回升。

(3)当涨跌比率 ADR 在 1.5 与 0.5 之间上下跳动时表示股价处于正常的涨跌状况中,没有特殊的超买或超卖现象。

(4)当涨跌比率 ADR 出现 2 以上或 0.3 以下时,表示股市处于大多头市场或大空头市场的末期,有严重超买或超卖现象。

(5)除了股价进入大多头市场,或展开第二段上升行情之初期,涨跌比率有机会出现 2.0 以上的绝对买卖数字外,其余次级上升行情超 1.5 即是卖点,多头市场低于 0.5 的现象极少,是极佳之买点。

(6)涨跌比率如果不断下降,低于 0.75,通常显示短线买进机会。在空头市场初期,如果降至 0.75 以下,通常暗示中级反弹机会,在空头市场末期,如果涨跌比率降至 0.5 以下时,是买进时机。

(7)对大势而言,涨跌比率有先行示警作用,尤其是在短期反弹或回档方面,更能比图形领先出现征兆。若图形与涨跌比率成背驰现象,则大势即将反转。

延伸阅读

期货交易大师们的相同之处!

1. 大部分炒家都是从场内交易员开始入行的,随着交易规模和交易品种的增加逐渐走到场外，冠军炒手马丁·舒华兹、鹤立鸡群的理查·丹尼斯和超人斯坦利等人虽然开始都有一段适应过程，他们最后都踏上了成功之路。

2. 风险控制：这是每个大师操盘经验的重中之重。在期货市场上长期生存的关键就是保留资金实力，给自己留下机会，避免在一两次交易中就耗光实力。每位大师的风险控制原则不尽相同，有些是以技术图表为依据，大部分是以资金百分比为依据，这些大师中最好的是高富拿设止损位的方法：止损位永远设在图表上重要的价位之外，宁可减少交易量去迁就一个安全的止损位。另外，风险控制大师海特提出的回避风险原则也值得我们学习，他认为，应避免参与行情过于激烈的品种；当出现风险时，要在第一时间砍仓。

3. 成功和天才：期货市场不存在天才，理查·丹尼斯和维克多·斯柏认为，智力、学历有时会成为成功交易的障碍，切勿死要面子，勇于认错、遵守可行的交易规则和交易系统、善于总结经验，才是成功的关键。

4. 成功的时间：绝大多数大师都是从失败开始的，短则数月，长则 10 年，重要的是要有坚定的信心并不断总结经验。正所谓：“学者无先，达者为师。”

5. 电脑交易系统：多位大师都提到在交易中很依赖自己设计的电脑交易系统，电脑交易系统可以避免人为的情绪影响，特别是在市场较为混乱时，还能坚决执行既定的交易计划，使投资者保持前后一致的获胜概率。当然，每个人必须学会开发适合自己的电脑交易系统。

6. 技术分析和内幕消息：多数大师都以技术分析为入市依据，技术分析能给投资者提供准确的入市时机，这是基本面分析法不能实现的。如超人斯坦利在 1974 年 5 月买入了小麦期货合约，半年后就翻了 50%，当记者询问他是否知道俄罗斯购买小麦的内幕消息时，斯坦利回答：“我一点都不知道俄罗斯在买小麦，但图表告诉我有人在买。”大部分投资者无法靠技术分析法获利的原因在于，他们并没有掌握技术分析法的真谛。而作为大户必须同时使用基本分析法，因为他们资金庞大，建立头寸和离场时间较长，靠技术分析法建立头寸和离场是较为困难的。

7. 人生哲学：期货市场是遵守零和定律的，个别人赚大钱就意味着大部分人在亏钱。因此，大师的性格是有异于常人的，他们大多孤僻而充满自信，不喜欢和别人谈论行情和消息，习惯于独立分析市场。

大师的成功之路给了投资者许多启示，可以帮助投资者在市场中获利，给我们留下了大量的优秀规则：

（1）趋势做单第一问趋势；
（2）控制好资金永不满仓；
（3）趋势明朗敢赚不敢亏；
（4）盘局时千万不能太贪；
（5）做单前就要做好最坏打算而绝非在做单后；
（6）永远别想卖最高买最低；
（7）做单只问交易规则别问盈亏；
（8）屡次失利仍对交易规则有信心；
（9）交易规则大于天，技术只是辅助，盈亏跟技术无关，跟人性有关；

（10）买卖不宜过于频密，否则自毁长城。

关 键 词 汇

技术分析　　支撑线和压力线　　轨道线　　反转突破形态　　持续整理形态　　缺口　　技术指标法　　BIAS（乖离率指标）　　ADR（涨跌比率指标）

思 考 题

1. 简单阐述对技术分析的三大假设的理解。
2. 简述技术分析的基本要素。
3. 描述道氏理论的六个主要原理。
4. 分别举例说明上升趋势线和下降趋势线的画法。
5. 简述波浪理论的四个基本特点。
6. 描述 MA 的特点。
7. 简述 MACD、KDJ、RSI 和 ADL 的应用法则。

练 习 题

一、单项选择题

1. 进行证券投资技术分析的假设中，从人的心理因素方面考虑的假设是（　　）。
    A. 市场行为涵盖一切信息　　　　B. 证券价格沿趋势移动
    C. 历史会重演　　　　　　　　　D. 投资者都是理性的
2. 在进行证券投资技术分析的假设中，最根本、最核心的条件是（　　）。
    A. 市场行为涵盖一切信息　　　　B. 证券价格沿趋势移动
    C. 历史会重演　　　　　　　　　D. 投资者都是理性的
3. 在 K 线理论的四个价格中，（　　）是最重要的。
    A. 开盘价　　　B. 收盘价　　　C. 最高价　　　D. 最低价
4. 开盘价与最高价相等，且收盘价不等于开盘价的 K 线被称为（　　）。
    A. 光头阳线　　B. 光头阴线　　C. 光脚阳线　　D. 光脚阴线
5. 支撑线和压力线之所以能起支撑和压力作用，两者之间之所以能相互转化，很大程度是由于（　　）方面的原因。
    A. 机构主力斗争的结构　　　　　B. 心理因素
    C. 筹码分布　　　　　　　　　　D. 持有成本

6. 在技术分析理论中，不能单独存在的切线是（   ）。
   A. 支撑线　　　　B. 压力线　　　　C. 轨道线　　　　D. 趋势线
7. （   ）是最著名和最可靠的反转突破形态。
   A. 头肩形态　　　B. 双重顶（底）　C. 圆弧形态　　　D. 喇叭形
8. 头肩顶形态的形态高度是指（   ）。
   A. 头的高度　　　　　　　　　　　B. 左、右肩连线的高度
   C. 头到颈线的距离　　　　　　　　D. 颈线的高度
9. 旗形和楔形是两个最为著名的持续整理形态，休整之后的走势往往是（   ）。
   A. 与原有趋势相反　　　　　　　　B. 与原有趋势相同
   C. 寻找突破方向　　　　　　　　　D. 不能判断
10. 波浪理论认为一个完整的上升价格循环周期由（   ）个上升波浪和（   ）个下降波浪组成。
    A. 8，5　　　　　B. 3，5　　　　　C. 5，3　　　　　D. 5，8
11. 艾略特波浪理论的数学基础来自（   ）。
    A. 周期理论　　　B. 黄金分割数　　C. 时间数列　　　D. 斐波那奇数列
12. 描述股价与股价移动平均线相距远近程度的指标是（   ）。
    A. PSY　　　　　B. BIAS　　　　　C. RSI　　　　　D. WMS
13. 光头光脚的长阳线表示当日（   ）。
    A. 空方占优　　　B. 多方占优　　　C. 多空平衡　　　D. 无法判断
14. （   ）是技术分析的理论基础。
    A. 道氏理论　　　B. 波浪理论　　　C. 形态理论　　　D. 黄金分割理论
15. 波浪理论认为一个完整的上升阶段的8个浪，分为（   ）。
    A. 上升5浪、调整3浪　　　　　　　B. 上升5浪、调整2浪
    C. 上升3浪、调整3浪　　　　　　　D. 上升4浪、调整2浪

二、不定项选择题

1. 技术分析的要素包括（   ）。
   A. 价格　　　　　B. 成交量　　　　C. 时间　　　　　D. 空间
2. 市场行为最基本的表现是（   ）。
   A. 成交价　　　　B. 成交量　　　　C. 成交时间　　　D. 成交地点
3. 道氏理论的主要原理有（   ）。
   A. 市场价格平均指数可以解释和反映市场的大部分行为

第九章 证券投资技术分析

　　B. 市场波动具有某种趋势

　　C. 趋势必须得到交易量的确认

　　D. 一个趋势形成后将持续，直到趋势出现明显的反转信号

4. 一般来说，可以将技术分析方法分为（　　）。

　　A. 指标类　　　　B. 形态类　　　　C. 线类　　　　D. 波浪类

5. 道氏理论认为，市场波动的趋势分为（　　）。

　　A. 主要趋势　　　B. 次要趋势　　　C. 短暂趋势　　　D. 超级趋势

6. 盘局的末端出现光头大阳线，说明（　　）。

　　A. 多方已经取得决定性胜利　　　　B. 多空双方争斗很激烈

　　C. 这是一种涨势的信号　　　　　　D. 窄幅盘整，交易清淡

7. 关于支撑线和压力线，下列说法不正确的是（　　）。

　　A. 支撑线又称为抵抗线

　　B. 支撑线总是低于压力线

　　C. 支撑线起阻止股价继续上升的作用

　　D. 压力线起阻止股价下跌或上升的作用

8. 缺口的类型有很多种，包括（　　）。

　　A. 突破缺口　　　B. 持续性缺口　　C. 普通缺口　　　D. 消耗性缺口

9. 大多出现在顶部，而且都是看跌的两个形态是（　　）。

　　A. 旗形　　　　　B. 头肩顶　　　　C. W形　　　　　D. 喇叭形

10. 以下属于反转突破形态的有（　　）。

　　A. 楔形　　　　　　　　　　　　　B. 头肩形

　　C. 喇叭形　　　　　　　　　　　　D. 三重顶（底）形

11. 在圆弧顶（底）形成的过程中，表现出的特征有（　　）。

　　A. 成交量的过程是两头多、中间少

　　B. 成交量的过程是两头少、中间多

　　C. 在突破后的一段有相当大的成交量

　　D. 突破过程成交量一般不会急剧放大

12. 移动平均线指标的特点包括（　　）。

　　A. 具有一定的滞后性　　　　　　　B. 追踪趋势

　　C. 助涨助跌性　　　　　　　　　　D. 稳定性

13. 关于RSI指标的运用，下列论述正确的有（　　）。

　　A. 根据RSI上升和下降的轨迹画趋势线，此时支撑线和压力线作用的切线理论同样适用

B. 短期 RSI > 长期 RSI，应属空头市场
C. RSI 在低位形成两个底部抬高的谷底，而股价还在下降，是可以买入的信号
D. 当 RSI 在较高或较低的位置形成头肩形和多重顶（底），是采取行动的信号

14. 证券投资技术分析的主要技术指标包括（　　）。
 A. 趋势型指标　　　　　　　　B. 超买超卖型指标
 C. 人气型指标　　　　　　　　D. 大势型指标

15. 三角形整理形态包括（　　）。
 A. 对称三角形　　　　　　　　B. 等边三角形
 C. 上升三角形　　　　　　　　D. 下降三角形

16. 关于股票价格走势的压力线，下列说法正确的是（　　）。
 A. 有被突破的可能　　　　　　B. 必须是一条水平直线
 C. 起阻止股价继续上升的作用　D. 只出现在上升的行情中

三、判断题

1. 根据开盘价和收盘价的关系，K线分为阳线和阴线，开盘价高于收盘价时为阳线，开盘价低于收盘价时为阴线。（　　）
2. 道氏理论将价格的波动分为超级趋势、主要趋势、次要趋势、短暂趋势四种。（　　）
3. 支撑线不仅存在于上升行情中，下跌行情中也有支撑线。（　　）
4. 三角形、矩形、喇叭形和楔形都是整理形态。（　　）
5. 根据波浪理论，完整的波动周期上升是8浪，下跌3浪。（　　）
6. 道氏理论认为在各种市场价格中，最重要的是开盘价。（　　）
7. 旗形和楔形都有明确的形态方向，并且和原有的趋势相反。（　　）
8. 技术分析假说认为，即使没有外部因素影响，股票价格也可以改变原来的运动方向。（　　）
9. 价、量是技术分析的基本要素，一切技术分析方法都是以价、量关系为研究对象的，目的就是分析、预测未来价格趋势。（　　）
10. 道氏理论的创始人也是道琼斯平均指数的创立人。（　　）
11. 无论是一根K线，还是两根、三根K线以至多根K线，都是对多空双方的争斗做出一个描述，由它们的组合得到的结论都是相对的，不是绝对的。
（　　）

12. 头肩形适用的方法三重顶（底）都适用，这是因为三重顶（底）从本质上说就是头肩形。（ ）

13. 支撑线和压力线的作用是在较长的时间内阻止股价向一个方向继续运动，所以应当在这根线上大胆买入或果断卖出。（ ）

14. 一条支撑线如果被跌破，那么这一支撑线将成为压力线；同理，一条压力线被突破，这个压力线将成为支撑线。（ ）

15. 趋势线被突破后，说明股价下一步的走势将要翻转。越重要越有效的趋势线被突破，其转势的信号就越强烈。（ ）

16. 股价移动的规律是按照多空双方力量对比大小而行动的。（ ）

17. 平衡的概念是相对的，股价只要在一个范围内变动，都属于保持了平衡。（ ）

18. 越重要、越有效的趋势线被突破，其转势的信号越强烈。（ ）

19. 对称三角形一般应有六个转折点，才能确认。（ ）

20. 上升三角形比对称三角形有更强烈的上升意识，多方比空方更为积极。通常以三角形的向上突破作为这个持续过程终止的标志。（ ）

第十章 证券投资组合理论初步

▶ 学习目标
- 熟悉投资组合管理的方法和步骤
- 了解现代投资组合理论的产生和发展演进
- 掌握单个证券和证券组合收益和风险的度量方法
- 理解有效边界的含义和最优证券组合的选择原理

第一节 组合管理概述

证券组合管理理论最早由美国著名经济学家哈里·马科维茨于1952年系统提出。在此之前，偶尔也有人曾在论文中提出过组合的概念，但经济学家和投资管理者一般仅致力于对个别投资对象的研究和管理。自此以后，经济学家们一直在利用数量化方法不断丰富和完善组合管理的理论和实际投资管理方法，并使之成为投资学中的主流理论之一。

一、证券组合的含义

证券投资学中的"组合"一词通常是指个人或机构投资者所拥有的各种资产的总称。若无特别说明，证券组合是指个人或机构投资者所持有的各种有价证券的总称。

证券组合管理的意义在于采用适当的方法选择多种证券作为投资对象，以达到在保证预定收益的前提下使投资风险最小或在控制风险的前提下使投资收益最大化的目标，避免投资过程的随意性。

证券组合管理特点主要表现在两方面：

1. 投资的分散性。证券组合理论认为，证券组合的风险随着组合所包含证券数量的增加而降低，只要证券收益之间不是完全正相关，分散化就可以有效地降低非系统风险，使证券组合的投资风险趋于市场平均风险水平。因此，组合管理强调构成组合的证券应多元化。

2. 风险与收益的匹配性。证券组合理论认为，投资收益是对承担风险的补偿。承担风险越大，收益越高。承担风险越小，收益越低。因此，组合管理强调投资的收益目标应与风险的承受能力相适应。

二、证券组合管理的方法和步骤

（一）证券组合管理的方法

根据组合管理者对市场效率的不同看法，其采用的管理方法可大致分为被动管理和主动管理两种类型。

所谓被动管理方法，指长期稳定持有模拟市场指数的证券组合以获得市场平均收益的管理方法。采用此种方法的管理者认为，证券市场是有效率的市场，凡是能够影响证券价格的信息均已在当前证券价格中得到反映。也就是说，证券价格的未来变化是无法估计的，以致任何企图预测市场行情或挖掘定价错误证券，并借此频繁调整持有证券的行为无助于提高期望收益，而只会浪费大量的经纪佣金和精力。因此，他们坚持买入并长期持有的投资策略。但这并不意味着他们无视投资风险而随便选择某些证券进行长期投资。恰恰相反，正是由于承认存在投资风险并认为组合投资能够有效降低公司的个别风险，所以他们通常购买分散化程度较高的投资组合，如市场指数基金或类似的证券组合。

所谓主动管理方法，指经常预测市场行情或寻找定价错误的证券，并借此频繁调整证券组合以获得尽可能高的收益的管理方法。采用此种方法的管理者认为，市场不总是有效的，加工和分析某些信息可以预测市场行情趋势和发现定价过高或过低的证券，进而对买卖证券的时机和种类做出选择，以实现尽可能高的收益。

（二）证券组合管理的基本步骤

1. 确定证券投资政策。证券投资政策是投资者为实现投资目标应遵循的基本方针和基本准则。包括确定投资目标、投资规模和投资对象三方面的内容以及应采取的投资策略和措施等。

2. 进行证券投资分析。证券投资分析的目的是明确这些证券的价格形成机制和影响证券价格波动的诸因素及其作用机制;另一个目的是发现那些价格偏离价值的证券。

3. 组建证券投资组合。确定证券投资品种和投资比例。

4. 投资组合的修正。投资者应该对证券组合在某种范围内进行个别调整,使得在剔除交易成本后,在总体上能够最大限度地改善现有证券组合的风险回报特性。

5. 投资组合的业绩评估。可以看成是证券组合管理过程上的一种反馈与控制机制。

三、现代证券组合理论体系的形成与发展

(一) 现代证券组合理论的产生

1952 年,哈里·马科维茨发表了一篇题为《证券组合选择》的论文。这篇著名的论文标志着现代证券组合理论的开端。马科维茨第一次对证券投资中的风险因素进行了正规学术的阐述。他注意到一个典型的投资者不仅希望收益高,而且希望收益尽可能地稳定。这意味着投资者在寻求预期收益最大化的同时也追求收益的不确定性最小,在投资的期初进行决策时必然力求这两个相互制约的目标达到某种平衡。

马科维茨分别用期望收益率和收益率的方差来衡量投资的期望收益水平和不确定性,建立均值方差模型来阐述如何全盘考虑上述两个目标,从而进行决策。通过推导可以看出,投资者应该通过同时购买多种证券而不是一种证券进行分散化投资。

(二) 现代证券组合理论的发展

在投资者只关注期望收益率和方差的假设前提下,马科维茨提供的方法是完全精确的。然而这种方法所面临的最大问题就是其计算量太大,特别是在大规模市场上存在上千种证券的情况下。这么大的计算量根本无法实现。1963 年,马科维茨的学生夏普提出了一种简化的计算方法,这一方法通过建立"单因素模型"来实现。在此基础上发展出"多因素模型",希望对实际有更加精确的近似。当今,多因素模型已被广泛应用于证券组合中普通股之间的投资分配。而马科维茨模型则被广泛应用于不同类型证券之间的投资分配,如股票、债券、风险

投资等。

在证券组合理论广泛传播之前,夏普、特雷诺、詹森分别于1964年、1965年、1966年提出了著名的资本资产定价模型(CAPM)。1976年,理查德·罗尔对这一模型提出了批评,因为该模型永远无法用经验事实来检验。与此同时,史蒂夫·罗斯突破性地发展了资本资产定价模型,提出套利定价理论(APT)。这一理论认为,只要任何一个投资者都不能通过套利获得收益,那么期望收益率一定与风险相联系。罗尔和罗斯在1984年认为这一理论至少在原则上是可以检验的。

第二节 证券投资收益和风险

一、单个证券的收益和风险

(一) 收益及其度量

$$收益率 = \frac{收入 - 支出}{支出} \times 100\%$$

在股票投资中,投资收益等于期内股票红利收益和价差收益之和,其收益率计算公式为:

$$r = \frac{红利 + 期末市价总值 - 期初市价总值}{期初市价总值} \times 100\%$$

通常情况下,收益率受到许多不确定因素的影响,因而是一个随机变量。我们假定收益率服从某种概率分布,因而知道每一收益率出现的概率。如表10.1所示。

表 10.1　　　　　　　　　　　　收益率概率

收益率(%)	R_1	R_2	R_3	R_4	……	R_n
概率	P_1	P_2	P_3	P_4	……	P_n

求期望收益率的公式如下:

$$E(r) = R_1 \times P_1 + R_2 \times P_2 + R_3 \times P_3 + R_4 \times P_4 + \cdots + R_n \times P_n$$

（二）风险及其度量

风险的大小由未来可能收益率与期望收益率的偏离程度来反映。这种偏离程度由收益率的方差来度量。这种偏离程度由收益率的方差来度量，记为 σ^2。

$$\sigma^2(r) = \sum_{i=1}^{n} [r_i - E(r)]^2 p_i$$

式中，p_i 为可能收益率发生的概率；σ 为标准差。

二、证券组合的收益和风险

我们用收益率和方差来计量单一证券的收益率和风险。一个证券组合由一定数量的单一证券构成，每一只证券占有一定的比例，我们也可以将证券组合视为一只证券，那么，证券组合的收益率和风险也可用期望收益率和方差来计量。

（一）两种证券组合的收益和风险

设有两种证券 A 和 B，某投资者将一笔资金以 X_A 的比例投资于证券 A，以 X_B 的比例投资于证券 B，且 $X_A + X_B = 1$，称该投资者拥有一个证券组合 P。把证券 A 和 B 的期望收益率记为 $E(r_A)$ 和 $E(r_B)$，则投资组合 P 的期望收益率 $E(r_p)$ 和方差 σ_p^2 为：

$$E(r_p) = X_A E(r_A) + X_B E(r_B)$$

$$\sigma_P^2 = x_A^2 \sigma_A^2 + x_B^2 \sigma_B^2 + 2 x_A x_B \sigma_A \sigma_B \rho_{AB}$$

式中，ρ_{AB} 为相关系数；$\sigma_A \sigma_B \rho_{AB}$ 为协方差，记为 $COV(A, B)$。

（二）多种证券组合的收益和风险

将两个证券组合讨论拓展到任意多个证券组合的情形，就可以得到以下的公式：

$$E(r_p) = \sum_{i=1}^{N} x_i E(r_i)$$

$$\sigma_p^2 = \sum_{i=1}^{N} \sum_{j=1}^{N} x_i x_j COV(x_i, x_j)$$

$$= \sum_{i=1}^{N} \sum_{j=1}^{N} x_i x_j \sigma_i \sigma_j \rho_{ij}$$

式中，σ_p^2 为证券组合 P 的方差；ρ_{ij} 为 r_i 与 r_j 的相关系数（$i, j = 1, 2, \cdots, N$）。

在计算机技术尚不发达的 20 世纪 50 年代，证券组合理论不可能运用于大规模市场，只有在不同种类的资产间，如股票、债券、银行存单之间分配资金时，才可能运用这一理论。20 世纪 60 年代后，马科维茨的学生威廉·F·夏普提出了指数模型以简化计算。

第三节 最优证券组合确定

一、证券组合的可行域和有效边界

（一）证券组合的可行域

1. 两种证券组合的可行域

对于证券 A 和证券 B 构造的证券组合而言，如果用前述两个数字特征——期望收益率和标准差来描述一种证券，那么任意一种证券都可以用以期望收益率为纵轴和标准差为横轴的坐标系中的一个点来表示；相应的，任何一个证券组合也可以由组合的期望收益率和标准差确定出坐标系中的一个点。这一点将随着组合的权数变化而变化，其轨迹就是经过证券 A 和 B 的一条连续曲线，这条曲线是证券 A 和证券 B 的组合线。

根据证券 A 和证券 B 的不同关联性，A 和 B 就有不同形状的组合线。如图 10.1 所示。

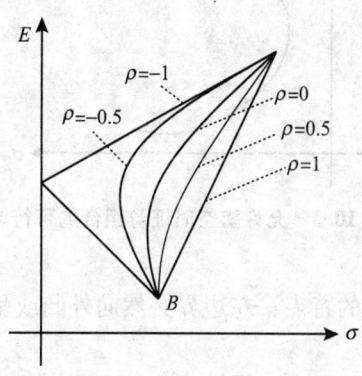

图 10.1 相关系数不同的证券组合

从组合线的形状来看，相关系数越小，在不卖空的情况下，证券组合可以达到的风险越小，特别是负完全相关的情况下，可获得无风险组合。在不卖空的情况下，组合降低风险的程度由证券间的关联程度决定。

2. 多种证券组合的可行域

可行域的形状依赖于可供选择的单个证券的特征 $E(r_i)$ 和 σ_i 以及它们收益率之间的相互关系 ρ_{ij}，还依赖于投资组合中权数的约束。

允许卖空和不允许卖空的情况下，多种证券组合的可行域是不一样的。如图10.2、图10.3 所示。

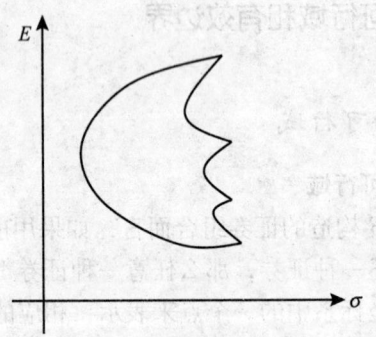

图 10.2　不允许卖空时证券组合的可行域

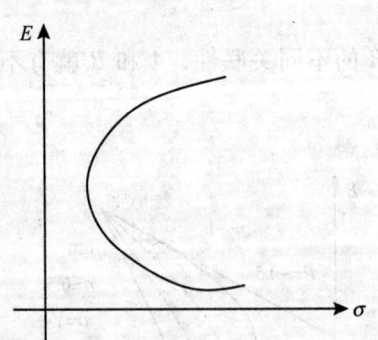

图 10.3　允许卖空时证券组合的可行域

可行域满足一个共同的特点：左边界必然向外凸或呈线性，也就是说不会出现凹陷。

（二）证券组合的有效边界

投资者的共同偏好规则：如果两种证券组合具有相同的收益率方差和不同的期望收益率，那么投资者会选择期望收益率高的组合；如果期望收益率相同而收益率方差不同，那么会选择方差较小的组合。

对于可行域内部及下边界上的任意可行组合，均可以在有效边界上找到一个有效组合比它好。但有效边界上的不同组合，比如 B 和 C，按共同偏好规则不能区分优劣。因而有效组合相当于有可能被某位投资者选作最佳组合的候选组合，不同投资者可以在有效边界上获得任一位置。A 点是一个特殊的位置，它是上边界和下边界的交汇点，这一点所代表的组合在所有可行组合中方差最小，因而被称为最小方差组合。如图 10.4 所示。

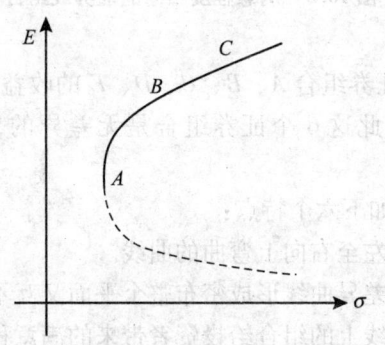

图 10.4　允许卖空时证券组合的可行域

二、最优证券组合

（一）投资者的个人偏好与无差异曲线

按照投资者的共同偏好规则，有些证券组合不能区分优劣，其根源在于投资者个人除了遵守共同的偏好规则外，还有一些各自的特殊偏好，有着各自不同的风险和收益态度。比如，有的投资者认为，增加少许的期望收益率就可以补充增加一定单位的风险，而其他投资者可能认为增加的这少许的期望收益率就根本不足以补充这增加一定单位的风险。我们为了描述不同投资者的收益风险的心理偏好，给出无差异曲线的概念。

一个特定的投资者，任意给定一个证券组合，根据他对风险的态度，可以得到一系列满意程度相同（无差异）的证券组合。这些组合恰好形成一条曲线，这条曲线就是无差异曲线。如图 10.5 所示。

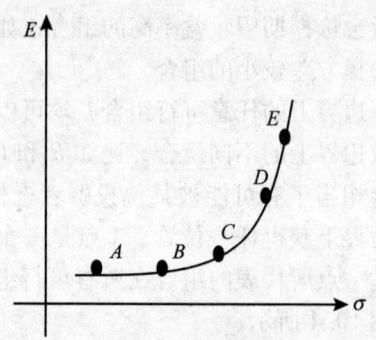

图 10.5　满意程度相同的证券或组合

尽管图 10.5 中的证券组合 A、B、C、D、E 的收益风险各异，但是给他带来的满足程度相同，因此这 6 个证券组合是无差异的，选择哪一个去投资都可以。

无差异曲线都具有如下六个特点：
1. 无差异曲线是由左至右向上弯曲的曲线。
2. 每个投资者的无差异曲线形成密布整个平面又互不相交的曲线簇。
3. 同一条无差异曲线上的组合给投资者带来的满意程度相同。
4. 不同无差异曲线上的组合给投资者带来的满意程度不同。
5. 无差异曲线的位置越高，其上的投资组合带来的满意程度就越高。
6. 无差异曲线向上弯曲的程度大小反映投资者承受风险的能力强弱。

（二）最优证券组合的选择

特定的投资者可以在有效组合中选择自己最满意的组合，这种选择有赖于他的偏好。投资者的偏好可以通过无差异曲线来反映。无差异曲线的位置越高，其满意程度越高，因而投资者需要在有效边界上找到一个具有下述特征的有效组合：相对于其他有效组合，该组合所在的无差异曲线的位置最高。这样的有效组合便是他最满意的有效组合，而它恰恰是无差异曲线簇与有效边界的切点所表示的组合。如图 10.6 所示。

第十章 证券投资组合理论初步

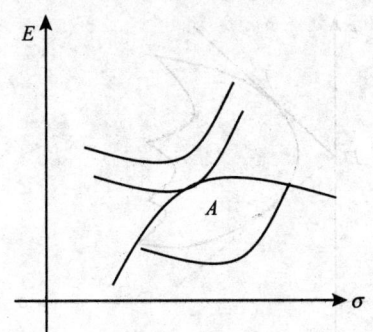

图 10.6 允许卖空时证券组合的可行域

延伸阅读

资本资产定价模型的原理

（一）假设条件

假设一：投资者都依据期望收益率评价证券组合的收益水平，依据方差（或标准差）评价证券组合的风险水平，并采用上一节介绍的方法选择最优证券组合。

假设二：投资者对证券的收益、风险及证券间的关联性具有完全相同的预期。

假设三：资本市场没有摩擦。所谓"摩擦"，是指市场对资本和信息自由流动的阻碍。在上述假设中，第一项和第二项假设是对投资者的规范，第三项假设是对现实市场的简化。

（二）资本市场线

1. 无风险证券对有效边界的影响

由无风险证券 F 出发并与原来风险证券组合可行域的上下边界相切的两条射线的夹角形成的区域，便是在现有假设条件下所有证券组合形成的可行域。

现有证券组合可行域较之原来风险证券组合可行域，区域扩大了并具有直线边界。如图 10.7、图 10.8 所示。

首先，所有投资者拥有完全相同的有效边界。

其次，投资者对依据自己风险偏好所选择的最优证券组合 P 进行投资，其风险投资部分均可视为对 T 的投资，即每个投资者按照各自的偏好购买各种证券，其最终结果是每个投资者手中持有的全部风险证券所形成的风险证券组合在结构上恰好与切点证券组合 T 相同。T 为最优风险证券组合或最优风险组合。

最后，当市场处于均衡状态时，最优风险证券组合 T 就等于市场组合 M。市场组合，是指由风险证券构成，并且其成员证券的投资比例与整个市场上风险证券的相对市值比例一致的证券组合，一般用 M 表示。

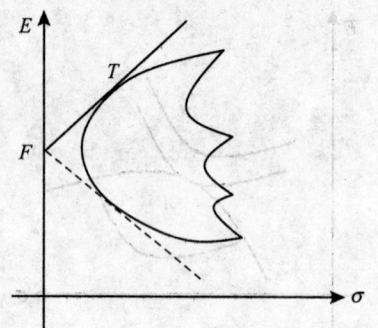

图 10.7 存在无风险证券时的组合可行域

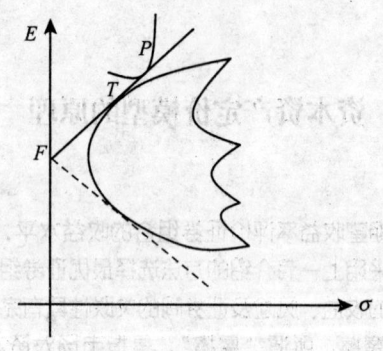

图 10.8 最优证券组合 P

2. 资本市场线方程

在均值标准差平面上,所有有效组合刚好构成连接无风险资产 F 与市场组合 M 的射线 FM,这条射线被称为资本市场线。如图 10.9 所示。

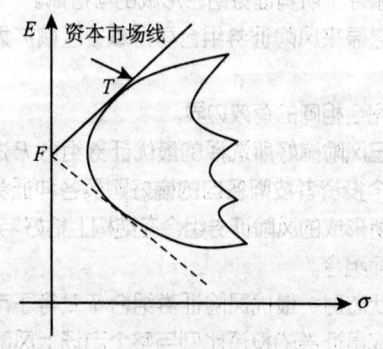

图 10.9 资本市场线

资本市场线揭示了有效组合的收益和风险之间的均衡关系,这种均衡关系可以用资本市场线的方程来描述:

$$E(r_P) = r_F + \left[\frac{E(r_M) - r_F}{\sigma_M}\right]\sigma_P$$

式中,$E(r_P)$、σ_P 为有效组合 P 的期望收益率和标准差;$E(r_M)$、σ_M 为市场组合 M 的期望收益率和标准差;r_F 为无风险证券收益率。

3. 资本市场线的经济意义

有效组合的期望收益率由两部分构成:

(1)无风险利率 r_F,它是由时间创造的,是对放弃即期消费的补偿;

(2)$\left[\frac{E(r_M) - r_F}{\sigma_M}\right]\sigma_P$,是对承担风险的补偿,通常称为"风险溢价",与承担的风险大小成正比。其中的系数 $\left[\frac{E(r_M) - r_F}{\sigma_M}\right]$ 代表了对单位风险的补偿,通常称之为风险的价格。

(三)证券市场线

1. 证券市场线方程

资本市场线只是揭示了有效组合的收益风险均衡关系,而没有给出任意证券组合的收益风险关系。

$$E(r_i) = r_F + [E(r_M) - r_F]\beta_i$$

该方程表明:单个证券 i 的期望收益率与其对市场组合方差的贡献率 β_i 之间存在着线性关系,而不像有效组合那样与标准差有线性关系。

$$E(r_P) = r_F + [E(r_M) - r_F]\beta_P$$

无论是证券还是证券组合,均可将其 β 系数作为风险的合理测定,其期望收益与由 β 系数测定的系统风险之间存在线性关系。这个关系在以 $E(r_P)$ 为纵坐标、β_P 为横坐标的坐标系中代表一条直线,这条直线被称为证券市场线。

当 P 为市场组合 M 时,$\beta_P = 1$,因此证券市场线经过点 $[1, E(r_M)]$;当 P 为无风险证券时,β 系数为 0,期望收益率为无风险利率 r_F,因此证券市场线亦经过点 $[0, E(r_F)]$。

2. 证券市场线的经济意义

证券市场线公式对任意证券或组合的期望收益率和风险之间的关系提供了十分完整的阐述。任意证券或组合的期望收益率由两部分构成:

一部分是无风险利率,它是由时间创造的,是对放弃即期消费的补偿。

另一部分则是 $[E(r_P) - r_F]\beta_P$,是对承担风险的补偿,通常称为"风险溢价"。它与承担风险 β_P 的大小成正比,其中的 $[E(r_P) - r_F]$ 代表了对单位风险的补偿,通常称之为"风险的价格"。

关 键 词 汇

证券组合　无差异曲线　主动管理方法　被动管理方法　期望收益率

思 考 题

1. 简述证券组合管理的意义和特点。
2. 简述证券组合管理的方法和步骤。
3. 写出单个证券的收益和风险公式。
4. 画出两种证券的不同相关系数下的证券组合可行域。

练 习 题

一、单项选择题

1. 证券组合管理理论最早由美国著名经济学家（　　）于1952年系统提出。
   A. 詹森　　　　B. 特雷诺　　　　C. 夏普　　　　D. 马科维茨

2. 在证券组合管理的基本步骤中，注意投资时机的选择是（　　）阶段的主要工作。
   A. 确定证券投资政策　　　　B. 进行证券投资分析
   C. 组建证券投资组合　　　　D. 投资组合的修正

3. 夏普、特雷诺和詹森分别于1964年、1965年、1966年提出了著名的（　　）。
   A. 资本资产定价模型　　　　B. 套利定价模型
   C. 期权定价模型　　　　　　D. 有效市场理论

4. 最优证券组合为（　　）。
   A. 所有有效组合中预期收益最高的组合
   B. 无差异曲线与有效边界的相交点所在的组合
   C. 最小方差组合
   D. 所有有效组合中获得最大的满意程度的组合

5. 反映有效组合的收益和风险水平之间均衡关系的方程式是（　　）。
   A. 证券市场线方程　　　　B. 证券特征线方程
   C. 资本市场线方程　　　　D. 套利定价方程

6. 关于 β 系数，下列说法错误的是（　　）。
   A. 反映证券或组合的收益水平对市场平均收益水平变化的敏感性
   B. β 系数的绝对值越大，表明证券承担的系统风险越大
   C. β 系数是衡量证券承担系统风险水平的指数
   D. β 系数是对放弃即期消费的补偿

7. 当（　　）时，应选择高 β 系数的证券或组合。
   A. 预期市场行情上升

B. 预期市场行情下跌

C. 市场组合的实际预期收益率等于无风险利率

D. 市场组合的实际预期收益率小于无风险利率

二、不定项选择题

1. 证券组合管理的意义在于（　　　）。

    A. 达到在保证预定收益的前提下使投资风险最小

    B. 达到在控制风险的前提下使投资收益最大化的目标

    C. 避免投资过程的随意性

    D. 采用适当方法选择多种证券作为投资对象

2. 证券投资政策是投资者为实现投资目标应遵循的基本方针和基本准则，包括（　　　）。

    A. 确定投资目标　　　　　　B. 确定投资规模

    C. 确定投资对象　　　　　　D. 应采取的投资策略和措施等

3. 投资目标的确定应包括（　　　）。

    A. 风险　　　　　　　　　　B. 收益

    C. 证券投资的资金数量　　　D. 投资的证券品种

4. 证券组合管理的基本步骤包括（　　　）。

    A. 确定证券投资政策　　　　B. 进行证券投资分析

    C. 组建证券投资组合　　　　D. 投资组合的修正

5. 无差异曲线的特点有（　　　）。

    A. 投资者的无差异曲线形成密布整个平面又互不相交的曲线簇

    B. 由左至右向上弯曲的曲线

    C. 无差异曲线的位置越高，其上的投资组合带来的满意程度就越高

    D. 落在同一条无差异曲线上的组合有相同的满意程度

6. 最优证券组合（　　　）。

    A. 是能带来最高收益的组合　　B. 肯定在有效边界上

    C. 是无差异曲线与有效边界的切点　D. 是理性投资者的最佳选择

三、判断题

1. 无差异曲线向上弯曲的程度大小反映投资者承受风险的能力强弱。（　　　）

2. 在资本资产定价模型假设下，当市场达到平衡时，市场组合 M 成为一个有效组合；所有有效组合都可视为无风险证券 F 与市场组合 M 的再组合。（　　　）

3. 资本市场线揭示了有效组合的收益和风险之间的均衡关系。（　　　）

参考文献

[1] 本杰明·格雷厄姆、戴维·多德著,邱巍、李春荣、黄铮译:《证券分析》,海南出版社1999年版。

[2] 彼得·S·罗斯、米尔顿·H·马奎斯编著,陆军译:《金融市场学》,机械工业出版社2009年版。

[3] 波顿·G·麦基尔著,刘阿钢、史苁译:《漫步华尔街》,中国社会科学出版社2007年版。

[4] 博迪等著,陈收、杨艳译注:《投资学》,机械工业出版社2009年版。

[5] 弗兰克·K·赖利编著:《投资学》,机械工业出版社2007年版。

[6] 葛永波主编:《证券投资学》,中国金融出版社2010年版。

[7] 韩德宗、朱晋编:《证券投资学原理》,机械工业出版社2008年版。

[8] 贺小松:《发达证券市场的层次化综合化及我国证券市场的路径选择》,载《经济问题》2007年第12期。

[9] 郝伯特·B·梅奥著,陈国进译注:《投资学基础》,机械工业出版社2010年版。

[10] 洪艳蓉:《美国证券交易委员会行政执法机制研究:"独立"、"高效"与"负责"》,载《比较法研究》2009年第1期。

[11] 拉斯·特维德著,周为群译校:《金融心理学——掌握市场波动的真谛》,中国人民大学出版社2003年版。

[12] 马君潞、李学峰:《证券市场分析》,科学出版社2009年版。

[13] 朴明根、邹立明、王春红主编:《证券投资学》,清华大学出版社2009年版。

[14] 威廉·F·夏普等编著:《投资学》,清华大学出版社2002年版。

[15] 吴晓求主编:《证券投资学》,中国人民大学出版社2009年版。

[16] 杨德勇主编:《证券投资学》,中国金融出版社2010年版。

[17] 斯蒂芬·H·佩因曼著,刘力、陆正飞译:《财务报表与证券定价》,中国财政经济出版社2005年版。

[18] 孙静:《基金资产管理:激励研究及应用》,社会科学文献出版社 2008 年版。

[19] 孙静、王景增编著:《金融综合实验教程》,社会科学文献出版社 2009 年版。

[20] 谢增毅:《政府对证券交易所的监管论》,载《法学杂志》2006 年第 3 期。

[21] 约翰·墨菲著,陈鑫译:《金融市场技术分析——交易方法与应用大全》,上海人民出版社 2002 年版。

[22] 余丽霞:《中国证券市场发展的回顾和展望》,载《西南金融》,2009 年第 9 期。

[23] 张宣庆主编:《证券投资学简明教程》,中国人民大学出版社 2009 年版。

[24] 张亦春、郑振龙、林海编著:《金融市场学》,高等教育出版社 2008 年版。

[25] 中国证券业协会编:《证券市场基础知识》,中国财政经济出版社 2011 年版。

[26] 中国证券业协会编:《证券投资分析》,中国财政经济出版社 2010 年版。

[27] 中国证券业协会编:《证券交易》,中国财政经济出版社 2010 年版。

[28] 中国证券业协会编:《证券发行与承销》,中国财政经济出版社 2010 年版。

[29] 周斌:《中国证券市场大宗交易研究》,西南财经大学硕士学位论文,2007 年。

[30] 周远:《我国资本市场层次结构问题研究》,上海财经大学硕士学位论文,2008 年。